W0053076

CLAUS LEGGEWIE

EUROPA ZUERST!

CLAUS LEGGEWIE

EUROPA ZUERST!

EINE UNABHÄNGIGKEITSERKLÄRUNG

ULLSTEIN

Abbildungen im Innenteil (S. 165 und 167):
WBGU – Wissenschaftlicher Beirat der Bundesregierung
Globale Umweltveränderungen (2016): *Entwicklung und Gerechtigkeit
durch Transformation: Die vier großen I. Ein Beitrag zur deutschen G20-
Präsidentschaft 2017*, Sondergutachten 2016, Berlin: WBGU.

ISBN 978-3-550-05017-6
© 2017 Ullstein Buchverlage GmbH, Berlin
Alle Rechte vorbehalten
Lektorat: Christian Seeger
Gesetzt aus der Quadraat
Satz: LVD GmbH, Berlin
Druck und Bindearbeiten: GGP Media GmbH, Pößneck

INHALT

EINLEITUNG: INS OFFENE

Von unserer Zeit wollen wir nichts versäumen:
vielleicht gibt es schönere Zeiten, aber dies ist unsere Zeit.
Wir haben nur dieses Leben zu leben inmitten dieses Krieges,
möglicherweise dieser Revolution.
Jean-Paul Sartre, 1945[1]

Dieses Buch ist eine europäische Unabhängigkeitserklärung. Europa und die Europäische Union sind anziehend genug, um die aktuellen Anfechtungen zu überstehen und aus ihrer seit langem schwersten Krise kraftvoller hervorzugehen. Das kann aber nur gelingen, wenn selbstbewusste Bürgerinnen und Bürger die Herausforderungen annehmen und der autoritären Welle entschieden widerstehen, die nicht nur in Europa anbrandet, sondern rund um den Globus läuft und mancherorts schon zu »Land unter« geführt hat.

Dass im politischen Raum derzeit »alles möglich ist«, wie in den letzten Monaten oft zu hören war, zeigt sich, wenn ein absoluter Außenseiter wie Donald Trump Amerika erobert, aber auch, wenn ebenso überraschend der Franzose Emmanuel Macron mit frischen Ideen in den Elysée einzieht. Mit Europa ist anderes und Besseres möglich als der von den Exiteers verschiedener Couleur beschworene Niedergang. In Österreich sind 2016 die Blau-Braunen zurückgeschlagen worden, in den Niederlanden reichte es im März 2017 f.r Geert Wilders bei weitem nicht zur Machtübernahme, und auch in Frankreich wurden Marine Le Pen ihre Grenzen aufgezeigt. Der Brexit, der am 29. März 2017 eingeleitete Austritt Großbritanniens aus der Europäischen

Union, hat nicht den von den Rechtspopulisten erhofften Dominoeffekt, sondern eine politische Katerstimmung ausgelöst. Die Präsidentschaft Trumps erzeugt nicht nur in den USA Widerstand – im Kongress, in den Bundesstaaten, in den Medien, in der Justiz, in den »sanctuary cities« und auf den Straßen und Plätzen –, sie stärkt auch Europas Widerstandskräfte. So wie Stalin nach 1945 als unfreiwilliger Geburtshelfer der Europäischen Gemeinschaft angesehen wurde, könnten Trump und Putin einmal als Wegbereiter ihrer Renaissance in die Geschichte eingehen.

Europäische Werte der Aufklärung, der Demokratie und der Bürgergesellschaft stehen auf dem Prüfstand, die Institutionen der Europäischen Union gehören reformiert. Entscheidend ist aber, dass sich die Europäer als eine *europäische Gesellschaft* konstituieren, die sich in ihrer ganz alltäglichen Praxis selbst hervorbringt. Was Ernest Renan einmal für die Nationen postuliert hat, sie seien »un plébiscite de tous les jours«, muss heute für ganz Europa gelten. Voluminöse Abhandlungen sind der Frage nachgegangen: »Was ist deutsch?« Nun ist es wirklich an der Zeit zu fragen, was europäisch ist.

Ob und wie es mit Europa weitergeht, haben »wir« in der Hand, und es geht in den aktuellen politischen Kämpfen gerade darum, wer dieses »Wir« ausmacht – eine muffige, vergangenheitsselige Ansammlung autoritärer Nationalisten oder vielmehr zukunftsfrohe europäische Weltbürger und Lokalpatrioten. Nichts spricht gegen ein Europa der Vater- und Mutterländer, wenn man darüber nicht vergisst, dass sie das Schicksal der Welt und der künftig auf dem Planeten lebenden Menschheit mitverantworten. Kluge Patrioten sind keine Nationalisten.

»Europa zuerst«, das klingt nach *America first* und ist doch das genaue Gegenteil. Der Slogan ist selbstverständlich kein Rückfall in finstere europäische Arroganz und gewiss keine Imitation der konfusen Ideen Donald Trumps. Geläutert durch die Verarbeitung seiner mörderischen Vergangenheit, muss Europa der Hafen von Freiheit und Demokratie in einem Meer imperialer Piraten sein, eine Alternative zu Trumps Amerika, Putins Russland und Erdoğans Türkei (wohlgemerkt nicht zu »den« Amerikanern, Russen und Türken). Eine Unabhängigkeitserklärung ist keine Feinderklärung. Europa schottet sich nicht ab, es bleibt der Welt zugewandt, es pflegt und stärkt die wechselseitige Abhängigkeit von seinen Nachbarn nah und fern. Gegen Trump halten wir Europäer die Integrität westlicher Werte und Institutionen hoch. Russland ist nicht Putin und gehört selbstverständlich ins europäische Haus. Mit allen Nachbarn, besonders denen an der mediterranen, afrikanischen und nahöstlichen Peripherie, wollen wir uns gemeinsam entwickeln. Für derart kooperative Lösungen der Krisen in aller Welt muss sich Europa bereithalten, wenn »alternative Fakten« endlich als Lügen entlarvt sind und der autoritäre Größenwahn sich als gefährliche Illusion entpuppt hat.

Europa wird bisweilen abgetan als »Welt von gestern«. So lautete der Titel des letzten Werks von Stefan Zweig, 1942 posthum erschienen als Rückblick vor allem auf das Wien der Jahrhundertwende, jene kreative Epoche des Aufbruchs in die Moderne, die vierzig Jahre später aus der Zeit gefallen schien, als allerorts die autoritären Regime Hitlers, Stalins und ihrer Kollaborateure den Ton angaben. Vom Weltmachtswahn dieser Regime wurde Europa fast zerdrückt, der Zweite Weltkrieg hätte seine Existenz fast vernichtet. Aus dieser Trümmerwelt ist die Europäische Union erwachsen. Doch ihre in siebzig Jahren errungene Fähigkeit, neue Kriege in Europa zu verhindern, zieht bei den Nachgeborenen heute kaum noch und verschafft ihr bei jüngeren Europäern keine Daseinsberechtigung mehr. Europa als Idee und Institution, auch als politische Motivation muss sich heutigen Generationen neu und anders begründen und erschließen. Genau das geschieht gerade in den Bürgerinitiativen, Demos und Parteigründungen für ein anderes und besseres Europa, um die es in diesem Buch gehen soll.

So schutzlos Europa heute dazustehen scheint, so krisenanfällig seine Volkswirtschaften sind und so verzagt es sich selbst als kulturelle Macht präsentiert – dieses Buch möchte belegen, dass Europa selbstverständlich eine »Welt von morgen«

sein kann. Dazu muss es sich seiner Feinde, seiner Schwächen, auch seiner beschämenden Vergangenheit bewusst sein, vor allem aber selbstbewusst auf seine Stärken bauen, die nicht nur in der Wirtschaftskraft eines Marktes von einer halben Milliarde Produzenten und Konsumenten liegen, sondern vor allem geistiger und kultureller Natur sind.

Nach den Phasen imperialer Expansion und totalitärer Unterdrückung hat sich Europa in Gestalt der Europäischen Union zu einer reflexiven Weltmacht entwickelt, die in vieler Hinsicht als Modell supranationaler Kooperation und interkultureller Verständigung hervorgetreten ist und gewiss nicht die pauschale Ablehnung verdient, die ihr von rechts und links außen so oft entgegenschlägt. Da sich Russland und Amerika, die ehemaligen Besatzungs- und Schutzmächte des Kalten Krieges, in (unterschiedliche, sich aber fatal ergänzende) Autokratien zu verwandeln drohen, ist die Herausbildung und Bekräftigung eines gemeinsamen europäischen Standpunkts umso wichtiger, zumal sich China und die sogenannten Schwellenländer in einer multipolaren Welt kaum als alternative Führungsmächte anbieten.

Manche mögen diese Haltung eurozentrisch nennen, doch was spricht ernsthaft gegen eine Affirmation guter europäischer Traditionen, wenn man diese nicht als unumstößliche Gewissheiten begreift oder »leitkulturell« missversteht? Ein aufgeklärter Eurozentrismus, der ausdrücklich nicht »ethnozentrisch« ist, also nicht nur das Eigene gelten lässt und das Andere als »Fremdes« verpönt, ist für die Renaissance Europas Voraussetzung.

Die Reise durch die europäische Gesellschaft, zu der ich die Leserinnen und Leser einlade, führt von der Kampfzone in die Ideenwerkstatt und weiter ins Reallabor. Sie führt auch von der Sphäre der Parteien und Parlamente in den zu Unrecht vorpolitisch genannten Raum der Bürgergesellschaft und wieder zurück. Auffällig ist ja, wie sehr in den letzten beiden Jahren die europäische Öffentlichkeit, darunter Menschen, die sich nur mäßig für Politik interessieren, durch Abstimmungen wie das

Brexit-Votum, die Präsidentschaftswahlen in den USA und in Frankreich oder die Bundestagswahl in Deutschland in den Bann geschlagen werden. Wahlen, die manche schon abschaffen oder abschreiben wollten (Colin Crouch prägte das Bonmot, man hätte zwar eine Stimme, aber keine Wahl), zeigen ihre Bedeutung für jeden Einzelnen. Derzeit ist ein Rückstrom von Nichtwählern zu beobachten, der zu großen Teilen populistischen Strömungen zugutekommt. Sie machen die andere Seite der Bürgergesellschaft sichtbar, die der frühere Bundespräsident Joachim Gauck einmal »Dunkeldeutschland« genannt hat. Entscheidend für Europa wird sein, ob man diesen Zyklus von »Abwanderung und Enttäuschung« (Albert O. Hirschman) unterbrechen und umkehren kann.

22. Mai 2016: Präsidentschaftswahl Österreich – Van der Bellen (Grüne) 50,3 %, Hofer (FPÖ) 49,7 %; Wahlwiederholung 4. Dezember 2016: Van der Bellen 53,8 %, Hofer 46,2 % (Wahlbeteiligung 72,4 %).

23. Juni 2016: Brexit-Referendum Großbritannien – 51,89 % der Wähler (= 37,44 % der Wahlberechtigten) stimmen für den Austritt des Vereinigten Königreichs aus der Europäischen Union (Wahlbeteiligung: 72,2 %).

2. Oktober 2016: Referendum über Flüchtlingskontingente in Ungarn – 98,5 % Ja (bei einer Beteiligung von 39,9 %. 50-Prozent-Quorum nicht erreicht, deswegen ungültig).

8. November 2016: Präsidentschaftswahl USA – Wahlmännerkollegium Donald Trump 304 (= 26,4 % der Wahlberechtigten), Hillary Clinton 227. General Election Trump 46,09 %, Clinton 48,18 % (Wahlbeteiligung 60,2 %).

4. Dezember 2016: Referendum über Parlamentsreform in Italien – Nein 59,11 %, Ja 40,89 % (Wahlbeteiligung 65,47 %).

15. März 2017: Parlamentswahlen Niederlande – 21,3 % Volkspartij voor Vrijheid en Democratie (VVD, Ministerpräsi-

dent Mark Rutte), 13,1 % Partij voor de Vrijheid (PVV, Geert Wilders), CDA 12,38 %, D66 12,23 %, Grüne 9,13 % (Wahlbeteiligung 81,9 %).

16. April 2017: Verfassungsreferendum Türkei: Ja 51,18 %, Nein 48,82 %.

23. April 2017 und Stichwahl 7. Mai 2017: Präsidentschaftswahl Frankreich – Emmanuel Macron (En Marche!) 65,9 %, Marine Le Pen (Front National) 34,1 % (Wahlbeteiligung: 74,7 %).

19. Mai 2017: Präsidentschaftswahl Iran – Staatspräsident Hassan Rohani 57,1 %, Ebrahim Raissi 38,3 % (Wahlbeteiligung 73,1 %).

8. Juni 2017: Parlamentswahl Großbritannien – Konservative 42 %, Labour 40 %, Ukip 1,3 % (Wahlbeteiligung 68,7 %).

11./18. Juni Parlamentswahl Frankreich – Ergebnis des zweiten Wahlgangs: Macron: 49,1 %, 350 Sitze (= absolute Mehrheit), Konservative 27 %, 137 Sitze, Front National 8,8 %, 8 Sitze, Linkspartei 7,5 %, 27 Sitze, Sozialisten 6,1 %, 44 Sitze (Wahlbeteiligung 42,6 %).

24. September 2017: Bundestagswahl Deutschland

15. Oktober 2017: Nationalratswahl Österreich

Bis 23. Mai 2018: Parlamentswahl Italien

Wahlen haben eine zunehmend plebiszitäre Note bekommen, die das Establishment abstraft und (nicht wirklich charismatische) Führer in Ämter wählt, für die sie durchweg nicht im Mindesten geeignet sind. Zu dieser Personalisierung gehört die extreme Flatterhaftigkeit der Wähler, die Meinungsforscher zur Verzweiflung bringt und nach verfehlten Prognosen als Scharlatane dastehen lässt. Es ist bemerkenswert, wie rasch demoskopische Vorsprünge bzw. Rückstände dahinschmelzen, Protestparteien wie UKIP in der Versenkung verschwinden, Parteibindungen sich lösen, Hoffnungsträger verbraucht sind und Leistungsbilanzen ignoriert werden. Wahlen werden wichtig genommen, aber sie dienen in einem wachsenden Maß der Stimmungsbekundung, vor allem der Abrechnung.

Wahlen werden überdies neuerdings begleitet von Cyberangriffen und Terrorattacken, welche die Vorstellungskraft okkupieren, die Urteilskraft trüben und Menschen zur Beute unhaltbarer Sicherheitsversprechen machen. Es kann jeden jederzeit überall treffen, eine Lage, die prädestiniert ist für Paranoia, verstärkt durch den medialen Overkill der elektronischen Bildmedien, die seit Nine Eleven mit pseudoaktuellen »Brennpunkten« Menschen zu genau jenen überzogenen Reaktionen und inhumanen Revanchegelüsten treiben, die Terroristen herbeiwünschen, damit wir uns auf eine Stufe mit ihnen stellen.

Phantasien, es den Angreifern heimzuzahlen, sind eine sattsam bekannte Bewältigungsstrategie, eine andere die Projektion der eigenen Ängste auf Sündenböcke. Es gibt ein humaneres, freiheitsschonendes Coping, wie Psychologen die Bewältigung traumatischer Erfahrungen, von Dauerstress und Verlustängsten nennen. Eine Strategie ist das gezielte Herunterspielen des Gewaltaktes: »We are not afraid« (Wir haben keine Angst) stand 2005, nach dem ersten islamistischen Anschlag in London, massenhaft auf Postern. Wir machen weiter wie gewohnt, unsere Gesellschaft ist auch durch noch so viel Gewalt und Leid nicht aus dem Gleichgewicht zu bringen. Für wie viele Iterationen des Schreckens reicht diese Entzauberung des Terrors? Die Täter waren wenig beeindruckt, allein in London haben sie mehrfach wieder zugeschlagen.

Theresa May, die als britische Innenministerin die Sicherheitskräfte abbaute, hat die Relativierung der Menschenrechte in Erwägung gezogen und vorgeschlagen, Gewalt mit Gewalt zu vergelten, in den Quellregionen des Terrors ebenso wie daheim in den Vorstädten. Ist der Sicherheitsstaat imstande, aus passivem Erleiden und paranoidem Hadern herauszutreten, also endlich etwas Wirksames zu tun? Abgeklärte Experten sehen darin eine neue Gewaltspirale eröffnet. Man muss also an den Ursachen ansetzen, das Übel an der Wurzel packen, die brisante Lage durch internationale Friedensstiftung pazifizieren und die IS-Gefolgschaft in Europa durch »Deradikalisierung« vermindern. So unwahrscheinlich und naiv das klingt, es ist die einzige Möglichkeit, die vernünftigerweise bleibt. Wir müssen den Feind, der Europa zerstören will, viel besser kennen, seine bizarren Manifeste lesen, die Zeugnisse der Überläufer genau studieren.

Man wird Leute, die bereit sind, ihr Leben zu opfern, nicht zurückholen, indem man ihnen eine gerechtere Welt verspricht. Aber genau dieses Versprechen, sich eine bessere Welt vorzustellen und tagtäglich nach Kräften daran mitzuwirken, muss der Rest der Welt in einem neuen Gesellschaftsvertrag vereinbaren. Denn wir können nicht »einfach weitermachen«. Wir müssen aktiv und offensiv eintreten für Europa als Symbol einer offenen, freien Gesellschaft und gegen alle Versuche einer Abschottung von der Welt.

Diese Streitschrift für ein unabhängiges, offenes Europa gliedert sich in drei Teile. Sie behandeln drei Facetten europäischer Politik, für die das Englische drei verschiedene Vokabeln bereithält: politics für den Machtkampf, policies für die Politikfelder und polity für die Grundlagen des Gemeinwesens. Unter der Überschrift »Gezeitenwechsel« betrachte ich im ersten Teil ausgewählte populistische Strömungen in Europa und bewerte sie, anders als sonstige Vergleichsstudien, als lokale Varianten der sich herausbildenden europäischen Gesellschaft. Der schon zu Tode gerittene Begriff »Populismus« ist dabei eher eine Verharmlosung im Blick auf die sich ausbreitenden Tendenzen zu einem völkisch-autoritären Nationalismus. Populistisch ist die Methode, »das Volk« als angeblich homogene Einheit gegen »die da oben«, vor allem gegen die politischen und intellektuellen Eliten in Stellung zu bringen. Der Inhalt dieser Politik ist die Reduktion des Volkes auf eine ethnisch, eventuell religiös homogene Gruppe von »Eigenen«, die als »Bio-Deutsche« (oder Bio-Türken, -Franzosen etc.) bezeichnet und gegen »Fremde« ins Feld geführt werden. Um diesen Populismus einzudämmen, gilt es, ihn zu verstehen, was nicht heißt, ihn zu legitimieren, aber doch die Ursachen seiner Anziehungskraft zu begreifen und das jeweilige Körnchen Wahrheit in seinen Ansprüchen und Zumutungen zu identifizieren.

Im zweiten Teil »Gegen den Strom« werden Alternativen zum nationalistischen Diskurs aufgezeigt: ein Themenwechsel weg von der lähmenden Fremdenfurcht, der übertriebenen Terrorpanik und der Vergangenheitsfixierung der radikalen Rechten, hin zu den Zukunftsthemen, die einmal die Domäne der freiheitlichen Linken waren und es wieder werden sollten. Hier zeichnet sich eine Trias aus ökologischer Nachhaltigkeit, sozialer Solidarität und politischer Teilhabe unter dem Dach einer entschiedenen Politik für künftige Generationen ab. Konkret werden dazu Konzepte transnationaler Bürgerschaft und Teilhabe, sozialpolitische Reformvorschläge, eine neue Bildungsinitiative und Transformationsschritte in nachhaltige Energieerzeugung und klimafreundliche Lebensstile diskutiert. Daraus ergibt sich die progressive Agenda für eine nachhaltige europäische Bürger- und Sozialunion, die namentlich jüngeren Europäern Praxisfelder erschließt. Hier erfolgt auch der kosmopolitische Anschluss zur Weltgesellschaft.

Im dritten Teil »Freibeuter« werden ein Dutzend konkreter Beispiele aus der »Praxis Europa« zwischen Palermo und Hammerfest, Galway und Brest-Litowsk vorgestellt. Sie haben zunächst lokale und nationale Reichweite und unterstreichen die Vielfalt der europäischen Welt, aber wie Puzzlesteine fügen sie sich zu einem politischen Parallelkosmos, der den »Agenten des Wandels« Mut und Selbstwirksamkeit verleiht. Auch räumlich und sachlich weit entfernt agierende Graswurzelinitiativen teilen eine normative Ordnung, eine institutionelle Struktur und eine Dynamik, die gegen antidemokratische Angriffe gefeit macht. Die Beispiele aus allen Landstrichen Europas einschließlich seiner Peripherie zeigen Facetten des Widerstands gegen den Nationalismus ebenso wie Pfade in ein demokratisches, solidarisches und nachhaltiges Europa.[2]

Was über Monate und Jahre kaum einmal gelang, eine Demo *für* Europa, ereignet sich nun bald alle Tage. Solche Graswurzelinitiativen können der zaghaften Europavision des im Januar 2017 vorgelegten Weißbuchs der Europäischen Kommission Beine machen. Darin war viel von »mehr« und »weniger« die Rede, vom Europa der »verschiedenen Geschwindigkeiten«, der »konzentrischen Kreise« oder »à la carte«. Im Folgenden geht es um Entwürfe, Praktiken und Utopien eines *anderen und besseren Europa*. Entstanden ist das Buch in den letzten Jahren im Wesentlichen auf Reisen durch den Nahraum der Metropole Ruhr, wo ich zehn Jahre lang am Kulturwissenschaftlichen Institut tätig war, und in Ideenwerkstätten und Reallaboren der europäischen Gesellschaft.[3]

Europäer war ich dank der Gnade meiner frühen Geburt von Kind an. Geschärft wurde dieses spontane Gefühl durch die politische Sozialisation in Paris und meinen zeitweiligen Lebensmittelpunkt New York Mitte der 1990er Jahre.[4] Gewidmet sei das Buch einem langjährigen Freund und Gesprächspartner, der ein sehr amerikanisches Temperament hatte, aber auch Europa bestens verstand: Benjamin Barber (1939–2017). Seine *Declaration of Interdependence*[5] gilt auch für diese europäische Unabhängigkeitserklärung, ebenso der Geist des »Munizipalismus«, die kommunale Demokratiebewegung rebellischer und kreativer Stadtkulturen[6], für die Barbers weltweite Initiative für einen durch große Städte getragenen Klima- und Umweltschutz ein gutes Beispiel ist. Er stellt uns die Gretchenfrage: Wie haltet ihr es mit Europa? – als Bürger, Wähler und demokratische Eliten.

I GEZEITENWECHSEL

... man muss auf eines setzen, darin ist man nicht frei.
Sie sind eingeschifft.
Blaise Pascal, Pensées, 1669[1]

In frischer Erinnerung ist das Bild des Tsunami, der im Dezember 2004 die südasiatischen Küsten erreichte und Zehntausende von Toten und materielle Schäden in Milliardenhöhe hinterließ. Viele Zeitgenossen mag im letzten Jahrzehnt das Gefühl beschlichen haben, einer ebensolchen Flutwelle ausgesetzt zu sein. Übermächtig wirkende Kräfte – anonym-abstrakt die Globalisierung, symbolisch-konkret die Flüchtlinge, emotional-dramatisch der Terror – branden an die Küsten Europas, dessen Bewohner sich jahrzehntelang auf sicherem Grund, wie auf einer »Insel der Seligen« gefühlt hatten und nun den Eindruck gewinnen, auf einer schmelzenden Eisscholle durch eine aufgeheizte See zu treiben.

Metaphern der hohen See spielen in der Geschichte der Ideen seit der Antike und in vielen Kulturen eine große Rolle. Das Meer, dozierte Hegel in seinen »Vorlesungen über die Philosophie der Geschichte«, »gibt uns die Vorstellung des Unbestimmten, Unbeschränkten und Unendlichen, und indem der Mensch sich in diesem Unendlichen fühlt, so ermutigt dies ihn zum Hinaus über das Beschränkte«[2]. In der uferlosen Weite entfalten sich Menschen und überschätzen sich gern. »Schiffbruch mit Zuschauer« hat ein Nachfolger des Philosophen die Daseinsmetapher umschrieben und das Terrain, nein: die Oberfläche der Welt abgesteckt: »Es gibt Küsten und Inseln, Hafen und hohes Meer, Riffe und Stürme, Untiefen und Windstillen, Segel und Steuerruder, Steuermänner und Ankergründe, Kompass und astronomische Navigation, Leuchttürme und Lotsen.«[3] Wir können uns auch Europa einmal als Meer, als *mare europaeicum* ausmalen und uns dort Seeungeheuer und Korallenriffe, friedliche Strände und umtoste Inseln, Deiche und Leuchttürme, Passagiere, Kapitäne und Mannschaften vorstellen, die eingeschifft sind.

Nach 1989/90 schien Europa etwa ein Jahrzehnt lang in ruhigeres Fahrwasser zu steuern. Mit Genugtuung verzeichnete man das Ende der Teilung und der bipolaren Weltordnung und konnte sich an der Erfüllung einer kosmopolitischen Utopie erfreuen. Ihre Träger waren sympathische Demokratiebewegungen, die 1968 im »Prager Frühling« noch mit Panzern unterdrückt wurden, ein gutes Jahrzehnt später aber mit der polnischen Gewerkschaft Solidarność kaum noch aufzuhalten waren. Flankiert durch den polnischen Papst Johannes Paul II. und geduldet durch Helden des Rückzugs wie Michail Gorbatschow ging das lange Zeit als unsinkbar geltende Sowjetimperium unter. Der Hegelianer Francis Fukuyama sagte 1992 voraus, nach diesem »Ende der Geschichte« werde es nur noch Kapitalismus und Demokratie geben. Der erste Teil der Vorhersage erfüllte sich bis auf wenige Exklaven, doch während noch ein gutes Dutzend autoritärer Regime zu präsidialen und parlamentarischen Demokratien mutierte und eine »dritte Welle der Demokratisierung« um den Globus rauschte, traf der Tsunami der Freiheit auf eine mächtige autoritäre Unterströmung, die sich seit den späten 1970er Jahren aufgebaut hatte.

Erste Anzeichen gab es 1973 weit weg von Europa. In Chile wurde Salvador Allendes Linksregierung durch einen Militärputsch hinweggefegt und kreierte General Augusto Pinochet jenen Regierungsstil, der mittelfristig in vielen Weltregionen Einzug hielt: die Verbindung einer ultraliberalen Wirtschaftspolitik, die Staatsinterventionen radikal herunterfährt, mit einer autoritären Sicherheitspolitik, die bürgerliche Freiheiten opfert. Eingeübt wurde dieser autoritäre Liberalismus[4] durch

eine von amerikanischen Beratern und europäischen Kollaborateuren unterstützte Militärjunta, die zwar die Inflation senkte
und Investoren ins Land holte, aber zugleich die Friedhöfe und
Gefängnisse füllte.

Im Dezember 1989 gehörten die chilenische Junta und
ebenso die Diktaturen in den Nachbarländern Brasilien und Ar-
gentinien der Vergangenheit an, *the third wave of democracy went
global*. Aber nicht überall kam sie an. Im Iran herrschte schon ein
Jahrzehnt lang eine islamische Mullah-Elite, die das Land bis
heute im Griff hat.[5] In China stabilisierte sich seit der Machtübernahme von Deng Xiaoping im Jahr 1979 die postmaoisti-
sche Elite, die das Land mit einer Kreuzung aus Parteistaat und
Staatskapitalismus zur Weltmacht aufsteigen ließ. In Großbritannien und den USA beendete die Austeritätspolitik Margaret
Thatchers bzw. Ronald Reagans die New-Deal-Ära, die soziale
Ungleichheiten eingedämmt und Teilhabe auf vielen Ebenen er-
möglicht hatte. *Thatcherism* und *Reagonomics* wurden stilbildend.
Die 1981 in Frankreich an die Macht gelangte Linksunion aus
Sozialisten und Eurokommunisten war eher ein Nachzügler als
der von manchen erhoffte Beginn einer neuen Epoche, die
Demokratie und Sozialismus vereinbaren würde.

Verharren wir noch einen Moment in der globalen Perspektive. Die wirtschaftlichen und psychologischen Folgen von Ölkrisen, weltweiten Rezessionen und der ungezügelten Dynamik
des Finanzkapitalismus zogen europäische Mitte-Links-Regierungen sukzessive auf den nunmehr »neoliberal« genannten
Kurs. In der Abwehr diverser terroristischer Bewegungen von
den Roten Brigaden und der RAF über die ETA und PKK bis hin
zu al-Qaida und zum Islamischen Staat (IS) entwickelten sich
Sicherheitsapparate, die bürgerliche Freiheitsrechte immer
mehr außer Kraft setzten. Damit kehrte der Ausnahmezustand
auch im Westen zurück, die Symbiose aus Autoritarismus und
Marktradikalismus wurde zum wahren Signum des »Endes der
Geschichte«.

Für Europa entscheidend: Die 1970er Jahre waren auch die
Inkubationszeit eines neuen Populismus, der sich von älteren

Bewegungen dieser Art in den Vereinigten Staaten, Russland und Südamerika unterscheidet. Der klassische Populismus war zumeist eine Defensivreaktion auf rasante kapitalistische Durchbrüche und rasanten sozialen Wandel – so in den Vereinigten Staaten während des *Gilded Age*, im spätfeudalen Russland und in Lateinamerika zur Zeit der Weltwirtschaftskrise 1929/30. *People's Party, Narodniki* und *Peronistas* reagierten auf übermäßige soziale Ungleichheit und Ausbeutung und führten vor Augen, dass auch demokratisch gewählte Eliten das gemeine Volk nicht unbedingt repräsentieren. Die da oben gegen uns hier unten, das ist der Basisdiskurs des Populismus, seine so schlichte wie prätentiöse Scheidelinie des politischen Raumes. Von daher hatte er vor allem in seiner links-egalitären Ausprägung stets eine Funktion der politischen Hygiene und Kurskorrektur, leitete über in sozial-progressive Bewegungen und beherzte Reformen. Aber er hatte immer auch eine hässliche Seite: aggressive Fremdenfeindlichkeit, völkischen Nationalismus, die Neigung zum totalitären Faschismus.

DIE AUTORITÄRE WELLE

Auf welche Seite der Populismus im heutigen Europa fällt, soll nun genauer untersucht werden, und daran entscheidet sich, ob der Begriff »Populismus«, in der aktuellen Debatte übermäßig strapaziert, die Lage überhaupt noch trifft.[6] Im Folgenden betone ich vor allem die Schlagseite des neuen Populismus zum völkisch-autoritären Nationalismus. Das bedeutet: Die hässliche Seite hat sich stärker ausgeprägt, der scheinbar klassenlose Gegensatz von Volk und Eliten schärft sich zur menschenfeindlichen Unterscheidung von Eigenem und Fremdem, Einheimischen und Einwanderern, Christen und Muslimen, Freunden und Feinden. Diese schiefe Ebene ist in den meisten europäischen Gesellschaften anzutreffen, sie reicht über den jeweils nationalstaatlichen Rahmen hinaus und ergibt ein Gesamtbild, das sich wie in anderen – wirtschaftlichen, sozialen, kulturellen – Dimensionen als »europäische Gesellschaft« (im Singular) fassen lässt. Jenseits der Nationen, die damit keineswegs obsolet geworden sind und verzweifelt von den völkisch-autoritären Nationalisten beschworen werden, erstreckt sich eine Vergesellschaftung, die sämtliche Institutionen erfasst und zur Europäisierung von Einstellungen, Verhaltensmustern und Alltagspraktiken geführt hat.

Auch der Populismus oder nun präziser: der völkisch-autoritäre Nationalismus ist ein gesamteuropäisches Phänomen mit unterschiedlichen nationalen Ausprägungen, die sich zu einer gemeinsamen Bewegung gegen Supra- und Transnationalisierung verbunden haben. Soziologisch gesehen stärkt diese Bewegung die segmentäre Abschottung von Nationalstaaten gegen die funktionale Arbeitsteilung der Weltwirtschaft, und zugleich bedeutet der kulturelle Fokus auf Europa eine Abschottung gegen die globale populäre Kultur und insbesondere gegen eine nichteuropäische Einwanderer-Population. Die Bezugsgröße ist damit die europäische Gesellschaft als ganze, nicht mehr allein die jeweils nationale politische Kultur von Nationalstaaten. Insofern ist der Populismus eine gesamteuropäische Erzählung, die sich ohne Widerspruch zur Bejahung, ja Heiligung der jeweils eigenen Nation selbstverständlich auch europäisch organisiert.

Schauen wir uns die Dramaturgie dieser Erzählung genauer an. Sie beginnt in den 1970er Jahren mit der Rebellion gegen zu hoch empfundene Steuersätze in den skandinavischen Wohlfahrtsstaaten und gegen die Abtretung politischer Souveränität an die ungeliebte Europäische Union, der »Volksferne« und Beamtenarroganz unterstellt wurden. Dabei blieb es nicht. In Jean-Marie Le Pens Front National (FN), Jörg Haiders Freiheitlicher Partei Österreichs (FPÖ) und später Geert Wilders' Volkspartij voor Vrijheid en Democratie (VVD, später PVD) legten die Staatskritiker und Euroskeptiker ihre fremden- und islamfeindliche Weltsicht an den Tag. Beide Antihaltungen bündelten sich im Feindbild der Europäischen Union, die sich im Zuge der Demokratisierung im Süden und Osten Europas gerade von 15 auf 28 Mitglieder erweitert hatte, seither jedoch zunehmend mit

Exit-Stimmungen konfrontiert ist, die ihren Höhepunkt vermutlich erreicht haben.[7]

Dazu stießen populistische Bewegungen im Süden Europas, namentlich in Italien, wo der Medienunternehmer Silvio Berlusconi zweimal die Regierung übernehmen konnte, neben der Lega Nord und der Fünf-Sterne-Bewegung (M5S) des Komikers Beppe Grillo. Hinzu kamen diverse nationalpopulistische und rechtsradikale Strömungen auf dem Balkan, in den vier *Visegrád*-Staaten (Tschechien, Slowakei, Ungarn und Polen) und in der Schweiz. Auch die »Wahren Finnen«, seit 2015 Regierungspartei, sind symptomatisch für das Revival der Nation als Bezugspunkt von Politik. Mit der Alternative für Deutschland (AfD) hat sich zuletzt in der Bundesrepublik Deutschland eine Rechtspartei etabliert, die den eher episodischen und lokalen Einfluss von NPD und Republikanern übertroffen hat. Auch hier mutierte die euroskeptische und marktradikale Position der Lucke-AfD zum völkisch-autoritären »National-Sozialismus« der Höcke/Gauland-AfD.

Die europäische Landkarte ist somit nur noch auf der Iberischen Halbinsel sowie im Baltikum, in Slowenien und Irland frei von Rechtsparteien mit einer Zustimmung über fünf Prozent. Dort hat sich aber in linkspopulistischen Strömungen wie der spanischen Podemos ebenfalls eine europaskeptische Haltung verfestigt, die auch in anderen EU-Ländern wie in Frankreich (Parti de Gauche, La France insoumise) und Griechenland (Syriza) sowie in einigen ostmitteleuropäischen Staaten zu beobachten ist. Betrachtet man den Aufstieg der nationalistischen Strömungen von eher marginalen Splitterparteien bis in die Nähe der Regierungsverantwortung beziehungsweise in den Rang von Regierungsparteien, gerät der Allerweltsbegriff »Populismus« vollends zur Verharmlosung. Aus einer anfänglich staats- und EU/Euro-kritischen Haltung hat sich immer deutlicher ein völkisch-autoritärer Nationalismus herausgeschält, der an der ökonomischen Europäisierung und Globalisierung Anstoß nimmt, aber vor allem die angebliche Überfremdung durch nichteuropäische Immigranten aus dem globalen Süden zum Thema macht.

Damit wird – jenseits von arm und reich, oben und unten, religiös und säkular – in den konsensorientierten politischen Systemen eine neue Spaltungs- und Konfliktlinie[8] zwischen dem »Eigenen« und dem »Fremden« sichtbar. Die spürbare, generell seit den 1970er Jahren zunehmende Ungleichheit von Einkommen und Vermögen und die Zunahme von prekären Arbeitsmarktlagen und unsicheren Zukunftsaussichten in der europäischen Gesellschaft werden auf die Immigration projiziert und »Fremde« zu Sündenböcken erklärt. Angesichts dieser Dynamik ist man geneigt, von einem langen Zyklus zu sprechen, der wachsende sozioökonomische Ungleichheit mit dem Anwachsen von Xenophobie und Europessimismus korreliert.[9]

Gesamteuropäisch und grenzüberschreitend sind die Einzelerfolge rechter Parteien auch in ihrem Demonstrations- und Diffusionseffekt: Die europäische Internationale der Nationalisten stärkt sich an Erfolgen befreundeter Parteien jenseits der Grenzen und kann dort selbst ihre jeweiligen weltanschaulichen und taktischen Elemente einspeisen. Ein Beispiel ist die Schweizer Kampagne für ein Minarettverbot, die Anstöße aus den Niederlanden aufnahm und selbst zum Bezugspunkt anderer islamophober Bewegungen geworden ist. Grenzüberschreitend viral war auch die Exit-Parole; mit dem Erfolg der Leave Campaign in Großbritannien, einem Land, das stets starke Reserven gegenüber dem Kontinent und der EU hatte, verbreitete sich dieser Mobilisierungsansatz zum Öxit, Frexit, Dexit und so weiter auch in Kernländer der Union, die bis dato stets hohe Sympathiewerte für die EU zu verzeichnen hatten.

Das heißt aber auch: Ohne »Brüssel« wären die Nationalisten nichts. Die Chiffre des Unmuts bündelte sämtliche Anlässe von Unzufriedenheit wie in einem Brennglas in Richtung EU: die Kritik an der Volksferne von Politik und an bürokratischen Auswüchsen, die Angst vor unkontrollierter Freizügigkeit und Masseneinwanderung, die Sorge über steigende Kriminalität sowie das Gefühl der Perspektivlosigkeit in »abgehängten« Regionen. Die Europäische Union, die bei objektiver Betrachtung

Fraktionen der radikalen Rechten im Europaparlament

Partei/Fraktion	Europa der Nationen und der Freiheit (ENF)	Europäische Allianz für Freiheit	Europa der Freiheit und der direkten Demokratie (EFDD)	Allianz der Europäischen nationalen Bewegungen (AEMN)	Allianz für Frieden und Freiheit (APF)	Europäische Christliche Politische Bewegung (ECPM)
Mitglieder	Front National, Lega Nord, FPÖ, AfD, Vlaams Belang	UKIP Dissidenten, Einzelmitglieder aus Malta, Lettland, Polen, Deutschland, Schweden, Tschechien	UKIP, Debout La France, Movimento 5 Stelle	Jobbik, Flamme tricolore, British National Party, Partido Nacional Renovador, Samoobrona, Slovenska Nacionalna Stranka	NPD, Goldene Morgenröte, schwedische, französische, slowakische Identitäre und Neonazis	Christen Unie, Prawica Rzeczypospolitej, Familien-Partei
Mitglieder	39	3	42	3	4	6
Stiftung	Ja	Ja	Ja	Ja	Ja	Ja
Finanzen	1,01 Mio. €	0,26 Mio. €	0,67 Mio. €	0,26 Mio. €	0,26 Mio. €	0,19 Mio. €

durchweg für mehr Wohlstand und Freizügigkeit gesorgt hat, wurde bei denen, die sich vom einen ausgeschlossen und vom anderen überfordert fühlen, zum allseits passenden Sündenbock.[10]

Die völkisch-autoritäre Radikalisierung des Populismus ist also mehr als die Summe ihrer Teile. Um ihre Besitzstände bangende Steuerrebellen, von Überfremdungsängsten geplagte Islamophobe, antipolitische Polit-Clowns, Exiteers mit ihrer nationalen Nostalgie und religiöse Rechte verbanden sich zu einer sich selbst aufschaukelnden Welle. Ins Rollen kam sie in den nordeuropäischen Wohlfahrtsstaaten, andauernde Turbulenzen erzeugte sie in Italien, zur Sturmflut wuchs sie in der illiberalen Demokratie Ungarns.

ETWAS FAUL IM STAATE DÄNEMARK

Um industrielle Gesellschaften vor Altersarmut, schwerer Krankheit und langer Arbeitslosigkeit zu schützen, entstanden in der reichen Welthälfte bis Mitte des 20. Jahrhunderts eine Reihe unterschiedlich ausgestatteter Wohlfahrtsstaaten, stets mit dem Hintergedanken, eventuell zum Aufstand neigende Unterschichten zu befrieden. Die skandinavischen Länder sind Paradebeispiele hierfür. Nationen, die diesem Weg umverteilender Staatsintervention folgten, waren meist ethnisch homogen, wie es etwa die schwedische Definition des »Volksheimes« unterstreicht.[11] Die Solidargemeinschaft bestand jeweils aus Schweden, Norwegern oder Dänen, eine nennenswerte »Gastarbeiter«-Einwanderung erlebten diese Länder erst seit den 1970er Jahren. Zu ebendiesem Zeitpunkt gerieten die demographischen Fundamente des *welfare state* durch sinkende Geburtenraten und steigende Lebenserwartung weltweit unter Druck, verstärkt durch nachlassendes Wirtschaftswachstum und das Aufkommen von Arbeitsverhältnissen, von denen man oftmals ohne Transferleistungen keine Familie mehr ernähren konnte.

Dänemark vereinigt dagegen bis heute fast ideal die Elemente des persistenten Wohlfahrtsstaates. Dank einer hohen, weithin akzeptierten Steuerquote sind generöse öffentliche Sozial-, Bildungs- und Gesundheitsausgaben möglich, der Organisationsgrad der Gewerkschaften garantiert ein hohes Lohn- und Einkommensniveau und im Effekt eine egalitäre Sozialstruktur, die weltweit ihresgleichen sucht. Dank einer relativ gut abgesicherten Flexibilität im Arbeitsmarkt (*flexicurity*) hat Dänemark einen im EU-Maßstab hohen Beschäftigungsgrad. Dem Land geht es im internationalen Vergleich exzellent, und es wird gelobt für seine politische Transparenz und die geringe Anfälligkeit für Korruption. Nur: Damit das so bleibe, neigt eine immer größer werdende Zahl von Dänen dazu, die Früchte des Wohlfahrtsstaates exklusiv »Bio-Dänen«, also ihresgleichen zugutekommen zu lassen und Einwanderern zu verweigern, nachdem das Land bis in die 1980er Jahre als Vorbild für die Aufnahme von Zuwanderern und Flüchtlingen gegolten hatte.

Die Begründung ist einfach und auf den ersten Blick völlig einleuchtend: Wer nie oder wenig in Dänemark gearbeitet und folglich kaum in die Sozialkassen eingezahlt hat, der soll sich aus ihnen auch nicht alimentieren. Anders gesagt: Dänemark *musste* in dieser Sichtweise nach rechts rücken, um gut »national-sozialdemokratisch« zu bleiben. Egal, ob man sie kluge Vorsorge oder Wohlstandschauvinismus nennt. Die neue Rechenart stärkte, da ihr die in Dänemark die meiste Zeit seit 1924 regierenden Sozialdemokraten nicht konsequent Folge leisteten, die konservative und rechtspopulistische Opposition mit der Forderung, zum einen die hohe Steuerlast zu mildern und zum anderen die Einwanderung zu begrenzen. Einem Erdrutsch gleich trat im Dezember 1973 mit fast 16 Prozent der Wählerstimmen die Dänische Fortschrittspartei unter dem knorrigen Steueranwalt Mogens Glistrup auf den Plan und wurde aus dem Stand zur zweitstärksten Fraktion im Folketing.[12] Damals war Immigration noch kein beherrschendes Thema. Der 1983 wegen Steuerhinterziehung inhaftierte Parteichef konnte dieses Niveau nicht halten, ein häufiges Schicksal populistischer Überraschungsvorstöße; die Partei zerfiel. Ihr Ansatz wurde aber seit 1995 in der rechtspopulistischen Dansk Folkeparti (DF) fortgeführt, die professioneller und effektiver vorgeht und weiter ins konservative wie sozialdemokratische Milieu hineinragt. Unterdessen *war* Einwanderung das große Thema in Dänemark. 2001 holte der sozialdemokratische Regierungschef Rasmussen die DF ins Kabinett und machte sie hoffähig. 2015 errang sie mit 21 Prozent ihren größten Wahlerfolg und erscheint im zersplitterten Vielparteiensystem wenigstens für die Duldung von Minderheitsregierungen als unverzichtbar.

Das dänische Exempel zeigt idealtypisch, wie im reichen Europa binnen weniger Jahre aus kompletten Außenseitern regierungsfähige Parteien werden konnten, aber auch, welche Rolle dabei die Verschiebung vom »single issue« Steuerrebellion zur Dreieinigkeit von Migrationskritik, Islamfurcht und EU-Skepsis spielt. Anfang 2014 lebten in Dänemark knapp eine halbe Million Einwanderer, über elf Prozent der Gesamtbevölkerung. Gut ein Drittel stammte aus den skandinavischen Nachbarländern und Deutschland, der weniger erwünschte Rest aus Polen, vom Balkan, aus dem Nahen und Mittleren Osten, aus Pakistan und Somalia. In einem für seine Weltoffenheit und Toleranz gerühmten Land schlug, ähnlich wie in den Niederlanden (siehe S. 66 ff.), das Pendel um in einen defensiven Nationalismus, in dessen Zentrum das Dänentum (*danskhed*) und die nationale Souveränität, die Sonderstellung der (evangelischen) Volkskirche (*Folkekirken*), der Schutz der Familie und die Affirmation von Tugenden wie Fleiß und Tüchtigkeit sowie von als besonders dänisch geltenden Phänomenen wie die »Gemütlichkeit« stehen. Das ist in der *global city* Kopenhagen weniger der Fall, aber die Probleme der öffentlichen Ordnung, die dort sichtbar werden, strahlen aus in das einwanderungskritische flache Land. Die Folkeparti mobilisiert nicht zuletzt in Jütland, dessen Nachbarschaft zu Deutschland historische Bezüge der NS-Besatzung und aktuelle Befürchtungen über die große Zahl der Geflüchteten aus islamischen Ländern aufruft.

Glistrups Erben, weit smarter und wortgewandter als dieser, grenzen sich – anders als die Schwedendemokraten, die ihre rechtsradikale Herkunft nicht verleugnen (können) und neonazistischen Kreisen verbunden bleiben – von Rechtsaußen ab. Sie präsentieren sich nicht als Gegner der Sozialdemokratie, sondern als ihre legitimen Erben, die den Wohlfahrtsstaat ausbauen und für »Bio-Dänen« eher noch attraktiver machen wollen. Sie oder wir, lautet jetzt die Alternative, die längst auf die einst so vorbildliche Asylpolitik des Landes abgefärbt hat. Man hat es mit einem Land zu tun, das an seiner Pluralität verzweifelt und zu einer radikalen Wende neigt, die es für Notwehr hält: *Denmark first*. Das beeindruckt jetzt auch die ins Hintertreffen geratenen Sozialdemokraten.[13] Die dänische Rechte verweist gern auf Erfahrungen, die eine weitere Immigration aus nichtwestlichen Ländern und Osteuropa als volkswirtschaftliche Belastung und die Assimilation namentlich von Menschen aus der arabisch-islamischen Welt als gescheitert erscheinen lassen: Arbeitslosenquoten und Kriminalitätsraten bestimmter Einwanderergruppen übersteigen den Durchschnitt.

Den Abwehrreflex verschärfte 2005 der militante Protest in vielen islamischen Ländern gegen die von der Zeitung *Jyllands-Posten* gedruckten Mohammed-Karikaturen, später der terroristische Anschlag auf ein beliebtes Café in Kopenhagen. Die Partei brachte Gesetzentwürfe ein, die das Tragen von Kopftüchern im öffentlichen Raum, Gebetsräume für muslimische Mitarbeiter in dänischen Firmen und die Verabreichung von Halāl-Fleisch in Kindergärten unterbinden sollten. Die zunehmende Skepsis gegenüber der eigenen Weltoffenheit und eine wachsende Kritik an der Globalisierung, namentlich in kultureller Hinsicht, gehen zurück auf Nine eleven. Die DF verfolgt eine isolationistische Außenpolitik, also Abschottung von den Übeln dieser Welt, während die dänischen Regierungen durch Kontingente etwa im Irak diese Übel durch militärische Intervention an der Wurzel zu bekämpfen trachten.[14] Das humanitäre Engagement von Dänen bleibt hoch, hat aber keine kosmopolitische Entsprechung mehr bei der Aufnahme von Flüchtlingen und Einwanderern.

Was kann man der exklusiven Position der dänischen Rechten entgegenhalten? Vor allem ein strukturelles Argument: Dänemark kann sich nicht ohne beträchtlichen Schaden von der Globalisierung abkoppeln, von der es massiv profitiert; das Land ist, wie alle europäischen Staaten, an der Externalisierung der Kosten des Wirtschafts- und Konsummodells beteiligt, das die große Mehrheit der Dänen bejaht und das ihnen nun, in Gestalt einer Armutswanderung aus dem globalen Süden, gewissermaßen auf die Füße fällt.[15] Europapolitisch verlagert ein Ausscheren Dänemarks aus der Solidarität der EU das Problem nur auf die Nachbarländer wie Deutschland und Schweden, von denen man sich ungern kritisieren lässt. Auf der Suche nach Asyl und Arbeit finden Menschen aus dem globalen Süden in Dänemark kaum noch ihr Ziel; das Land hat seine Grenzen dichtgemacht und damit in der Debatte um Obergrenzen in der Europäischen Union als Vorbild und Motor gewirkt. Heute können ausländische Ehepartner erst nach 24 Jahren dänische Bürger werden. Durch bloße Heirat sollen Ausländer ebenso wenig am dänischen Sozialsystem teilhaben dürfen wie als Arbeitslose.

Vertreten wird das »neue Dänemark« nicht durch Polterer wie Marine Le Pen oder Demagogen wie Geert Wilders, sondern durch seriösere Gestalten wie die DF-Parteigründerin Pia Kjærsgaard und ihren Nachfolger, den knapp 50-jährigen Kristian Thulesen Dahl. Sie haben Liberalen wie Sozialdemokraten ihre Agenda aufzwingen können und das dänische politische System insgesamt nach rechts bewegt, ohne dass dies wie ein scharfer Rechtsruck gewirkt hat. Ein solches Phänomen nennen Sozialwissenschaftler »shifting baselines«[16] – die unmerkliche Verschiebung von Bemessungsgrundlagen und die unbewusste Erosion moralischer Maßstäbe. Es ist bemerkenswert, dass der autoritäre Nationalismus in Dänemark nicht durch charismatische Patriarchen repräsentiert wurde, sondern durch eine Frau, die im politischen Alltag zwar ausgesprochen »tough« auftrat, aber auch mütterliche und emotionale Züge an den Tag legte und Einblicke in ihr Privatleben zuließ.[17] Besonders sie hat dafür gesorgt, dass die Folkeparti heute (in den Worten des sozialdemokratischen Ministerpräsidenten Poul Nyrup) als »stubenrein« gilt.

2016 ist die Partei allerdings durch einen Korruptionsskandal geschwächt worden. Marten Messerschmidt, der mit kräftigen Ansagen gegen Einwanderer und die EU zum Aushängeschild geworden war (»Wenn die Europäer das ganze Ausmaß der schamlosen Geldverschwendung kennen würden, würde es eine Revolution geben«), musste im Herbst 2016 den Parteivorstand verlassen, weil er nachweislich in die Veruntreuung von EU-Geldern verwickelt war, die für die dänische Parteiorganisation verwendet wurden, darunter für eine Segeltour während der Kommunalwahlen.[18] So wird die Folkeparti nun ihrerseits rechts überholt von der 2015 gegründeten Partei Nye Borgerlige (NB) unter der beliebten Politikerin Pernille Vermund.[19]

Betrachtet man die Folkeparti weniger als dänisches Sonderphänomen denn als dänische Facette der europäischen Gesellschaft, wird deutlich, wie verbreitet diese protektionistische Haltung ist. »Die Kehrseite einer Konsenskultur«, wird der schwedische Politologe Nicholas Aylott zitiert, »ist, dass es plötzlich einen neuen Konsens geben kann.«[20] In drei nordischen Staaten haben Nationalisten etwa ein Fünftel der Wählerschaft hinter sich, die weit rechts stehenden Schwedendemokraten könnten demnächst aufschließen. Überall bilden sie Sperrminoritäten: Ohne ihre Duldung oder Beteiligung ist eine Regierungsbildung von Mitte-rechts oder Mitte-links kaum noch möglich[21], aber wer mit ihnen koaliert, riskiert mehr als nur einen Shitstorm. Wer dagegen »Europa zuerst!« proklamiert, muss sich mit der nachvollziehbaren Sorge auseinandersetzen, die Grundlagen der eigenen Existenz könnten auf dem Spiel stehen, und plausibel machen, dass die zumeist verborgenen Kosten des europäischen Wohlstands und einer nachhaltigen Lebensweise, wie sie in Dänemark ebenfalls stark gepflegt wird, nicht externalisiert werden, also nicht auf die Zurückweisung von Bedürftigen aus nichteuropäischen Regionen hinauslaufen dürfen.

PARADIES FÜR POPULISTEN: ITALIEN

Italien bezeichnet der Politologe Marco Tarchi als ein »Land der vielen Populismen«, sein spanischer Kollege Loris Zanatta als deren »üppigstes Testgelände« seit den 1990er Jahren.[22] Damals zerbrach die antagonistische Kooperation zwischen regierenden Christdemokraten und oppositionellen Kommunisten und damit die antifaschistische Koalition der Nachkriegszeit. Die Parteien waren im Strudel von Korruption und Machtverschleiß ausgelaugt; Italien, das als Mitglied der G 7 und G 20 zu den wichtigsten Ländern der Welt zu gehören beansprucht, lag ökonomisch am Boden und war durch zahllose Affären demoralisiert. Der »Retter« war, wie wir seither noch öfter erleben konnten, eine Person, die alle negativen Facetten geradezu idealtypisch verkörperte, aber scheinbar außerhalb des Spiels gestanden hatte: Silvio Berlusconi, ein Medienmogul aus Mailand, Wiederkehr des Duce als Farce und in vieler Hinsicht ein Vorläufer von »The Donald«. Ähnlich wie Trump heute war dieser Milliardär im Grunde eine Lachnummer – halbseiden in seinen bizarren Unternehmungen und privaten Eskapaden, ein zweitklassiger Showman, aber gerade deswegen von vielen Italienern als Verkörperung ihrer selbst, des Uomo qualunque, angenommen und geliebt. Berlusconi verkörperte den Jedermann, der bleiben möchte, wie er ist, und Belehrungen durch jene selbstherrlichen Eliten nicht nötig hat, die Italien seit 1945 regierten und stets in ihrem Sinne zu modernisieren trachteten.

Der Kern des italienischen Populismus vom Berlusconismo über die Lega Nord bis zum Movimento Cinque Stelle (M5S) ist der antipolitische Affekt, der mit einem Urmisstrauen gegen staatliche Institutionen einhergeht, wie der amerikanische Sozialwissenschaftler Robert D. Putnam in einer detaillierten Sozialstudie dargelegt hat.[23] Das Volk meint, ohne institutionelle Vermittlung und intermediäre Instanzen zurechtkommen zu können, und Garant dieses antistaatlichen Ressentiments wurde das vulgäre Charisma, das Berlusconi zu verströmen verstand. »Wir wollen, dass das Volk den Staat führt, nicht der Staat das Volk. Wir wollen, dass dieser populäre Geist seine Institutionen durchdringt«, war sein Slogan. Diese scheinbare Aufwertung des »Volkes« war vielen Italienern eine halbe Rehabilitierung des Faschismus wert, und sie waren bereit, die Verstrickung ihres viermaligen Premierministers (1994/95, 2001–2005, 2005/06 und 2008–2011) in die organisierte Kriminalität und in strafwürdige Sexaffären zu übersehen. Der »Cavaliere« ist rechtskräftig verurteilt und bekam 2013 ein zweijähriges Verbot der Ausübung politischer Ämter, drängt nun aber mit über achtzig wieder zurück in die politische Arena und will Italien erneut regieren.

Wer sich heute über Trump erregt, sollte nicht übersehen, in wie vieler Hinsicht Berlusconi sein Vorläufer, wenn nicht Vorbild war, was auch in den USA auffiel, wobei der gemeinsame Archetyp Mussolini ist. Man kann aus den Gemeinsamkeiten eine gerade für Italien, aber auch allgemein für autoritäre Nationalisten typische Konstellation erkennen. Berlusconi präsentierte sich selbst stets als erfolgreicher Geschäftsmann, der es besser als Berufspolitiker versteht, Staatsgeschäfte zu leiten, und der dabei wie ein gütiger Patron und Arbeitgeber die Belegschaft, hier: die einfachen Leute, nicht aus den Augen verliert. Er, der Selfmademan, kommt aus ihrer Mitte und übersetzt ihre Anliegen, kann diese auch in direkter Ansprache bei Massenveranstaltungen, in Fernsehansprachen oder Referenden erkunden und artikulieren. Forza Italia war ganz auf diese Kommunion Führer/Volk zugeschnitten, eher eine Bewegung als eine Partei und darin einem gemäßigten Faschismus verwandt, der nicht unbedingt Südtirol und Libyen einverleiben, aber nicht bloß mit dem AC Milan die Champions League gewinnen wollte. Berlusconis Rhetorik beinhaltete eine fundamentale Infragestellung der italienischen Republik, vor deren Eliten der »Cavaliere« das Volk und die ganze Nation (»das wahre Italien, das Italien, das hart arbeitet«) retten wollte.

Berlusconi war in einem angestrengt ideologischen Sinne un- oder antiideologisch. Sein Feindbild blieben der parteipolitisch längst untergegangene, aber angeblich in den Institutionen und Medien überlebende Kommunismus, dessen intellektuelle Schönredner und die »chattering classes«, die politisierenden Kolumnenschreiber und Kommentatoren. Wie Trump (und George W. Bush) stilisierte sich Berlusconi als »business president« und gleichzeitig »blue collar president«. »Ich bin einer von euch«, ließ er auf übergroße Werbetafeln pinseln. Der entscheidende Hebel für diese Camouflage war die TV-gestützte Prominenz, die zum Ersatz für professionelle Erfahrung, seriöse Kompetenz und kommunikative Rationalität wurde. Berlusconi stand als Privatmann an der Spitze des italienischen Staates, und das klägliche Scheitern der zwischen seinen Kabinetten angetretenen Mitte-links-Regierungen beziehungsweise der Oppositionsparteien schien ihm recht zu geben und erlaubte allen Zweiflern, dieser unmöglichen Person immer wieder Vertrauen zu schenken.[24]

In Berlusconis Koalitionsregierungen waren nicht nur diverse Minister der neofaschistischen Alleanza Nazionale vertreten, sondern auch eine weitere autoritäre Strömung, die Lega Nord, eine nach 1990 in Norditalien aufgekommene Strömung, die neben der Verachtung für die *partitocrazia* prototypisch weitere Elemente des italienischen und europäischen Populismus vereint: den Wohlstandschauvinismus der reicheren Regionen, die Ablehnung nichteuropäischer Immigration, die Islamophobie. Die Lega Nord bringt überdies einen Zentrum-Peripherie-Konflikt zurück, denn sie wendet sich sowohl gegen die Zentralregierung in Rom (»Roma ladrona«) als auch gegen die Abgabe von Souveränität an eine supranationale Union (»Brüssel«)[25]. Der mythische Fixpunkt dieser föderalistischen Revision, in der stets starke Wünsche nach Abspaltung und Unabhängigkeit mitschwangen, war ein Land namens »Padanien«, gelegen in der oberitalienischen Tiefebene entlang des Po-Flusses, das in der Phantasie der Leghisti unter Einschluss mittelitalienischer und Südtiroler Provinzen auf 130 000 Quadratkilometern 33 Millionen Italiener vereinen sollte. 1996 rief der charismatische Lega-Chef Umberto Bossi inoffiziell die Bundesrepublik Padanien aus, deren keltische Ursprünge sein Parteifreund Gianfranco Miglio herausstellte. Vorgesehen war eine eigene Währung, als Nationalhymne diente der Gefangenenchor aus Verdis »Nabucco«. 1997 f.nden für dieses Gebiet inoffizielle Parlamentswahlen statt.

Die padanische Sezession wurde von der Lega Nord seither fallengelassen, sie griff aber ein Merkmal regionalistischer Bewegungen wie in Katalonien oder Flandern auf, die seit Jahrzehnten den Aufstand gegen die Hauptstädte ihrer Nationen propagieren und Europa höchstens als ein »Europa starker Regionen« zulassen. Bei diesen imaginierten Nationen spielen nicht nur ethno-identitäre Gefühlswallungen eine Rolle, oft rebellieren hier auch Provinzen, denen es wirtschaftlich gut geht, gegen weniger erfolgreiche Teilgebiete des Landes. Im Falle der »Padanier« war die Zielscheibe der Mezzogiorno, der historisch weniger entwickelte, ärmere Süden Italiens, der von der Regierung in Rom wie von der Kommission in Brüssel Zuschüsse erhält. Die den reicheren Regionen im Norden abverlangte Solidarität wollten diese nach dem Ende der fetten Jahre um 1990 nicht mehr leisten, und dieser Einschnitt indiziert die brüchige Einheit Italiens, einer »verspäteten Nation«, die ihre regionalen Kontraste nicht durch einen funktionierenden Wohlfahrtsstaat ausgleichen konnte.

Nachvollziehbar ist diese Los-von-Rom- und Los-von-Brüssel-Bewegung, weil in der Tat enorme Transfersummen in korrupten und mafiösen Netzwerken versunken sind und sowohl in vielen Stadt- und Gemeinderegierungen als auch in der Hauptstadt ein legendärer Klientelismus herrscht. Die nördlichen Regionen Italiens sind in der erwähnten Sozialstudie von Robert D. Putnam als jene Orte ausgemacht worden, in denen das bürgerliche Sozialkapital die Unzulänglichkeit öffentlicher Regierungen und Verwaltungen, also die weitgehende Abwesenheit des Staates ausgleichen konnte. Die Lega adressierte sehr geschickt die Unzufriedenheit des lombardischen und venezianischen Mittelstands, die Chefs kleiner und mittlerer Firmen und Handwerksbetriebe sowie Kleinhändler, die zusätzlich an einer anderen Front zu kämpfen hatten: gegen die bis 1990 starken Gewerkschaften kommunistischer und sozialistischer Provenienz, die mit ihrer Kampfkraft den Arbeitern und Angestellten zu guten Löhnen und Pensionen verhalfen. Demgegenüber fühlte sich der Mittelstand auf verlorenem Posten und folgte der Süßholzraspelei von Berlusconi und Bossi: Wir schützen die kleinen Leute in soliden, traditionsgebundenen Lokal- und Familiengemeinschaften. Hinzu kam der Affekt gegen Schwule und Freigeister, Bankiers und Supermärkte, Finanzinspekteure und Börsianer, »Bürokraten« und »Kommunisten«. Nach 2011 kamen Muslime und illegale Einwanderer aus Afrika und Asien als Sündenböcke hinzu. Die Lega Nord machte hinfort vor allem unter Matteo Salvini gemeinsame Sache mit anderen europäischen Nationalisten und Rassisten.[26]

Auch wenn die Lega sich rüde und oft rüpelhaft von anderen Parteien, darunter die Forza Italia, abgrenzte und auf ihre Alleinstellung pochte, ging sie 1994 und von 2001 bis 2006 ein Regierungsbündnis mit Berlusconi ein und besetzte wichtige Ministerposten, doch ohne nennenswerte Erfolge: Parteigründer Umberto Bossi erreichte keine strikte Begrenzung der Einwanderung, Roberto Castelli scheiterte mit der Justizreform, Roberto Maroni mit der Reform des Pensionssystems und mit der Einführung von Zöllen, die Waren »Made in Italy« gegen Importe aus Asien und Afrika schützen sollten. 2006 wurde die Rechts-Koalition abgewählt. In den Augen ihrer Anhänger unterschied sich die Zweite Republik nicht so sehr von der Ersten. Da jedoch auch die technokratischen und linksliberalen Kabinette an der Krise der italienischen Wirtschaft, Gesellschaft und Demokratie nichts zu ändern vermochten, wuchs noch eine dritte Spielart des Populismus in Italien heran, die sich 2017 anschickt, stärkste Kraft im Lande zu werden.

Das Movimento Cinque Stelle (M5S) des TV-Comedians Beppe Grillo hat das alte Parteiensystem durch eine ebenso chaotische wie konsequente Aufhebung der Rechts-links-Polarisierung noch weiter ausgehebelt.[27] Die fünf Sterne stehen programmatisch für *Ambiente* (Umweltschutz), *Acqua* (Grundversorgung), *Sviluppo* (nachhaltige Entwicklung), *Connettivitá* (Digitalisierung) und *Trasporti* (modernes Verkehrssystem), also für einen im Grunde grünen Reformpragmatismus, der seine Kraft aus dem Verfall der öffentlichen Infrastruktur in vielen italienischen Städten und Gemeinden zieht und nicht zuletzt in einer Gesellschaft mit extrem hoher Jugendarbeitslosigkeit und Staatsverschuldung junge Menschen anzieht. M5S ist für direkte Demokratie, setzt sich für flächendeckendes Internet und kostenlose Gesundheitsdienste ein, will die regionale Wirtschaft und den öffentlichen Personennahverkehr stärken und setzt, ähnlich wie die Piraten in Nordwesteuropa, überwiegend auf digitale Parteikommunikation. Die Kehrseite (oder Konsequenz) dieser »Verflüssigung« (alias Liquidierung[28]) der Willensbildung in der Bewegungspartei ist die diktaturartige Dauerintervention des Parteigründers und -führers Beppe Grillo.

In seinem Beruf als Komiker erzielt der »zottelige Wüterich« gewaltige TV-Quoten und füllt, zuletzt aus dem Unterhaltungsprogramm verbannt und ihm entwachsen, mit »Monologen an die Menschheit« die Arena von Verona und viele Theater Italiens. Dass er dabei den Finger in viele offene Wunden legt, ist unbestreitbar; dass er Berlusconi als »Psychozwerg« bezeichnet und die Allüren des italienischen Premiers Renzi, des selbsternannten Verschrotters, aufspießt, macht manchen Zuhörern Laune, ist aber vor allem seinem eigenen Bedeutungswahn zuzurechnen. Die Italien-Autorin Petra Reski, die man als Grilloversteherin bezeichnen darf, hat in einem Blog Verständnis für das Aufkommen der »Grillini« gezeigt: »Die Italiener haben 50 Jahre Democrazia Cristiana hinter sich, 20 Jahre Berlusconi und 15 Jahre Wirtschaftskrise. Jahre, die der Mafia den Weg nach oben geebnet haben, Jahre, in denen die Staatsverschuldung ins Unermessliche stieg, Jahre, die man nur mit einer großen Portion Humor und Selbstironie unbeschadet überstehen kann – so wie Grillo es praktiziert hat, als er die Geheimnisse Italiens in einer Black Box in Andreottis Buckel wähnte. Das Bruttoinlandsprodukt bewegt sich knapp auf dem Niveau von 2001, die Korruption frisst 60 Milliarden Euro im Jahr, die Steuerhinterziehung wird nur von Mexiko und der Türkei übertroffen, die

Jugendarbeitslosigkeit liegt bei fast 40 Prozent. Und die Wirtschaftspolitik wird von der Troika gemacht, die Italien zum Sparen mahnt. Gespart wird aber nicht an den üppigen Gehältern von Funktionären und Politikern, sondern an den Schulen, Universitäten und Krankenhäusern. Genau in diese Wunden hat Beppe Grillo seinen Finger gelegt.«[29]

Dass M5S-Abgeordnete einen Teil ihrer Diäten an kleine und mittlere Unternehmen spenden, empfanden daher viele als symbolischen Bruch mit der auf Selbst- und Klientelbedienung angelegten *partitocrazia* Italiens. Was wie eine progressive Alternative zum italienischen Dauerverdruss aussah, entpuppte sich freilich als erhebliches Risiko für Italien und Europa. Der Populismus kam in den Fünf Sternen gewissermaßen wieder zu sich selbst, indem er jenseits aller Programmatik und politischen Erfahrung ultimativ auf die vollständige Ablösung der verhassten politischen Klasse drängte und die Institution der parlamentarischen Demokratie radikal ablehnte. Politik mutierte komplett zur Antipolitik, die ihre Existenzberechtigung allein aus sich selbst, einem leidenschaftlichen Nurdagegensein zieht. Beppe Grillo, der Reputation ähnlich wie zuvor Berlusconi aus seiner »Prominenz« bezog, also aus seiner Bekanntheit als Live-Redner und der ihm als Blogger gewidmeten Aufmerksamkeit, fiel mit zunehmend unqualifizierten Wutausbrüchen (*vaffancolo*) auf. Den Kopf Matteo Renzis, dessen Verfassungsreferendum M5S im Bunde mit dem linken und rechten Establishment im Dezember 2016 krachend zu Fall brachte, hat er wie eine Trophäe vorgezeigt.

Grillo und seine Bewegung haben sich mittlerweile zur Kenntlichkeit radikalisiert. Den Wahlsieg Trumps kommentierte Grillo ganz auf sich bezogen: Da sei es einem Macher gelungen, Establishment und Lügenpresse ins Bockshorn zu jagen, gut so.[30] Nachdem sich seine Bewegung lange von rechten und rechtsradikalen Strömungen ferngehalten hatte, näherte Grillo sich ihnen mit einer gegen Brüssel und Berlin gerichteten Wut-Kampagne an. Im Europaparlament saß er in einer Fraktionsgemeinschaft mit dem xenophoben Brexit-Betreiber Nigel

Farage. Opportunistisch wollte er sich in die liberale Fraktion einschleichen und kehrte zu den Faragisten zurück, als das nicht klappte. Virginia Raggi und Chiara Appendino vom M5S, die jungen Gewinnerinnen der Kommunalwahlen in Rom und Turin, blieben als Bürgermeisterinnen den Beweis schuldig, dass sie es besser machen würden; Raggi steckt selbst mittendrin im Sumpf der Korruption.[31] Auch wenn solche Erfahrungen ernüchtern mochten, war eine seriöse politische Alternative nicht in Sicht. Eher machte sich Matteo Renzi mit Grillo und Salvini gemein, womit keine Reform, eher eine Selbstzerstörung des politischen Systems in Italien zu befürchten stand. Ein Gründungsmitglied der EWG, die 1957 mit den »Römischen Verträgen« ihren Anfang nahm, ergab sich der antipolitischen Revolte.

Dabei ging es in dem von Renzi egozentrisch als Vertrauensbeweis für sich aufgezogenen Referendum weniger um Europa als um eine Bewertung des römischen Establishments, für die auch der relative Neuling Renzi, aber vor allem seine mittlerweile gespaltene (postkommunistische) Partito Democratico steht. Der bekannte Autor Roberto Saviano brachte die Tragik des Referendums (mit dem deutlichen Sieg des »No«) auf den Punkt: »Mit Nein haben die Jüngeren gestimmt: 81 Prozent der Altersgruppe zwischen 18 und 34 Jahren, 67 Prozent der 35- bis 54-jährigen. Das Gegenteil war in England beim Brexit der Fall: Dort waren die jungen Leute für den Verbleib in der EU. In Italien hat das Nein gewonnen, aber die Politik insgesamt hat verloren, denn gewonnen hat das Nein jener, die für sich keine Zukunft sehen, die keine Familie gründen können, die es nicht schaffen, ein Sprungbrett zu finden, nicht einmal, um unser Land in Würde verlassen zu können. Das Nein angesichts einer wachsenden Zahl an Arbeitsplätzen bei sinkender Produktivität hat gewonnen, das Nein angesichts goldener Renten, die wegen der Unfähigkeit, korrekte Berechnungen zu erstellen und Gerechtigkeit wiederherzustellen, unangetastet bleiben. Gesiegt hat das Nein aus der abgehängten Peripherie.«[32]

Das politische System erscheint irreparabel und verkommen, Grillos Attacken sind die nur noch zynische und destruk-

tive Reaktion darauf. Daran zeigen sich allgemeinere Verfalls-
tendenzen der europäischen Demokratie, hier vor allem die
Folgen der exzessiven Medialisierung der Politik, für die Berlusconi und Grillo stehen (als Vorbilder Donald Trumps). Politik und Medien haben sich so stark verwoben, dass die Grenzen
zwischen Showbiz und Berufspolitik verschwimmen. Das vom
Fernsehen dominierte Informationsgeschäft verwandelte sich
in einen weltanschaulichen Kampfplatz, auf dem vor allem die
professionelle Berichterstattung der Medien unter Beschuss geriet. Der starke Qualitätsverlust des italienischen Fernsehens
und das Aufkommen von Agitprop-Sendern à la Fox News belegen die fatalen Folgen eines dem Quotenerfolg ausgesetzten
Politainment. In den sozialen Netzwerken wird dies unterfüttert durch Fake News und Verschwörungsgeschichten, durch
eine Derealisierung der außermedialen Wirklichkeit in Gestalt
»alternativer Fakten«. Schließlich lösen Politiker mit Twit-
ter-Meldungen und der Dauerpräsenz in den sozialen Netzwerken den Unterschied zwischen Meinungsäußerung und Ent-
scheidungshandeln des politischen Personals auf – Politik
schwebt in einer Sphäre des »als ob«. In Ländern des Sowjet-
blocks wurden solche Erscheinungen als »hypernormal« bezeichnet – die Fassade blieb bestehen, alle wussten, dass sie
morsch ist, aber alle machten weiter. Bis 1990.[33]

VOLLENDETE REAKTION: UNGARN

Von Ungarn weiß der durchschnittlich informierte Zeitungs-
leser in Westeuropa meist nur, dass das Land 1956 den Aufstand
gegen die sowjetische Okkupationsmacht gewagt und schwer
dafür bestraft worden ist. Vielleicht noch, dass das Land danach
eine als »Gulaschkommunismus« etikettierte marktorientierte
Version des realen Sozialismus praktizierte, die mehr Konsum
und Freiheit erlaubte als andere Comecon-Staaten. Und dass
der ungarische Außenminister Gyula Horn im Sommer 1989 in
Sopron den Eisernen Vorhang an der Grenze zu Österreich

durchtrennte, vereint mit seinem österreichischen Amtskollegen Alois Mock – das Bild wurde eine Ikone der friedlichen Revolution. Dass Europa ansonsten wenig über Ungarn wissen will und sich ihm gegenüber arrogant zeigt, zählt mit zu den Gründen, warum das Land in den letzten Jahren trotzig als »Störenfried« der europäischen Einheit aufgetreten ist.

Um 1990 galt Ungarn vielen Beobachtern als Musterbeispiel postsozialistischer Transformation, geführt durch geläuterte, weit in die Mitte gerückte Postsozialisten, die der NATO und der EU beitraten und 2007 den Vertrag von Lissabon unterzeichneten. Musterknaben schienen sie auch in den Augen von Investoren zu sein. Ungarn kassierte die höchsten Pro-Kopf-Subventionen aus EU-Kassen, alles lief auf eine stabile Demokratie hinaus.

Doch die Sozialisten verspielten ihren Kredit mit einem wirtschaftsliberalen Kurs, der viele Ungarn ins Abseits stellte, während sich die Oberschicht und privilegierte Teile der Mittelschicht bereicherten. Korruptionsskandale waren an der Tagesordnung, sozialistische Minister mussten gestehen, Parlament und Volk belogen zu haben. Das postsozialistische Ungarn ist ein Beispiel dafür, wie auch aus der Opposition und dem Dissidententum aufgestiegene politische Eliten Vertrauen verspielen.

In dem verbreiteten Gefühl, es müsse sich dringend etwas ändern, kam erstmals 1998 der Jurist Viktor Orbán an die Macht, als Kopf der ausdrücklich »jungen« Partei Fidesz, die mit der gewendeten Nomenklatura ebenso brechen wollte wie mit der antisemitischen und sinti- und romafeindlichen Rechten, die durch die Kollaboration mit dem NS-Regime dauerhaft kompromittiert war. Doch für politischen Liberalismus war in Ungarn kein Platz. Fidesz driftete immer stärker nach rechts, bekannte sich im Gegensatz zu den Überzeugungen ihrer Mitglieder und Wähler zu traditionellen Werten, mit ausdrücklichem Bezug auf den christlichen Gott, die ungarische Krone (des heiligen Stephan), Vaterland und Familie. All dies wurde in der zweiten Regierungsperiode Orbáns 2012 in die Verfassung eingeschrieben, in der Ungarn nicht länger als Republik tituliert wird. Vorausgegangen war ein massiver Rechtsruck im Parlament, wo Fidesz dank einer die Mehrheitspartei begünstigenden Regel eine Zweidrittelmehrheit besitzt.

Mit dieser Legitimation (und der in der Tradition der faschistischen Pfeilkreuzler stehenden Jobbik-Partei) im Rücken begann Orbán die Beschneidung des Verfassungsgerichts und der Rechtsstaatlichkeit, der Medien und der Meinungsfreiheit sowie der Autonomie von Kultur und Wissenschaft, die in den Dienst einer patriotischen Gesinnungsschulung genommen wurden. Im willkürlichen Vorgehen gegen die Central European University bündeln sich sämtliche Ausfälle gegen eine liberale Gesellschaft.[34]

Trotz dieser klaren Verstöße gegen geltendes europäisches Recht, die mittlerweile ein Vertragsverletzungsverfahren der EU-Kommission nach sich zogen, fließen die Gelder aus den Struktur- und Regionalfonds der EU weiter, die zu großen Teilen den Netzwerken von Fidesz und der Gefolgschaft und Familie des Ministerpräsidenten zugutekommen.[35] Diesbezügliche Gegenmaßnahmen seitens der EU werden kaum erwogen, obwohl Orbán in der Flüchtlingspolitik, die er als »deutsches Problem« bezeichnete, auf totale Konfrontation mit Brüssel und Berlin gegangen ist und unter seiner Ägide die Solidarität der Europäischen Union massiven Schaden genommen hat. Die rhetorische Frage eines im Oktober 2016 abgehaltenen Referendums lautete, ob die Wähler damit einverstanden seien, dass die Europäische Union Ungarn ohne Zustimmung des ungarischen Parlaments eine Flüchtlingsquote aufzwingen kann. Obwohl die Ungarn, wie zu erwarten, mehrheitlich mit Nein stimmten, scheiterte das Referendum letztlich an der geringen Wahlbeteiligung. Der Widersinn der ganzen Aktion war, dass Orbán den Vertrag von Lissabon selber unterzeichnet hatte, der Brüssel das Recht gibt, Ungarn gegen den Willen des Parlaments Maßnahmen aufzuzwingen. Hier probt ein Mitgliedstaat, dessen Ministerpräsident der Europäischen Volkspartei angehört, die offene Rebellion gegen die supranationale Integration.[36]

Viele Ungarn, die vom Boom wenig mitbekommen haben – die Ärmsten, die Arbeitsuchenden, die Minderheiten – folgen Orbán, obwohl seine Regierung ihre Lage keinen Deut verbessert, sondern mit Tricks beschönigt hat. Der *Népszabad-ság*-Journalist Márton Gergely schildert die Lage so: »Orbán hat die gemeinnützige Arbeit eingeführt. Gemeinnützige Arbeit heißt, wenn man arbeitslos ist, wird man nicht als arbeitslos gemeldet. Man wird als gemeinnütziger Arbeitnehmer registriert und bekommt einen Monatslohn von 47 000 Forint. Davon soll man nach Ansicht der Regierung leben können. Das sind ungefähr 150 Euro – ein Hungerlohn. Es gibt ganze Dörfer, in denen alle Arbeitsplätze seit der Wende weggefallen sind und es nur noch gemeinnützige Arbeit gibt. (...) Die sozialen Brennpunkte Ungarns liegen interessanterweise nicht in den Städten, sondern die Dörfer sind zu sozialen Brennpunkten geworden, und dort findet sich ein großer Teil der vier Millionen Menschen, die unterhalb der Armutsgrenze leben.«[37]

Imre Kertész hat in seinem Vermächtnis »Der Betrachter. Aufzeichnungen 1991 bis 2001« seine Landsleute so beschrieben, dass sie sich, nachdem sie ins gleißende Licht der Sonne getreten sind, ins Dunkle des Waldes zurücksehnen, »in dem sie ihr zeitweiliges Zuhause gefunden und gelernt haben, mit der Angst zu leben, sich von Wurzeln und Beeren zu nähren«. Und János Rainer rechnet mit dem Mythos der »ungarischen Freiheitsliebe« ab: »Der friedliche, konsensorientierte und elitäre ungarische Systemwechsel ermöglichte den Trugschluss, dass die ungarische Gesellschaft die Überzeugung der Eliten herzhaft unterstütze, wonach die Freiheit einen herausragenden Wert darstelle und wir im Rahmen der Demokratie eine funktionierende kapitalistische Wirtschaft erschaffen müssten. Doch das war nie so (...). Staatliche Fürsorge war den Ungarn stets näher als die Freiheit der Selbstverwirklichung. Jetzt sind wir so weit, dass die ungarische Gesellschaft nach noch mehr Sicherheit verlangt.«

Man kann die ungarische Entwicklung also ganz anders sehen, so wie die nicht wenigen Verteidiger und Lobredner Orbáns im In- und Ausland. Auch das »gescheiterte« Referendum belegte in deren Augen, dass Orbán sich einer breiten Unterstützung im ungarischen Volk sicher sein kann, ungeachtet der Unzufriedenheit, der Proteste und Massendemonstrationen, die 2017 ein beachtliches Ausmaß erreicht haben und von Kritik auch aus rechtskonservativen Kreisen an Orbán begleitet waren.

Der scheint weiter fest im Sattel zu sitzen, doch er fürchtet ein weiteres Erstarken der noch weiter rechts stehenden Jobbik-Partei mehr noch als die organisierte Gegnerschaft anderer Parteien.[38] Orbán bleibt der Held der Abschottungsbefürworter. Marine Le Pen lobte ihn als den einzigen europäischen Regierungschef, der die Schengen-Grenzen effektiv gegen die »Invasion« der Flüchtlinge geschützt habe,[39] und der Publizist Wolfram Weimer kommentiert die Unterstützung für Orbán: »Zig Millionen von Europäern teilen seine und die Meinung der 3,3 Millionen Ungarn, dass Europas derzeitige Flüchtlingspolitik gar nicht gut sei. Und so posaunt Orbán aus Budapest zwar hinaus, was in Brüssel kaum einer hören will, doch immer größere Teile der Bevölkerung denken: Europa müsse die Grenzen schützen, der Massenansturm aus Arabien sei gefährlich, man könne so viele Muslime nicht integrieren, die meisten seien Wirtschaftsflüchtlinge, Europa müsse seine abendländische Identität verteidigen und Brüssel dürfe Einzelstaaten keine Zwangsquoten aufdrücken.« Entscheidend sei, dass jedwede Kritik an Orbán an ihm und seinen Anhängern abperlt: »Zudem schürt das Brüsseler Ungarn-Bashing die Mobilisierungsreflexe der Rechtspopulisten in ganz Europa. Meinungsforscher diagnostizieren bereits: Je mehr gewählte Politiker wie Orbán von der EU als politisch Aussätzige wüst beschimpft werden, desto stärker wird die Abendländler-Bewegung. Kurzum: Orbán ist auf dem Weg zur fleischgewordenen AfD Europas.«[40] Dazu passt als kleine Fußnote, dass der Online-Händler amazon einen »hochwertigen Markenpullover« der Militaria-Firma Copytec mit der Aufschrift vertreibt: »Mehr Orbán, weniger Merkel«[41].

Die Soziologin Virág Molnár hat auf den virulenten Phantomschmerz als Antriebsmotor des ungarischen Nationalismus verwiesen, den die mit dem Trianon-Vertrag von 1920 besiegelten Amputationen »Groß-Ungarns« bis heute bewirken – das Land war mehr als doppelt so groß wie das heutige Gebiet und reichte bis nach Transsylvanien, in die Slowakei, die Vojvodina, das Burgenland und die Karpatenukraine hinein. Dieser »magyarische« Großraum wird in diversen Paraphernalien (Haushaltsgegenstände, Mode, Uhren) aufgerufen und in einer revisionistischen Literatur und Kartographie auch unter den Auslandsungarn verbreitet, angereichert durch esoterische New-Age-Anklänge. Molnár schließt daraus, dass die darin zum Ausdruck kommende Lebendigkeit der ungarischen Bürgergesellschaft nicht liberalen, sondern rechtsradikalen Werten und Institutionen zugutekommt.[42] Die identitäre Reaktion hat sich des symbolischen Repertoires linker sozialer Bewegungen bemächtigt und dieses gegen die Demokratie und Europa gewandt.

So ist es nur konsequent, wenn Wladimir Putin um den ungarischen Premier wirbt, während die Vorbehalte gegen Russland verblassen, die aus der jüngeren und älteren Geschichte überdauert haben. Putin sieht in der Politik Viktor Orbáns den willkommenen Spaltpilz für die Europäische Union, um auf diesem Wege die Russische Föderation von den Sanktionen zu befreien. Konsequent spricht sich Orbán gegen die europäische Russlandpolitik aus; er lässt mit russischer Unterstützung ein neues AKW bauen und intensiviert die Handelsbeziehungen mit Russland.

Orbáns Ungarn vereinigt alles, was die völkisch-autoritären Nationalisten auszeichnet: den Übergang zur identitären Demokratie, die Nähe zu Putins Russland und die Islamophobie. In sozioökonomischer Hinsicht spielen dabei Ungleichheit und Abstiegsängste in einer unvollkommenen Transition zur Marktwirtschaft eine Rolle, in soziokultureller Hinsicht das Säkularisierungsdefizit, das selbst in einem so religionsfernen Land wie Ungarn die Konfrontation zwischen Christentum und Islam hochspielt, und in politisch-kultureller Hinsicht die tiefgreifende Krise der repräsentativen Demokratie, die einen Außen-

seiter wie Orbán nicht trotz, sondern gerade wegen seiner auto-
kratischen Attitüde und Machtfülle zum beliebten Oligarchen
aufsteigen ließ.

Auf der Reise vom Skagerrak über die Riviera und das Adria-
tische Meer bis zum Neusiedler See haben wir drei Hauptmotive
des völkisch-autoritären Nationalismus kennengelernt, die
nicht nur die Institutionen und Instrumente der Europäischen
Union bedrohen, sondern auch die Substanz der Rechtsstaatlichkeit und die Fundamente der freiheitlichen Demokratie an-
greifen. Gelegenheit für eine erste Zwischenbilanz.

UNTERSPÜLUNG DER DEMOKRATIE

Unter der unscharfen Rubrik »Politikverdrossenheit« wird seit
über drei Jahrzehnten verzeichnet, wie das Vertrauen in Parteien
und Parlamente in liberalen Demokratien schwindet und die
Wahlbeteiligung ebenso abnimmt wie die Mitgliedschaft in Parteien und Verbänden. Der Schwund trifft die Groß- und Volksparteien am stärksten, gewählt werden vermehrt Kandidaten
und Kandidatinnen, die gegen das »Establishment« oder gar
das »System« antreten, oder sogenannte *single issue parties*, die
eng begrenzte Anliegen vertreten. Das Aufkommen populistischer Protestparteien passt in diese Tendenz – man wählt Politiker ab, nicht mehr Regierungen ins Amt. Dabei wird das Institut
allgemeiner, gleicher, freier und fairer Wahlen nicht, wie häufig
prognostiziert, abgewertet, sondern durch die Rückkehr vor-
maliger Nichtwähler, den Einstieg protestorientierter Erstwäh-
ler und in einigen Ländern sogar die Zunahme von ungültigen
bzw. »weißen« Stimmabgaben gestärkt.
    Während die Krise der politischen Repräsentation kaum
noch bezweifelt und in der Wissenschaft und politischen Bildung mit Sorge kommentiert wird, ist umstritten, wie tief sie
unter die Oberfläche demokratischer Praxis reicht: ob also nicht
nur Regierungen und Parteipolitiker an Ansehen verloren ha-

ben, sondern das Rückgrat, also die Legitimation von Demokratie selbst angegriffen ist. Ist der populistische Furor eher ein Warnsignal, auf dass unverkennbare Schwächen des demokratischen Alltags beseitigt werden? Oder deutet er auf eine radikale Verneinung dieser Herrschafts- und Lebensform hin und damit auf die Bereitschaft zu einer autoritären Wende?

Vertreter der jüngeren Forschung sehen eine gravierende »Dekonsolidierung der Demokratie« und beunruhigende Tendenzen in der Entwicklung der demokratischen Werte und Einstellungen seit ihrem vermeintlichen Triumph am Ende des Kalten Krieges. Fragt man nicht nach der Legitimität einer Regierung, sondern nach der Glaubwürdigkeit des demokratischen Systems selbst, zeigen sich vier ungünstige Trends: Die Systemunterstützung durch die Bürger sinkt, auch die Bejahung von Kernbestandteilen der liberalen Demokratie wie den Bürgerrechten. Überdies nimmt die Bereitschaft der Bürger ab, politische Anliegen in vorhandenen politischen Institutionen zu vertreten; zugleich zeigen sich heute mehr Bürger als vor zwanzig Jahren aufgeschlossen für autoritäre Alternativen wie etwa eine Militärherrschaft. Das hört sich an, als ob am Ende des Kalten Krieges nicht nur die Sowjetunion und der real existierende Sozialismus auf dem Absterbeetat gestanden hätten, sondern auch die liberale Demokratie des Westens, der seinerzeit die Anziehungskraft für eine dritte Welle der Demokratisierung im ehemaligen Sowjetimperium und rund um den Globus bescheinigt wurde.[43]

Zwei Diagnosen der pessimistischen Denkschule sind besonders irritierend: Erstens betrifft die Entkräftung der Demokratie nicht nur oder vornehmlich die neuen Demokratien Osteuropas, sondern auch und gerade Kernländer in Europa und Nordamerika, zweitens ist im Ansehens- und Vertrauensverlust ein Generationseffekt eingebaut. Denn anders als erwartet, äußern sich nicht die älteren, vor 1980 geborenen Alterskohorten skeptisch gegenüber der Demokratie, wie wir sie kannten, sondern die sogenannten millennials, die aus eigener Anschauung nur Demokratie (und Kapitalismus) kennen. Junge Menschen, von denen man traditionell stets relativ mehr Engagement und Begeisterung erwartet, zeigen sich distanzierter als Ältere, von denen man vielleicht eher Enttäuschung und Resignation oder generell einen Altersautoritarismus erwarten würde. Doch die Alterskohorten der 1930 bis 1960 Geborenen halten es zum ganz überwiegenden Teil für »essentiell«, in Demokratien zu leben, während bei den später Geborenen dieses Bekenntnis jäh auf Werte weit unter 50 Prozent abstürzt.

Am steilsten ist der Absturz in Ländern wie Australien, dem Vereinigten Königreich und den Vereinigten Staaten, wo der Marktradikalismus am weitesten gegangen ist; in Europa ist er weniger stark, aber ebenfalls flächendeckend und besorgniserregend. Unter den 20- bis 30-Jährigen sind die Verfechter der Demokratie in die Minderheit geraten.[44] Das haben jüngst zwei Politikwissenschaftler aus den Universitäten Melbourne und Harvard, Roberto Stefan Foa und Yascha Mounk, den sehr zuverlässigen Umfragen der European bzw. World Values Surveys entnommen, die in über hundert Ländern weltweit erhoben werden; zugrunde liegen Daten aus den Erhebungswellen 3 (1995–1997) und 4 (2010–2014), unterstützt durch nationale Umfragen in verschiedenen Ländern. Durchgängig belegen sie den dargelegten Dekonsolidierungstrend bei jüngeren Bürgerinnen und Bürgern und durchkreuzen den bisherigen Optimismus, einmal etablierte Demokratien, die mehrere faire Wahlen und friedliche Machtwechsel hinter sich haben, würden sich in aller Regel dauerhaft konsolidieren, also auch Bürgerrechte wie Meinungs- und Versammlungsfreiheit und rechtsstaatliche Verfahren garantieren sowie Minderheiten langfristig schützen.

Diese Ergebnisse kommen einer Palastrevolution innerhalb der Politikwissenschaft nahe, deren Mantra stets war, parlamentarische Institutionen würden sich nach gutem Beginn in der Regel dauerhaft verankern. Historisch war dies mit wichtigen Ausnahmen wie der Weimarer Republik der Fall; so hat etwa in Frankreich und in den USA die demokratische Herrschaftsform eine kaum in Frage gestellte, sich selbst bestätigende und verstärkende Legitimität erworben, die über Regierungskrisen und Legitimationsschwächen hinweg Bestand hatte. Foa und Mounk zeigen nun, dass dieser Prozess eben keine Einbahnstraße und eine autoritäre Erstarkung stets möglich ist – womit die meisten Sozialwissenschaftler mit Blick auf die historischen Kernländer der Demokratie kaum gerechnet hatten.

Foa und Mounk sehen durchaus auch prodemokratische Bewegungen, die gerade von jungen Menschen getragen werden, und geben die Demokratie(n) keineswegs verloren, sie wollen vielmehr ein Frühwarnsystem etablieren. Der massiven Verletzung von Grundrechten wie der Pressefreiheit und der Verfassungsgerichtsbarkeit, wie sie unter der polnischen PiS-Regierung 2016 eingetreten ist, war schon seit 2005 eine zunehmend negative Haltung (knapp 16 Prozent) zur Funktionsfähigkeit der polnischen Demokratie vorausgegangen, die seitdem offenbar ansteigt; zugleich sprachen sich 22 Prozent der Befragten für eine Militärherrschaft aus, und noch mehr unterstützten eine »starke Hand« – und das zu einem Zeitpunkt, als Polen auf dem besten Weg zu einer nachhaltigen Demokratisierung schien. Heute würde Polen die Aufnahmekriterien zur Europäischen Union nicht erfüllen – und einem großen Teil der polnischen Bevölkerung, die die PiS und noch weiter rechts stehende Parteien unterstützen, wäre das vielleicht sogar gleichgültig. Denn Demokratie-Verachtung geht in aller Regel mit Europaskepsis einher, häufig mit dem aus Großbritannien bekannten Hinweis garniert, man könne die Europäische Union ohnehin nicht als demokratische Veranstaltung verstehen.

Das Thema der demokratischen Dekonsolidierung ist wahrlich kein akademisches Spezialgebiet. Herauszufinden, warum allgemein und speziell bei Jüngeren die Demokratie insgesamt, also nicht nur im Blick auf ihre konkrete Performance, an Zustimmung verliert, ist eine existentielle Frage freiheitlich-demokratischer Gesellschaften. Oder wird hier der Esel verdroschen, obwohl nur der Sack gemeint ist? Kritik an der Leistungsfähigkeit von Parlamenten und Parteien ist erlaubt, fundamentale Opposition ist das Salz in der Suppe demokratischen Regierens, das stets auf radikalen Widerspruch angewiesen ist. Und dafür, dass viele Entscheidungen demokratisch gewählter Regierungen suboptimal oder schlecht sind, mangelt es wahrlich nicht an Beispielen. Doch scheint sich berechtigte Detailkritik zunehmend zu dem Generalverdikt zu summieren, dass es die Demokratie generell nicht mehr schafft, krisenhafte Verläufe zu steuern und Innovation herbeizuführen. Aus reformistischer Kritik entwickelt sich immer häufiger eine haltlose und autodestruktive Polemik gegen die Demokratie als Regierungsform.

Der Wunsch nach der *mano dura*, nach der eisernen Faust eines Führers oder eines Gremiums vermeintlich »unpolitischer« Technokraten oder gar des Militärs, das für seine Befehle Gehorsam verlangt, scheint da nur konsequent. Das Gros der Demokratiekritiker beseelt, anders als in der »Beteiligungsrevolution« der 1970er Jahre, nicht mehr der Wunsch nach mehr oder besserer Demokratie, sondern nach weniger Mitwirkung in der »Quatschbude« Parlament oder nach Plebisziten, die der politischen Elite Entscheidungen abnehmen oder aufzwingen. Das fügt sich ins Bild einer illiberalen Demokratie, in der kritische Medien, allein dem Recht verpflichtete Gerichte und die verfassungsmäßigen Ansprüche von Minderheiten keine Bedeutung mehr haben und Kompromisse, das Lebenselixier einer auf Konsens ausgerichteten Demokratie, nicht gefragt sind.

Was sie tatsächlich wollen, geht aus den Antworten der Demokratieverächter nicht hervor. Sie geben Vorbehalte gegen demokratische Prozesse zu Protokoll, und es könnte sein, dass gerade Jüngere lediglich ihren Missmut über das von ihnen so empfundene andauernde Politik- und Staatsversagen artikulieren. In diese Richtung haben Kritiker der beiden erwähnten Autoren des Dekonsolidierungstheorems argumentiert, etwa Ronald D. Inglehart, der die von Foa und Mounk dargelegten Tendenzen auf die Vereinigten Staaten begrenzt sehen wollte, ein demokratisches System, das in den vergangenen Jahren auch in seinen Augen »erschreckend dysfunktional« geworden sei.[45] Den Rest der Datensätze deutet er konträr, dass nämlich global gesehen die Massenunterstützung für Demokratie stärker geworden sei.[46] Manche Regionen der Welt, der arabisch-islamische Gürtel fast zur Gänze, China und neuerdings Indien und die Caudillo-Staaten Südamerikas scheinen sich dem Demokratisierungstrend ganz entzogen zu haben, doch Hoffnung für die globale Entwicklung schöpfen Optimisten aus Ländern Afrikas, Lateinamerikas und Asiens wie Gambia, Guatemala und Südkorea. Der Vormarsch autoritärer Regierungen sollte nicht mit Volkes Stimmung verwechselt werden. Laut Afrobarometer weisen fast drei Viertel der Afrikaner nichtdemokratische Herrschaftsformen prinzipiell zurück, und die quasi diktatorische Machtkonzentration in der Türkei oder in Russland wird konterkariert durch offenbar nicht zu unterdrückende Demokratiebewegungen, die auch anderswo unter so ungünstigen Bedingungen fortbestehen wie etwa in Tunesien und der Ukraine.

Die autoritäre Welle hat unverkennbare Breschen in die Bollwerke der klassischen Demokratien geschlagen und neue Demokratien unterspült. Vielen Demokraten ist nicht hinreichend klar gewesen, dass der Erfolg ihrer gewohnten Herrschafts- und Lebensform nicht per se garantiert ist, sondern der Unterstützung aktiver Bürger bedarf. Keine Demokratie ohne Demokraten. Mit Blick auf die Zukunft sollte nunmehr aber weniger die Stärke der autoritären Welle im Fokus stehen als das längst belegbare Versagen der autoritären Führungen, die sich an die Stelle demokratischer Regierungen gesetzt haben oder setzen wollen – und vor allem die Courage ihrer Gegner, die sich auch unter höchst widrigen Bedingungen wie in Ungarn widersetzen. Sowenig die Demokratie eine Lebensversicherung hat, so wenig gibt es ihren zwangsläufigen Niedergang.

Schauen wir also genauer hin, welches differenzierte Bild sich in den klassischen Demokratien »tief im Westen« und *ante portas* an der europäischen Peripherie abzeichnet. Welche Gegenströmungen gibt es, wo sind drohende Überflutungen eingedämmt worden, wo ist schon Ebbe eingetreten? Unsere Inspektionstour wollen wir an Donau und Weichsel, auf den Britischen Inseln und in den Niederlanden fortsetzen.

DEICHBAU

GLÜCKLICHES ÖSTERREICH

Die Republik Österreich hatte am 4. Dezember 2016, als die Wahl zum Bundespräsidenten endlich gelang, auf jeden Fall ein Alleinstellungsmerkmal: Mit Alexander Van der Bellen (Grüne) bekam sie den ersten grünen, mit Norbert Hofer (FPÖ) hätte sie den ersten rechtspopulistischen Präsidenten in der Europäischen Union gestellt. Blau versus Grün: Das klingt nach einer echten Richtungsentscheidung. Auch wenn der Präsident in Österreich nur begrenzte Macht hat (aber immerhin das Recht, die Nationalversammlung aufzulösen), war das Ergebnis ein Signal. FPÖ-Chef Heinz-Christian Strache wollte seine Partei aus einer demoskopischen Führungsposition gegen die christlich-sozialistische Große Koalition in Stellung bringen und nach Neuwahlen den ersten rechtspopulistischen Regierungschef in der EU darstellen.

Doch auch der Sieg Van der Bellens war eine Herausforderung der bis Oktober 2017 amtierenden Großen Koalition. Denn eine solche hat Österreich seit 1945 in 48 von 71 Jahren regiert (zusätzlich die meiste Zeit in diversen Bundesländern); heute kann sie nur noch etwas mehr als die Hälfte der Wähler auf sich ziehen. Die Koalitionspartner blieben vor allem zusammen, weil sie einen Erfolg der Freiheitlichen befürchteten, den sie freilich durch ebendiese Blockbildung noch wahrscheinlicher machen. Im gesamteuropäischen Panoptikum ist Österreich – ähnlich wie die Schweiz, wo mit der SVP und ihrem Patron Christoph Blocher ebenfalls ein populistisches Schwergewicht agiert – ein Beispiel dafür, wie der parteipolitische Konsens und Proporz in der Mitte den rechten Rand stark gemacht hat.[47]

In Österreich (und mit anderer Ausgangslage wiederum auch in der Schweiz) kommt als weltanschauliches Element hinzu, dass die FPÖ sehr erfolgreich den Affekt gegen die »Vergangenheitsbewältigung« mobilisiert hat. Österreich hat sich nach 1945 als neutrales Land um die Aufarbeitung der NS-Vergangenheit herumgedrückt, die mit der Causa Waldheim erst in den 1980er Jahren zögerlich einsetzte, als die Schlussstrich-Attitüde bereits Gemeingut geworden war. Die Zweite Republik, deren Vorgängerin von innen erodiert und nicht etwa durch den »Deutschen« Hitler vergewaltigt worden war, verhängte ein Wiederbetätigungsverbot für Nationalsozialisten und bot zugleich mit dem »Verband der Unabhängigen« (VdU), der Vorläuferpartei der 1955 gegründeten FPÖ, ein Sammelbecken für ehemalige Nazis, die auf diesem Weg ohne große *reeducation* in die Nachkriegsdemokratie integriert wurden.[48] Unter dem charismatischen und unberechenbaren Kärntner Landespolitiker Jörg Haider mobilisierten die »Freiheitlichen« dann in den 1990er Jahren einen Geschichtsrevisionismus, der symptomatisch ist für eine durch die Kollaboration eines autochthonen Autoritarismus mit dem Dritten Reich in ganz Europa kompromittierte Rechte, die sich das braune Odium vom Halse halten will und dabei ständig »braune« Töne anschlägt. Haider sprach von der gelungenen Sozialpolitik Hitlers, Jean-Marie Le Pen vom Holocaust als Fußnote der Geschichte und Studienrat Björn Höcke vom »Schuldkult« und der notwendigen Umkehr der Geschichtspolitik um 180 Grad.[49]

Virulent wird dieses Ressentiment gegen die Aufarbeitung der österreichischen Vergangenheit, weil die FPÖ sich als einzige politische Opposition gegen das Wiener Machtkartell gerieren konnte. Hervorgegangen aus einem sozialpartnerschaftlichen Grundkonsens, bildete die Große Koalition das Musterbeispiel einer Proporz- und Konsensdemokratie. Doch mit dem Schwinden ihrer vorpolitischen Verbände (Gewerkschaften, Kirche, Kammern) schuf sie auch den idealen Nährboden für kleinere Parteien. Die »Freiheitlichen« zogen bürgerliche Wähler an, die sich von der ÖVP aufgrund ihrer Koalitionsbindung an die SPÖ nicht mehr vertreten fühlten und dem EU-Kurs ebenso skeptisch gegenüberstanden wie der kulturellen Modernisierung Österreichs seit den 1970er Jahren. Zugleich rekrutierten sie Anhänger der einst so mächtigen SPÖ, die mit ihrer Modernisierung das Vertretungsmonopol der »kleinen Leute« aufgegeben hatte. In vielen Landstrichen und selbst in Wahlbezirken des »roten Wien« stieg die FPÖ zur führenden »Arbeiterpartei« auf.

Die kulturelle Liberalisierung begünstigte auf der anderen Seite das Aufkommen der Grünen, deren Bundessprecher von 1997 bis 2008 Alexander Van der Bellen war. Sie repräsentierten ein großstädtisches Milieu, reüssierten aber auch in Bundesländern wie Vorarlberg und Oberösterreich in schwarz-grünen Koalitionen. Eine rot-grüne Kooperation, wie sie neuerdings in Wien praktiziert wird, ist für ganz Österreich schwer denkbar. Van der Bellen, obwohl in seinem moderaten Auftreten mit dem baden-württembergischen Ministerpräsidenten Winfried Kretschmann vergleichbar und wie dieser den Weg vom Linksradikalen zum Liberalen gegangen, galt insbesondere ländlichen Wählern als zu weit links und damit unwählbar.

Dass ein Norbert Hofer, der aus seinen Plänen, die Republik Österreich im Sinne einer Präsidialdemokratie umzumodeln, und aus seiner national-autoritären Gesinnung keinen Hehl machte, die Hälfte der österreichischen Wählerschaft hinter sich vereinen und damit weit über die engere FPÖ-Klientel hinaus Erfolg haben konnte, hatte 2016 viele Beobachter überrascht. Hofer galt gerade bei jüngeren männlichen Wählern als *change maker*, als einer, der – wie so viele Nationalpopulisten derzeit – einem als anachronistisch und unerträglich empfundenen Zustand der Alternativlosigkeit politischer Entscheidungen ein Ende setzen würde. Auch Menschen, die der FPÖ wenig zutrauen, setzten auf ihn, um »den Wandel« auszulösen, und es schien dabei erst einmal gleichgültig, welche Richtung dieser Wandel nehmen würde – Hauptsache, nicht weiter so!

Der Wandel, den die FPÖ seit Jahren anstrebt, ist recht klar zu umschreiben: Sie stärkt die Europaskeptiker bis hin zum Wunsch nach einem Öxit und Austritt aus dem Euro, sie unterstützt eine mitteleuropäische Bindung an die Visegrád-Staaten, die Balkan-Länder und die Russische Föderation, einschließlich der Aufhebung der gegen Moskau verhängten Sanktionen. Dabei spekulieren die Freiheitlichen auf Unzufriedenheitsrenditen bei der ehedem sozialdemokratischen Stammwählerschaft, die eine Verschlechterung der allgemeinen ökonomischen Lage befürchtet und für die xenophobe, islamophobe und speziell türkeikritische Stimmung anfällig ist, welche die FPÖ seit Jahren mit massiver Propaganda anheizt. Und sie fangen christlich-soziale Wähler ein, die trotzig auf Vaterland, Kirche und Tradition setzen. »Make Austria great again« verfing in einem Land, das zwar den Verlust der einstigen imperialen Bedeutung verschmerzt hat, in dem sich aber über die Jahrzehnte hinweg ein Minderwertigkeitskomplex gegenüber Brüssel und Berlin angestaut hat, obwohl es ein großer Nutznießer des EU-Beitritts war und ist.

Die Risiken der Öxit-Option liegen bei einem wirtschaftlich derart verflochtenen Land auf der Hand, und ein Blick auf die Performance der FPÖ, als sie in Kärnten unter dem Landeshauptmann Jörg Haider und in Wien zur Zeit der schwarz-blauen Koalition unter Wolfgang Schüssel von 2000 bis 2005 Regierungsverantwortung trug, müsste reichen, um den großmäuligen Versprechen Straches und Hofers zu misstrauen. Denn als Regierende haben sich die Freiheitlichen als hochgradig verfilzt und korrupt, als zerstritten und inkompetent erwiesen und dem Bundesland Kärnten wie der Republik Österreich Milliarden Schulden aufgebürdet. Deshalb auch haben der Brexit und die Wahl Donald Trumps den völkischen Nationalisten in Österreich keinen Auftrieb gegeben – Trump gilt als *ugly American*, und das britische Debakel steht allen vor Augen. Von Strache, der Donald Trump gratulierte und in den sozialen Medien dessen rüden Stil imitiert, hat sich Hofer distanziert und seine eigene Vergangenheit als deutschnationaler Burschenschaftler kaschiert.

Ein Sieg Hofers wäre 2016 möglich gewesen, weil Alexander Van der Bellen in seiner bedächtigen Art zu wenig mobilisieren, geschweige denn Begeisterung auslösen und eine grüne (oder rot-grüne oder schwarz-grüne) Perspektive für das Land eröffnen konnte. Weder hatte er eine zündende Programmatik zu verkünden noch eine echte Koalitionsoption für 2017/18 vorzuweisen. Die beiden »großen« Parteien haben nämlich die Abfuhr, die ihnen die Österreicher mit dem kläglichen Scheitern der SPÖ- und ÖVP-Kandidaten Rudolf Hundstorfer und Andreas Khol im Präsidentschaftswahlkampf erteilt hatten, nicht wirklich verstanden. Und in der Flüchtlingskrise haben sich beide Parteien eher nach rechts bewegt und eine Koalition mit den Freiheitlichen nicht wirklich entschieden zurückgewiesen. Van der Bellen drohte damit das Schicksal Hillary Clintons, die als vermeintlich kleineres Übel nicht genügend Gegner einer autoritären Wende hinter sich versammeln konnte. Aber dann machte sich eine hauchdünne Mehrheit der Österreicher klar, dass ein Wahlsieg der Freiheitlichen die Republik Österreich radikal verändern und die Europäische Union destabilisieren würde – und schreckte vor diesem Hazardspiel zurück.

Die Gefahr eines »blau-braunen« Durchmarsches in Österreich ist damit keineswegs vom Tisch. In Meinungsumfragen im Frühsommer 2017 lag die FPÖ knapp vor den etwa gleich starken Sozial- und Christdemokraten. Sie will sich reinwaschen von den Korruptionsskandalen der Haider-Jahre (Hypo Alpe-Adria, Buwog, Eurofighter) und hat die Mitglieder des unter dem egomanen Haider abgespaltenen Bündnisses Zukunft Österreich (BZÖ) zurückgeholt. Ähnlich wie Marine Le Pen den Front National will Heinz-Christian Strache die Freiheitlichen »entdiabolisieren«, was periodische Entgleisungen nicht ausschließt. Beides – Normalisierung wie Radikalität – vermittelt die FPÖ in einem »Paralleluniversum«[50] von Facebook (mit einer halben Million *follower* von Strache) und Webseiten wie *wochenblick.at* und *unzensuriert.at* sowie mit permanenter Twitter-Befeuerung, die zur ersten Informationsquelle vieler Österreicher geworden ist und in den Boulevardmedien wie im ORF aufgegriffen wird.

Gefährlich kann dem Machtstreben der Freiheitlichen der Aufstieg eines jüngeren, identifikationsfähigen Personals bei den Christ- und Sozialdemokraten werden, wo Außenminister Sebastian Kurz (ÖVP) und Bundeskanzler Christian Kern (SPÖ) als *homines novi* die FPÖ in der Einwanderungs-, Asyl- und Türkeipolitik sowie mit dem Inländervorrang auf dem Arbeitsmarkt und bei Sozialleistungen rechts überholen. Kern hat sogar das lange Jahre geltende Tabu gebrochen und angekündigt, notfalls auch mit der FPÖ zu koalieren. Der erst 30-jährige Kurz hat sich im Frühjahr 2017 an die Spitze der ÖVP als extrem personalisiertem Kanzlerwahlverein (»Liste Kurz«) gesetzt und den Christdemokraten eine Machtperspektive verschafft – freilich auch er mit einer eher protektionistischen Rhetorik. Grüne und die liberalen »Neos« sind abgeschlagen, werden aber von der SPÖ als mögliche Alternativen zur Großen Koalition in Betracht gezogen. So mag sein, dass die Niederlage der Freiheitlichen im Dezember 2016 einmal als Ouvertüre eines Trendwechsels gelten wird, der wiederum in beide Richtungen ausfallen kann. Für Europa war der Sieg Van der Bellens zumindest keine Fortsetzung des befürchteten rechtspopulistischen Dominoeffektes.

NOCH NICHT VERLOREN: POLEN

Vor allem Polen und namentlich der Solidarność-Bewegung ist die Wiedervereinigung Europas zu verdanken. Das Land wollte sich gewaltfrei aus dem Sowjetblock lösen und seine nationale Souveränität dadurch zurückgewinnen, dass es nach Europa zurückkehrt und der NATO und EU beitritt. Hilfreich war ein polnischer Papst, der als Oberhaupt der katholischen Kirche den Kommunismus herausforderte. Die dezidiert proeuropäische Haltung der polnischen Gesellschaft und Politik hat sich ausgezahlt, besonders seit Polen 2005 der EU beitrat. Üppige Regional- und Strukturfonds wurden zugänglich, der (zu Unrecht) sprichwörtliche *plombier polonais* fand dank offener Grenzen in England, Frankreich und Deutschland Arbeit. Polens Unternehmen boomten, Touristen eroberten sich ein weithin unbekanntes Land, Polens Kulturschaffende fühlten sich wieder als Europäer, die sie natürlich sind. Als Teil des »Weimarer Dreiecks« mit Deutschland und Frankreich, mehr noch im Einklang mit Großbritanniens Idee einer ökonomisch starken, aber politisch zurückhaltenden und atlantisch ausgerichteten EU war die polnische Nation ein respektierter und wichtiger Partner. Höchstens die Landwirte schienen Grund zu haben, an der EU-Mitgliedschaft zu zweifeln, aber auch sie kamen in den Genuss üppiger EU-Direktzahlungen.

Auf dieser Grundlage entwickelte sich in Polen eine stabile Demokratie, in der nach einer turbulenten Übergangsphase Postkommunisten, Wirtschaftsliberale und Konservative mehrfach auf gut demokratische Weise den Machtwechsel bewerkstelligten. Warum also regrediert das Land derzeit »vom Musterschüler der postkommunistischen Transition zum rebellischen Teenager des neopopulistischen Zeitgeistes«[51]?

Den Frieden gebrochen hat die 2015 mit großer Mehrheit gewählte Alleinregierung der national-konservativen PiS (Recht und Gerechtigkeit) unter Ministerpräsidentin Beata Szydło, hinter der als starker Mann Jarosław Kaczyński das Sagen hat. Bei ihm laufen die nationalistischen und klerikalen Netzwerke Polens zusammen, die immer intakt waren, nun aber von der sozialen Spaltung der polnischen Gesellschaft und speziell vom Stadt-Land-Gefälle profitieren. PiS gewann mit gut 37 Prozent in allen Schichten und Regionen, war aber mit 46,8 Prozent bei der Landbevölkerung, 52,3 Prozent unter den Bauern und 45,4 Prozent unter den Arbeitern besonders stark.[52] An dieser auch in anderen Ländern zu beobachtenden Spaltung drohen die EU und die europäische Gesellschaft zu zerbrechen, sie vor allem nährt die Wahlerfolge und kulturellen Hegemoniebestrebungen der Rechten.

Linksgerichtete Parteien schafften es zuletzt nicht einmal mehr in den Sejm. Die Postkommunisten gelten weithin als überhebliche Nutznießer einer Europäisierung, die »unten« nicht angekommen ist. Doch ist der Rechtsruck vor allem weltanschaulich begründet, also von katholischen und nationalistischen Überzeugungen bestimmt. Die polnische Nation geht wieder über alles, Europa wurde zum Sündenbock, auch wenn der Rückhalt für die EU in der Bevölkerung nach wie vor beachtlich ist.[53] Den urbanen Eliten wird der Ausverkauf polnischer Interessen an Brüssel und Berlin vorgeworfen, allzu viele schenken Kaczyńskis Wahnvorstellung Glauben, Polen sei – Stichwort Smolensk – einer kommunistischen Verschwörung ausgesetzt.[54] In diese Richtung zielt der veritable Kulturkampf, dem Kunst- und Theaterschaffende und Intellektuelle ausgesetzt sind, denen die staatliche Förderung oder die Existenzgrundlage als freie Autoren entzogen wird. PiS-Kulturminister Piotr Gliński beschwört die reine, hohe Kultur Polens gegen »degenerierte, pornographische Auswüchse«[55].

In diesem geistigen Klima begann die PiS-Regierung ihren alarmierenden Kampf gegen das Verfassungsgericht, die Parlamentsopposition, die freie Presse und zuletzt die Armee, allesamt Stützpfeiler des Rechts- und Verfassungsstaates. Unverblümt strebt sie eine andere, autoritäre IV. Republik an und setzt dabei auf eine Strategie der verbrannten Erde. Als 2017 ein großer Teil des Generalstabs ausgewechselt und ein erratischer Verteidigungsminister eingesetzt wurde, sahen kritische Beobachter darin die Vorbereitung eines regelrechten Staatsstreichs oder wenigstens einer Lage, die einer Verschärfung autokratischer Maßnahmen den Boden bereitet.[56]

Bei manchen Polen ist sogar Sympathie für Putins gelenkte Demokratie zu verzeichnen, wobei die Ukrainekrise (die zahlreiche Flüchtlinge und Exilanten nach Polen gebracht hat) und die aggressive Haltung Russlands gegenüber den baltischen Staaten und Polen selbst eine engere Kooperation mit dem östlichen Nachbarn, anders als bei den Südosteuropäern, eher ausschließen. Der Schulterschluss mit den Visegrád-Staaten, allen voran Ungarn, der gegen die Verlängerung der Amtszeit von Donald Tusk als EU-Ratspräsident zum Einsatz kommen sollte, scheiterte an der Verweigerung des ungarischen Premiers Orbán. Mit der fadenscheinigen Ablehnung ihres Vorvorgängers hat Szydło die Isolation Polens in der EU überdeutlich werden lassen.

Ein besonderer Schock für Polen war der von den Tories, die man doch für die besten antiföderalen Verbündeten hielt, vollzogene Brexit. Nun muss man gewahr werden, dass polnische »Gastarbeiter« in England rassistischen Übergriffen ausgesetzt und mit dem EU-Austritt von Ausweisung bedroht sind.[57] England steht nicht mehr für Schützenhilfe gegen Brüssel und Berlin zur Verfügung. PiS betreibt die Selbstmarginalisierung Polens.

Der wackelige Versuch, die Renationalisierung nach dem Muster des Brexit, aber ohne ausdrücklichen Polexit auf dem Rücken Europas durchzuführen, ist gescheitert. Vielmehr droht die EU-Kommission, dem Land nach Artikel 7 des EU-Vertrags wegen des Vorgehens gegen das Verfassungsgericht als einer »schwerwiegenden und anhaltenden Verletzung« der europäischen Werte das Stimmrecht zu entziehen. Polen versucht dem mit der von vielen EU-Ländern geteilten Vision einer supranationalen Union »bei voller Wahrung der autonomen Rechte der Mitglieder« entgegenzusteuern. Das Ansinnen Berlins und Brüssels, den Visegrád-Staaten im Rahmen der europäischen Solidarität Flüchtlingskontingente zuzuweisen, wurde energisch zurückgewiesen, antideutsche Ressentiments bestimmen die Regierungsrhetorik und die Massenpresse. Polen geriert sich als Vorkämpfer des Einstimmigkeitsprinzips und des Vetorechts gegen Beschlüsse des Ministerrates, was faktisch zur Handlungsunfähigkeit der EU führen würde. Die polnische Regierung betreibt somit eine Neuverhandlung mit der EU, ohne auf die finanziellen Zuwendungen und die Vorteile des Binnenmarktes verzichten zu wollen. Dafür scheint Warschau auf eine enge Bindung an die Vereinigten Staaten zu setzen.

Nach dem Brexit muss Polen fürchten, zum EU-Nettozahler zu avancieren und ab 2020 die immensen Vorteile aus bis dahin rund 100 Milliarden Euro EU-Mitteln zu verlieren. Möchte das Land zur EU-Elite zählen, müsste es mittelfristig dem Euro beitreten; der schmerzhafte Anpassungsprozess würde der amtierenden Regierung angelastet. Diese entfesselt lieber diplomatische Stürme, als zukunftsweisende Entscheidungen zu treffen.[58] Diese Doppelbödigkeit hat dazu geführt, dass die Europäische Union im Frühjahr 2017, als beim Gipfel in Malta Einigkeit und klare Reformperspektiven notwendig gewesen wären, gespalten und hilflos dastand. Ihr Dilemma: Eine harte Sanktionspolitik würde die nationalistische Sturheit der polnischen Regierung noch verstärken; andererseits würde die Hinnahme eines halben EU-Austritts andere Staaten ermuntern, es Polen gleichzutun.

»Jeszcze Polska nie zginęła« – »Noch ist Polen nicht verloren« heißt es in der gegen die polnische Teilung gedichteten Nationalhymne, und so wichtig der Erhalt der deutsch-französischen Achse für Europa ist, so wichtig ist die Kooperation zwischen Warschau und Berlin. Polens aus leidvoller Existenzkrise gewachsener Freiheitsdrang und sein Unabhängigkeitsstreben sind notorisch. Sie haben gelegentlich zu Borniertheit geführt, aber öfter zur Einsicht in die Notwendigkeit von Kompromissen. Wenn die PiS-Regierung, die unterm Strich nur gut ein Drittel der Wähler hinter sich hat, an der Nullsummen-Konfrontation festhält, wird das die Widerständigkeit nicht nur der polnischen Frauen steigern, die im Herbst 2016 bereits gegen eine restriktive Abtreibungspolitik auf die Straße gegangen sind. Zu erwähnen ist hier die Gruppe *Dziewuchy dziewuchom* (Von den Mädels für die Mädels), die sich für die Gleichberechtigung von Frauen einsetzt. Sie stehen nicht allein; überall in der polnischen Gesellschaft regt sich Widerstand gegen die nationalistisch-reaktionäre Politik der PiS-Regierung. Der Bürgerrechtsbeauftragte Adam Bodnar spielt eine prominente Rolle in der Verteidigung des Rechtsstaates, aber auch in der Debatte über die Flüchtlingspolitik und den Multikulturalismus. Auf anderen Gebieten tätig sind zum Beispiel *Krakowski Alarm Smogowy* zum in Polen immer wichtigeren Thema Feinstaub und Smog-Alarm oder *Otwarte Klatki* (Offene Käfige), eine Tierschutzvereinigung gegen Massentierhaltung. Nicht zuletzt streitet der *Kongres kultury* (Kulturkongress) unter Edwin Bendyk für eine offene polnische Kultur.[59]

AUSGEBÜRGERT: SCHEIDUNG AUF BRITISCH

Wie sehr eine kurzsichtige Politik mitten in Europa menschliche Beziehungen zu zerstören droht, zeigt der folgende, zunächst wenig spektakuläre Fall, der in Zukunft vielen EU-Ausländern im Vereinigten Königreich droht. Eine seit über zwei Jahrzehnten in London lebende Französin, die dort freiberuflich tätig ist und unterdessen zwei Kinder großgezogen hat, wollte die britische Staatsangehörigkeit für sich und ihre Kinder annehmen. Wer weiß schon, dachte sie, wie die Situation der drei Millionen EU-Bürger sich im Verlauf des Scheidungsverfahrens verschlechtern würde. Nachdem sich Ausländer bisher nicht einmal anmelden mussten, müssen sich »EU-Nationals« in Zukunft um eine *permanent residence* bewerben. Dazu müssen sie ein 85-seitiges Anmeldeformular ausfüllen, wofür nach Meinung von Immigrationsanwälten in Zukunft erkleckliche Gebühren anfallen werden – was ist bequemer, als drei Millionen Nichtwahlberechtigte zur Kasse zu bitten? Die Einbürgerung der Mutter klappte relativ rasch, aber in Bezug auf die beiden noch nicht volljährigen Kinder Fabrice und Ariane musste sie nachweisen, dass sie bei deren Geburt im UK ansässig war und fünf Jahre vor der Geburt des ersten Kindes dort gearbeitet hatte, was für eine Freiberuflerin nach über zwanzig Jahren nur unter größten Mühen zu dokumentieren ist.[60] Ohne diesen Nachweis hätten die Kinder, die sich als kosmopolitische Londoner fühlen, den *citizen test* absolvieren müssen und wären das Risiko gelaufen, ausgewiesen zu werden. Den französischen Pass musste die Mutter vorläufig abgeben und war mangels Ausweispapieren bis zur vollzogenen Einbürgerung gezwungen, im Lande zu bleiben. Diese Belastungen waren erträglich im Vergleich zu den erwartbaren Hürden für mittellose Menschen, die womöglich der englischen Sprache nicht mächtig sind und mit Behörden schlechte Erfahrungen gemacht haben. Aber auch für die nunmehr britische Französin droht Ungemach, wenn sie ihre Familie in der Normandie besuchen oder Geschäfte in Italien machen will. Durch die Entscheidung der Regierung May ist sie jetzt aus der EU »ausgebürgert«, wenn auch nicht so dramatisch wie Wolf Biermann 1976 aus der DDR und die Asiaten 1972 aus Idi Amins Uganda.[61] Bei der Einreise wird sie nicht mehr die schnellen Kontrollen absolvieren, sondern sich bei den »anderen« anstellen müssen; sie kann sich nicht wie bisher frei von EU-Land zu

EU-Land bewegen, und dasselbe gilt für eine Million UK-Bürger, die in der EU leben und arbeiten.

Das knappe Austrittsvotum der britischen Wähler im Juni 2016, den Brexit, hatte kein Meinungsforschungsinstitut vorhergesagt, so dass es viele Briten (darunter solche, die dagegen waren, aber ihre Stimme nicht abgegeben hatten) und Europäer als Schock erlebten. Der von anfangs schrullig wirkenden Nationalisten angestrebte Akt, den kaum jemand für möglich hielt, wurde tatsächlich Wirklichkeit. Die Leave-Kampagne strotzte von offensichtlich falschen Versprechen und offenen Lügen. Die Tage danach glichen einem absurden Theater, als der strahlende Sieger, UKIP-Chef Nigel Farage, endlich sein privates »Leben zurückhaben« und der andere Zampano, Boris Johnson, sich ebenso in die Büsche schlagen wollte. Nachdem der Supreme Court als Hüter der ungeschriebenen Verfassung des Vereinigten Königreiches das Procedere einer Prüfung unterzogen hatte, leitete Premierministerin Theresa May am 29. März 2017 den Scheidungsprozess ein, der sich mehr als zwei Jahre hinziehen wird und durch den Ausgang der von ihr ohne Not im Juni 2017 anberaumten Parlamentswahlen weiter belastet wird.

Der brachiale Akt ist Ausdruck der Unbedachtheit und Unreife populistischer Kampagnen, die mit einem Plebiszit rasch etwas zerstören können, was nicht zuletzt ihre eigene Anhängerschaft, aber eben auch die rhetorisch so hochgehaltene Nation vor schwere Probleme stellt. Diese Nation ist nun tief gespalten – London, Schottland, Wales und Nordirland hatten überwiegend für *remain* votiert, auch der größte Teil der unter 35-Jährigen. Sie verabscheuten die fremdenfeindlichen Töne der Kampagne (und die handgreiflichen Ausschreitungen zum Beispiel gegen Polen nach deren Erfolg), die frivole Haltung der politischen Spieler (und deren feige Desertion), den ganzen »postfaktischen« Irrationalismus, der mit wilden Zahlenspielen die Vorteile des Brexit zu untermauern suchte (bzw. die Nachteile schlicht leugnete wie jene Gruppe von Tories, die einen Parlamentsausschuss verließ, als dort die unangenehmen Seiten von Mays Rechnung aufgetischt wurden).

Das Brexit-Referendum trägt einiges bei zur soziodemographischen Analyse populistischer Wählerinnen und Wähler: Für den Austritt stimmten mehr Männer als Frauen (55:45), mehr über 45-Jährige, weit mehr Unqualifizierte (70:30) und Arbeitslose (64:36), auch mehr Weiße (54:46), mehr Hausbesitzer (58:42), mehr Rentner (64:36) und mehr Tories (59:41). Junge und mittelalte Frauen, Studierende und Personen mit akademischem Abschluss und Full-Time-Job sowie Wähler von Labour und Liberal Democrats hätten das Vereinigte Königreich in der EU belassen, und sie befinden sich nun in der Zwangsgesellschaft derjenigen, die ihren Aversionen freien Lauf gelassen haben. Bemerkenswert ist, dass nur ganze 37 Prozent der Stimmberechtigten dem Brexit am Ende zugestimmt haben.[62]

Dabei muss man anerkennen, dass die Leave-Kampagne einer breiten EU-Skepsis und Europadistanz Ausdruck verliehen hat, die seit dem späten Beitritt des Vereinigten Königreiches 1973 nie abgeklungen waren. Großbritannien hat über Jahrhunderte in *splendid isolation* mit »Europe« gefremdelt, und vielen Architekten der supranationalen EU wäre es lieber gewesen, der Inselstaat wäre draußen geblieben. Je mehr sich die EU in Richtung eines Bundesstaates erweiterte, desto weniger konnten sich viele Briten mit der partiellen Entmachtung ihres Parlaments und der Relativierung der Insel-Souveränität abfinden. Deren rhetorische Restauration ist freilich selbst ein Fake: Das Vereinigte Königreich ist nicht nur politisch, sondern auch kulturell und wirtschaftlich geschwächt, der drohende Aderlass an qualifizierten Ausländern beschädigt das Ansehen des Landes und die Leistungsfähigkeit seiner Forschungseinrichtungen und Universitäten schwer.

Der verschärfte Nationalismus ist folglich nicht Ausdruck der Stärke, sondern einer fundamentalen Schwäche der Nation. Der gegen Assimilation eingestellte *multiculturalism* hat islamische Parallelgesellschaften begünstigt, aus denen Tausende islamistischer »Gefährder« hervorgegangen sind, und auch unter »Einheimischen« ist der gesellschaftliche Zusammenhalt verlorengegangen. Ein Bewunderer der britischen Nation hat die paradoxe Reaktion so beschrieben, »dass durch ein Verbleiben in der EU auf Dauer die letzte Klammer beseitigt würde, die eine ethnisch und kulturell zunehmend heterogener werdende Gesellschaft zusammenhalten kann: der Stolz auf eine in dieser Form vielleicht wirklich einmalige Tradition des Parlamentarismus und der pragmatischen Rechtsstaatlichkeit«[63]. Er weist aber auch auf die Aporie hin, dass die Folgen des EU-Austritts genau diese Verfassungstradition aufweichen und zerstören könnten. Die Art und Weise, wie das Oberhaus abgekanzelt wurde, als es im Winter 2017 Brexit-kritische Stimmen prüfen wollte, ist dafür ein Anzeichen (siehe S. 215).

Das wichtigste Argument gegen den Brexit ist nicht inhaltlicher, sondern formaler, demokratiepolitischer Natur. Mehrheit ist Mehrheit, pflegen Brexit-Befürworter auf alle Bedenken zu antworten, und genau in diesem plebiszitären Leichtsinn besteht der populistische Durchbruch. Der Sieg der Brexiteers war Folge einer Momententscheidung aus dem Bauch heraus, genau wie es übrigens das umgekehrte Votum gewesen wäre. Man kann eine derart essentielle Entscheidung nicht auf einer Fünfzig-Prozent-Mehrheit aufbauen, alle Verfassungen der Welt legen hier höhere, zum Beispiel Zweidrittel-Quoren fest. Selbst bei einer hohen Wahlbeteiligung von siebzig Prozent hat, wie gesagt, am Ende nur ein Drittel der Briten für den EU-Austritt gestimmt. In einem demokratischen Prozess solcher Reichweite müssten weitere *checks and balances* eingebaut sein, die in diesem Fall aber nicht vorhanden waren.[64]

Nach dem 29. März 2017 sind Rachegelüste unangebracht, eine faire Scheidung ist geboten – bei allen Schäden, die Europa entstehen werden: Die zweitgrößte Volkswirtschaft der EU scheidet aus, die so stark ist wie die zwanzig kleinsten EU-Mitglieder zusammen, ein Partner und Gegengewicht Berlins wird fehlen, so dass die deutsche Übermacht noch deutlicher wird. Auch die Sicherheit Europas leidet unter dem Rückzug der Briten. Zu hoffen ist auf einen Demonstrationseffekt, der den EU-Ländern und Parteien, die mit Austrittsgedanken schwanger gehen, die damit verbundenen Folgen vor Augen führt. Dabei ist es durchaus gut, dass die EU Mitgliedsnationen ziehen lassen kann – sie ist ja nicht die Sowjetunion unseligen Angedenkens. Das gilt nun ironischerweise auch für das Vereinigte Königreich: Das 2014 noch gescheiterte Austrittsreferendum Schottlands könnte in einem zweiten Anlauf irgendwann erfolgreich sein, und auch Nordirland, das eine schmerzhafte und blutige Grenze zur Republik Irland wiederkehren sieht, und Wales werden zu London auf Distanz gehen.[65] Das paradoxe Ergebnis des britischen EU-Austritts, der Großbritannien wieder »frei« machen und »Global Britain«[66] restaurieren sollte, könnte die Provinzialisierung im doppelten Sinne sein: Das Königreich könnte auf seinen englischen Kern zusammenschmelzen und als rückständige Provinz seine letzte Weltgeltung einbüßen.

Die Briten haben mit den Unterhauswahlen am 8. Juni 2017 den Brexit nicht rückgängig gemacht, sie hätten es auch im Fall eines Sieges von Labour nicht getan und bleiben an einer kapitalen Fehlentscheidung kleben, die man auch bei allem Respekt vor dem Willen der Mehrheit so nennen darf. Nicht die Terroranschläge in London und Manchester kurz vor den Wahlen haben Mays Wiederwahl vermasselt, sondern die soziale Frage, die Labour-Chef Jeremy Corbyn zu Recht gestellt hat.[67] Doch reicht es nicht aus, wenn die Linke unablässig etwas »verteidigt« und *gegen* etwas »kämpft«, solange sie nicht auch zum Ausdruck bringt, *für* was sie sich einsetzt.[68] Wenn die Abwendung von Theresa May etwas bedeutet, dann ist es der Hunger der »einfachen Leute« auf eine echte politische Alternative, auf etwas Neues, jenseits staatlicher Großbürokratien und privater Monopole, namentlich im »dritten Sektor« lokaler Gemeinschaften, die in den letzten Jahren aufgerieben wurden und von unten neu gebildet werden müssen.

Werfen wir von London aus einen kurzen Blick über den Kanal, wo der imaginäre Nationalismus ebenfalls einen regionalen Provinzialismus aufblühen ließ. Vlaams Belang (VB) heißt die wichtigste populistische Strömung in Belgien, genauer im flämischen Teil, der den höheren Wohlstand des Landes aufweist.

Angetreten unter Karel Dillen und Felix Dewinter, heute unter der Bezeichnung Vlaams Blok von Tom Van Grieken geführt, ist diese Bewegung nicht auf den Erhalt und die Stärkung, sondern auf die Teilung der belgischen Nation aus, die im flämischen Regionalismus immer als ein am Wiener Kongresstisch erdachtes Kunstprodukt und eine Mesalliance mit den frankophonen Wallonen galt. Freilich ist auch hier, wie im Fall der italienischen Lega Nord, der Abwehrreflex gegen (muslimische) Einwanderer wirksam. Vlaams Belang ist eine der populistischen Formationen, deren Höhepunkt überschritten zu sein scheint und deren Kurs noch neoliberaler geworden ist. Der Brexit und der flämische Separatismus unterstreichen die in den meisten geschilderten Fällen zutage tretende Erkenntnis, dass Populisten, die ihre Nationen nostalgisch beschwören, viel eher deren tatsächliche Zerrissenheit unter Beweis stellen, die eben nicht »Europa« oder der »Globalisierung« anzulasten ist, sondern vielmehr dem Versagen innergesellschaftlicher Inklusion und Teilhabe. Sie sind nicht die Retter der Nation, sondern bringen diese mit ihren unbedachten Worten und Akten noch mehr an den Rand des Scheiterns. Wahre Patrioten sollten höchste Vorsicht vor Nationalisten dieser Couleur walten lassen.

PIM HAT ES SO GEWOLLT: DIE NIEDERLANDE

Der von Geert Wilders und vielen europäischen Nationalisten erhoffte Dominoeffekt blieb in den Niederlanden aus. Am 15. März 2017 holte Wilders zum großen Schlag aus: Umfragen hatten ihm und seiner Partij voor de Vrijheid (PVV) bis zu einem Drittel der Sitze im Vielparteienparlament in Den Haag vorhergesagt. Wie kein Zweiter verbindet der 1963 als Sohn niederländisch-indonesischer Eltern geborene, mit einer Ungarin verheiratete Politiker Islamfurcht und EU-Abneigung, womit der römisch-katholisch aufgewachsene, aus der Kirche ausgetretene Jurist der prononcierteste Verfechter »patriotischer Europäer gegen die Islamisierung des Abendlandes« und Vorbild vieler derartiger Strömungen gegen »Eurabien« geworden ist. Als klassischer politischer Unternehmer[69], der aus dem liberalen Spektrum hervorgegangen ist, hat er seine Aktien ganz auf dieses eine Thema gesetzt: Verbot des Kopftuchs im Staatsdienst und des Burkatragens in der Öffentlichkeit, Schließung von radikalen Moscheen und Verbot der Eröffnung weiterer Moscheen und Koranschulen. Wilders will pauschal ein »Verbot des Korans«. Weil in den Niederlanden die Religionsfreiheit traditionell hochgehalten wird, deklarierte er den Islam in toto zur politischen Ideologie, für die es keine Privilegien geben dürfe; Privatschulen in islamischer Trägerschaft müssten geschlossen werden. Die Ablehnung des Islam geht einher mit einem starken rhetorischen Einsatz für den Staat Israel. Aber dieser angeblich zum Schutz von Juden vorgetragene Antiislamismus hat nichts aus dem historischen Antisemitismus gelernt, sondern bezieht sich nur auf ein anderes Aggressionsobjekt und hindert die »philosemitische« Rechte in Europa generell nicht an antijüdischen Ausfällen, etwa gegen den »Ostküstenspekulanten« George Soros, der ja auch der beste Feind des ungarischen Premiers Orbán ist.[70]

Die Ablehnung von Muslimen als größter Gruppe von Einwanderern wird erweitert zur Forderung nach einem allgemeinen Immigrationsstopp. Die Niederlande sollen aus dem Schengener Abkommen austreten und ihre Einwanderungspolitik wieder allein bestimmen. Immigranten sollen in den ersten zehn Jahren ihres Aufenthalts von Sozialversicherungsleistungen ausgeschlossen bleiben. Die PVV ist gegen die doppelte Staatsbürgerschaft und gegen Amnestien für Illegale. Einwanderer ohne Beschäftigung will sie unter der Parole »Arbeiten oder Abhauen« (Werken of Wegwezen) des Landes verweisen. Ohne Einbürgerungstest soll keine Einwanderung und keine Einbürgerung möglich sein; auch wer in den Niederlanden lebt und die Prüfung nicht besteht, soll das Land verlassen. Bisherige Doppelstaatsbürger sollen registriert werden. Zur inneren Sicherheit fordert die Partei Arbeitsstrafen und Erziehungslager, die Abschiebung krimineller Ausländer und die ethnische Registrie-

rung aller Einwohner der Niederlande, darunter der »Antillia-
ner«. Nach dem erfolgreichen Brexit-Votum warb Parteichef
Wilders vehement für den Nexit[71], mit ähnlichen Argumenten
wie die britische Leave-Kampagne, das nationale Budget, die
nationalen Grenzen und die nationale Kultur zu schützen.

Wer das Erfolgsrezept der 2006 gegründeten PVV begreifen
will, muss die Ursachen der wachsenden Unduldsamkeit gegenüber Muslimen verstehen und die Gründe für eine Revision der
Toleranz, für die das Land seit Jahrhunderten geradezu sprichwörtlich stand.[72] Niederländer seien ein reiselustiges, weltzu-
gewandtes Volk von Kaufleuten, heißt es oft, aber sie sind auch
Pohlbürger und Landwirte, eingebunden in einen europäischen
und Weltmarkt. Holland ist bekannt geworden durch seine Li-
bertinage in Sachen Rauschmittel, durch alltäglichen Multikulturalismus und sexuelle Freizügigkeit, welche die Anerkennung
der Homosexualität selbstverständlich einschloss. Aber auch
eine religiös begründete Prüderie und Bigotterie ist manchen
Niederländern nicht ganz fremd.

Inzwischen hat es längst eine Abkehr von diesem Bild und
Selbstbild gegeben. Ein markanter Tag, an dem die Niederlande
»ihre Unschuld verloren«, war der 6. Mai 2002, als vor dem
Rundfunkgebäude in Hilversum Pim Fortuyn von einem radikalen Tierschützer erschossen wurde. Fortuyn kandidierte damals
für eine nach ihm benannte Liste (Lijst Pim Fortuyn) aussichtsreich für das Parlament in Den Haag; posthum errang die LPF
einen großen Erfolg und wurde in die Regierung aufgenommen. Zwei Monate zuvor hatte die von Fortuyn geführte Liste
»Leefbaar Rotterdam« bei Kommunalwahlen fast ein Drittel der
Sitze im dortigen Gemeinderat errungen. Der Mord schockte
die Niederlande und ganz Europa. Pim Fortuyn hatte sich über
Tierschützer lustig gemacht und gespottet, wer ihn wähle, dürfe
seinen Pelzmantel behalten. Doch nicht als Verfechter der Ani-
mal Liberation Front hatte der Attentäter Volkert van der Graaf
nach eigenem Bekunden den Mordanschlag ausgeführt, sondern um »Muslime zu schützen«. Diese waren von Fortuyn als
Angehörige einer rückständigen Kultur bezeichnet worden, wo-

bei sich der erklärte Republikaner und bekennende Homosexuelle vor allem gegen den politischen Islam (wie auch gegen die Politisierung aller anderen Religionen) wandte und als Homosexueller die ausdrückliche Verachtung niederländischer Imame auf sich gezogen hatte.

Pim Fortuyn verkörperte alle niederländischen Qualitäten – und ihr Gegenteil, genauer: ihre selbstreferentielle Revision, die den Aufstieg des Rechtspopulismus in diesem Land erklärt.[73] Fortuyn, in seiner Studienzeit Marxist, hatte eine »freche Schnauze«, respektlos attackierte er in alle Richtungen Autoritäten und Dogmatismen, allen voran Kirche und Krone. In der Abwägung von Meinungsfreiheit und Diskriminierungsverbot, beide in der Verfassung hochgehalten, plädierte er stets für Erstere; er provozierte bewusst und spitzte seine Attacken zunehmend auf das sozialliberale »violette« Kabinett aus Sozialdemokraten und Linksliberalen der 1990er Jahre zu und damit auf das politische Establishment der Niederlande. In diesem Zusammenhang setzte er sich für eine Begrenzung der Immigration und der Asylsuchenden ein und für die Ausweisung illegaler Einwanderer. Der libertäre Grundzug seiner Polemik bekam dadurch eine autoritäre Tönung, wobei die Kritik am politischen Islam die antiautoritäre, gegen Homophobie und Klerikalismus gerichtete Note behielt. Genau damit wurde Fortuyn populär und konnte in Anspruch nehmen, für viele Niederländer zu sprechen. Versuche, seinem lockeren Mundwerk juristisch Einhalt zu gebieten, scheiterten allesamt an der Bekräftigung der Meinungsfreiheit. Das wollte der Attentäter nicht hinnehmen.[74]

Fortuyns Mission war das Thema des Films, den der Schauspieler und Regisseur Theo van Gogh 2004 drehte, parallel zu einem weiteren Film über marokkanische Jugendliche. Marokko ist das wichtigste Herkunftsland der Einwanderer in den Niederlanden, vor allem die männlichen Jugendlichen gelten als die größten *trouble maker* unter ihnen. Die Geschichte schien sich zu wiederholen, als der Regisseur am 2. November 2004 von dem islamischen Fundamentalisten marokkanischer Abstammung Mohammed Bouyeri ermordet wurde. Der war in den Niederlanden aufgewachsen und hatte sich nach dem Abbruch seines Studiums einer militanten Gruppe radikaler Muslime angeschlossen. Der Anschlag auf offener Straße war besonders grausam; nach dem tödlichen Schuss rammte der Mörder dem Opfer ein Messer in den Leib und schnitt ihm die Kehle durch. Auf einem Zettel wurde die Ermordung der Publizistin Ayaan Hirsi Ali angekündigt, mit der van Gogh bei dem islamkritischen Film »Submission – Part One« zusammengearbeitet hatte.

Die Duplizität dieser beiden Vorfälle hat die Niederlande nachhaltig erschüttert.[75] Auch van Gogh war ein *enfant terrible*, der die Grenzen der Meinungsfreiheit noch weiter ausdehnte als Fortuyn. Das betraf nicht nur den »aggressiven und rückständigen Islam«, dessen Gläubige er schon mal als *geitenneukers* (deutsch: Ziegenficker) denunzierte, sondern auch jüdische Mitbürger, die er mit der Karikatur »Zwei kopulierende gelbe Sterne in der Gaskammer« verstörte. Doch van Gogh hatte eine feministische Stoßrichtung: Der erwähnte Film »Submission« zeigt vier verschleierte Frauen, deren Körper versehen sind mit Koransuren, die das weibliche Geschlecht dem Ehemann unterwerfen, und versehrt mit Striemen von Peitschenhieben als Strafe für den Verstoß gegen das Patriarchat. Das machte van Gogh in den Augen seines Mörders todeswürdig.

Nach dem Anschlag kam es zu Angriffen auf muslimische wie christliche Einrichtungen. Das Land, das nach den Religionskriegen der Frühen Neuzeit durch »versäulte« Kirchengemeinschaften die Koexistenz von Glaubensüberzeugungen garantierte, erlebte Anzeichen eines religiösen Bürgerkrieges, der in der Wahrnehmung vieler Bürgerinnen und Bürger grundlegende Freiheitsrechte in Frage stellte. Prominent firmiert »Vrijheid« (Freiheit) nun im Namen der PVV, die islamkritische Motive radikalisiert und die Elitenkritik zum Frontalangriff auf das politische System erweitert.

Nicht zufällig war Rotterdam ein wichtiger Schauplatz der Auseinandersetzung, wo 2008 Ahmed Aboutaleb als erster muslimischer Bürgermeister einer europäischen Großstadt gewählt wurde. Als Fünfzehnjähriger war er aus dem marokkanischen

Rif in die Niederlande gekommen, später der sozialdemokratischen Partij van de Arbeid (PvdA) beigetreten; heute ist er ein
erklärter Gegenspieler der Islamisten, wie sein Auftritt nach
dem Anschlag auf Charlie Hebdo deutlich gemacht hat. »Um
Himmels willen, packt doch eure Koffer und geht! Vielleicht
gibt es einen Flecken auf der Welt, wo ihr zurechtkommen könnt.
Aber bringt nicht unschuldige Journalisten um, das ist so ver-
achtenswert. Verschwindet, wenn ihr in den Niederlanden euren
Platz nicht finden könnt.«[76] Aboutaleb kann als Gegenpart seines Landsmanns Bouyeri, aber auch von Ayaan Hirsi Ali gelten,
weil er an der Möglichkeit eines moderaten Islam in Europa festhält. Obwohl sehr populär, wurde er nicht an die Spitze der
PvdA gewählt; sie wurde vielmehr durch den EU-Kritiker Lode-
wijk Asscher geführt und erhielt im März 2017 mit ganzen 6 Prozent der Stimmen die Quittung. Gewinner der Wahl waren die
strikt auf ökologischem, sozialpolitischem und europaoffenem
Kurs gebliebenen Grünen (GroenLinks) mit ihrem beliebten
Spitzenkandidaten Jesse Klaver.

Die Regierungsbildung zog sich über Monate hin. Auch ein
geschlagener Populist kann ein politisches System in Beschlag
nehmen. Vor allem die Sozialdemokraten zahlen den Preis:
Weder als aufrechte Gegner noch als halbe Imitatoren von Wilders haben sie ihre Stammwählerschaft halten können. Der un-
terlegene Wilders machte nach der verlorenen Wahl auch nicht
den Eindruck, unzufrieden zu sein. Den europäischen Trump
konnte er zwar nicht geben, aber er hat das politische System
seines Landes nach rechts bewegt und sich dabei – mit dem Or-
ganisator der Ablehnung des Ukraine-Assoziierungsabkom-
mens Thierry Baudet vom Forum für Demokratie und weiteren
Kleinparteien – sogar rechte Konkurrenz geschaffen. Vor allem
verkörpert er einen Wandel der politischen Kultur in den Niederlanden, einem Land, das auf offene Grenzen so angewiesen
ist wie wenige andere, aber der EU, den europäischen Nachbarn
und einer unsicher gewordenen Welt zunehmend skeptisch ge-
genübertritt. Eine Niederlage des autoritären Nationalismus,
die, ähnlich wie in Großbritannien und Frankreich, mit einer

Marginalisierung der Sozialdemokratie erkauft ist und zu einer Normalisierung der populistischen Rhetorik (»Doe normal« – »Verhalte dich angepasst«)[77] geführt hat, ist ein Pyrrhussieg und ein weiteres Beispiel für »shifting baselines«.

FRANKREICHS UHREN GEHEN WIEDER

Am Morgen des 8. Mai 2017 mussten Proeuropäer keinen weiteren Schock verdauen: Mit Marine Le Pen war keine weitere Autokratin gegen Europa angetreten.[78] An diesem Morgen löste sich der Alptraum, den viele in Frankreich und Europa für möglich gehalten hatten, weil sie den Umfragen und ihrem Optimismus nicht mehr trauen wollten, als wäre der Triumph des Front National schon zum Schicksal geworden.[79] Präsident der V. Republik wurde Emmanuel Macron, ein 39-jähriger Parteiloser aus der politischen Mitte der französischen Gesellschaft und Politik, womit nun die Konstellation für eine Erneuerung der Europäischen Union gegeben ist. Wenn die Chance nicht ungenutzt verstreicht, wird – im Futur zwei gesprochen – der 7. Mai 2017 der Wendepunkt gewesen sein, von dem an die autoritäre Welle abebbte (aber auch alle auf Deutschland schauten).

Über die Folgen eines Wahlsiegs Le Pens[80] darf man sich keine Illusionen machen: Die Verwirklichung ihres Slogans »La France d'abord« (Frankreich zuerst) hätte das Ende der Europäischen Union bedeutet. Sie hatte, nicht immer ganz eindeutig, ein Referendum über den Euroausstieg versprochen, und es war ihren Anhängern gleichgültig, dass Frankreich zu den Gründern der Union gehört, dass seine Wirtschaft zu den am stärksten »globalisierten« auf dem Globus zählt und siebzig Prozent ihrer Ausfuhren mit anderen EU-Ländern abwickelt. Sie ignorierten auch, dass eine Rückkehr zum (massiv abgewerteten) Franc katastrophale Auswirkungen für Sparer, Unternehmer und Anleger hätte, und sie wollen nicht wahrhaben, dass ohne die schützende Hand Brüssels die Verschuldung »griechische« Konsequenzen zeitigen würde. Für die schrecklichen Vereinfacher – in Frankreich heißen sie »y a qu'à« (man muss nur …) – ist das Ende der Union das Allheilmittel gegen sämtliche Übel der Nation. Und Le Pen wäre, was kaum bedacht wurde, mit der Fortwirkung des von Präsident Hollande verhängten Ausnahmezustands in der Lage gewesen, ihre Vorstellungen nach der Methode Trump rasch per Dekret umzusetzen.

Nach der Niederlage entbrannte im Front National eine heftige Debatte über den richtigen Kurs: Soll er sich mäßigen und an die Spitze einer Sammlungsbewegung der gesamten Rechten setzen oder die Rechtsopposition verschärfen? Das Flügelschlagen kann zum Ende des Front führen oder auch eine »postrepublikanische« konservative Rechte schaffen.[81] Mit Marion Maréchal-Le Pen und Florian Philippot haben sich gleich zwei Schwergewichte des Front National verabschiedet, die für diese Option standen. Während der FN im zweiten Wahlgang der Präsidentschaftswahl noch 10,6 Millionen Wähler hinter sich versammeln konnte, waren es beim zweiten Durchgang der Parlamentswahl nur noch knapp 1,6 Millionen, was magere 8 Sitze in der Nationalversammlung bedeutete.

Spiegelbildlich fand nach dem blamablen Abgang des glücklosen François Hollande diese Diskussion auf der Linken statt. Da der sozialistische Elysée-Kandidat Benoît Hamon mit ganzen 6,1 Prozent der Stimmen das schlechteste Ergebnis der Partei seit Jahrzehnten eingefahren hatte, schwang sich Jean-Luc Mélenchon mit seiner internetgestützten Bewegung »La France insoumise« zum Anführer einer entschiedenen Linksopposition auf, die dem Wahlsieger Macron eine knallharte Opposition ankündigte, weil sie ihn ohne Umschweife als Rechten einstuft. Le Pen und Mélenchon sind aus dem Europaparlament, in dem beide nicht durch allzu große Begeisterung und Aktivität aufgefallen waren, nach Paris in die Assemblée nationale zurückgekehrt und wollen die präsidiale Mehrheit in die Zange nehmen. Mélenchon erzielte 7,5 Prozent der Stimmen und immerhin 27 Parlamentssitze.[82]

Auf die radikale Tour war der Front National nach langer antifaschistischer Quarantäne zur stärksten politischen Kraft

Frankreichs aufgestiegen, fest verankert im Hinterland des Hexagon, bei jungen Franzosen[83], zunehmend auch bei den Frauen[84] und vor allem in einem Arbeitermilieu, das noch vor dreißig Jahren das Rückgrat von Linksparteien und Gewerkschaften gebildet hatte. Deindustrialisierung und Prekarisierung haben zu dieser Travestie des Antikapitalismus ebenso beigetragen wie die in dem Milieu stets virulente Xenophobie.[85] Mehr als ein Drittel der Franzosen hat schon einmal für den FN gestimmt und zeigt sich generell einverstanden mit seinen Ideen.[86] In einigen Regionen, im kleinbürgerlichen Süden wie im deindustrialisierten Norden und Osten, ist der FN hegemonial und faktisch zur »neuen Normalität« geworden. Marine Le Pen geriert sich einerseits »links«, als Verteidigerin der Durchschnittsfranzosen gegen die kapitalistische Globalisierung und Europäisierung, andererseits weit rechts als Kämpferin gegen den *grand remplacement*, den angeblichen Bevölkerungsaustausch weißer Christen durch muslimische Araber und Afrikaner.[87] Die von Le Pen als Verfassungsrang angestrebte »nationale Priorität« sollte »Bio-Franzosen« auf dem Arbeitsmarkt, bei Sozialleistungen und -wohnungen bevorzugen. Dazu passt die Absicht der Partei, vom republikanischen *jus soli* zum ethnozentrischen *jus sanguinis* zurückzukehren, die Kinder von Einwanderern also nicht länger als Franzosen anzuerkennen. Mit beiden Positionen bedient sie Motive aus den Tiefen der französischen Geschichte: den Antikapitalismus, als dessen Feindbild nun allerdings nicht mehr das »Kapital«, sondern »Fremde« herhalten müssen, und die beschwiegene Kolonialvergangenheit vor allem in Algerien. Le Pen kombiniert auf diese Weise die Parameter der republikanischen Linken und Rechten. Aber ihre Losung *»ni droite, ni gauche«* steht ganz klar in der Tradition des französischen Faschismus und Syndikalismus.[88]

»Nicht rechts und nicht links« und ebenfalls als Kandidat gegen das System der V. Republik stellte sich auch Emmanuel Macron auf, der einzige von elf Bewerbern um die Präsidentschaft, der ganz klar für Europa, die EU und die deutsch-französische Freundschaft eintrat. Die Spaltung der französischen

Gesellschaft kommt durch das deutliche Ergebnis des zweiten Wahlgangs (66,1:33,9 Prozent) unzureichend zum Ausdruck, denn vor allem die Absicht, »Schlimmeres zu verhindern« und »republikanische Disziplin« zu üben, haben den Front National geschlagen, und das weniger deutlich als 2002, als Jacques Chirac gegen Jean-Marie Le Pen über achtzig Prozent der Stimmen erhalten hatte.

Die Familie Le Pen und der Front National werden der französischen und europäischen Politik erhalten bleiben, ebenso die beiden Lager – nennen wir sie La Macronie und Lepenistan –, die nicht allein nach soziodemographischen Merkmalen die »zwei Frankreich« bilden. Le Pen versammelt Menschen mit geringeren Einkommen und Bildungsabschlüssen, rekrutiert die sprichwörtlich Enttäuschten und Abgehängten im Hinterland, gewinnt auch viele weibliche Stimmen aus diesen Milieus. Aber dieselben potentiellen FN-Wähler haben andernorts, auch in »Problemgebieten«, links oder Macron gewählt, so dass man sagen kann: Nicht allein die Ökonomie des Geldbeutels hat die Wahl entschieden, es war auch die kulturelle Differenz zwischen Weltoffenheit, oft verbunden mit der Hoffnung auf eine »Alter-Mondialisation«, eine bessere Art der Globalisierung, und Abschließung gegen die Welt da draußen. So könnte man den Wahlslogan des Clinton-Teams von 1992 abwandeln: It's Europe, stupid.

Macron stellte sich symbolisch wie faktisch gleich in die Tradition seiner Vorgänger, doch war die Parlamentswahl im Juni 2017 schon ein Schritt hin zu einem stärker parlamentarisch geprägten System. Die 1958 von Charles de Gaulle gegründete und 1981 von François Mitterrand linksgewendete V. Republik ist so stark wie nie herausgefordert. Ihre drei Hauptstützen sind ramponiert. Der Machtwechsel zwischen Linken und Rechten beruhte auf der ziemlich krisenfesten Garantie gutbezahlter Arbeit und einem hohen, durch beachtliche Privatvermögen fundierten Konsumniveau, abgesichert durch eine selbstbewusste Arbeitnehmerschaft, einen breiten Mittelstand und einen ausgebauten Wohlfahrtsstaat.[89] Diese soziopolitische Trias bildete den inzwischen verklungenen Grundton der *trente glorieuses*, der dreißig ökonomisch prosperierenden Jahre nach dem Zweiten Weltkrieg.

Inzwischen haben der globale Wettbewerb und der unwiederbringliche Verlust des Großmachtstatus dem republikanischen Konsens ebenso die Grundlagen entzogen wie das Erstarren der Arbeitsbeziehungen: Frankreichs Volkswirtschaft ist mit 20 Prozent Jugendarbeitslosigkeit, hundert Prozent Staatsverschuldung und einer Vielzahl abgehängter Industrieregionen in einer zähen Malaise gefangen. Und die Repräsentanten des »Systems« machen sich mit einem unverschämten Klientelismus immer angreifbarer, wie zuletzt der (daran gescheiterte) Spitzenkandidat der Konservativen, François Fillon, eindrücklich demonstrierte. Der Sündenfall des neogaullistischen Kandidaten, der sich in den Vorwahlen gegen den Favoriten Alain Juppé und Expräsident Nicolas Sarkozy durchsetzen konnte, war nicht nur die verschleierte Beschäftigung seiner Familie ohne entsprechende Gegenleistungen, sondern dass er sich über die Anklage der Justiz hinwegsetzen wollte und dazu am 5. März seine treuesten Anhänger auf der Place du Trocadéro zu einem halben Staatsstreich animierte.[90] Mit diesem Schritt war der »gemäßigte« Fillon nicht weit von der »extremen« Le Pen entfernt, die sich ihrerseits der Justiz entzog, die Ermittlungen gegen sie aufgenommen hatte.

Emmanuel Macron kam aus der »leeren Mitte«[91] und erschien dem staunenden Publikum wie ein Messias. Es nahm dem begabten Redner ab, die Spielregeln der Politik positiv verändern zu können. Im Unterschied zu den Verheißungen der (extremen) Rechten und Linken erkennt er mit den sofort eingeleiteten Reformen die Wirklichkeit an, ohne sich mit ihr fatalistisch abzufinden. Als Macron im April 2016 die Bewegung »En marche!« gründete, ahnte kaum jemand, dass sie bald schon die Sozialistische Partei überflügeln würde. Über 200 000 vor allem junge Mitglieder unterstützten seine Kandidatur. Eine Partei ist diese Bewegung weiterhin nicht, aber schon das ungewöhnliche Auswahlverfahren der Kandidaten bei der Parlamentswahl im Juni demonstrierte den Erneuerungswillen in Form und Inhalt. So gelang es Macron, die Mühlsteine der Rechts-links-Polarisierung abzuschütteln und attraktiv für Anhänger aus allen Milieus und Lagern zu werden, darunter Nichtwähler und Menschen vom flachen Land. Der formidable Quereinstieg füllte den auf die amerikanischen Parteien der 1960er Jahre gemünzten Begriff *catch-all party* (Otto Kirchheimer) wieder mit Leben.

Macron betätigte sich zudem im besten Sinne als Versöhner. So reiste er nach Algier, um dort nach dem brutalen Kolonialkrieg der 1950er Jahre einen aufrichtigen Schritt der Vergangenheitsbewältigung zu tun, während Fillon wiederholt ein Ende der »nationalen Selbstbezichtigung« forderte, gerichtet gegen die erst in Hollandes Amtszeit ausgesprochene Anerkennung der kolonialen und rassistischen Verbrechen Frankreichs. Umgekehrt erging es Macron, als er im Süden Frankreichs bei Nachfahren der Algerien-Siedler (*pieds noirs*) auch Verständnis für deren Sicht auf den Kolonialkrieg zeigte. Das wurde ihm von links als Opportunismus angekreidet. Dabei ist es überfällig, dass Frankreich endlich eine Haltung zum Algerienkrieg entwickelt, die in der Tradition eines Albert Camus oder Kamel Daoud und einer Politik des *parler vrai* (Wahrsprechens) beiden Seiten gerecht zu werden versucht. Auf den neuen Staatspräsidenten kommt eine Herkulesaufgabe zu: die Bekämpfung des in Frankreich besonders brutal zuschlagenden Dschihadismus und zugleich die »Deradikalisierung« anfälliger junger Menschen in den Vorstädten des Landes.[92]

Sein großes Thema hatte Macron, den man als genuin europäischen Politiker verstehen darf, ohnehin längst gefunden: Er tritt uneingeschränkt für die EU ein, stellt sich bei Auftritten gern vor einen Kreis von Europasternen und trat am Abend seines Wahlsiegs zu den Klängen der Europahymne auf – ein hohes Risiko in einem unter antieuropäischem Dauerfeuer liegenden Land. Doch anders als Le Pen in ihrer dezidiert antideutschen Haltung behauptet, redet Macron Angela Merkel nicht nach dem Mund. Sie habe, erklärte er schon während seiner Berlin-Visite im Januar 2017, zwar mit ihrer Flüchtlingspolitik die Würde Europas gerettet; zugleich aber habe sie die Eurozone aufs Spiel gesetzt. Im Unterschied zur Kanzlerin will er ein anderes Europa mit einem eigenen Budget für die Eurozone und einem gemeinsamen Finanzminister sowie einem europäischen New Deal (siehe S. 266 ff.). Das ist eine klare Absage an die Maastricht-Gegner und Souveränisten Jean-Luc Mélenchon, François Fillon und Marine Le Pen: Sie wollen ein franko-gaullistisches Europa der Vaterländer, Macron ein föderales Europa auf der Grundlage der europäischen Zivilgesellschaft.[93]

Macron hat sich mit Energie an die »Hausaufgaben« gesetzt (die ihm ein deutscher Finanzminister nicht in Erinnerung rufen müsste) und ein ganzes Bündel innerer Reformen, vor allem in der Wirtschafts- und Sozialpolitik, in Angriff genommen. Die ökologische Dimension seiner Politik, die der ins Kabinett aufgenommene grüne »Minister für den ökologischen und solidarischen Übergang« Nicolas Hulot verantwortet[94], ist dabei keineswegs ein Nebenschauplatz. Skeptische Beobachter sehen eine bonapartistische Falle für Macron, emphatischere Kritiker bezweifeln, ob sein Mantra, weder links noch rechts zu sein, nicht durch die stupende Unerschütterlichkeit dieser Konfliktlinie widerlegt werden wird. Thomas Piketty, der wirtschaftliche Berater Hamons, hat Macron jedenfalls eine linkere Sozial-, Arbeits- und Fiskalpolitik angetragen, die sich an den Bedürfnissen und Ansätzen der südeuropäischen Länder orientieren solle. Es wäre angebracht, dass sich Macrons politische Linie ein Stück »hamonisiert« und »hulotisiert«, also ihre sozial-progressive und ökologische Dimension stärkt und hier gerade im Hinblick auf das Nord-Süd-Verhältnis in der EU die Interessen der südlichen EU und ihrer Peripherie stärker berücksichtigt.[95]

IBERISCHE (UND ANDERE) AUSNAHMEN

Die Politikwissenschaft beschäftigt sich gerne mit »Ausnahmen«. Die Vereinigten Staaten von Amerika gelten geradezu als die Heimat des »exceptionalism«, einer ganzen Fülle von Eigen-schaften, die dieses westliche Land von anderen unterscheidet, von denen es so viel auf- und angenommen hat. Der Soziologe Werner Sombart stellte 1908 die Frage, warum es in den USA keinen Sozialismus gebe. Antworten fand er in dem Patchwork der ethnisch-religiösen Differenzen, die der Herausbildung von Klassenbewusstsein entgegenstanden.

Für die Iberische Halbinsel lautet derzeit die analoge Frage, warum es dort, wo so viele Menschen durch die Finanz- und Eurokrise ins Elend gestürzt wurden, wo die Immobilienspeku-lation besonders hart zugeschlagen hat, wo so viele Flüchtlinge anlanden, wo Terroranschläge in frischer Erinnerung sind, wo also alle explosiven Ingredienzien für rasende Wutbürger vor-liegen, keinen völkisch-autoritären Nationalismus gibt, wie er dem Rest Europas zu schaffen macht.[96] Die Antwort liegt zu-nächst darin begründet, dass es ihn dort in der jüngeren Vergan-genheit noch intensiv gegeben hat: António de Oliveira Salazar herrschte in Portugal bis 1968, General Francisco Franco in Spanien bis 1975. Ein großer Teil der Älteren hat diese Diktatur-erfahrung noch in den Knochen, während sich die Jüngeren, die von der Wirtschaftskrise am meisten betroffen sind, linkspopu-listischen Strömungen wie Podemos zuwenden, die das konser-vative Establishment und die Korruption der alten Eliten atta-ckieren.[97]

Der Gegensatz von Oben und Unten wird von diesen Populis-ten ebenfalls ins Zentrum gestellt, auch wird das »einfache Volk« als homogene Einheit betrachtet, aber es gibt keine nationalisti-sche oder gar völkische Konnotation.[98] Diese Zurückhaltung hängt damit zusammen, dass Spanien eher regionale (galizische, baskische, andalusische, katalonische) Wir-Gefühle kennt, die sich gegen den von Madrid aus regierten Zentralstaat wenden. So verfehlt auch das im rechten Populismus angelegte Motiv der Europakritik sein Ziel: In Spanien und Portugal hat die EU ein eher positives Ansehen, nicht nur wegen der Segnungen aus den Regional- und Strukturfonds, sondern auch, weil »Europa« den Ausweg aus der Dunkelheit und Rückständigkeit der Diktatur wies und Modernisierungen unterstützte, die zuvor von Staat und Kirche unterdrückt worden waren. Offene Grenzen sind auf der Iberischen Halbinsel willkommen, zum einen in Erinnerung an die lange »Gastarbeiter«-Wanderung nach Frankreich, Deutschland und in andere EU-Staaten, zum anderen trotz oder vielleicht wegen des Status vor allem Spaniens als Aufnahme- und Durchgangsland afrikanischer Flüchtlinge, die aus den in Marokko gelegenen Exklaven und übers Mittelmeer kommen. Obwohl es die angespannten Staatshaushalte belastet und zu (gefühlter oder tatsächlicher) Konkurrenz mit der armen Bevölkerung führen kann, sprechen sich viele spanische Initiativen sogar für die Aufnahme von mehr Flüchtlingen aus.

Auch Antiislamismus ist in Spanien, nicht zuletzt wegen der langen Tradition der *convivencia* im Mittelalter, kaum zu mobilisieren. Die Terroranschläge von al-Qaida auf Madrider Vorortzüge im Jahr 2004, Ouvertüre zu einer Serie ähnlicher Akte in anderen EU-Ländern, haben die Spanier nicht vergessen, sie können sie aber einordnen in eine »hausgemachte« Tradition von Anschlägen der baskischen Separatisten. Die meisten Zuwanderer stammen im Übrigen aus Lateinamerika, sprechen also Spanisch bzw. Portugiesisch und sind katholischen Glaubens. Der Katholizismus ist in Spanien, anders als in Italien, Österreich oder Frankreich, ein wichtiges Palliativ gegen Xenophobie. Man kann hier also im Vergleich der europäischen Gesellschaften von einer »iberischen Ausnahme« sprechen.[99] Zumal etwa die Entwicklung in Griechenland, das oft als weiteres südeuropäisches Land in einen Topf mit Spanien und Portugal geworfen wird, ganz anders verlaufen ist.

Versuche, rechtspopulistische Parteien nach dem Vorbild der im restlichen Europa so erfolgreichen Mobilisierung ins Leben zu rufen (etwa Vox in Spanien oder der Partido Nacional Renovador in Portugal) sind kläglich gescheitert.[100] Darin zeigt sich eine weitere Barriere gegen einen iberischen Rechtspopulismus: die intakte Integrationsfähigkeit konservativer Parteien. Die populistischen Energien gegen das bestehende Parteiensystem, das mit dem Hervorgehen von Podemos aus dem außerparlamentarischen Straßenprotest und den Ciudadanos, einer bürgerlichen Antikorruptionspartei, stark durcheinandergewirbelt wurde, sind nach links außen gewandert, wobei die sozialistische PSOE, die im bipolaren Postfranquismus die Linke dominierte, stark an Zustimmung und Einfluss verlor.[101] Für linke Theoretiker ist die iberische Ausnahme deshalb zu einer Art Labor geworden, in dem sich eine linkspopulistische Variante als Leitstern für ganz Europa bewähren könnte, woran angesichts der Zunahme vertikaler Vermachtung bei Podemos aber schon Zweifel aufgetaucht sind.

Dabei sind vor allem lokale Experimente einer »munizipalistischen« Strategie, also Entwicklungsprojekte in großen und mittleren Städten Spaniens, ausgesprochen interessant. Sie nennen sich »Städte des Wandels« und werden seit den Kommunalwahlen 2015 zu einem guten Teil von bunten Koalitionen aus dem 2011 entstandenen Movimento 15-M regiert, an denen Nachbarschaftsvereine, Frauengruppen, Gewerkschaften und Bürgerinitiativen mitwirken. Ihre Themen sind die Folgen der Immobilienspekulation, wie bei den Plattformen für Hypothekenopfer (PAH), die Bändigung des Tourismus unter Kriterien nachhaltiger und sozial ausgewogener Entwicklung, vor allem in Barcelona, die Umsetzung der aus Brüssel und Madrid verordneten Verwendung von Haushaltsüberschüssen zum Schuldenabbau, die Zuführung steuerfrei nutzbarer Kirchengrundstücke und die Beseitigung von Denkmälern der Franco-Zeit. Diese partizipativen Initiativen könnten vorbildlich für ein europäisches Städtenetzwerk werden, doch geraten sie in Form und Inhalt zunehmend in Konflikte mit den etablierten bzw. den von Podemos geführten Stadtregierungen.[102] Die linkspopulistische Bewegung unterliegt wie so viele ihrer Vorläufer dem »ehernen Gesetz der Oligarchie« (Robert Michels) und steht unter der Versuchung eines neuen kommunalen, aber auch nationalen Establishments, gegen das wiederum fundamentalistische Tendenzen mobilisiert werden.

Insgesamt ist die fast paradox wirkende Situation eingetreten, dass die iberischen Nationen europafreundlich sind, obwohl sie die EU, wie etwa die Griechen, als Akteur einer Fremdbestimmung ansehen könnten, während die proeuropäischen Eliten der rechten Mitte von regionalistischen und linkspopulistischen Bewegungen stark unter Druck gesetzt werden. Podemos und die Graswurzelbewegungen, die der Parteigründung vorangegangen sind, bilden zugleich ein Repertoire an alternativen Erneuerungsideen. Genau wie »La France insoumise« steht Podemos heute vor der Entscheidung, entweder eine Fronde des »lateinischen Europas« gegen die deutsche Hegemonie und die Brüsseler Zentrale anzuführen oder in eine post- und transnationale Opposition einzutreten, die Europa »von unten«, von den Kommunen, den Regionen und den Nichtregierungsorganisationen her zu erneuern versucht.

DEUTSCHER HERBST: DIE ENTSCHEIDUNG

Als Timothy Garton Ash, der herausragende Chronist der europäischen Wiedervereinigung und Brexit-kritische »englische Europäer«, im Mai 2017 den renommierten Karlspreis in Aachen überreicht bekam, lobte er Deutschland für seine Stabilität und Besonnenheit und hob die Chance von Emmanuel Macrons Wahlsieg hervor. Er forderte aber auch eine Revision der deutschen Europapolitik, die offener werden müsse für berechtigte Bedenken und Beschwerden anderer Mitgliedsländer. Damit war in sanften Worten die Problematik einer Hegemonialmacht wider Willen benannt, die vor Wirtschaftskraft kaum laufen kann und ihre Vormacht über institutionelle Strukturen und vermeintlich alternativlose Politiken durchsetzt, aber nicht wirklich führen will und keine Entwürfe und Visionen für ein reformiertes Europa auf den Tisch legt. Oder wie es vor Jahren schon der damalige polnische Außenminister Radosław Sikorski ausgedrückt hat: »Deutsche Macht fürchte ich heute weniger als deutsche Untätigkeit.«[103]

Ob die autoritäre Welle endgültig gestoppt werden kann, hängt wesentlich davon ab, wie die im Herbst 2017 gewählte Bundesregierung entscheiden wird – ob sie den »jungen Mann« in Paris machen lässt und auf ein triviales »Weiter so!« setzt, oder ob sie sich zu einer responsiveren Haltung und offeneren Kooperation durchringt. Das wäre ganz im deutschen Interesse. Deutschlands Wohlstand und Sicherheit hängen weitgehend vom besseren Funktionieren der EU und der NATO ab, die bis dato positive Wirtschaftsbilanz könnte durch Einbrüche der Weltkonjunktur, aber auch durch hausgemachte Probleme in Kernbranchen wie der Automobilindustrie rascher als erwartet verdorben sein. Auch dass Deutschland und seine politischen Repräsentanten in Europa erheblich an Wohlwollen eingebüßt haben, müsste zu einem Politikwechsel Anlass geben, der mehr ist als eine Charmeoffensive, sondern der für die von den autoritären Nationalisten angeprangerten Strukturprobleme des Euro, der EU und der politischen Verfassung Europas Antworten findet.

Im Januar 2017 trafen sich in Koblenz die Führungsspitzen des Front National, der FPÖ, der Lega Nord und anderer rechtspopulistischer Parteien mit der Vorsitzenden der »Alternative für Deutschland«, Frauke Petry, und dem Europaabgeordneten und NRW-Vorsitzenden der AfD, Markus Pretzell. Am »Deutschen Eck«, der alten Rheingrenze, warfen die versammelten Nationalisten, die sich jeder freien Berichterstattung entzogen, Angela Merkel den Fehdehandschuh hin – hier in Deutschland sollte sie den Gegenwind zu spüren bekommen, den die Euro-Internationale der Nationalisten entfalten will. Für Petry und Pretzell, in der AfD längst umstritten, war das eine Gelegenheit, als kleiner, von den Granden nicht ganz für voll genommener Juniorpartner mit den Wölfen zu heulen und den Bundestagswahlkampf mit ausländischer Prominenz einzuläuten – und im Windschatten von Brexit, Trump-Wahl und dem erhofften Triumph Le Pens auch auf Bundesebene den Durchbruch zu schaffen.

Damals waren der AfD noch über zehn Prozent vorhergesagt, sie war bis zum Frühjahr 2017 in drei Viertel der Landtage der Republik eingezogen. Würde der Durchbruch also auch in

Deutschland gelingen, würde das Land, in dem bisher alle Versuche von Rechtsparteien, sich in der Bundespolitik zu verankern, gescheitert waren, »normal« werden? Und würde die erwartete rechtspopulistische Kettenreaktion die Hegemonialmacht in der Mitte Europas aus der Ruhe bringen? Welches Projekt betreibt die Protestpartei, die in vielen Fällen ungeachtet ihrer Programme und Kandidaten gewählt worden war wie eine »Besenstiel«-Partei? Zwei Jahre zuvor, als der Vorsitzende der AfD noch ein gewisser Bernd Lucke war, wurde als Alarmist eingestuft, wer in der neuen Partei eine große Portion Pegida enthalten sah. Die meisten Fachleute sahen die Nationalkonservativen und Nationalliberalen obsiegen, unterstützt durch Mandatsträger, die man nicht in die ganz rechte Ecke schieben wollte. Wohin die Reise dann tatsächlich ging, nämlich ganz weit nach rechts, vom Euroskeptizismus zum völkisch-autoritären Nationalismus, ist spätestens seit dem Kölner Parteitag vom April 2017 jedermann klar geworden.

Diese Entwicklung beeinträchtigte die Erfolgsaussichten bei der Bundestagswahl erheblich[104] und machte die Partei für moderate Kräfte unwählbar. Brexit und Trump halfen nicht, erst recht nicht Le Pen. Zudem war mit dem Kurswechsel der Bundesregierung der Hauptantrieb der Nationalisten, der Zustrom von Flüchtlingen, weggefallen; wie AfD-Vize Alexander Gauland einmal zynisch-freimütig bekannte, hatte der AfD gar nichts Besseres passieren können als »die Flüchtlinge«, um die Kanzlerin »wegzubekommen«[105]. Deutlicher wurde nun auch, welche Mischung aus Frust und Hazard, Paranoia und Machtstreben die Partei stark gemacht hatte und dass die Flügelkämpfe weniger weltanschaulich begründet waren als durch rein persönliche Animositäten von Karrieristen, Ideologen und Idealisten. Der Kölner Parteitag war eine Mischung aus Schmierenkomödie, Schurkenstück und einem Ausbund an Gewöhnlichkeit. In der AfD drängt jedermann an die Macht, und genau diese Prätention macht die Partei so attraktiv für Herrn und Frau Jedermann, die man in der Parteienlandschaft sonst kaum noch findet. Aus dieser Kluft erwuchs die Phantasie, die »einfachen

Leute« könnten es besser als Politiker, Professoren und Publizisten. Deutlich geworden ist auch der kapillare Einfluss neurechter Intellektueller, die dafür sorgen, dass in der Partei »immer die Radikalen gewinnen« (Justus Bender) – Identitäre, die eine ganz andere Republik im Auge haben. Hermeneutisch und ohne zu dramatisieren, kann man sich ausmalen, wie Deutschland und Europa aussähen, wenn die halbgaren Ideen der AfD Mehrheit würden.

Zur Stärke der AfD trugen indessen auch fehlgeschlagene Eindämmungsversuche bei und ein linksliberales Überlegenheitsgefühl[106], das den Dialog mit Leuten noch schwerer macht, die gar nicht argumentieren, sondern abstrafen und Regeln verletzen wollen. »Sie können nicht bei Wählern um Vertrauen werben«, analysierte Justus Bender zutreffend, »die dieses Vertrauen nicht nur verloren haben, sondern es sich vorgenommen haben, das empfundene Unrecht mit einem Vertrauensentzug zu bestrafen. Sie können nicht durch eine inhaltliche Annäherung bei Wählern um Unterstützung werben, wenn diese Wähler sich vorgenommen haben, ihre Unterstützung zu verweigern, komme, was wolle. Sie können nicht Ängste nehmen, wenn die Wähler den Versuch des Angstnehmens als eine Sabotage ihrer Bestrafungsabsicht sehen. Wähler, die bestrafen wollen, sind nicht zurückzugewinnen, wenn ihre Strafe doch gerade darin bestehen soll, sich nicht zurückgewinnen zu lassen.«[107]

Hervorzuheben ist also der »Wahrheitskern« (Volker Weiß[108]) der AfD, der ihre Kritiker aus der »Komfortzone« herausbringt. Ja: In der Eurokrise wurden falsche Entscheidungen getroffen. Richtig: Die Flüchtlingspolitik war inkohärent, und ja: Es bestehen bei der Integrationspolitik, der Terrorbekämpfung und der inneren Sicherheit ganz erhebliche Defizite. Diese Beobachtungen werden nicht dadurch falsch, dass AfD-Funktionäre sie in erkennbar polemischer Absicht vortragen und sich davon, dass sie nicht gelöst werden, in den Bundestag tragen lassen wollen. Aber ihre »Alternativen« werden damit kein Stück plausibler; menschenfeindliche Einstellungen und rassistische Handlun-

gen sind durch keinen noch so eklatanten Missstand zu rechtfertigen.

Über das Wahljahr 2017 hinaus kann man drei Szenarien
aufmachen. Der beste Fall: Die AfD zerlegt sich in ihren Füh-
rungs- und Flügelkämpfen weiter und geht den Weg aller Rechtsradikalen seit 1945 – zurück in die Bedeutungslosigkeit. Sie mag
am 24. September 2017 die Fünf-Prozent-Hürde überwinden[109],
aber eine neue Regierung (am besten keine Neuauflage der
GroKo) kann die Rechte demokratisch marginalisieren. Das ent-
spräche der deutschen Nachkriegsgeschichte einer nachhaltigen Tabuisierung der extremen Rechten und würde wiederum
zum generellen Abflauen des Nationalismus in Europa beitragen.

Fall 2 wäre europäische Normalisierung: Der AfD gelingt es,
ihre hausgemachten Querelen zu überspielen und eine Stärke zu
gewinnen, die die Bildung regierungsfähiger Koalitionen
schwieriger macht. Da auf Bundesebene einstweilen niemand
mit der AfD koalieren will, käme es zur Großen Koalition auf
Dauer oder zu instabilen Mehrparteienkoalitionen. Deren
Selbstlähmung, womöglich auch ein der Rechten entgegenkom-
mender Protektionismus, machen den rechten Rand stark und
hieven die AfD in den Bereich einer Volkspartei. Wenn sie ihr
Vokabular mäßigt und sich zur Übernahme von Verantwortung
bekennt, wird sie koalitionsfähig. Deutschland hätte dann erstmals seit 1945 wieder eine im Parlament dauerhaft verankerte
Rechte.

Der schlechteste Fall: Der nach der Grenzöffnung der dikta-
torialen Türkei anschwellende Flüchtlingsstrom, Terroranschläge heimgekehrter IS-Kämpfer oder hier radikalisierter
»einsamer Wölfe«, die Zerfallskrise der EU und Diadochen-
kämpfe in der Union nach Merkel machen die AfD längerfristig
zur stärksten Partei im Bundestag. Das wäre das Ende der Europäischen Union, Deutschland verbündet sich mit Russland, die
Wirtschaft schmiert ab. »Reichsbürger«, die sich erst vom Establishment abgewandt haben und nun auch von einer regie-
rungsunfähigen und korrupten AfD betrogen fühlen, werden
unkalkulierbar.

Szenarien sind bekanntlich keine Prognosen, und schwarze Schwäne kreuzen immer wieder den Weg. Aber wenn man weiß, mit wem man es zu tun hat, fällt es leichter, den aufhaltsamen Aufstieg von Höcke und Gauland, Weidel, Storch & Co. zu beenden. Wie ich 2015 kein Alarmist war, so möchte ich heute als Realist den Niedergang der Partei zum wahrscheinlichsten Szenario erklären. Denn wer auch immer »das Volk« ist[110], es sind sicher nicht die Antideutschen der AfD. Ihre Art, Deutschland herunterzureden, ist das krasse Gegenteil von Patriotismus, und dass die rabiate Ignoranz gegenüber schwierigen Weltverhältnissen christlich-abendländisch sein soll, ist kaum zu vermitteln.

Um den autoritären Nationalismus einzudämmen, ist eine bessere Europapolitik unabdingbar. Verglichen mit dem Impetus eines Emmanuel Macron oder der niederländischen Grünen hat das Thema Europa ausgerechnet in Deutschland zu wenig Verve, nicht einmal bei dem erklärten Europäer Martin Schulz. Macrons dezente, dann deutliche Hinweise, Deutschland möge seine Wirtschafts- und Steuerpolitik korrigieren, sowie die Aufforderung aus dem Süden der EU, Berlin möge in der Sozialpolitik eine gesamteuropäische Perspektive einnehmen und sich vom Austeritätskonzept der »schwarzen Null« verabschieden, wurden bisher ignoriert. Deutschland fühlt sich offenbar zu sicher, seine privilegierte Stellung halten und die Eurozone als *domaine reservé* behandeln zu können. Unter einem wohlwollenden Hegemon – und genau diese Rolle ist von Deutschland zu erwarten – stellt man sich anderes vor als Abwarten und Teetrinken.

Dieser Überblick hat gezeigt, dass die Europäische Union unter schwerem Druck steht, der autoritären Welle aber standhalten kann. Stark ist der Nationalismus, wo er zum einen wohlstandschauvinistische Ängste des Mittelstands und reicher Regionen mobilisieren, zum anderen der Wut globalisierungsgeschädigter Bevölkerungsgruppen und Landstriche Ausdruck verleihen konnte; auch dort, wo er den Klassenhass »Abgehängter«, der

am ehesten den Verursachern von Bankenpleiten, Spekulations-
blasen und Massenentlassungen hätte gelten müssen, gegen
Flüchtlinge, Muslime und libertäre »68er-Kultureliten« zu wenden vermochte. Dabei wurde das Tabu rassistischer Schmähung
ein Stück weit gebrochen. Ebenso haben Antisemitismus, Miso-
gynie und Homophobie neuen Auftrieb bekommen, geht in einem weitgehend säkularisierten und areligiösen Kontinent religiös verkleidete Überfremdungsangst um. Hinzu kommt, dass
Parteien und Parlamente durch Phrasen der Alternativlosigkeit
ihrer Entscheidungen an Repräsentationskraft eingebüßt haben und Justiz, Presse und wissenschaftliche Expertise, die oft
im Gewand arroganter Attitüden daherkamen, pauschal abqua-
lifiziert werden konnten.

Die Schwächen der autoritären Nationalisten sind jedoch
ebenso zutage getreten. Prototypisch haben sich die »Wahren
Finnen« im unvermeidlichen Pragmatismus täglichen Regie-
rungshandelns entzaubert und hat sich die Dänische Volkspartei zur kalkulierbaren Rechtspartei gemäßigt. Wo diese Anpassung – wie beim Front National – schwerer fällt, drohen
Verkrampfung und Bedeutungsverlust. Ukip blieb ein (allerdings verheerendes) Strohfeuer, die AfD gefällt sich in ihrer
kleinkarierten Selbstzerlegung. Überhaupt merken viele Anhänger, dass es ihrer Führung an Format und Charakter mangelt. Und so manchem populistischen Alleinunterhalter droht
das Branchenschicksal alternder Stars – die Leute fangen an,
sich zu langweilen, und schalten um oder aus.

Dennoch kann man keine Entwarnung geben. In Italien ist
das gesamte politische System rechtspopulistisch infiziert, und
in Ungarn und Polen scheint die Rechte einen veritablen Bürger-
kriegskurs einzuschlagen, der mehr und mehr an die autoritären Regime der Zwischenkriegsperiode im 20. Jahrhundert erinnert. Harte Kerne der nationalistischen Gefolgschaft, die sich
von ihren Hoffnungsträgern im Stich gelassen fühlen, drohen
mit Gewalt und Aufstand. Und vor den Toren Europas droht weit
schwereres Unheil.

ANTE PORTAS

TÜRKEI: ABWENDUNG EINES UNGELIEBTEN PARTNERS

»Wie konnte die Türkei nur zu einem solchen Land werden?«, fragte der türkische Journalist Bülent Mumay in einem Kommentar für eine deutsche Zeitung[111] schon zum Jahresauftakt 2017, Monate bevor das Verfassungsreferendum die Türkei endgültig in die Isolation versetzte. Gemeint war, wie eine Verheißung, die sein Land in die Europäische Union hätte führen können, derart ins Gegenteil umschlagen konnte, in die äußerste Abschottung vom demokratischen Europa und in eine regelrechte Diktatur. Viele Jahre waren Europäisierung und Demokratisierung Hand in Hand gegangen, ihr Motor war die 2001 gegründete Adalet ve Kalkınma Partisi (AKP, deutsch: Partei für Gerechtigkeit und Aufschwung), die 2004 ihre islamistischen Wurzeln kappte und den säkularen Staat Atatürks offener für den Islam wie für die Welt zu machen schien, ohne ihn umzukrempeln. Der oft hyperbürokratische Kemalismus entspannte sich, und das Militär, das nach 1945 dreimal geputscht hatte, schien in seine Schranken verwiesen.

Die islamische Türkei hätte auch ein Vorzeigemodell für einen modernen Laizismus sein können. Islam und Demokratie schienen vereinbar zu sein, die AKP erschien manchen als eine türkische Variante der CDU, in der das »hohe C« ja auch nicht mehr den Ton angibt.

Aufgegeben wurde dieser Kurs zu Anfang durch eine »fromme Generation« aus dem Hinterland, deren Sprecher Recep Tayyip Erdoğan war, als Bürgermeister von Istanbul und Ministerpräsident des Landes zunächst ein Motor der Modernisierung, heute, nach einem höchst unfairen und manipulierten Referendum, unumschränkt herrschender Staatspräsident.[112] Die Reislamisierung, ein Reflex auf die antireligiöse Politik des Kemalismus, kam von unten und wurde vom Religionsministerium in Ankara befördert. Überall entstanden Moscheen und

Gebetsräume, wurden die Arbeitszeiten am Gebetsrhythmus ausgerichtet, nahm die Verschleierung der Frauen, selbst kleiner Mädchen zu, wurden islamische Kleidervorschriften durchgesetzt und die Trennung der Geschlechter verfestigt. Schon lange erkannten säkulare Türken ihr Land nicht wieder.

Zur Verschärfung der Lage kam es durch die Verbindung dieser Islamisierung mit einem radikalen, völkisch unterfütterten Nationalismus[113], der Kurden und Alewiten (die unter AKP-Regierungen zunächst mehr Rechte bekommen hatten) zu Fremden erklärte. Erdoğan betreibt eine neoosmanische und großtürkische Politik, die das Land zur Großmacht im Mittleren Osten machen soll. Der Autokrat griff den Mythos des Kalifats auf, dessen letzte Verkörperung der osmanische Palast in Istanbul war, durch den heute die Touristen streifen, und baute sich selbst einen absurd überdimensionierten Palast. Die nach Westen gerichteten Aspirationen, seit Jahrzehnten durch die NATO-Mitgliedschaft gefestigt und durch das EU-Beitrittsgesuch verstärkt, kehrten sich nach Osten – nach Zentralasien, Russland und in die Konfliktgebiete des Nahen und Mittleren Ostens, wo die türkische Militärmacht eine wachsende Rolle spielen soll. Das schloss die inoffizielle Duldung und indirekte Unterstützung des Islamischen Staates ein, bis dieser mit seinen bestialischen Attacken auch türkische Städte überzog. Dies begann im Januar 2016 an der Hagia Sophia in Istanbul, wo deutsche Touristen das Ziel waren, setzte sich im Juni mit einem Terroranschlag auf den Flughafen in Istanbul fort und endete vorläufig mit Autobomben am dortigen Besiktas-Stadion. Dazwischen lagen mehrere tödliche Anschläge kurdischer Terroristen in Ankara und Kayseri.

Als Mumays Neujahrskommentar erschien, war wenige Stunden zuvor die Silvesterfeier 2016/17 im Istanbuler Nachtklub Reina von einem Terroristen angegriffen worden. Dem waren Aufrufe gegen das »christliche« Silvesterfest vorangegangen, das Freitagsprediger für unvereinbar mit dem Islam brandmarkten. Nach diesem Jahr des Schreckens resümierte Mumay, »haben wir mittlerweile die Gewissheit, unser Leben jederzeit verlieren zu können«.

Angestoßen hat das türkische Desaster der sogenannte »Gülen-Putsch« am 15. Juli 2016, den Kenner der Türkei als Showdown zweier ehemals verbündeter Islamisten charakterisieren.[114] Fethullah Gülen, ein ins amerikanische Exil gegangener Imam und Medienmogul, der den Islam erneuern will und über eine weltweite Anhängerschaft verfügt, war zunächst ein Verbündeter Erdoğans, bis sich die beiden entzweiten und Gülens Bewegung als Terrorgruppe eingestuft wurde. Die türkische Regierung sieht seine führende Beteiligung an dem Putsch als erwiesen an und verlangt von Washington die Auslieferung des Predigers. Dieser sieht sich zu Unrecht verdächtigt; auch die Trump-Administration sieht keine Gründe für eine Auslieferung. Diese Weigerung hat das Verhältnis zum Westen endgültig ruiniert; die USA gelten in türkischen Regierungskreisen inzwischen als Feind und Europa als falscher Freund.

Der Niederschlagung des Putsches folgten Tausende willkürliche Verhaftungen und Verurteilungen, eine in der Türkei beispiellose Säuberung des Staats- und Sicherheitsapparates und zahlreicher privater Firmen und Einrichtungen. Die Repression reichte weit über die Verfolgung der Putschisten hinaus, deren dilettantisches Treiben willkommener Anlass einer Generalattacke auf alle wirklichen und vermeintlichen Gegner Erdoğans wurde. Binnen weniger Monate, in denen der Ausnahmezustand verhängt war, hatte der Staatspräsident die verfassungsändernde Parlamentsmehrheit beisammen für die Errichtung einer Präsidialdiktatur, die er sich im April 2017 per Referendum bestätigen ließ – von einer Gesellschaft, deren oppositionelle Kräfte massiv eingeschüchtert und unterdrückt worden waren und deren verunsicherte, in eine kollektive Paranoia versetzte Mehrheit Erdoğan loyal unterstützte.[115]

Dieser wurde zum Herrscher auf Lebenszeit (bis 2029!) – das neoosmanische Sultanat nimmt Form an.[116] Das Parlament ist entmachtet und kann jederzeit aufgelöst werden, die von Erdoğan ernannten Minister sind nur dem allmächtigen Präsidenten rechenschaftspflichtig, und in Personalunion mit dem Amt des AKP-Chefs wählt er mögliche Kandidaten handverlesen aus. Überdies kann der Präsident die Judikative lenken, indem er Richter und Staatsanwälte bestellt. Der Ausnahmezustand kann aufgehoben werden, weil der Normalzustand Erdoğan weitere Möglichkeiten der Machtausübung bietet. Die einzige Chance, den Präsidenten loszuwerden, ist der natürliche Tod des Autokraten – oder ein Attentat, stets eine Möglichkeit in einem Land, das als »Labyrinth der Gewalt«[117] bezeichnet werden kann.

Europapolitisch brisant ist der legale Staatsstreich Erdoğans nicht nur wegen der strategischen Bedeutung der Türkei in der NATO und wegen der Stagnation des EU-Aufnahmeverfahrens, sondern auch wegen der zahlreichen Evet-(Ja-)Stimmen, die das Verfassungsreferendum unter türkischen Migranten in Deutschland und Westeuropa bekommen hat, mit besonders hohen Raten in industriellen Ballungsgebieten wie dem Ruhrgebiet und Baden-Württemberg. Die deutsche Öffentlichkeit nimmt das irritiert zur Kenntnis und fragt sich, wie man nach mehreren Jahrzehnten Aufenthalt in Deutschland der Selbstabschaffung einer Republik, in extremis auch der Einführung der Todesstrafe zustimmen kann. Daraus strickt die einwanderungs- und islamfeindliche Rechte ein Pauschalurteil und eine Art Sippenhaft, die auch jene Einwanderer über einen Kamm schert, die Hayir (Nein) gestimmt[118] oder, zahlreicher, nicht abgestimmt haben, weil sie sich von der türkischen Innenpolitik nicht betroffen fühlen, zumal viele in Deutschland lebende Türken gar keine Doppelstaatler und damit nicht wahlberechtigt sind.

Eine europaskeptische türkische Diaspora in Deutschland, den Niederlanden, Belgien, Österreich und Frankreich bleibt aber ein Problem. Als Gründe für die Unterstützung Erdoğans geben Sprecher der Immigranten an, es habe sich um eine Trotzreaktion auf mangelnde Anerkennung und eine lange Diskriminierungserfahrung gehandelt. Auch vermittle Erdoğan den Auswanderern, die oftmals enge familiäre und kulturelle Beziehungen zu ihrem Heimatland haben (auch wenn sie es zumeist wie Touristen besuchen), das Gefühl nationaler Stärke.[119]

Damit ist das Hauptproblem benannt: dass nationales und nationalistisches Denken, auch in ethnischen Kategorien des Türkentums und in einem politisierten Sultanat, in einer freiheitlichen Demokratie in der Diaspora nicht »verlernt« und aufgegeben werden. Darin sind die Erdoğan-Anhänger den Islamophoben und Türkenhassern ungewollt verwandt.

Man kann diesen Prozess auch ganz anders bewerten, wie es viele Anhänger Erdoğans in Deutschland und Europa tun. Für sie ist die diktatoriale Wende notwendig gewesen, um dem Terror zu begegnen, der nicht nur vom IS ausging, sondern auch von der kurdischen PKK und linksradikalen Sekten. Was würdet ihr tun, fragen Erdoğanisten, wenn ihr derart attackiert würdet? Habt ihr in Europa die PKK nicht verharmlost? Habt ihr die Kurden im Rahmen eurer Militäroperationen im Nahen Osten nicht aufgerüstet? Wo blieb denn die Solidarität der Europäer nach der Putschnacht im Juli 2016? War es nicht ausgemacht, dass Türken visumfrei einreisen können, wenn sie euch die Flüchtlinge vom Hals halten? Und was wollt ihr einer Transformation der Republik entgegensetzen, die das Volk mit Mehrheit gebilligt hat?

Alles berechtigte, nicht wirklich beantwortete Fragen, aber die Gegenargumente liegen auf der Hand: Die Türkei ist im Ausnahmezustand nicht sicherer geworden, im Gegenteil wurden Polizei und Armee durch die Säuberungen massiv geschwächt. Vor allem riskieren die AKP-Unterstützer den Verlust ihres wirtschaftlichen Kapitals – die türkische Ökonomie liegt am Boden, die Lira stürzt ins Bodenlose, Firmen gehen massenweise bankrott, Massenentlassungen sind die Folge. Touristen meiden das einst beliebte Ferienland, ausländische Investoren ziehen sich zurück. In dieser Situation kehren leider nicht Vernunft und Kooperationswille ein, sondern wächst der Verfolgungswahn. Im In- und Ausland kann Erdoğan jederzeit einen besinnungslosen Mob von der Leine lassen, die Ultranationalisten der »Grauen Wölfe« sind seine Bündnispartner und Schlägertruppen geworden.

Ganz offensichtlich reichte Europas Anziehungskraft nicht über die politisch-ökonomischen Eliten und urbanen Mittel-

schichten hinaus und beeindruckte nicht einmal die Nutznießer der Arbeitsmigration. Die meisten europäischen Politiker,
allen voran französische, österreichische und deutsche Konservative, und viele Intellektuelle haben sich eine Integration von
Millionen Muslimen nicht vorstellen können, waren überzeugt
von einer unüberwindbaren Kluft zwischen dem Abendland
und dem türkischen Islam.[120] Dessen Institutionalisierung in
Europa, gelenkt durch die Religionsbehörde Ankaras, säte
Zweifel, ebenso die Entstehung von Parallelgesellschaften, in
denen überwiegend türkisch gesprochen wurde und Frauen wie
Mädchen nicht die Gleichstellung erfuhren, die in Europa weitgehend durchgesetzt war, und in denen auch kaum Bildungser-
folge zu verzeichnen waren. Dass die Türkei zu einem Land werden konnte, das im derzeitigen Zustand tatsächlich keine
Aufnahme in die EU finden wird, haben die Europäer sich also
auch selbst zuzuschreiben.

Aber das dürfte wieder einmal nicht das Ende der Geschichte sein. Am Ergebnis des Referendums beeindruckte vor
allem, wie knapp es ausgefallen ist – trotz massiver Behinderung und offensichtlichen Betrugs stimmte fast die Hälfte der
Türken gegen den Usurpator, der in einer Entourage von Spei-
chelleckern und Ja-Sagern unfähig ist, den Niedergang seines
Landes und dessen verhängnisvolle Spaltung zu registrieren.
Erdoğan hat im April 2017 ein Zehntel seiner Wähler verloren
und einen Pyrrhussieg errungen, der den Widerstand gegen ihn
gestärkt hat. Die türkische Demokratie ist nicht tot.[121] Die Gefahr besteht eher, dass wieder einmal ein Diktator, der die besten Kräfte seines Landes ins Gefängnis gesteckt oder ins Exil
vertrieben hat, das Land mit in den Untergang reißt – alle Optio-
nen zwischen einem Malaysia oder einem Afghanistan am
Bosporus stehen offen.[122] Erdoğan hat die Städte gegen sich, einen großen Teil des weltoffenen Unternehmertums – und eine
keineswegs ermattete kurdische Opposition. Auch die Allianz
mit den Nationalisten birgt Risiken für ihn.[123] Ein außen- und
sicherheitspolitisches Revirement, weg von der NATO und hin
zu einer Achse mit Russland (und China) ist denkbar, aber eher

unwahrscheinlich. Schon deswegen darf die EU die sachlich zur Makulatur gewordenen Aufnahmeverhandlungen nicht völlig aussetzen, wie es jetzt nicht mehr nur konservative und rechtsradikale Kreise fordern, sondern muss die Tür für die Proeuropäer in der Türkei wie in der Diaspora offenhalten.

RUSSLAND: DIE EURASISCHE VERSUCHUNG

Im November 2015 schien es so, als würden Russland und die Türkei zu Todfeinden. Zwei türkische F16-Piloten hatten einen russischen Kampfjäger abgeschossen, der im Syrien-Einsatz den türkischen Luftraum kurzzeitig durchflogen hatte. Doch selbst die Ermordung des russischen Botschafters in der türkischen Hauptstadt ein Jahr später konnte die mittlerweile wieder eingetretene Entspannung zwischen Ankara und Moskau nicht trüben, die sich zu einer echten Allianz ausweiten könnte. Russland holte die Türkei an den Verhandlungstisch in der Syrien-Frage und entzog sie dem bisher dominanten amerikanischen Einfluss. Der Feind meines Feindes ist mein Freund, könnte dieser außenpolitische Schachzug überschrieben sein, und so arrangierte man sich in Ankara selbst mit dem Todfeind Assad. Dass die USA die syrischen und türkischen Kurden gegen Assad unterstützen, lässt das antiwestliche Bündnis weiter reifen. Diese Entwicklung ist in der gelenkten öffentlichen Meinung populär, und drei Viertel der Türken glauben, dass die USA hinter dem Gülen-Putsch steckten.

Genauer: die Obama-Administration. Denn eine freundlichere Beziehung mit den Vereinigten Staaten unter Trump ist weder taktisch noch ideologisch ausgeschlossen, sollte sich der US-Präsident mit Putin arrangieren. Letzterer ist jedenfalls der Nutznießer der Entfremdung zwischen den uralten NATO-Partnern, und es liegt in seinem Interesse, nicht nur Ankara von der EU loszulösen, sondern das westliche Militärbündnis zu schwächen. Der Hintergrund ist, dass die westlichen Staaten strikt an den Ukraine-Sanktionen gegen die Russische Föderation festhalten, die Moskau hart treffen. Putins Weltsicht ist einigen Beobachtern zufolge von der Wahrnehmung beherrscht, der Untergang der Sowjetunion sei (in Putins eigenen Worten) »die schlimmste Katastrophe des 20. Jahrhunderts« gewesen; seine mittel- und langfristige Strategie sei es daher, die geopolitische Macht Russlands in Eurasien so umfassend wie möglich wiederherzustellen und vom Status der »regional power« (Barack Obama) zur Weltmacht zurückzufinden. Darauf baut sein Prestige bei der russischen Bevölkerung, darauf zielen die »Nadelstiche« in der Ostukraine und die Cyberattacken in den ehemaligen Satelliten in Ostmitteleuropa und in den Feindstaaten des Westens. Und darauf zielt die Unterstützung der nationalistischen Bewegungen und Parteien Westeuropas, etwa mit Krediten an den Front National und die AfD.

Andere Beobachter schätzen Putins Politik mehr als defensiven Reflex ein – sie sei eher den Strukturen des politischen Systems und der russischen Gesellschaft geschuldet, wonach recht spontan auf neue Situationen reagiert und diese unter Kontrolle zu bringen versucht werde, es aber keine langfristige Strategie gebe.[124] Beide Varianten stellen für Europa ein erhebliches politisches Problem dar. Sie konvergieren übrigens in der in Ost wie West vertretenen »Umzingelungshypothese«, die Russlands außen- und sicherheitspolitisches Verhalten konstant defensiv einordnet.[125]

Der sozialistische Präsident Hollande hatte die Sanktionen der EU mitgetragen, weshalb der Kreml die Nachfolgekandidaten der Rechten Le Pen und Fillon unterstützte. Beide setzten auf die Wiederherstellung der historischen französisch-russischen Allianz, die im 19. Jahrhundert gegen das Deutsche Reich gerichtet war und heute gegen das enge Bündnis Deutschlands mit Frankreich. Putin hat diesbezüglich nicht an symbolischen Avancen gespart. Schon als Ministerpräsident weihte er im Juni 2011 mit dem damaligen Premierminister Fillon im Pariser 8. Bezirk ein Denkmal des russischen Bildhauers Vladimir Sourovtsev ein, auf dessen Sockel es heißt: »Zur Erinnerung an die Soldaten und Offiziere des russischen Expeditionskorps, die von 1916 bis 1918 auf französischem Boden gekämpft haben. In Dankbarkeit: Frankreich und Russland«[126]. (Es ist beruhigend, dass der gewählte Präsident Macron bei Putins Antrittsbesuch in Paris auf vergleichbare Gesten verzichtet hat.)

Das ausgeprägte Nationalgefühl der AfD-Souveränisten verhindert nicht, dass sie ebenfalls großes Verständnis für Russland äußern. Der konservative Parteiflügel kann an Moskaus Annexion der Krim oder seiner Haltung gegenüber der Ukraine nichts Aggressives finden und an der Beschneidung der Bürgerrechte in Russland nichts Verwerfliches. Ihm imponiert vielmehr, mit welcher Entschlossenheit ein Wladimir Putin für die nationale Souveränität seines Landes eintritt, wie er der Krim wieder ihren »historisch angestammten Platz« in Russland zuweist und wie in Russland Familienwerte und die Rolle der orthodoxen Kirche gepflegt werden.[127]

»Russland gehört ins europäische Haus«, postulierte Michail Gorbatschow am Ende des Kalten Krieges. Ob das Land eher eine »asiatische Despotie« oder Teil westlicher Modernisierung sei, ist eine lange Debatte seit Peter dem Großen, an der sich auch Karl Marx beteiligt hat. Ganz gewiss gehört Russland zu Europa, aber die aktuelle Version seiner gelenkten Demokratie und die offene Aversion Putins gegen die westlichen Staaten schließen das Land faktisch aus Europa aus – auf Kosten der meisten seiner Bewohner. Zunächst war die Russische Föderation auf ein kooperatives Verhältnis zur EU und ein entspanntes Verhältnis zur NATO aus, so auch Putin; aber unter seiner Präsidentschaft machte er eine Kehrtwende um 180 Grad. Die Verfolgung einer »eurasischen« Strategie war ein Schritt zur Restauration der russischen Einflusssphäre in Zentralasien und im Kaukasus.[128] Seit einigen Jahren sind die früheren sowjetischen Satelliten in Osteuropa einer Mischung aus Werbung und Drohung ausgesetzt, um sie von der EU zu distanzieren. Wie sich eindeutig belegen lässt, werden dazu intensiv Mittel des Cyberwar eingesetzt[129], russophone Minderheiten aufgehetzt, Wahlen durch Desinformation beeinflusst,[130] ausländische Nichtregierungsorganisationen der Spionage bezichtigt, deren Partner in

Russland aus dem Verkehr gezogen und die Opposition massiv behindert.

Russland erinnert sich 2017 ungern an die Oktoberrevolution vor hundert Jahren[131], aber es pflegt den Stalin-Mythos von oben – nicht weil Putin ein Stalinist wäre, obwohl seine Herkunft und nachhaltige Verwurzelung im Geheimdienst das nahelegen könnten. Er klittert die totalitäre Vergangenheit, weil der Sieg über das faschistische Deutschland alle unangenehmen Seiten des Stalinismus überstrahlt.[132] Parallel dazu findet die Rehabilitierung des Zarismus statt, um die autokratische Herrschaft und die Allianz mit der orthodoxen Kirche zu legitimieren. »Die Moskauer Patriarchatskirche ist ein Teil der Machtvertikale, gemeinsam mit dem Geheimdienst FSB, der Armee und der Staatsanwaltschaft; sie kritisiert weder die russische Unrechtsjustiz noch den brutalen Sozial- und Bildungsabbau oder die Militäreinsätze in der Ukraine«, berichtet eine Moskau-Korrespondentin[133], und die Kirche darf ihren Einfluss auf die Bildungs- und Familienpolitik ausüben, solange »Ostrom« auf der Seite der »russischen Welt« steht und die Großmachtambitionen des Kreml unterstützt.[134]

Bei allem Anschein diktatorialer Allmacht ist Putins Stärke relativ und mittelfristig bedroht. Die Wahrnehmung der elenden Lage der russischen Wirtschaft und Gesellschaft kann nicht ewig durch imperiale Phantasien getrübt bleiben, das Gebaren der Oligarchie im Netzwerk Putins und Medwedjews nicht dauerhaft verziehen werden, wenn das gemeine Volk unter Sanktionen leidet und die öffentliche Infrastruktur zerfällt. Natürlich ist immer eine katastrophale Flucht nach vorn denkbar oder ein »versehentlicher« Krieg, selbst mit nuklearen Mitteln, wenn die Konflikte im Nahen und Mittleren Osten oder in Ostasien außer Kontrolle geraten. Aber Russland ist immer noch so frei, dass im Februar 2017 unter dem Banner »Russland wird frei sein« 15 000 Menschen zur Erinnerung an den ermordeten Oppositionellen Boris Nemzow auf die Straße gegangen sind, darunter viele junge Menschen, deren Hauptmotiv die endemische Korruption ist.[135] Putins Macht im Inneren und Äußeren ist prekär, denn sie beruht darauf, dass ständig über ihn geredet wird, ganz gleich, ob positiv oder negativ. »Jedes Mal, wenn er gerühmt oder kritisiert wird, wächst sein Einfluss – und das macht ihn noch geeigneter, als ultimative Erklärung für alles zu dienen, was unter der Sonne geschieht«, urteilt der Direktor des Moskauer Zentrums für postindustrielle Studien, Wladislaw Inosemzev. »Ich würde also sagen, dass es die westlichen Politiker und Medien sind, die Putin zu einem globalen Führer gemacht haben, so wie die russischen Medien ihn schon vor langem zum unangefochtenen Führer seines Landes gemacht haben.«[136]

Kritiker der russischen Politik (wie der Verfasser) werden häufig fälschlich als Russlandhasser bezeichnet, wenn sie keine »Putinversteher« sein wollen. Das Gegenteil ist der Fall: Eine europäische Kritik an Putins »Demokratur« zielt darauf ab, jene Russinnen und Russen zu unterstützen, die unter deren Willkür und Repression zu leiden haben, und (selbst gegen alle Evidenz und Wahrscheinlichkeit) dafür zu sorgen, dass es in Zukunft gedeihlichere Beziehungen zwischen den EU-Ländern und der Russischen Föderation geben kann. Dass also das russische Volk Teil der offenen europäischen Gesellschaft bleiben und der politischen Kultur des Westens wieder mehr abgewinnen kann als deren Karikatur der Raffgier, Rücksichtslosigkeit und patriarchalen Härte.

ELEVEN NINE: NICHT DAS ENDE DES WESTENS

Der 9. November 2016 war nicht für alle Europäer ein Tag des Erschreckens oder des ungläubigen Staunens. »Gestern ein neues Amerika ... und morgen ein neues Europa!«, jubilierte der niederländische Politiker Geert Wilders auf einem Treffen der europäischen Rechtsradikalen zwei Monate später in Koblenz[137] und erklärte Donald Trump namens seiner Fraktion zum Trendsetter und Vorbild eigener Ambitionen. Die Antrittsrede eines Euro-Rechten in Brüssel hätte vermutlich den gleichen Tenor wie die 14-minütige »Inaugural Address« Trumps, die er am 20. Januar 2017 vor dem Capitol in Washington hielt, einem Tag, den er selbst pompös »National Day of Patriotic Devotion« nannte. Es war die drastische Kampfansage eines konservativen Revolutionärs an die Demokratie.[138] In erbärmlicher Prosa vom Alt-Right-Ideologen Steve Bannon erdacht und atemlos vorgetragen von einem rhetorischen Scharlatan, demonstrierte die Ansprache dem letzten Optimisten, der auf Mäßigung und Anpassung des 45. Präsidenten der Vereinigten Staaten im Amt gesetzt hatte: Trumps erratischer Wahlkampf würde sich in ein prinzipienloses Regierungshandeln verlängern.

Krass spürbar wurde die disruptive Präsidentschaft im Mai 2017, als Trump seine Antrittsbesuche machte, unpassenderweise in Saudi-Arabien startend, dann im Vatikan auflaufend und bei der NATO in Brüssel und beim G7-Gipfel in Taormina Station machend. In Belgien hielt er den verdutzten Regierungschefs des westlichen Militärbündnisses eine Standpauke, in Sizilien verweigerte er jede konstruktive Mitarbeit bei globalen Problemen, egal ob Welthandel, Flüchtlingsströme oder Klimawandel. Wer hier das Ende des Westens gekommen sah, wie wir ihn als politisch-kulturelle Verantwortungsgemeinschaft kannten, übertreibt nur milde, und wer seinem Ärger Luft machte wie die deutsche Bundeskanzlerin daheim in einem bayerischen Bierzelt, konnte auf breite Zustimmung rechnen. Der historische Moment, in dem Europa seine Unabhängigkeit erklären musste, war mit Händen zu greifen – es fragt sich nur, ob diese Herausforderung allseits begriffen und gemeistert wird. Denn »the Donald is here to stay« – der 45. US-Präsident wird der Welt noch eine Weile erhalten bleiben.

Trump, so kann die erste Bilanz lauten, präsentierte sich bisher in drei(einhalb) Gestalten.[139] *Trump the American* setzt die nach weit rechts führende Radikalisierung der Grand Old Party fort, der er seine Kandidatur aufgezwungen hatte und die in der zweiten Jahreshälfte 2016 bis auf wenige Ausnahmen vor ihm kapitulierte. Seine Absichten gehen dabei über sämtliche weltanschaulichen Schulen des herkömmlichen US-Konservatismus hinaus – seien es seine ultraliberalen Spielarten, die Corporate Business, Freihandel und Minimalstaat ins Zentrum rücken; seine sozialkonservativen Varianten, die Familienwerte, Patriotismus, Law & Order favorisieren; oder seine religiösen Schattierungen, die eine glaubensbasierte Innen- und Außenpolitik reklamieren und sich gegen Homosexuellenehe und Abtreibung auflehnen.[140]

Trump the European eignete sich darüber hinaus im Verteidigungskampf der weißen Rasse Elemente des europäischen Faschismus an, dessen völkisch-autoritäre Variante umgekehrt in der Alten Welt zunehmend politisch-theologische Versatzstücke aufnimmt. Trumps Erfolg bei den Massen ist vor allem dem hassgeleiteten Affekt gegen kulturelle Diversität und Weltoffenheit geschuldet – Insignien also, die zu Amerikas DNA gehören und die Weltordnung nach 1945 positiv bestimmt haben.

Für Europa relevant ist vor allem *Trump the Anti-European*, der – ähnlich wie Putin[141] – die supranationale Ordnung der EU untergräbt und die Integrität der europäischen Demokratien bedroht. Dass Amerikas Soft Power mit der Wahl Trumps auf einen Tiefpunkt gesunken ist, soll nicht unsere Hauptsorge sein; die gilt vor allem dem Demonstrationseffekt, dem Paradigmenwechsel von »linksliberaler« Modernität zum völkisch-autoritären Nationalismus in Europa. Trumps Verhalten könnte die westlichen Allianzen, Handelsbeziehungen und kulturellen Netzwerke, darunter den Austausch zwischen Firmen, Universitäten und Forschungseinrichtungen ruinieren. Sein Widerstand gegen den globalen Klimaschutz fällt hier besonders ins Gewicht. Der Besuch beim Papst, dem Verkünder einer bemerkenswerten Enzyklika zu diesem Thema, hat außer dem Fototermin offenbar keine Erleuchtung gebracht.

Trump reiht sich schließlich als *Quasi-Europäer* in Traditionen und Methoden der europäischen Reaktion ein. Wie vor ihm Berlusconi hat Trump die Mauern zwischen Geschäft, Politik und Unterhaltung eingerissen, indem er White House, Trump Tower und seine Golfresorts zur Schaubühne macht, auf der unter anderem Weltpolitik inszeniert wird und von wo er abwechselnd als *realdonaldtrump* und POTUS twittert. Andererseits werden Politik und Medien gegeneinander in Stellung gebracht, wenn Trump den ungeliebten »liberal media«, jetzt schon MSM (= »mainstream media«) tituliert, buchstäblich den Krieg erklärt.

Trump hat daheim schon Lehrgeld zahlen müssen. Sosehr seine Amtsunfähigkeit die Republikanische Partei und die liberalen Medien erschüttert, so sehr bleibt indessen seine paranoide Basis von ihm überzeugt. Sie informiert sich exklusiv bei Fox News und den Hasspredigern im Radio, bei Breitbart und in den sozialen Netzwerken und glaubt dem Spin, ihr Mann in Washington sei einem Machtkomplott und der größten Hexenjagd der amerikanischen Geschichte ausgesetzt. Jederzeit möglich bleibt die »pitchfork rebellion«, die Revolte des Hinterlands, die Trump als frisch gewählter Präsident auf den Stufen des Capitols noch einmal angestachelt hat.[142] Damit droht die Implosion der amerikanischen Demokratie, die stets von ihren lokalen, zivilreligiösen und kommunitären Wurzeln gezehrt hat.

Die drohende soziale Anomie verbindet sich mit der Unberechenbarkeit eines pathologischen Narzissten, dem – mit dem Finger am Abzug eines nuklearen Arsenals – wahrlich alles an Autodestruktion zuzutrauen ist. Republikanische und unabhängige Wähler, die sich diesem Mann anvertraut haben, auch die Trumpversteher in Europa, müssen sich fragen, welcher Teufel sie geritten hat und welche persönliche oder politische Unbill sie zu dem Schritt verleiten konnte, sich einer derart autoritären Persönlichkeit auszuliefern. Zu fragen ist auch, wieso Menschen, die auf ihrem dramatischen »Abgehängtsein« bestehen und den sozialen Aufstand (allerdings gegen Fremde und Flüchtlinge) proben, einem Plutokraten Vertrauen schenken konnten, dem es monoman um sich und seinen Clan geht.

Was kommt nach Trump – und wann? Die Frage stellt sich nicht nur als rhetorisches Wunschdenken seiner Gegner in Amerika und der Welt. Der Sturz dieses unsäglichen Präsidenten wird von vielen Beobachtern als eine Frage der Zeit beschrieben, aber das kann sich hinziehen, und eine zweite Amtszeit ist keineswegs ausgeschlossen. Für ein (kompliziertes und langwieriges) Amtsenthebungsverfahren gibt es genug Gründe, auch ein Rückzug nach der Art Richard Nixons wäre denkbar, wenn sich die Vorwürfe kriminellen Verhaltens summieren. Zudem haben verunsicherte Wähler 2018 bei den Zwischenwahlen Gelegenheit zur Kurskorrektur und können den Kongress als Gegenmacht stärken, sofern die Demokraten wieder auf die Beine kommen. Es mag sein, dass Trump seinem politischen Ruin mit der neronischen Inszenierung eines großen Konflikts zuvorkommen wird, aber denkbar ist ebenso, dass er das Weiße Haus liebgewonnen hat und sich dortselbst in Frühpension begibt, also die Professionellen der Administration die Innen- und Außenpolitik machen lässt. Und es bleiben Szenarien möglich, an die wir noch gar nicht denken mochten – mal schauen, was auf Netflix demnächst kommt.

Vizepräsident Mike Pence, der das vorzeitig aufgegebene oder verlorene Amt erben würde, ist weniger eine Not- als eine Ideallösung für die Republikaner. In ihm hätten sie den sozial-konservativen, religiösen Rechten, den sie 2016 mit den Senatoren Ted Cruz oder Marco Rubio nicht gegen Trump durchsetzen konnten. Der frühere Gouverneur von Indiana ist als Katholik aufgewachsen und zu den Evangelikalen übergetreten, deren Unterstützung er Trump als *running mate* garantierte, als die sexuelle Übergriffigkeit des New Yorkers seine Glaubensbrüder hochgradig irritierte. Pence ist ein Gegner der Homoehe, er hat die klar verfassungswidrige Religious Freedom Bill unterstützt, einen verworfenen Gesetzentwurf, der es Gläubigen erlauben sollte, Dienstleistungen von und an Homosexuellen zu verweigern. Pence hängt der gegen die Evolutionstheorie gerichteten Lehre vom Intelligent Design an, wonach ein intelligentes Wesen, vulgo Gott, die Erde geschaffen habe. Schließlich lehnt Pence die gesetzlich erlaubte Abtreibung ab und will Roe vs. Wade, das Pro-Abortion-Gesetz des Obersten Gerichtshofs, kippen. Seine berüchtigte Einlassung, Vergewaltigungsopfern die Abtreibung zu erlauben würde Frauen dazu veranlassen, sich vergewaltigen zu lassen, spricht Bände über Pences Weltbild. Vereidigen ließ er sich ausdrücklich von Clarence Thomas, dem

Gewährsmann der Ultrakonservativen im Obersten Gerichtshof.

Familienvater Pence war in der Kampagne flexibel genug,
sich einen Tag lang von Trump zu distanzieren, als dessen »Grab
the pussy«-Obszönitäten bekannt wurden, bevor er ihm am
nächsten Tag erneut volle Unterstützung zusicherte. In der Republikanischen Partei ist der erfahrene Berufspolitiker fest verankert, auch in deren finanziellen Netzwerken. Den Strippen-
ziehern der Grand Old Party, die sich dem Prätendenten Trump
willen- und widerstandslos auslieferte, galt er immer als Rück-
versicherung gegen einen über die Stränge schlagenden Präsidenten. Als Vizepräsident macht er überall dort gutes Wetter,
wo Trumps Allüren Entsetzen und Verunsicherung ausgelöst
haben. Pence stünde somit einer weiter rechts stehenden Administration vor, die aber weltanschauliche Exzesse realpolitisch
bremsen und im Kongress Kompromisse eingehen würde.

Dabei würde Pence als POTUS inhaltlich wohl einen härte-
ren Konfliktkurs fahren. So farblos wie Gerald Ford, der Nixon
beerbte, würde er wohl nicht bleiben; er wäre der gefürchtete
»harte Knochen«, mit dem man jedoch – etwa über die NATO
und den Freihandel – vernünftiger würde verhandeln können als
mit Trump. Bei der Revision der Gesundheitsversicherung
(Obamacare) zeigte er sich flexibler als der erste Mann im Weißen Haus, den er andererseits mit seiner (entscheidenden)
Stimme im Senat bei der Besetzung von Kabinettsposten mit
umstrittenen Ultrakonservativen heraushaute. Diese Loyalität
würde in dem Moment enden, in dem Trump unhaltbar würde,
weil seine disruptive Präsidentschaft endgültig in eine krimi-
nelle mündete, wofür es starke Anzeichen gibt. Die Einsetzung
eines Sonderermittlers ist ein solcher Indikator.

Wann kann man die Möglichkeitsform verlassen und in den
Indikativ wechseln? Wann muss Trump tatsächlich abtreten?
Eine Amtsenthebung bedürfte einer Zweidrittelmehrheit im Se-
nat und brächte Trumps Anhängerschaft endgültig auf die
Palme, woran den Republikanern im Blick auf ihre Wahlchan-
cen nicht gelegen sein kann. Die gleiche hohe Hürde im Senat

müsste auch die Anwendung von Artikel 25 der US-Verfassung überwinden, der dem Kongress die Möglichkeit gibt, einen Präsidenten aus dem Amt zu entfernen, der seinen Aufgaben nicht mehr gewachsen ist. Das ist bei Trump zwar ganz offensichtlich der Fall, aber gedacht war bei dem Verfassungsartikel an eine schwere physische Erkrankung, nicht an einen *complete moron* (österreichisch: Vollkoffer) wie ihn.

Die USA stünden im Fall des frühzeitigen Endes der Trump-Präsidentschaft nicht vor einem Kurswechsel. Deren isolationistische und protektionistische Rhetorik wird von der Anhängerschaft der Partei, von vielen ihrer Sprecher und von großen Teilen der amerikanischen Bevölkerung geteilt. Lediglich die Umsetzung dieses Kurses dürfte pragmatischer und kooperationsbereiter ausfallen. Amerika würde Europa und China nicht freundlicher gegenübertreten, aber seine Worte besser wägen und statt Trumps vulgäres Grinsen Pences sphinxhaftes Lächeln aufsetzen. Offen bleibt die Bearbeitung der Konflikt-Agenden Iran, Syrien, Nordkorea und Ukraine, wobei eine harte Haltung Washingtons stets die Ultras in den dortigen Entscheidungszentralen stärkt.

Für all diese Agenden braucht Europa eine verlässliche und berechenbare Politik Washingtons. Denn Trumps irrlichterndes Gebaren hat immerhin brutal klar gemacht, dass Chinas Suprematie keine wünschbare Alternative ist und die EU selbst im Blick auf die Krisen an ihrer Peripherie oder im Mittleren Osten keinerlei realistische Lösungen parat hat. Politisch-kulturell muss Europa unabhängiger werden von den Autokraten in Washington und Moskau, Ankara und Peking, aber es muss fest in der politischen Kultur des Westens verankert bleiben, ja diese stärken, wenn Trump sie flagrant korrumpiert. Europa könnte also an seinen erklärten Feinden wachsen und ihnen zugleich eine Tür offen halten.

Fürs Erste ist Trumps miserable Bilanz aber schon einmal ein Lehrstück für mögliche Wähler national-populistischer Parteien, die seinen Politikstil nachahmenswert fanden und ihm, wie Marine Le Pen und Geert Wilders, eilfertig alles Gute gewünscht haben – oder ihm mit einem unüberlegten Brexit schon vorausgegangen waren. Ist es trügerisch, wenn man den Straches und Gaulands anzusehen meint, dass sie diese Lektion gelernt haben (was ihre sonstigen Absichten um nichts besser macht)? Kann man hoffen, dass potentielle Wähler, die schon bei Wilders in den Niederlanden gezögert haben, nun ganz die Finger von politischen Abenteuern lassen? Stimmt es, wenn man denn überhaupt präsidiale Vorbilder benötigt, nicht hoffnungsvoll, wenn ein Präsident in Paris amtiert, der an Stelle des verheerenden Zynismus der Autoritären »Lust auf Zukunft« weckt?

EUROPAS NEUE BARBAREN?

Drei autoritär regierte Präsidialregime haben sich in den letzten Jahren gegen die Europäische Union gestellt und sie in einer von den Akteuren nicht koordinierten, aber in der Wirkung deckungsgleichen Weise zu destabilisieren versucht. Die Regime sind allesamt von seltsam charismatischen Führern geprägt: In Russland regiert mit Wladimir Putin ein Mann mit unverkennbarer und virulenter Geheimdienstvergangenheit, in der Türkei will der mit allen Befugnissen ausgestattete Neoosmane Erdoğan den »tiefen Staat«[143] offenbar offizialisieren, in den USA macht sich Milliardär Donald Trump mit seinem erweiterten Familienbetrieb den Staat zur Beute, den er aus seinen Wolkenkratzern und Golfresorts regiert. Die Verquickung politischer Macht mit persönlichen Profitinteressen ist bei allen drei Herrschern erkennbar, womit wir es mit dem bis dato vor allem aus Dritte-Welt-Regimen bekannten Typus der Kleptokratie zu tun haben, die sich immensen Reichtum unter den Nagel reißt und zur Sicherung ihrer Herrschaft eine ihr gewogene Oligarchen-Klientel bedient.

Weltanschaulich gemeinsam ist dem Trio der Kampf gegen Normen, Institutionen und Prozeduren der liberalen Demokratie. Alle drei tasten die Gewaltenteilung an, bestellen ihnen genehme Richter und Staatsanwälte, höhlen rechtsstaatliche

Verfahren aus, ignorieren wissenschaftliche Expertise und beschädigen die Wissenschafts- und Kunstfreiheit. Elementare Bürgerrechte – vor allem die Pressefreiheit – werden außer Kraft gesetzt, hier mit einer Mischung aus Zensur und wirtschaftlicher Pression, dort mit einer üblen »Fake News«-Kampagne. In Russland und der Türkei wird die Opposition massiv behindert und muss die Fairness von Wahlen in Zweifel gezogen werden, in den USA haben die Republikaner enorm vom extralegalen Ausschluss ganzer Wählergruppen profitiert, die normalerweise den Demokraten zuneigen. Die Prädominanz der Präsidialämter höhlt die Rechte der Parlamente aus und degradiert sie zu Akklamationsmaschinen oder setzt an ihre Stelle eine plebiszitäre Akklamation. Die Führung geht eine fast mystische Beziehung zum Volk ein und gibt die verbliebene Opposition der Verachtung preis.

Durchlöchert ist auch die fundamentale Trennung von Politik und Religion, indem zum einen religiöse Kräfte starken Einfluss auf die Innen- und Außenpolitik nehmen, speziell mit konservativen Familien- und Bildungskonzepten, zum anderen Kirchen und Religionsgemeinschaften vom Staat in Dienst genommen werden. Es verwundert nicht, dass alle drei Regime die in ihren Gesellschaften verbreitete Homophobie instrumentalisieren. Die religiöse Rechte unterstützt den aggressiven Nationalismus des osmanischen Türkentums (*Türklügü*), der *русскость* (wörtlich »Russischheit«) und des *America first*. Die drei Regime stützen und legitimieren imperiale Präsidentschaften, die für Freund und Feind gefährlich werden können. Sie unterwandern das westliche Militärbündnis beziehungsweise führen zur Neuauflage des Ost-West-Konflikts, der ja in der Jalta-Weltordnung stets Züge eines Kondominiums über Europa hatte. Sie können sich in der hochexplosiven Konfliktarena des Nahen und Mittleren Ostens nur zu Teilbündnissen (etwa in der Bekämpfung des IS) entschließen, doch auf Grund von konträren Bündnissen mit schiitischen oder sunnitischen Regimen und Milizen etwa in Syrien nicht auf eine Friedenslösung verständigen.

Bezogen auf die EU proklamieren schließlich alle drei Regime ihre Ablehnung, ja Verachtung in graduell unterschiedlicher Stärke: Erdoğan spricht allen Ernstes von christlichen Kreuzzüglern (und wahlweise Faschisten), die sich angeblich gegen die Türkei verschworen haben, Putins erklärtes Ziel ist die Erosion und Destruktion der westlichen Allianzen, die Europas Freiheit, Sicherheit und Wohlstand garantieren, und Trump hat der EU den Handelskrieg angedroht und die NATO für obsolet erklärt.[144] Damit haben weltanschaulich geführte Attacken von Außenseitern, von eurasischen Antiwestlern, amerikanischen Exzeptionalisten und salafistischen bzw. dschihadistischen Religionskriegern eine staatlich-imperiale Form angenommen.

Europa hat es also mit ernst zu nehmenden Feindschaften zu tun und sieht sich einem Fundamentalangriff der Art ausgesetzt, welche die antike Tradition barbarisch nannte. Die Bezeichnung »Barbar«, deutsch »Stammler«, war zunächst nicht abwertend gemeint, sondern bezeichnete Leute, die des Griechischen oder Lateinischen nicht mächtig waren.[145] Später kam der eurozentrische Hochmut gegenüber Andersgläubigen und Fremden zum Tragen – mit entsprechend »barbarischen« Folgen. Europa ist heute nicht von Barbaren umzingelt, aber von politischen Führungen und Gewaltunternehmern bedroht, die ihm an die Existenz wollen. Dennoch sollten die Europäer weiterhin daran interessiert sein, dass Russland ins »europäische Haus« zurückkehrt, die Türkei ein privilegierter Partner der Europäischen Union wird und Amerika der gewohnt schwierige, aber umgängliche Verbündete bleibt.

SCHIFFBRUCH ODER ALARMSIGNAL? DIE LEHREN DES POPULISMUS

Das Vordringen des Populismus und seine völkisch-autoritäre Mutation sind aktuelle Kennzeichen der europäischen Gesellschaft, die sich nationalkulturell unterschiedlich ausprägen und durch analoge Tendenzen weltweit flankiert werden. In der autoritären Welle fließen diverse Spaltungs- und Konfliktlinien moderner Politik zusammen.[146] Föderalisten wie die Lega Nord oder der Vlaams Belang nähren sich aus dem primären Gegensatz von Zentrum und Peripherie beziehungsweise Stadt und Land. Rechte Islamkritiker und reaktionäre Christen beleben den konfessionellen Konflikt und attackieren die säkulare Trennmauer zwischen Politik und Religion. Mit dem Front National lebt der Klassenkonflikt auf, übersetzt in den formalen Gegensatz von Oben und Unten und inhaltlich das Eigene gegen das Fremde stellend. In diesem Sinne kehren identitäre Vorstellungen von Demokratie zurück, welche die liberalen Verfassungsrechte und den Rechtsstaat relativieren und den Schutz von Minderheiten und die Freiheit von Andersdenkenden negieren.[147]

Das alles mündet in eine revisionistische Haltung zur repräsentativen Demokratie, Politikverdrossenheit radikalisiert sich in Teilen zur generellen Demokratieverachtung. Das Personal der Berufspolitik wird durch (anti-)politische Unternehmer ersetzt, das Institut der Repräsentation durch die plebiszitäre Akklamation charismatischer Autoritäten (oder *deal maker*) unterlaufen. Zugleich werden die politische Öffentlichkeit fragmentiert und unliebsame Erinnerungen an schuldhafte Verstrickungen und Verbrechen aus dem kollektiven Gedächtnis getilgt. Populismus ist zuallererst »Gefühlspolitik«, eine Mischung aus Zukunftsängsten, Ressentiments und paranoiden Stimmungen, die allerorts Feinde wähnen. Diese brisante Mischung wächst zu einem wahnhaften Weltbild zusammen, von dessen Drangsal man sich Erlösung durch eine Führungspersönlichkeit erhofft. Die populistischen Protestbewegungen zehren an den auf Konsens und Kompromiss angelegten Volksparteien, namentlich den Sozialdemokraten, die sich nach 1945 und vor allem seit den 1970er Jahren einen Platz in den demokratischen und kulturellen Eliten erobert und von den »kleinen Leuten« entfernt haben.

Alldem haftet ein deplatziertes Freiheitspathos an, als müsse man die europäische Gesellschaft von unendlichen Las-

ten der Fremdbestimmung befreien. Hier finden wir das ange-
maßte Leiden einer konservativen Mobilisierung wieder, die
ihrem Wesen nach nicht nach vorne stürmt, sondern die alte
Welt restaurieren will – und zwar mit revolutionären Mitteln.
Die Rücksichtslosigkeit, mit der sich Autokraten wie Erdoğan,
Putin und Trump über die Verfassung (und notabene: über jeden Anstand) hinwegsetzen, wird von der europäischen Rechten als Signal aufgefasst, obwohl oder weil diese Antieuropäer
die Grundpfeiler der europäischen Gesellschaft antasten. Einzelne Bewegungen üben einen Demonstrationseffekt auf die
Nachbarregionen aus und überschreiten die ansonsten hochgehaltenen nationalen Grenzen, und alle eben dargestellten
Affekte und Aversionen werden gegen die Europäische Union
und deren Hegemonialmacht Deutschland gebündelt. Es verwundert daher nicht, dass ein bevorzugtes Aktionsterrain der
Rechten das Europäische Parlament ist, wobei es dem ebenso
typischen Sektierertum dieser Parteien zuzuschreiben ist, dass
sie in gleich drei Fraktionen zersplittert sind. Eine solche Versammlung von Nationalisten ist kein Widerspruch in sich. Der
oftmals glühende Nationalismus, der in *America first*, Türkentum
und Russischheit seine imperiale Übersteigerung erreicht,
bringt seine Träger nicht gegeneinander auf, solange der gemeinsame Feind Bestand hat – Europa als supranationale Gemeinschaft und kultureller Hybrid. In einer zweiten Stufe könnten beruhigte oder beerdigte Konflikte wie zwischen Frankreich
und Deutschland, Ungarn und seinen Nachbarn, Russland und
Polen sehr wohl aktualisiert werden.

Der Populismus als Bewegung hat es hier und da schon an
die Macht geschafft. Bemerkenswert ist die Anfälligkeit von Prä-
sidialsystemen für die autoritäre Welle. Wo Parlamente stark
sind, werden ihre Rechte geschwächt, Parteien behindert und
verboten. Generell werden intermediäre Instanzen ausgeschal-
tet, wird der juristische Berufsstand an der Ausübung der dritten
Gewalt gehindert und die freie Presse als vierte Gewalt zensiert.
Andere Unterstützungsinstanzen sind hingegen willkommen,
vor allem religiöse Gemeinschaften, die zum Teil unter staat-

licher Kontrolle stehen. »Ausländische« Nichtregierungsorganisationen stehen, genau wie unabhängige Forschung und Wissenschaft, unter Kuratel. Typisch ist die intensive Verquickung politischer mit wirtschaftlicher Macht in einer Oligarchie, die sich über eigene Medien, aber auch über kritische Berichterstattung wichtigmacht und im Gespräch hält. Das Schlimmste scheint für Trump, Erdoğan & Co. zu sein, wenn sie von der Bildfläche verschwänden und das unspektakuläre Leben »einfacher« Leute führen müssten.

Wer diese autoritäre Welle verstehen will, muss das gar nicht so kleine Körnchen Wahrheit wahrnehmen, das in ihr steckt. In der Wut der populistischen Gefolgschaft wird das starke Bedürfnis nach einer politischen Wende sichtbar; sie ist auch ein Aufstand gegen die Alternativlosigkeit und Pseudovernünftigkeit der Politik, wie sie radikal von Margaret Thatcher vertreten wurde und pragmatisch von Angela Merkel inszeniert wird. Die Ressentiments sind in allen Partei-Hauptquartieren verkannt und unterschätzt worden, ebenso wie der markante Reputationsverlust der Repräsentanten, die durch TV-Prominente, Clowns, Seiteneinsteiger und Milliardäre ersetzt werden. Die Mutation weist auf die tiefe Krise der repräsentativen Demokratie hin. Sie hat ökonomische, kulturelle und sozialpsychologische Dimensionen: Hinter dem Wohlstandschauvinismus lodert ein Panikfeuer im Mittelstand, verwandelt sich die Scham der prekarisierten Arbeiter in Wut, die ihre (im Weltmaßstab vorhandenen) Privilegien gegen einen wachsenden Anteil von (zumeist muslimischen) Einwanderern verteidigen.[148]

Selten richtet sich der Affekt gegen die wirtschaftlichen Eliten, auch wenn deren exorbitante Privilegien (symbolisch: die Managerboni) allmählich ins Visier geraten; eher zielt das Ressentiment auf die »linksliberale Presse«, auf das durch »68er-Professoren«, »Emanzen« und erfolgreiche Einwandererkinder angeblich »versiffte links-rot-grüne 68er Deutschland« (Jörg Meuthen).[149] Die konservative Revolution wollte ja nicht nur die Errungenschaften der bürgerlichen Revolutionen seit 1789 rückgängig machen, sie erneuerte sich nach 1968 auch als Revanche für die damalige Kulturrevolution, die ihre radikalen Ziele verfehlte, aber die bürgerliche Gesellschaft in ihren Fundamenten liberalisiert hat.[150] Das erklärt den zähen Widerstand der säkularen und religiösen Rechten gegen liberale Abtreibungsregeln, gegen die Homosexuellenehe, generell gegen die Hinnahme abweichender sexueller Orientierungen und gegen eine »politisch korrekte« Sprechweise gegenüber Minderheiten. Die globale Gemeinsamkeit dieser autoritären Strömungen ist letztlich wohl die Angst vor der demographischen und kulturellen Minorisierung der »Weißen« durch Einwanderer und vor der höheren Fertilität anderer Ethnien, was die besondere Wut auf »Multikulti« und deren Vertreter erklären mag. Die Abwehrhaltung gegenüber der Emanzipation von Frauen und der freien, vom Reproduktionsaspekt abgelösten Wahl sexueller Orientierung ist nur mit diesem archaisch-nativistischen Denken zu erklären. Die Repräsentanten des lebensweltlichen und politischen Liberalismus gelten in dieser Optik als Volksfeinde, die der Öffentlichkeit das Problembewusstsein angesichts der angeblich stattfindenden »Umvolkung« nehmen und den »großen Austausch« (Renaud Camus) wissentlich oder fahrlässig betreiben.

Das Revanchebedürfnis haben nicht zuletzt die Emanzipationsgewinne von Frauen und Mädchen auf allen Ebenen ausgelöst. Konservative profilieren sich in der Regel als Bewahrer der »family values« und damit einer traditionellen Ordnung, in deren Zentrum das starre Ideal der Familie steht, wobei die historische Wandelbarkeit dieser Institution verkannt wird. Gegen eine Hochschätzung der Familie, die autoritäre Strömungen weltweit bekunden, ist prinzipiell gar nichts einzuwenden; nur ist damit die patriarchale Normalfamilie gemeint, unter Ausschluss solcher Alternativen, die zum Beispiel homosexuelle Paare bieten, oftmals mit Kinderwunsch. Gewiss ziehen rechte Bewegungen und Parteien auch Frauen an; bei der Präsidentschaftswahl in den USA haben über die Hälfte der weißen Frauen einem Kandidaten die Stimme gegeben, der aus seiner misogynen »Grab the pussy«-Haltung nicht einmal ein Geheimnis gemacht hat. Doch durchzieht weiterhin ein Gender Gap das autoritäre Lager: Überdurchschnittlich mehr (junge wie alte) Männer leisten den autoritären Führern Gefolgschaft, selbst wenn diese weiblichen Geschlechts sind wie Marine Le Pen und Pia Kjærsgaard.

In der Auseinandersetzung mit dem autoritären Nationalismus wird der Raum des Politischen und der diskursiven Auseinandersetzung der europäischen Gesellschaft neu vermessen. Das bekundete Leiden an den Verhältnissen – hier: am Zustrom von Flüchtlingen, am Kontrollverlust staatlicher Politik, an der Unheimlichkeit einer unverstandenen Religion und so weiter – enthält, wie festzustellen war, einen »Wahrheitskern«, und Opposition, auch scharfe und fundamentale, ist in Demokratien nicht nur erlaubt, sondern ihr Lebenselixier. Populistische Strömungen sind somit ebenso legitime Ausdrucksformen der Beteiligungsrevolution wie etwa die Ökologiebewegung oder die Frauenbewegung. Als ausdrücklich rechte soziale Bewegungen stellen sie die andere Seite der Zivilgesellschaft dar, die nach Möglichkeit einen identischen Kommunikationsraum besetzt und konträre Meinungen bekämpft. Auch dort ist ein Ort politischer Leidenschaften, auch dort kommen die agonalen Qualitäten des Politischen zum Tragen, die politische Theoretikerinnen wie Chantal Mouffe, der von ihr beratene Jean-Luc Mélenchon oder die griechische Syriza-Partei zu ihren Hochzeiten nach links wenden wollten.[151] Ihr Ausdruck steht unter dem Schutz der Meinungsfreiheit, solange er nicht in inakzeptable Sphären der Gewalt, des Rassismus und Sexismus führt, was bei autoritären Nationalisten nicht selten der Fall ist. Dagegen ist eine »rote Linie« zu ziehen, und hier ist die selbstkritisch gemeinte, in Wahrheit larmoyante Selbstbezichtigung der »Liberalen« verfehlt, zu viel von kulturellen Differenzen und zu wenig von sozialstrukturellen Ungleichheiten gesprochen zu haben.[152] Denn kein Leiden an den Verhältnissen, erst recht kein eingebildetes oder vorgeschobenes, rechtfertigt menschenfeindliche Verhaltensweisen, und es gibt, außer im Vulgärmarxismus, keine »Hauptwidersprüche« (der Klassenverhältnisse), die den »Nebenwidersprüchen« (der ethnischen oder Geschlechterverhältnisse) automatisch übergeordnet wären, zumal sich in der sozialen Wirklichkeit Benachteiligungen von »Race, Class & Gender« häufig überlagern und kumulieren.

Demokratische Gesellschaften müssen gegen die rechtspopulistisch-autoritäre Welle die drei »R« ins Feld führen: Responsivität, Resilienz und Resistenz. Das bedeutet: Populistische Rhetorik und Mobilisierung müssen stichhaltiger beantwortet und durch konkrete Politik konterkariert werden. Demokratien müssen normativ, institutionell und lebensweltlich gegen populistische Angriffe immun werden. Wo aber die Dämme gebrochen sind, müssen sich Demokraten mit allen gesetzlichen Mitteln zur Wehr setzen und Widerstand leisten. Im Folgenden sollen die Varianten der politischen Auseinandersetzung mit dem autoritären Nationalismus abgesteckt werden.

RESPONSIVER WERDEN

Als responsiv bezeichnet die Medizin ein Organ, das auf äußere Reize reagiert, und die Psychologie ein Bewusstsein, das auf Kommunikationssignale eingeht. Nichtresponsives Verhalten kann einen Organismus schädigen und eine Seele verhärten. Auch wenn man sich vor Analogien hüten soll, ist eine nichtresponsive Politik ähnlich zu definieren: Die Volksvertretung stellt sich taub gegen Signale, die ein dringendes Problem anzeigen, die Verschleppung von Lösungen beklagen und auf Veränderung drängen. Die Reaktorkatastrophe von Fukushima im Jahr 2011 beispielsweise hat – responsiv – in einigen Ländern zu einem rascheren Ausstieg aus einer Technologie geführt, deren Risiken nicht mehr ernsthaft zu leugnen waren; umgekehrt kann das Festhalten der japanischen Regierung an dieser Technologie als nichtresponsiv bezeichnet werden.[153] Man mag ein solches politisches Vorgehen für entweder opportunistisch oder verbohrt halten, womit man jedoch die Eigengesetzlichkeit des repräsentativen Systems verkennt. Dieses beruht zwar nicht auf einem imperativen Mandat und schon gar nicht auf der Dauerkonsultation von Meinungsumfragen, doch muss es in Gestalt von neuen sozialen Bewegungen, Expertengutachten oder Gerichtsentscheidungen »Frühwarnsysteme« respektieren und deren Signale aufgreifen. Dem autoritären Nationalismus nicht nachzugeben, seine Hinweise auf Defizite, Widersprüche und Vertrauensverluste aber ernst zu nehmen, ist die Aufgabe kluger, responsiver Politik. Es gilt also, den oben angesprochenen »Wahrheitskern« populistischer Agitation zu identifizieren.[154]

Die rechtspopulistische Agitation gegen die weitere massenhafte Aufnahme von Flüchtlingen seit 2015 zielte auf eine pseudoresponsive Basta-Politik ab: Festlegung von Obergrenzen, Schließung der Grenzen, Revision der Asylgesetze und Missachtung der Flüchtlingskonventionen. Auf den ersten Blick war die europäische Politik hier durchaus »responsiv« – die humanitäre Rhetorik von »Wir schaffen das« wurde de facto revidiert und Europa an vielen Stellen in eine Festung verwandelt. Doch war damit die Grenze zum Opportunismus innen- wie außenpolitisch überschritten und wurde als Nebenfolge das EU-System durch die Verweigerung von Solidarität massiv beschädigt.[155] Responsivität ist kein absoluter Maßstab: Würden handelnde Politiker »Volkes Willen« eins zu eins umsetzen, führten sie als Marionetten ein imperatives Mandat aus, das dem Wesen politischer Repräsentation widerspräche. Würden sie ein reines Eigenleben führen und sich zwischen Wahlen um Stimmungen und Haltungen in der Bevölkerung nicht kümmern, verlören sie die Bodenhaftung und ihren Anspruch auf Vertretung des Volkes.[156]

Der Politikerfolg der AfD und anderer Parteien mit klarer Ausrichtung gegen Immigration ist damit erklärbar, dass etablierte (und weltanschaulich für zuständig betrachtete) Parteien nicht so reagierten, wie dies ein beträchtlicher Teil der Wählerschaft erwartet hatte.[157] Das humanitär begründete Insistieren der Bundeskanzlerin auf der Unmöglichkeit von Obergrenzen spiegelt das Verhältnis von Prinzipientreue und Gewissensverpflichtung, die man bei vereidigten Politikern und Amtsträgern erwarten darf, zu Opportunitätserwägungen und der Frage des Machterhalts, die in einer realistischen Betrachtung von Politik nicht minder relevant sind, unpopuläre Entscheidungen aber nicht ausschließen. Responsivität gegenüber völkisch-autoritären Positionen bedeutet also nicht, diese zu übernehmen, sondern an die Wurzel der Probleme zu gehen und zum Beispiel weniger riskante alternative Technologien zu entwickeln oder Fluchtursachen zu bekämpfen. Mehr Response, Antwortfähigkeit auf populistische Propaganda ist erforderlich, und diese kann im Ergebnis zum genauen Gegenteil des populistischen Forderungskatalogs führen, wenn überzeugendere Politikangebote entwickelt werden und sich die Performance politischen Handelns generell verbessert.

RESILIENTER WERDEN

»Europa zuerst« bedeutet nicht, dass sich die europäische Gesellschaft abschottet und selbst überhebt, sondern dass sie gegen die weltweite autoritäre Welle Widerstand leistet, gemeinsam mit der inneren Opposition in der Türkei, in Russland und in den Vereinigten Staaten. Dazu gehört auch, jene europäischen Länder, die die Europäische Union verlassen wollen oder deren demokratische Überzeugungen massiv verletzen oder sich der Solidarität gegenüber Flüchtlingen verweigern, in die Schranken zu weisen. Das betrifft besonders Angriffe auf die »dritte Gewalt«, die unabhängigen Gerichte, Verstöße gegen Menschen- und Bürgerrechte, darunter so elementare Errungenschaften wie die Meinungs- und Versammlungsfreiheit und die Unabhängigkeit der Presse und nicht zuletzt ganz fundamentale Habeas-Corpus-Rechte, die in England Ende des 17. Jahrhunderts am Beginn des Rechtsstaates standen und eine richterliche Haftprüfung vorschreiben. Wer hätte vor wenigen Jahren gedacht, dass es noch einmal erforderlich werden würde, das Institut des *rule of law* in Erinnerung zu rufen.

Alles kommt darauf an, wie die *checks and balances* einer Demokratie, die unter Druck gerät, funktionieren, wie widerstandsfähig oder verwundbar sie also im Krisenfall ist. Insofern ist der autoritäre Nationalismus ein Testfall für den Rechtsstaat. Das amerikanische Beispiel zeigt, dass man sich nicht immer auf die Standhaftigkeit der Legislative verlassen kann; die Republikanische Partei ist in den letzten beiden Jahrzehnten dramatisch nach rechts gerückt und im Übrigen opportunistisch genug, um den willkürlich und selbstherrlich agierenden Präsidenten gewähren zu lassen – mit dem fatalen Argument, er sei ja vom Volke gewählt worden. Die Erosion der Gewaltenteilung verläuft in autoritären Übergangsphasen schleichend; wenn sie einmal ausgehöhlt ist, sind die Institute der Legislative und Judikative nicht mehr stark genug, um das nötige Gegengewicht zu bilden; dann kann auch die »vierte Gewalt« genannte Presse ihre Rolle nicht mehr spielen.

Resilienz bedeutet in unserem Zusammenhang also »Wehrhaftigkeit« oder »kämpferische Demokratie«, beides Schlüsselbegriffe des antifaschistischen Widerstands.[158] Der Faschismus, schrieb 1937 der aus München vertriebene Staatsrechtler und Politologe Karl Loewenstein im amerikanischen Exil, sei kein begrenztes Phänomen, sondern ein an vielen Fronten auf die Zerstörung der liberalen Gesellschaft zielender Generalangriff. Dagegen richtete sich sein klassisch gewordener Aufruf für eine »militant democracy«, die nach 1945 als »wehrhafte Demokratie« in den Sprachgebrauch deutscher Verfassungsrechtler Eingang fand.[159] Mit Loewenstein ist also zu fragen, wie sich Demokratien heutzutage vor autoritären Herausforderungen schützen, die in gleich drei Varianten auf sie einwirken. Am stärksten bedroht erscheint die Integrität offener Gesellschaften derzeit durch Terrorzellen und Einzelpersonen, die in Metropolen wie Berlin oder Manchester, aber auch in Kleinstädten wie dem fränkischen Ansbach oder dem nordfranzösischen Saint-Etienne-du-Rouvray Angst säen, demokratische Regierungen zu Überreaktionen veranlassen und Muslime, unter anderem durch die Anheizung islamophober Propaganda, in Loyalitätszwang setzen.

Offene Gesellschaften tun sich schwer mit solcher Heimtücke. Die eklatanten Pannen, die zuletzt im »Fall Amri« europaweit offenbar wurden, lassen Zweifel aufkommen, ob die Demokratie »wehrhaft« genug ist, um die Auseinandersetzung bestehen zu können.[160] Da ist zum einen die normative Frage nach dem stets prekären Verhältnis von Freiheit und Sicherheit, zum anderen die nach der Schlagkraft des Sicherheitsapparates gegen bekannte »Gefährder«. Wer nach schärferen Gesetzen ruft, sollte zunächst Sorge tragen, dass die bestehenden konsequent angewandt werden. Einer wirklich wehrhaften Demokratie geht es nicht um die Bekämpfung unliebsamer Meinungen und Ziele, mögen sie auch dem Geist und den Buchstaben des Grundgesetzes widersprechen. Zu verhindern sind vielmehr konkrete Gewalttaten und deren Vorbereitung, die laut Strafgesetzbuch allesamt längst geahndet werden können. Gebrannte Kinder wie Loewenstein wollten Feuer mit Feuer bekämpfen, also Feinden der Demokratie notfalls demokratische Rechte entziehen. Die Möglichkeit des Missbrauchs war ihnen gewärtig. Diesen Missbrauch erleben wir heute in Form von Verboten »ausländischer« Nichtregierungsorganisationen und Repressalien gegen Gerichte und Medien. Deren Unabhängigkeit muss gesichert und wiederhergestellt werden. Zur Resilienz zählt auch, den Respekt vor gewählten Volksvertretungen und generell vor intermediären Instanzen zu erneuern, der im Kult der Unmittelbarkeit einer »Volksdemokratie« in Plebisziten und sozialen Netzwerken unterzugehen droht. Eine europaweite, durch europäische Gerichtshöfe unterstützte Debatte über die freiheitssichernde Ausgestaltung von Wehrhaftigkeit ist also überfällig, und sie sollte nicht auf nationaler Ebene, sondern als Ausdruck europäischer Wehrhaftigkeit geführt werden.

RESISTENTER WERDEN

Notfalls muss die Bürgergesellschaft in extremen Situationen selbst Widerstand leisten – eine Eventualität, die das deutsche Grundgesetz übrigens explizit einräumt, wenn es in Artikel 20, Absatz 4 statuiert: »Gegen jeden, der es unternimmt, diese [gewaltenteilige, C. L.] Ordnung zu beseitigen, haben alle Deutschen das Recht zum Widerstand, wenn andere Abhilfe nicht möglich ist.« Interessanterweise wurde dieser Zusatz 1968 ins GG aufgenommen, als die (übertriebene) Befürchtung bestand, die damals der Staatsgewalt gewährten Notstandsbefugnisse könnten von dieser missbraucht werden. Das war kein Freibrief für beliebige Widerstandsakte, sondern ein Vorratsbeschluss für den extremen Notfall, wenn eine verbrecherische Regierung Grundrechte nicht mehr schützt oder selbst verletzt und den Bürgern keine legalen und friedlichen Mittel mehr dagegen zur Verfügung stehen.

Doch davor und bis dahin, demonstriert das amerikanische Lehrstück, gibt es zahlreiche Möglichkeiten, Widerstand zu leisten und Oppositionelle zu unterstützen: Dekrete wie einen Immigrationsbann zu unterlaufen, indem man Flüchtlinge aufnimmt und (wie es die Firma Starbucks angekündigt hat) bevorzugt einstellt; Sammelklagen einzuleiten und die Gerichte mit als illegal betrachteten Maßnahmen der Exekutive zu befassen; in der Öffentlichkeit fundiert den »alternativen Fakten« entgegenzutreten, die eine Regierung und ihre Kommunikationsmaschinen streuen; den eigenen Gebrauch etwa der sozialen Medien kritisch zu hinterfragen; Anhänger von Autokraten mit den Folgen ihrer Wahl und ideologischen Unterstützung zu konfrontieren; die Ressourcen der Städte und föderalen Gebietskörperschaften zu stärken; Unternehmen und Wirtschaftsverbände gegen Regierungsmaßnahmen zu mobilisieren, die moralisch fragwürdig und materiell für sie nachteilig sind; Massendemonstrationen in geeigneter zeitlicher und regionaler Verteilung zu organisieren; prominente Bündnispartner, die Bedenken bekommen haben, aus dem Lager der Autokraten herauszulösen; wissenschaftliche Expertise zu generieren und, wo die staatliche Finanzierung ausgetrocknet wird, alternative Quellen zu erschließen; und nicht zuletzt die parlamentarische Opposition, so sie Bestand hat und den Willen zum Widerstand aufbringt, zu unterstützen, sich also jeder pauschalen Politikverachtung und Politikerschelte zu enthalten. Die autokratische Selbstermächtigung des US-Präsidenten ist auch ein Test auf die

Fähigkeiten der amerikanischen Graswurzel-Organisationen und Protestbewegungen wie Occupy, die sich während der Bankenkrise organisiert haben.

Viele Europäer haben sich nach der Wahl Trumps in eine Art virtuellen transatlantischen Widerstand hineinversetzt, durchaus mit dem Nebeneffekt, dass die Bedeutung der westlichen Wertegemeinschaft wieder ins Bewusstsein gerückt ist. Aber der Ort der Auseinandersetzung ist natürlich Europa selbst; das Ziel muss die Verhinderung weiterer rechtspopulistischer Dominoeffekte sein. Wer meint, sich bei den anstehenden Wahlen enthalten zu müssen, um nicht bloß irgendein geringeres Übel zu wählen, ist falsch beraten – in Österreich zählte im Dezember 2016 buchstäblich jede Stimme, und die zunehmende Unkalkulierbarkeit politischer Prozesse bzw. die mangelnde Prognosekraft demoskopischer Umfragen verstärken die Bürgerpflicht, wählen zu gehen. Die Pflicht zur Zurückhaltung gegenüber den »inneren Angelegenheiten anderer Staaten« gilt hingegen nicht mehr; dazu ist die europäische Gesellschaft schon zu sehr zusammengewachsen und die Interdependenz nationaler Entscheidungen und Verhältnisse viel zu stark. Ob sich die Gegner von Wilders, Le Pen oder Grillo durchsetzen würden, war ebenso relevant für die deutsche Innenpolitik, wie ein Erfolg oder Misserfolg der AfD für die Niederlande, Frankreich oder Italien von Bedeutung ist.

Die Europäische Union schließlich kann als kollektiver Akteur nach innen und außen Widerstand leisten. Mitgliedsländern, die massiv Bürgerrechte verletzen, sich Korruption zuschulden kommen lassen oder die Gewaltenteilung außer Kraft setzen, können Regionalmittel entzogen oder andere Sanktionen erteilt werden; wer Handelsverträge verletzt oder Einfuhrzölle und andere Handelshemmnisse verfügt, kann mit entsprechenden Gegenmaßnahmen bedacht werden. Willküraktionen von Autokraten im Innern wie gegenüber der Weltgemeinschaft müssen zur Konsequenz haben, dass die europäische Gesellschaft enger zusammenrückt und die Kooperationsbereitschaft der EU-Mitgliedstaaten zunimmt. De quoi demain, sera-t-il fait? Wer weiß, was morgen geschieht?[161]

II GEGEN DEN STROM

Lernen ist wie Rudern gegen den Strom – sobald man aufhört,
treibt man zurück.
Laotse[1]

Im zweiten Teil verlassen wir nun die Arena nervöser Macht-
und Wahlkämpfe und begeben uns in die ruhigere, aber quick-
lebendige Ideenwerkstatt, die sich die Aufgabe stellt, Europa als
eine föderative und nachhaltige Bürger- und Sozialunion zu
denken und zu erschaffen. Zukunftsvisionen sollten die europäische Gesellschaft mehr beschäftigen als die Horrorphanta-
sien von Überfremdung, Terror und Religionskriegen, die in
den letzten Jahren von autoritären Nationalisten ausgemalt und
von den Medien über die Maßen verbreitet wurden. Anders als
bis zur Jahrtausendwende, als das europäische Projekt trotz aller krisenhaften Rückschläge ein Selbstläufer in Richtung Vertiefung und Erweiterung zu sein schien, muss man heute müh-
sam vermitteln, was an der EU und einer supranationalen Union
noch gut und ausbaufähig sein soll. Die Beweislast haben nicht
mehr die Exiteers, sondern die Reformer, ihr schlichtes »Weiter
so!« löst keine Europabegeisterung mehr aus.

In vieler Hinsicht waren die Europäische Union und ihre
Vorläufer ein Beispiel für jenes Durchwurschteln, das Sozialwissenschaftler »inkrementelle Politik« nennen. Die EU ist eine
Dauerbaustelle, ein endloses Reformprojekt mit einem Ziel, das
sie kaum jemals erreichen kann. Die ihr normativ eingeschrie-
bene Teleologie – immer mehr Staaten Europas immer tiefer zu
integrieren – ist heute fraglicher denn je, sie muss aus diversen

Projekten in verschiedenen Politikfeldern neue Kraft schöpfen. Um die maritime Metapher aufzugreifen: Europa in schwerer See braucht Leuchttürme, die ein rettendes Ufer anzeigen, besser noch eine Richtung für die Weiterfahrt.

Aus einer Vielzahl möglicher Ansätze für eine grundlegende EU-Reform möchte ich hier drei zur Diskussion stellen, die diesem Ziel verpflichtet und nur in gesamteuropäischer Kooperation von Staatsapparaten, Zivilgesellschaft und EU-Institutionen umzusetzen sind. Angeordnet sind diese in drei »Körben«, womit die diplomatische Sprache der »Konferenz für Sicherheit und Zusammenarbeit in Europa« (KSZE) aus einer früheren Phase europäischer Sicherheitspolitik im ausgehenden Kalten Krieg aufgegriffen wird. Zuvor aber ein Plädoyer für eine Verlagerung der europäischen Debatte – weg vom Angstkult, hin zur Zukunftsgestaltung.

THEMENWECHSEL

Die wichtigste Vorkehrung gegen die populistische Agitation ist ein entschiedener Themenwechsel. Das WDR-Magazin »Monitor« hat für das Jahr 2016 ausgezählt, welche Themen in insgesamt 141 Talkshows von ARD und ZDF diskutiert worden sind. Das Ergebnis: »In 40 Sendungen ging es um das Thema Flüchtlinge und Flüchtlingspolitik, 15-mal wurde über das Thema Islam, Gewalt und Terrorismus gesprochen, 21-mal über Populismus, vor allem Rechtspopulismus. Insgesamt machten diese Themen 54 Prozent aller Talkshows aus.« Sicher gibt es einen Informations- und Kommunikationsbedarf zu diesen Fragen, aber das Übergewicht von Angstthemen war der Logik des Infotainment geschuldet, das Rededuelle und Gefühlsausbrüche über vermeintliche und tatsächliche Gefahrenherde bevorzugt. Diese Logik ist verantwortlich dafür, dass mindestens ebenso existentielle, aber komplexere Themen im Verlauf des Jahres 2016 gar nicht vorkamen: »Über Energie-Themen, wie die Zukunft der Kohle oder den Atomausstieg, wurde nicht gesprochen. Auch das Thema Bildungspolitik war kein Thema. Und selbst der viel diskutierte Abgasskandal war keiner der Talkshows eine Sendung wert.«[2]

Talkshow-Titel wie »Angst vor Flüchtlingen«, »Angst vor dem Islam«, »Angst vor Parallelgesellschaften« zeigen Dringlichkeit an und bedienen eine bestimmte Klientel. Während sich die Deutschen Umfragen zufolge auch im Jahr 2016 in ihrer großen Mehrheit sicher fühlten, gaben zwei Drittel der Anhänger der AfD an, sich »eher unsicher« zu fühlen. Das AfD-Personal in den Talkshows unterstützt die verzerrte Wahrnehmung und nährt den Pessimismus. »Die Angst ist da. Und wir haben diesen Menschen eine Stimme gegeben«, nimmt der Berliner AfD-Chef für sich in Anspruch, und so lautet die strategische Ansage für den Wahlkampf 2017: »Die AfD muss (…) ganz bewusst und ganz gezielt immer wieder politisch inkorrekt sein, zu klaren Worten greifen und auch vor sorgfältig geplanten Provokationen nicht zurückschrecken.« Der rhetorische Overkill, dem das Fernsehen und die sozialen Medien gefolgt sind, hat Donald Trumps Aufstieg maßgeblich befördert; er hatte kostenlose Werbezeit auf allen Kanälen. Autoritäre Nationalisten betreiben ein Wechselbad der Gefühle, indem sie eine gezielte Provokation starten, sie halb zurücknehmen und dann »nachlegen« – so haben sie dreifache Aufmerksamkeit, die von wichtigeren, die Mehrheit der Bevölkerung stärker interessierenden Themen ablenkt und das Meinungsklima eintrübt.

Eine entschiedene Abkehr von diesem Angstdiskurs ist also geboten, darunter die Rückführung der Panikthemen auf ihren »Wahrheitskern« – auf das berühmte Körnchen Wahrheit, das auch an falschen, polemischen und übertriebenen Behauptungen dran sein kann. Das Aufkommen des Populismus spiegelt in der Tat den im ersten Kapitel beschriebenen Repräsentationsverlust; Flüchtlingsströme entstehen durch die Externalisierung der Kosten unserer Lebensweise in den globalen Süden, und islamistischer Terror ist das Produkt einer gescheiterten Säkularisierung. Zur Aufklärung darüber müssen die Medien, muss auch das Fernsehen als immer noch wichtigstes Informationsmedium mit investigativen Reportagen beitragen, wohingegen die Populisten »differenzierte Ausarbeitungen und technisch anspruchsvolle Lösungsmodelle« ausdrücklich ablehnen, weil sie »nur Spezialisten interessieren, die Wähler aber überfordern«.[3]

Autoritäre Nationalisten saugen die Sorgen und Nöte von Teilen der Bevölkerung parasitär aus. Es reicht ihnen zumeist, das Elend der Welt zu beschwören, doch es nach eigenem Wissen und Gewissen ein Stück weit zu mindern, sehen sie nicht als ihre Aufgabe an. Und sie können es definitiv nicht; wir haben auch in Deutschland erlebt, welche Unfähigkeit und Ignoranz in Kommunal- und Landesparlamente hineingewählt wurde. Populisten an der Macht betreiben in der Regel eine ruinöse Politik, die gerade der Klientel schadet, die zu unterstützen sie vorgeben.

Gerade weil die Zukunft durch Massenflucht und Terror, Klimawandel und Krieg verdunkelt scheint, gilt es, sich weniger dystopischen Szenarien zuzuwenden: Wie wollen wir in den nächsten Jahren anders und besser leben?[4] Unter dieser Überschrift bietet sich ein ganzes Kaleidoskop von Themen an, die mindestens so an- und aufregend zu diskutieren wären – wenn auch besser nicht von den bisherigen Talkshow-Stammgästen, und erst recht nicht von einem Alexander Gauland oder einer Beatrix von Storch, die nur die Aufregung um sich herum genießen.

Eine »sozialprogressive Agenda«, die immer dringender gefordert wird,[5] setzt andere Akzente: Nachhaltigkeit, Teilhabe, Solidarität. Manche würden diesen Themen gegen die Krawallthemen der AfD keine Chancen geben, doch sie haben ein wesentliches Argument für sich: dass die Mehrheit in den meisten Gesellschaften der Welt ihnen grundsätzlich beipflichtet und sie für relevanter hält als Flüchtlingswanderungen, Religionsfragen und Sicherheit vor Terroranschlägen.[6] »Europa« darf nicht allein als normative Ordnung, angenehme Lebenswelt und leidlich funktionierende Institution beschworen werden. Die europäische Gesellschaft muss als *Lern- und Handlungsgemeinschaft* darangehen, ihre Zukunft zu bestimmen und Ziele

»guten Lebens«[7] im Einklang mit Natur und sozialer Umwelt zu verwirklichen – kurz: Sie muss praktisch werden. Diese Themen haben sich mit einem globalen Wertewandel seit den 1970er Jahren herauskristallisiert, sie haben die neuen sozialen Bewegungen und Bürgerinitiativen mobilisiert, neue Parteien und Mehrheiten entstehen lassen, einen relativ breiten, transkulturellen Konsens über das erzeugt, was für die Zukunft der Weltgesellschaft wichtig ist und wie politische Entscheider Prioritäten setzen sollen. Ein Leitdokument ragt hier heraus: die im September 2015 von der Vollversammlung der Vereinten Nationen beschlossene »2030 Agenda«, die siebzehn Ziele für nachhaltige Entwicklung aufstellt und diese in zahlreichen Unterzielen konkretisiert, die genau zu lesen sich lohnt:[8]

1. Armut in all ihren Formen und überall beenden

2. Ernährungssicherheit und eine bessere Ernährung erreichen und eine nachhaltige Landwirtschaft fördern

3. Gesundes Leben für alle Menschen jeden Alters gewährleisten und ihr Wohlergehen fördern

4. Inklusive, gerechte und hochwertige Bildung gewährleisten, Möglichkeiten des lebenslangen Lernens für alle fördern

5. Geschlechtergleichstellung erreichen und alle Frauen und Mädchen zur Selbstbestimmung befähigen

6. Verfügbarkeit und nachhaltige Bewirtschaftung von Wasser und Sanitärversorgung für alle gewährleisten

7. Zugang zu bezahlbarer, verlässlicher, nachhaltiger und zeitgemäßer Energie für alle sichern

8. Dauerhaftes, breitenwirksames und nachhaltiges Wirtschaftswachstum, produktive Vollbeschäftigung und menschenwürdige Arbeit für alle fördern

9. Eine widerstandsfähige Infrastruktur aufbauen, breitenwirksame und nachhaltige Industrialisierung fördern und Innovationen unterstützen

10. Ungleichheit in und zwischen Ländern verringern

11. Städte und Siedlungen inklusiv, sicher, widerstandsfähig und nachhaltig gestalten

12. Nachhaltige Konsum- und Produktionsmuster sicherstellen
13. Umgehende Bekämpfung des Klimawandels und seiner Auswirkungen
14. Ozeane, Meere und Meeresressourcen im Sinne einer nachhaltigen Entwicklung erhalten und nachhaltig nutzen
15. Landökosysteme schützen, wiederherstellen und ihre nachhaltige Nutzung fördern, Wälder nachhaltig bewirtschaften, Wüstenbildung bekämpfen, Bodendegradation beenden und umkehren und dem Verlust der biologischen Vielfalt ein Ende setzen
16. Friedliche und inklusive Gesellschaften für eine nachhaltige Entwicklung fördern, allen Menschen Zugang zur Justiz ermöglichen und leistungsfähige, rechenschaftspflichtige und inklusive Institutionen auf allen Ebenen aufbauen
17. Umsetzungsmittel stärken und die globale Partnerschaft für nachhaltige Entwicklung mit neuem Leben füllen

Diese von den Vereinten Nationen mit breiter Zustimmung beschlossene Agenda ist das kompakte Handlungsprogramm der globalen Kooperation, das übrigens kein einziges der von den autoritären Nationalisten propagierten Themen ignoriert oder gering schätzt. Die Trias »mehr Nachhaltigkeit, mehr Teilhabe und mehr Solidarität« kann als Kern der neuen Fortschrittsagenda betrachtet werden, und man kann sie unter das Dachthema »Generationengerechtigkeit« stellen. Denn es geht den meisten Menschen nicht nur um ihr eigenes Wohlbefinden, sondern um das gute Leben künftiger Generationen, wozu selbstverständlich auch konstruktive, humanitär akzeptable Lösungen für Flüchtlingsströme, den Religionsfrieden und die Bekämpfung des Terrors zählen.

Die New Yorker »2030 Agenda« und der fast gleichzeitig in Paris geschlossene Klimavertrag weisen eine globale Dimension auf, die von den autoritären Nationalisten bestritten wird. Nicht zufällig findet man unter ihnen gehäuft die dürftige Spezies des »Klimaskeptikers«, der gegen alle Evidenz den von Menschen gemachten Klimawandel leugnet und mit seinem

Nichtstun oder der blinden Förderung offensichtlich klima- und umweltschädlicher Technologien und Produktionsmethoden schwere Verantwortung auf sich lädt. Ihr Sprecher ist Donald Trump, der den »Händlern des Zweifels«[9] nur zu gerne Raum gibt, weil er damit die Öl- und Investitionsinteressen seines Kabinetts bestens bedient.[10]

Damit wird klar, was Europa in dieser globalen Auseinandersetzung zu tun hat: Die Europäische Union ist der geborene Protagonist der 2015 in Paris und New York beschlossenen Ziele. Sie muss, bevor wieder Jahre ins Land gehen, entschiedener und geschlossener bei der Verwirklichung ihrer eigenen Klimaschutzpläne vorangehen, als sie das in den letzten Jahren getan hat, in denen sie sich dem Washington Consensus angepasst und mit dem Lissabon-Programm eher auf wirtschaftsliberale Effektivierung kapriziert hatte. Auch in dem im März 2017 von EU-Kommissionspräsident Jean-Claude Juncker vorgelegten Weißbuch finden die genannten Themen kaum statt, es wird überhaupt keine inhaltliche Bestimmung europäischer Politik vorgenommen. In der heutigen Lage muss sich Europa neu orientieren, sich aus der Fixierung auf Trump und Putin lösen und gegen deren disruptive Präsidentschaften als Vorreiter regionaler und globaler Zusammenarbeit auftreten. Spätestens die »Antrittsreise« Trumps im Mai 2017 an den arabisch-persischen Golf, in den Vatikan, zur NATO und zum G7-Gipfel hat deutlich gemacht: Es braucht eine europäische Unabhängigkeitserklärung.

DREI KÖRBE

Für eine europäische Initiative gibt es das schon erwähnte Vorbild aus der Zeit des Kalten Krieges, die »Konferenz für Sicherheit und Zusammenarbeit in Europa« (KSZE). Als Kind ihrer Zeit rückte sie Sicherheit und Entspannung zwischen den Atommächten USA und UdSSR ins Zentrum, die in der KSZE selbstverständlich vertreten waren, seither aber ihre (geteilte)

Schutzfunktion wie ihre Orientierungsrolle für Europa verloren haben. Das genau ist Europas Chance. Erinnern wir uns an die Arbeitsweise der KSZE. In der Helsinki-Akte von 1975 wurden die gemeinsamen Vorhaben in drei »Körbe« verteilt: (1) Vertrauensbildende Maßnahmen und Aspekte der Sicherheit und Abrüstung; (2) Zusammenarbeit in den Bereichen Wirtschaft, Wissenschaft, Technik und Umwelt; (3) Zusammenarbeit in humanitären und anderen Bereichen.[11] Vierzig Jahre später, da übrigens die Nachfolgeorganisation OSZE in der Ukraine erneut als Instrument der Kriegsvermeidung und Friedensstiftung bemüht wird, würde man im Gedankenspiel einer KSZE 2.0 die »Körbe« anders nennen.

Im Korb 1 Teilhabe sind Chancen einer echten europäischen Staatsbürgerschaft und einer transnationalen Demokratie auszuloten, die Unionsbürger stärker am Entscheidungsprozess beteiligt und Geflüchteten einen sicheren Hafen bietet, dabei auch zunehmend attackierte und beschädigte Grund- und Bürgerrechte über die nationalen Grenzen hinweg sichert und schließlich eine zeitgemäße digitale Teilhabe ermöglicht.

Im Korb 2 Solidarität sind die Fundamente eines neuen Gesellschaftsvertrags zu legen, der auf die in den letzten Jahrzehnten gewachsene soziale Ungleichheit reagiert und eine Antwort auf die Entkoppelung von Arbeit und Einkommen gibt, die sich durch die Digitalisierung und Automatisierung der Arbeitswelt eher noch verschärfen wird. Dabei spielen auch qualitative Bildungsziele einer zweiten Erasmus-Generation eine herausragende Rolle.

Im Korb 3 Nachhaltigkeit wird eine politische Zukunftsagenda formuliert, die sich eng an den Interessen künftiger Generationen ausrichtet. Innovationen wie ein Transformationsfonds können das im Überfluss vorhandene, auf der Suche nach kurzfristigem Profit um den Erdball streunende Kapital einer sinnvollen Verwendung zuführen und zu einer postkarbonen und umweltgerechten Lebens- und Arbeitsweise beitragen.

Das Gedankenspiel muss ergänzt werden durch europäische Initiativen der Entwicklung und Friedensstiftung in außereuropäischen Regionen, namentlich in Afrika und im Nahen und Mittleren Osten. Die europäische Unabhängigkeit funktioniert nur im Rahmen globaler Interdependenzen.

#1 TEILHABE

Im ersten Korb möchte ich Vorschläge und Konzepte diskutieren, wie man das unbestreitbare Demokratiedefizit der Europäischen Union beheben, der europäischen Gesellschaft also eine politische Form geben und mehr Teilhabe sichern kann. Immer wieder kritisieren europäische Föderalisten, das Europaparlament sei kein Vollparlament, Europa keine politische Einheit und die Europäer keine Nation. Ihre schärfsten Kritiker sind freilich jene, die einen europäischen Demos oder Souverän für prinzipiell unmöglich oder nicht wünschenswert halten. Die Nation und der nationale Staat, die historisch eher jung sind, aber schon bald altersschwach werden dürften, sind für sie geradezu Essenzen des Politischen, weil sie bisher das Wir-Gefühl der Völker, ihr institutionelles Gerüst, die Erkennbarkeit nach außen und ein »Staatsgebiet« garantierten. Ungeachtet der Segnungen und Beschwernisse der ökonomischen und kulturellen Globalisierung beschwören viele Historiker diese nationalen Essenzen, obwohl sie am besten um die Kontingenz und Fragilität nationaler Identitäten und Territorien wissen. Wie fortschrittlich dachten da 1948 die Gründer der Bundesrepublik Deutschland, als sie zur Verwirklichung eines vereinten Europas die Übertragung von Hoheitsrechten unter Wahrung der föderalen Subsidiarität ins Auge fassten.[12]

Die Europäische Gemeinschaft bewegte sich nicht in Richtung der »Vereinigten Staaten von Europa« (so Winston Churchill in seiner Zürcher Rede von 1946), sie bekräftigte den Nationalismus als Strukturprinzip und zollte dem »Europa der Bürger« eher nebenbei Tribut. Aber es gibt aus Sicht der empirischen Gesellschaftsforschung eine europäische Citoyenneté/Citizenship in einer supranationalen Öffentlichkeit und in grenzüberschreitenden Bürgerinitiativen, und es rührt sich die europäische Bürgergesellschaft in letzter Zeit vernehmlicher (siehe Teil III), seit die Wucht und Zerstörungskraft der autoritär-nationalistischen Welle vielen bewusst geworden ist. Neuerdings ist oft zu hören, Putin und Trump, auch die äußeren und inneren Feinde Europas in Gestalt des Dschihadismus und der völkischen Nationalisten,[13] trügen bei zur Wiedergeburt Europas als – ja was eigentlich: Nation? Staat? Union?

Eine *Nation* ist Europa sicherlich nicht, auch wenn es sich gerade, als wäre es eine solche, festungsmäßig gegen Flüchtlinge abschottet. Ein *Staat* ist die EU in vieler Hinsicht längst, wenn man die Gesetzgebungs- und Regulierungskompetenzen der Kommission und des Parlaments in Brüssel bewertet.[14] Eine *Union* indessen würde mehr politische Teilhabe voraussetzen: die intensive demokratische Mitwirkung in einem anders als bisher gebildeten Parlament und darüber hinaus. Um das zu erreichen, bedarf es einer – natürlich zivilen – *levée en masse*[15] der europäischen Bürger, die ihre demokratischen Ansprüche selbstbewusst geltend machen. Das legt einen nicht nur juridischen Begriff europäischer Staatsbürgerschaft nahe, der – als erste, humanitäre Stufe – Staatenlosen und Verfolgten zugutekommt, der – als zweite, demokratiepolitische Stufe – Instrumente und Institutionen supra- und transnationaler Partizipation zur Verfügung stellt und der – als dritte Stufe – eine europäische Öffentlichkeit stärkt, die in Anbetracht der Größe des europäischen Kontinents und seiner halben Milliarde Menschen, vor allem auch im Blick auf deren globale Vernetzung und die kulturellen Praktiken der jüngeren Generation im selbstverständlichen Gebrauch digitaler Netzwerke, auch eine virtuelle Sphäre benötigt.

EUROPÄISCHE BÜRGERSCHAFT

Die meisten Europäer kramen daheim einen Reisepass hervor, wenn sie das Gebiet des ominösen Schengen-Raumes verlassen und etwa nach China, Russland oder in die USA reisen wollen.

Innenminister Thomas de Maizière stellte Anfang 2017 eine »absolut fälschungssichere« Version dieses Passes vor, der Deutsche (Franzosen, Polen etc.) darüber hinaus zu »Unionsbürgern« macht. Diesen Status propagierte die EU seit den 1970er Jahren, im Vertrag von Maastricht wurde er 1992 rechtlich kodifiziert und im Vertrag von Lissabon 2007 so definiert: »Unionsbürger ist, wer die Staatsbürgerschaft eines Mitgliedstaates besitzt. Die Unionsbürgerschaft tritt zur nationalen Staatsbürgerschaft hinzu, ohne sie zu ersetzen« (Art. 20 AEUV). Warum besitze ich sie dann, könnten sich Unionsbürger angesichts dieses Zwitters fragen, was habe ich von meinem burgunderroten Pass, wenn es der alte grüne (blaue, rote etc.) auch getan hätte? Die Antwort hängt davon ab, was wir aus dem Zwitter machen wollen. Wenn er Ausländer nicht schon zu Inländern erhebt, könnte er sie dann zu Europäern machen?[16]

Auch wenn sich die EU-Mitgliedstaaten mit der Rechtsfigur des Unionsbürgers in den genannten Verträgen nicht viel zugetraut haben, könnte ihre Unterschrift, wie der Soziologe M. Rainer Lepsius bemerkt hat[17], ungewollt den Übergang von den Völkern der Mitgliedstaaten zum europäischen Volk eingeleitet haben. Die Verleihung einer Staatsangehörigkeit ist das wirksamste Mittel der Inklusion von ausgewählten Gesellschaftsmitgliedern einer Nation, aber sie ist verbunden mit der automatischen Exklusion von Nichtmitgliedern, die dadurch Ausländer und Nichtbürger bleiben. Das materialisiert sich in Staatsgrenzen mit Passkontrollen, die jemanden unter bestimmten Bedingungen, als Tourist oder »Gastarbeiter« mit befristetem Aufenthalt, in ein Land hineinlassen, unter anderen Umständen, als Asylant ohne Ansprüche aus internationalen Konventionen oder Gesetzen des Aufnahmelandes, als Krimineller oder Spion, aber nicht.

Doch in modernen Gesellschaften sind Exklusionen faktisch nur noch temporäre Ausschlüsse; jede Exklusion geht mit Inklusionsangeboten einher.[18] Exemplarisch gilt das selbst für totale Institutionen wie Gefängnisse, die Delinquenten zeitweilig aus der Gesellschaft ausgliedern, doch ausdrücklich zu Resozialisierung und Wiedereingliederung verpflichtet sind. Niemand ist also dauernd »draußen«. Gegen die Übertragung dieses Mechanismus auf bestehende Staatsangehörigkeiten werden üblicherweise »kulturelle« Gründe ins Feld geführt, namentlich die ethnische und religiöse Differenz zwischen Nationen.[19] Diese Vorbehalte wirken wie eine Barriere gegen supranationale Integration, die angeblich die jeweiligen Eigenheiten der Völker missachtet. Übersehen werden dabei ausgerechnet jene »kulturellen« Elemente, die Völker über die Grenzen hinweg miteinander verbinden, zum Beispiel weil sie in guter Nachbarschaft leben, grenzüberschreitende Probleme teilen, aber auch über große Entfernungen bürgerschaftlich kooperieren. Historisch hat sich das in Nachkriegsgesellschaften gezeigt, in denen tief sitzende »Erbfeindschaften« durch transkulturelle Begegnungen und politische Kooperationen gemindert und abgebaut werden konnten. Fremdheit ist ein allgemeines Merkmal moderner Gesellschaften, aber kein Exklusionsgrund.

Voraussetzungen für Inklusion definieren Nationalstaaten unterschiedlich[20]: Das *jus sanguinis* macht Abkömmlinge der nationalen Gemeinschaft (»Bio-Deutsche«, »Bio-Türken« etc.) automatisch zu Staatsbürgern; in Republiken macht üblicherweise das *jus soli* sämtliche im nationalen Territorium Geborene per se zu Staatsbürgern. Einmal bestimmt die (ethnische oder religiöse) Herkunft, das andere Mal die Zustimmung der Bürger zu einem republikanischen Gemeinwesen – in der Praxis sind beide, das Abstammungs- und das Territorialprinzip, miteinander vermischt. Zwischen beiden bleibt aber ein Unterschied ums Ganze, der bei der Weiterentwicklung der Unionsbürgerschaft von größter Bedeutung ist. Reden wir von der Staatsangehörigkeit einer ethnischen Gemeinschaft, dann begründete sie in der Praxis häufig ein Herrschaftsverhältnis von Untertanen, die im Extremfall als Paria aus der nationalen Gemeinschaft herausgedrängt werden konnten – das war das Schicksal der europäischen Juden im nationalsozialistisch besetzten Europa. Sprechen wir hingegen von Staatsbürgerschaft im Sinne einer republikanischen Citizenship oder Citoyenneté, dann ist diese eben auch zwischen ethnisch »Fremden« möglich, unter Einschluss von ehemals kolonisierten Völkern etwa in Indien oder Algerien, von »Gastarbeitern« und ihren Familien und auch von Flüchtlingen. Ein Zumutung ist deren Einbürgerung nur, wenn Volk und Territorium in eins gedacht werden.

So liegen auch die Hürden, nach zeitweiligem Aufenthalt die Staatsbürgerschaft eines Nationalstaates zu erlangen, unterschiedlich hoch. Obwohl das Staats- und Völkerrecht hier recht klare Grenzen gezogen hat, sieht die Rechtswirklichkeit in Europa dank einer Vielzahl doppelter Staatsangehörigkeiten vielschichtiger aus. Das führt immer wieder zu Irritationen über mögliche Loyalitätskonflikte. Die Propaganda der türkischen Regierung an die Adresse von »Deutsch-Türken« im Vorfeld des Referendums vom April 2017 hat die Ambivalenz der doppelten Staatsbürgerschaft drastisch herausgestellt; einmal gewährt, um Familienzwist und Kulturkonflikte zu verhindern, kann sie problematisch werden, wenn ein Staat daraus eine Loyalitätserpressung gegen »seine« seit Jahren und Jahrzehnten im Ausland lebenden Staatsbürger macht.[21]

Damit zurück zur Ausgangsfrage: Was bringt einem Europäer und einer Europäerin eine Unionsbürgerschaft, die so eng an nationale Staatsangehörigkeit gekoppelt bleibt? Nun, Vorteile gibt es sehr wohl: Dem Ursprung und Mantra der Europäischen Union als gemeinsamer Markt entsprechend, untermauert sie vor allem die bestehende Freizügigkeit der EU-Bürger; so haben zum Beispiel Arbeit suchende Spanier, Polen oder Bulgaren die Möglichkeit, sich in jedem anderen EU-Land frei zu bewegen und aufzuhalten. Mehr als ein Drittel der Ausländer (37,9 Prozent) waren 2010 Staatsangehörige eines EU-Mitgliedstaates[22], und dieser Personenkreis geht heute weit über bestimmte Funktionseliten und Studierende, die bisherigen Hauptnutzer von Freizügigkeit, hinaus. Der Brexit hat jüngst unter Beweis gestellt, welche fatalen Folgen die Erosion der Unionsbürgerschaft haben kann – als Nicht-EU-Ausländer wird es nach dem vollzogenen Brexit schwierig werden, in London oder Belfast einen Arbeitsplatz zu bekommen, in Cambridge oder Warwick zu studieren oder zu forschen. Hier kippt die Wirklichkeit der Marktbürger in die bloße Virtualität der Weltbürger, es fehlt das rechtliche Fundament der Staatsbürgerschaft.

Wo bleibt die von Lepsius für möglich gehaltene postnationale Staatsbürgerschaft, wenn Staaten neuerdings erwägen, Einheimische per »Inländerpräferenz« auf dem Arbeitsmarkt selbst gegenüber EU-Ausländern zu bevorzugen[23], und wenn die Unionsbürgerschaft derzeit faktisch dazu beiträgt, die Außengrenzen der EU undurchlässig zu machen und alle, die sie überwinden konnten, zu *sans papiers* und Illegalen zu stempeln, also eine neue Kohorte von Staatenlosen zu produzieren? Unionsbürgerschaft schafft bisher keinen zusätzlichen Raum politischer Teilhabe und keinen anspruchsvollen Bürgerstatus in einer supra- und postnationalen Gemeinschaft von Citoyens. Von außen gesehen, ist sie eine Traube, die so unerreichbar ist wie die Grenzzäune in den spanischen Exklaven Ceuta und Melilla für Flüchtlinge aus Afrika unüberwindbar. Damit lassen sich weder Integrationsprobleme im Innern noch die Fluchtursachen draußen in der Welt beheben.

Die zentrale Herausforderung ist demnach: Wie kann die Unionsbürgerschaft sinnvoll fortentwickelt werden, so dass in der bisherigen Exklusion ein reales Versprechen auf künftige Inklusion angelegt wird? Und die dabei zu beantwortende Frage: Wenn schon so viel Globalisierung ist, warum muss dann noch Europäisierung sein? Vielen in Europa stehen Bedrängte in der Sahelzone, Ausgebombte in Aleppo oder brasilianische Landarbeiter näher als die europäischen Nachbarn, denen es doch überwiegend gut geht. Warum also nicht gleich *eine Welt*? Als Utopie ist an dieser Vorstellung unbedingt festzuhalten, doch nach wie vor gilt Hannah Arendts Warnung, dass eine Weltbürgerschaft ohne einen Weltstaat, der universale Rechte effektiv durchsetzen kann, eine Schimäre bleibt. Arendt, die im Staatenlosen ihrer Zeit den Paria der Weltgesellschaft sah, hielt nichts von der Inanspruchnahme von Menschenrechten, die nicht durch staatliche Rechte unterfüttert sind.[24] Das bleibt richtig, aber die EU-Unionsbürgerschaft bietet heute schon wesentlich mehr. Das ist Anlass genug, sie nicht etwa einzudämmen, wie es eine konservative Jurisprudenz fordert[25], sondern sie auszubauen und in denen, die sie verliehen bekommen haben, Vorkämpfer und Fürsprecher des vereinten Europas zu gewinnen.

In den Sozialwissenschaften wie in der Jurisprudenz hat seit den 1970er Jahren die Argumentationsfigur der »globalen Rechte« an Einfluss gewonnen, die Menschen unabhängig von ihrem Aufenthaltsort und ihrem legalen Status besitzen, unterstützt durch weitreichende Standards der Menschenrechte, die nationales Recht im Zweifel brechen und, wie im Fall der deutschen Asylrechtsreformen 1992 und 2015, nur durch windige prozedurale Einschränkungen ausgehebelt werden können.

Europa kann seine Kriterien für Mitgliedschaft und Zugehörigkeit von »Nationalität« in Richtung »Bürgerschaft« verschieben. Das ist keine Teleologie, sondern eine durch die Rechtsprechung des Europäischen Gerichtshofes gestützte Tendenz. Ausweis dafür wäre das »Ausländer-Wahlrecht« für solche EU-Bürger, die sich länger in einem anderen EU-Land aufgehalten und dort Steuern gezahlt haben, auch bei nationalen Wahlen.[26] Diesem Vorschlag möchte ich einen erheblich weiterführenden anfügen, der »Realisten« völlig utopisch erscheinen mag: die Verleihung der Unionsbürgerschaft an staatenlose Flüchtlinge. Die Zahl derer, die als »Staatenlose« keine legale Existenz in den Ländern haben, in denen sie sich (dauerhaft) aufhalten, ist heute weit höher als zu Zeiten von Arendts Exil. Ein so kurioser wie tragischer Fall sind in Kanada lebende Ureinwohner, die bei der Gesetzgebung zur Staatsbürgerschaft im Jahr 1947 »vergessen« wurden. In China leben derzeit geschätzte 250 Millionen Menschen (etwa ein Fünftel der Gesamtbevölkerung) als Binnenwanderer (mingong) ohne legalen Status außerhalb ihrer Heimatprovinzen. Und New Yorks Bürgermeister Bill de Blasio hat, angetrieben durch die Ausbürgerungsagenda des US-Präsidenten Trump, nichtdokumentierten Personen in seiner Stadt ID-Cards ausgestellt, durch die sie Zugang zum öffentlichen Leben, zum Gesundheitssystem und zu Arbeitsplätzen behalten.

Diese Vorgehensweise erinnert an den Hochkommissar des Völkerbunds für Flüchtlinge, den norwegischen Diplomaten und Friedensnobelpreisträger Fridtjof Nansen, nach dem nach dem Ersten Weltkrieg Pässe für Staatenlose benannt wurden, die ethnischen und religiösen Säuberungen ausgesetzt waren und Völkermorde, Bürgerkriege und Hungersnöte überlebt hatten. »Die UNO sollte sich davon inspirieren lassen und den heute mehr als 10 Millionen Staatenlosen auf der Welt eine legale Existenz und grundlegende Rechte geben«, hat die französische Historikerin Chloé Maurel vorgeschlagen.[27] Vermutlich ist die Europäische Union ein besserer Adressat dieser Forderung. Die Verleihung der Unionsbürgerschaft an Staatenlose, Flüchtlinge, anerkannte Asylbewerber und alle diejenigen, bei denen nationale Einbürgerung gescheitert und Daueraufenthaltsrechte ausgelaufen sind, wäre eine überlebenswichtige Maßnahme. Für den radikalen Vorschlag spricht, dass die EU »Fremde« schon heute mit Rechten ausstattet, zum Beispiel dem Recht der Klage vor dem Europäischen Gerichtshof. Die Unionsbürgerschaft würde Flüchtlinge mit Arbeitsmigranten aus Nicht-EU-Ländern gleichstellen, die einen längeren Aufenthalt in einem EU-Land sowie einen Arbeitsplatz vorweisen und somit die nationale und in der Folge die europäische Staatsangehörigkeit erwerben können.

TRANSNATIONALE PARTIZIPATION

Eine zweite Inklusionsstufe betrifft in Europa lebende Personen, die eine transnationale Teilhabe reklamieren und sich nicht mit einer eher symbolischen Citizenship begnügen wollen. Auch wenn Unionsbürger im Wesentlichen *Marktbürger* geblieben sind, weist ihr Status bereits heute deutlich über die wirtschaftliche Sphäre hinaus: Sie besitzen das kommunale Wahlrecht in ihrem Aufenthaltsland, werden durch dessen Behörden konsularisch unterstützt und können Petitionen an das Europäische Parlament richten, zu dem sie das aktive und passive Wahlrecht besitzen. Das ist ein fundamentaler Bruch mit der nationalstaatlichen Tradition, die Staat, Gebiet, Bevölkerung und damit Wählerschaft in eins gesetzt hat. Mehr allerdings auch nicht.[28]

Der österreichische Migrationsforscher Rainer Bauböck schlägt das »Stakeholder-Prinzip« als Richtlinie einer erweiterten, transnationalen Konzeption von Bürgerschaft vor. Stakeholder sind Leute, die auf Grund ihrer Lebensumstände einen Einsatz – »stake« – in der Zukunft eines Gemeinwesens haben.[29] Noch weiter geht das »all-affected-principle« (Betroffenheitsprinzip)[30], das sich am radikalsten auf Umweltveränderungen und -katastrophen anwenden lässt, von denen in der Tat »alle Welt« betroffen sein kann, wie zumindest indirekt im Fall des Klimawandels. Nimmt man den Begriff der Weltgesellschaft nicht nur als Metapher (wie es die Öffentlichkeit großenteils noch tut), sondern als die unbestreitbare Wirklichkeit einer durch Interdependenzen, Kommunikation, Mobilität und symbolischen Austausch globalisierten Sozialsphäre, dann stehen freie Räume für Exklusion gar nicht mehr zur Verfügung und sind Ausschlüsse immer schwerer zu legitimieren.

Die Tür für transnationale politische Teilhabe ist also weit offen. Damit sie nicht ins absolut Offene führt, wie eine Many-to-many-Botschaft im Netz, ist eine politische Form vonnöten, die eine Arena für praktikable Teilhabe bietet, auf die es auch politische Antworten gibt. Die Europäische Union und andere europäische Institutionen bieten eine solche Arena. Sie sind anschlussfähig, rechenschaftspflichtig und im Fall einer Reform auch responsiv und bürgernah. Heute sind Unionsbürger laut Artikel 20 des EU-Vertrags bereits berechtigt, sich an den Europäischen Bürgerbeauftragten zu wenden, Gesetzesvorlagen zu initiieren und, wie erwähnt, das aktive und passive Wahlrecht bei den Kommunal- und Europawahlen auszuüben. Mit der Gewährung des kommunalen Wahlrechts für Unionsbürger ist die Union einen geradezu revolutionären Schritt zum *ius publicum europaeum* gegangen. Zwar bleiben klare, auch wieder exklusive Grenzen nach außen gezogen, die aber keinen Festungscharakter annehmen müssen, sondern offen sind für humanitäre

Aktionen und für die Inklusion von Flüchtlingen – eben als Anwärter auf eine Unionsbürgerschaft.

Ausbaufähig sind, wie Patrizia Nanz und ich in einer Streitschrift für die konsultative Erweiterung politischer Teilhabe in Form von Zukunftsräten ausführlich begründet haben, die Partizipations- und Konsultationsmöglichkeiten auf supranationaler Ebene. Die Europäische Kommission und das EU-Parlament unterstützen eine Vielzahl von Projekten, um zu testen, welche Verfahren und Methoden für transnationale und mehrsprachige Bürgerbeteiligung geeignet sind. »Nach den gescheiterten Referenden über den EU-Verfassungsvertrag in Frankreich und den Niederlanden 2005 und dem dramatischen Verlust an Zustimmung in der Bevölkerung ist eine Kommunikationsstrategie unter dem Label ›Plan D‹ für Demokratie, Dialog und Diskussion, Debating Europe und die Initiative e-Europe entwickelt worden. Das größte und vielschichtigste Beteiligungsprojekt waren die Europäischen Bürgerkonferenzen, die erstmals zwischen Oktober 2006 und Mai 2007 stattfanden. An diesem grenzüberschreitenden Großverfahren nahmen etwa 1800 nach demographischen Kriterien zufällig ausgewählte Bürger aus 27 Mitgliedstaaten teil und berieten über die Zukunft Europas sowie über Einzelfragen aus den Politikbereichen der EU. Diese Konsultationen waren nach der Auftaktveranstaltung in Brüssel als ein dreistufiges Verfahren organisiert: Im ersten Schritt wurden zentrale Konsultationen mit Online-Elementen in den einzelnen Mitgliedstaaten durchgeführt. Im zweiten Schritt wurden ergänzend in verschiedenen Städten der Mitgliedstaaten regionale Bürgerforen veranstaltet, um in einem letzten Schritt die Ergebnisse aus allen Mitgliedstaaten auf der europäischen Ebene zusammenzutragen und dort mit Vertretern der Europäischen Kommission auf einer Abschlussveranstaltung zu diskutieren.«[31]

Im Jahr 2009 wurden erneut Europäische Bürgerkonferenzen veranstaltet, die bei aktiven EU-Bürgern sehr gut ankamen. Sie hatten die Möglichkeit, ein oder zwei Tage über Europafragen zu diskutieren, fühlten sich besser informiert, standen dem europäischen Projekt anschließend positiver gegenüber und hatten teilweise ihre Ansichten im Laufe der Diskussion geändert. Hingegen äußerten sich viele enttäuscht, dass die Experimente keinen nennenswerten Einfluss auf die politisch Verantwortlichen hatten. Bis 2010 f.nden 23 transnationale Bürgerbeteiligungsverfahren statt, an denen nach Schätzungen insgesamt ungefähr 100 000 Europäer beteiligt waren. Diese Ansätze dialogischer Beratungen der Unionsbürger müssten systematisch weiterentwickelt und dadurch gestärkt werden, dass man sie an die formalen Beratungs- und Entscheidungsprozesse der EU koppelt. Aber wie so oft blieben die Projekte im Pilotstadium hängen. Vorgeschlagen haben Nanz und ich die dauerhafte Einrichtung einer europäischen Konsultative zu Zukunftsthemen. Ihre Aufgabe bestünde darin, dialogorientiertes Agenda-Setting zu betreiben und Parlament, Rat und Kommission der EU zu beraten.

Ein solcher Europäischer Zukunftsrat könnte seine Arbeit langfristig ausrichten und seinerseits Beteiligungsverfahren zu dringenden Themen initiieren. Er würde auch als Anlaufstelle für die Zusammenführung und Kommunikation der Ergebnisse der einzelnen dialogorientierten Beteiligungsverfahren fungieren – gewissermaßen als »Sprachrohr der Bürger« Europas. Er hätte keine Entscheidungsbefugnis, aber die politischen und wirtschaftlichen Eliten würden sein Votum kaum ignorieren können. EU-Parlament, EU-Kommission und EU-Rat würden verpflichtet, offiziell zu den Empfehlungen (und Fragen) des Zukunftsrats Stellung zu beziehen. Die partizipative Demokratie könnte so entsprechend den im Vertragswerk der EU formulierten Grundsätzen weiterentwickelt werden. Das Projekt Europa kann nur Interesse wecken und Verständnis finden, wenn es auf seine Bürger zugeht und sie in die Lage versetzt, sich über wichtige Fragen der EU-Politik zu informieren, auszutauschen und an deren Lösung zu beteiligen.

DIGITALE TEILHABE

Wir kommen zur dritten Stufe der europäischen Unionsbürgerschaft, beginnend mit einer Einschränkung: Die »digitale Welt«

ist eindeutig größer als Europa, ein »europäisches Internet«, das von Google und NSA genervte Politiker bisweilen fordern, wäre ein Widerspruch in sich. Gemeint ist mit der regionalen Engführung, ob und wie man bewährte Prinzipien einer – ideal gedacht egalitären, inklusiven und gemeinsamen – europäischen Öffentlichkeit gegen Kommerzialisierung, Fragmentierung und Individualisierung schützen kann, die das Internet in den letzten Jahren zunehmend mit sich gebracht hat. Die libertäre Ursprungsutopie des Internets zielte auf die Befreiung des Einzelnen von staatlicher Kontrolle, Repression und Überwachung; das Ergebnis ist heute eine intransparente, vermarktlichte und vermachtete virtuelle Sphäre, in der das Individuum vielleicht stärker denn je panoptisch kontrolliert und überwacht wird und sich fremdbestimmt fühlt. Manche deklarieren »the age of privacy« sogar freudig zum Anachronismus.[32]

Tim Berners-Lee, der sich als Erfinder des World Wide Web bezeichnen darf, hat jüngst die antiegalitäre Tendenz des Internets kritisiert, dessen Grundidee um 1990 war, dass jeder Mensch Informationen mit jedem anderen Menschen überall auf der Welt teilen kann. *Good-faith collaboration* hat ein Aktivist und Analytiker der Wiki-Formate diesen Kerngedanken einmal genannt[33], doch die Großorganisationen der als »soziale Medien« schöngefärbten Sphäre haben ihn pervertiert. Berners-Lee macht zwei Entwicklungen aus, die korrigiert werden müssten: Im Austausch für kostenlose Dienste verlieren die Nutzer die Kontrolle über ihre persönlichen Daten, die in proprietäre Silos von Telekommunikations- und Medienunternehmen wandern und Geheimdiensten und Regierungen zur Verfügung stehen. Des Weiteren verbreitet sich im Netz gezielt oder unbewusst Desinformation, die antidemokratischer Mobilisierung dient. Drittens, fügen andere Kritiker hinzu, forcieren das »Internet der Dinge« bzw. »Industrie 4.0« bestehende soziale Spaltungen und den Verlust von Schutzmechanismen für Arbeitnehmer, Versicherte, Autofahrer, Erkrankte und so weiter. Die Zahl der »Entrechteten und Beleidigten« ist eher gewachsen.

Kann dem eine Regionalisierung des Netzwerks der Netzwerke entgegenwirken, und wäre sie überhaupt möglich? Als der NSA-Skandal, die massenhafte Ausspähung durch amerikanische und britische Geheimdienste, selbst europäische Regierungschefs wie Merkel und Hollande traf und die von Transparenzakteuren wie Julian Assange und Edward Snowden bekannt gemachten Missbräuche (natürlich auch deutscher und französischer Geheimdienste) ins allgemeine Bewusstsein traten, kam die Idee eines »europäischen Internets« nicht nur metaphorisch auf. Merkel und Hollande traten für ein »Schengen-Routing« ein, in dem Daten im Schengen-Raum verbleiben und sich so der Ausspähung über amerikanische oder asiatische Knotenpunkte entziehen sollten.[34] Die Idee wurde praktisch nicht weiterverfolgt, aber die Europäische Union macht sich stark für die digitale Sphäre und gibt sich populär, indem sie die Abschaffung der Roaming-Gebühren, das »schnelle Internet« und »Smart Cities« fordert und fördert.[35]

Doch das langt bei weitem nicht, wenn digitale Medien mit ihren elementaren Vorzügen hoher Konnektivität und Interaktivität eine umfassende Öffentlichkeit stützen und demokratische Teilhabe im europäischen Raum und darüber hinaus fördern sollen. In diese Richtung müsste eine europäische Telekommunikation gehen, als Alternative sowohl zu dem Entwurf, den Mark Zuckerberg für die im Endeffekt totalitäre Vision einer globalen Facebook-Gemeinschaft auf privat-kommerzieller Grundlage entwickelt hat, als auch zu der Art und Weise, wie russische Akteure das Netz zum Desinformationsmedium und Propagandaapparat verderben.[36]

Im ersten Teil des Buches wurde als Ursache der populistischen Konjunktur die Repräsentationskrise der parlamentarischen Systeme von der subnationalen (Städte, Gemeinden, Länder) über die nationale bis zur supranationalen Ebene (EU) identifiziert. Die Frage, die sich an das Instrumentarium digitaler (sozialer) Medien stellt, ist also, ob es diese Krise eher verschärft, indem es die berüchtigten Filterblasen und Echokammern bereitstellt, in denen sich Nutzer ausschließlich mit

Gleichgesinnten austauschen, oder ob es einen Szenen, Milieus und Kulturen übergreifenden virtuellen Raum öffnet. Dieser könnte ein europäischer Raum werden, genau jener Zwitter aus proprietären Plattformen (Zeitungen, Radio, Fernsehen, Suchmaschinen) und liquider Demokratie (Kaffeehaus, Stammtisch, Chatroom, open source), der die europäische Öffentlichkeit seit jeher gewesen ist. Da vor allem für Menschen unter dreißig die sozialen Medien nicht nur der bevorzugte Kommunikationsraum sind, sondern auch ihre kulturellen Praktiken leiten (also nicht mehr das Town Hall Meeting, die Zeitungslektüre oder der TV-Konsum), muss darüber nachgedacht und damit experimentiert werden, wie im virtuellen »Neuland« (Angela Merkel) des etablierten Politikbetriebs komplementäre und neuartige Teilnahmemöglichkeiten entstehen können.[37]

Da das Internet kein politikfreier Raum ist, kann es auch für politische Beteiligungsverfahren – von der lokalen bis zur EU-Ebene – genutzt werden. Instrumente der deliberativen und konsultativen Demokratie können in diese Sphäre übertragen werden, wobei »öffentlich« im Sinne von Bertolt Brechts unerfüllter Radio-Utopie als interaktiv und interkonnektiv gemeint ist. Gewiss wird bei lokalen Beteiligungsverfahren stets die Echtzeit-Begegnung von Angesicht zu Angesicht im Zentrum stehen; aber um ein größeres Publikum zu erreichen und die gesamte Komplexität der Materie einzufangen, können soziale Medien in sechsfacher Weise wichtig werden: a) zur Vernetzung (überwiegend Gleichgesinnter), b) zur Mobilisierung von Kampagnen und Petitionen, c) zur Generierung von Expertise, d) als Abstimmungstool etwa für deliberative Meinungsbildung, e) als Open-data-Ressource und f) als Arena für Spielegruppen, die anspruchsvoll-unterhaltsame Planspiele durchführen. Ob zur Gemeinschaftsbildung, als Bewegungsmotor, Demokratie-Arena, Think-&-do-Tank, Game Arena oder transformatives Forschungslabor – die noch weitgehend ungenutzten Potentiale des Internets für die Demokratisierung sind enorm. Sie werden lediglich mit begrenzten Mitteln in Nischen erprobt, etwa von den Anhängern der Piraten, in politischen Bildungseinrichtungen oder in Pilotprojekten der öffentlich-rechtlichen Rundfunkanstalten.[38] Für das »digitale Europa« sind Organisationen wie der Chaos Computer Club oder Zusammenkünfte wie Re:publica von herausragender Bedeutung, die entweder schon transnational agieren oder lokale Äquivalente haben.

Zusammenfassend kann man festhalten: Die digitale Teilhabe in Europa ist unterentwickelt, womit die kulturellen Praktiken und Kommunikationsweisen vor allem jüngerer Europäer missachtet werden. Die Telekommunikationspolitik der Europäischen Union ist zu stark auf die »Virtualisierung« der überkommenen Marktordnung und die Promotion des Online-Handels ausgerichtet; dazu werden Milliarden in die Netz-Infrastruktur investiert, ohne gleichzeitig die politischen Potentiale zu stimulieren. Europäisch am Netz sind nicht die Reichweiten von Information und Kommunikation, die im Alltagsgebrauch lokal oder global bleiben, sondern die Prozeduren und Regeln nach den Normen einer offenen und pluralistischen Öffentlichkeit. Europäisch ist das Netz auch dort, wo es europäische Agenden behandelt und wo demokratische Beteiligung auf die europäische Ebene zielt. Europäische Aufgabe sollte nicht zuletzt die Mitwirkung an Nutzungsweisen (open source) und Infrastrukturen (wie beispielsweise Wikimedia) sein mit dem Ziel, in der virtuellen Welt gemeinnützige Unternehmen (Commons) zu starten sowie »gutgläubige Kollaboration« zu fördern und gegen kommerzielle Vereinnahmung zu schützen. Die europäische Gesellschaft muss Tendenzen eine klare Absage erteilen, die das Netz zum oligopolistischen Marktplatz des *platform capitalism* umgestalten, es zum Tummelplatz von Geheimdiensten machen und seine Spaltung in privilegierte und Massenanwendungen betreiben. Die Probleme der digitalen Teilhabe sind deshalb Fragen an die politische Ökonomie der EU, eng verbunden mit der Umgestaltung (Automatisierung und Robotisierung) der Arbeitswelt, von der im nächsten Abschnitt die Rede sein wird. Insofern ist das »europäische Internet« eine Facette der mit der wirtschaftlichen und kulturellen Globalisierung ohnehin einhergehenden Regionalisierung.[39]

Eine europäische Öffentlichkeit, gleich ob analog oder digital, zeichnet sich nicht durch eine Standardsprache (Englisch) aus oder einen supranationalen Informationsträger (wie das deutsch-französische Kulturfernsehen Arte), sondern dadurch, wie Themen der europäischen Gesellschaft in diversen nationalen Medien parallel und vielschichtig-kontrovers behandelt werden, so dass ein gemeinsamer, transnationaler Kommunikationsraum entsteht. Zu diskutieren wäre auch, wie etablierte Qualitätsmedien durch eine kluge und möglichst politikferne Förderung dazu bewegt werden können, mehr gemeinsame Recherchen und Kooperationen zu wagen. Freiheit und Vielfalt der Presse sind elementare Voraussetzungen, die gerade durch die auf Joseph Goebbels zurückgehende Propaganda von der »Lügenpresse« systematisch unterminiert werden, die einen Gegensatz zwischen »dem Volk« (das es angeblich besser weiß) und dem Berufsstand des professionellen Journalismus postuliert und damit eine pluralistische Meinungsbildung und -vielfalt bewusst aufs Spiel setzt.

Das systematische Vorgehen der Rechtsregierungen in Budapest und Warschau, die ebenso gezielte Kriminalisierung von Journalisten in der Türkei, die gegen die »liberal media« gerichtete Schmutzkampagne des US-Präsidenten sowie die Behinderung der Pressefreiheit in Russland wie in weiten Teilen der arabisch-islamischen Welt haben die Fragilität der »vierten Gewalt« eindrücklich unter Beweis gestellt. Zugleich höhlen die sozialen Medien, indem sie die Möglichkeit bieten, sich in selbstgeschaffene, meinungshomogene Echokammern zurückzuziehen, in denen Verschwörungstheorien und Lügengespinste gedeihen, die Glaubwürdigkeit einer auf Nachprüfbarkeit und Neutralität verpflichteten Presse aus. Von der Macht der Gewohnheit in Bezug auf die Nutzung sozialer Medien war schon die Rede; eine gegen diese Gewohnheit gerichtete Revision dürfte aussichtslos sein, erst recht alle Appelle, die auf Zensieren, Verbieten und Abschalten zielen. Dennoch muss die Debatte geführt werden, welche Aspekte der öffentlich-rechtlichen Medienkultur, die sich in Deutschland schon weitgehend selbst abgeschafft hat und in den USA nur noch in Spurenelementen überlebt, für die digitale Welt bewahrt und adaptiert werden können.

2 SOLIDARITÄT

Zeithistoriker wie Tony Judt und Hartmut Kaelble, die Europa nach 1945 als Ganzes in den Blick nahmen, haben die Bedeutung des Wohlfahrtsstaates zu Recht als ein markantes Alleinstellungsmerkmal hervorgehoben und erkannt, dass Staatsinterventionen die sozialen Unterschiede auf dem Gebiet der (West-)Europäischen Union verringert haben. Stadt und Land, Erwerbsbiographien, Erwartungshorizonte und Möglichkeitsräume von Männern und Frauen, die Konsummuster, auch intermediäre Instanzen wie Parteien und nicht zuletzt Herrschafts- und Regierungsformen glichen sich an, so dass man bis in die 1970er Jahre bei allen verbliebenen Unterschieden von einem gemeinsamen Wohlfahrtsnarrativ sprechen kann. Dessen Grundidee reichte über 1990 hinaus und trat an, die ostmitteleuropäischen Länder einzubeziehen. Solidarität war keine Phrase, wobei der westeuropäische, speziell der »rheinische« Kapitalismus durch den (wenngleich uneingelösten) Anspruch des Pseudosozialismus jenseits des Eisernen Vorhangs ebenso vorangetrieben wurde wie durch linkssozialistische und eurokommunistische Strömungen, namentlich in den Gewerkschaften. Anders als mit dem in den 1970er Jahren heraufziehenden TINA-Prinzip und dem Finanzkapitalismus der 1990er Jahre galten große Einkommens- und Vermögensunterschiede als problematisch bis skandalös, wurden Arbeitnehmer, Kunden, Versicherte oder Arbeitslose weniger unter der Devise »Jeder ist seines Glückes Schmied« betrachtet als durch Kollektivverträge und allgemeine Rechtsnormen geschützt.

Man darf diese Wohlfahrtsagenda als originär europäische Errungenschaft betrachten, auch wenn sie im amerikanischen New Deal der 1930er Jahre ein Vorbild hatte[40] und sich ihrerseits über Europas Grenzen hinweg ausbreitete.[41] Ihre Relativierung seit den 1980er Jahren war keine ökonomische »Gesetzmäßigkeit«, sondern die bewusste politische Entscheidung europäischer Regierungen und der EU-Kommission, einen Richtungswechsel zu vollziehen, der sozialstaatliche Normen aushöhlt und der vermeintlichen Freiheit von Marktteilnehmern und Verbrauchern Tribut zollt. Das Ergebnis ist in allen Teilen der europäischen Gesellschaft ein relativ höheres Maß an sozialer Ungleichheit, vor allem zwischen dem obersten einen und den untersten zehn Prozent, eine daraus resultierende Abstiegsangst der Mittelschichten, ein zum Teil eklatantes Gefälle zwischen Metropolen und Peripherie, ein starkes Unsicherheitsgefühl nicht nur bei prekär Beschäftigten und eine mangelnde Alterssicherung der nach 1980 geborenen *millennials* im Vergleich zur durchschnittlich bessergestellten Babyboomer-Generation.[42] Von dieser Gemengelage haben seit den 1980er Jahren durchweg nicht mehr die für die Vertretung von »Unterprivilegierten« originär zuständigen Linksparteien und Gewerkschaften, sondern rechtspopulistische Strömungen und autoritäre Nationalisten profitiert, welche den sozialen Unmut auf die besonders prekäre Einwanderer- und Flüchtlingspopulation lenken konnten.

Parallel dazu brachte der demographische Wandel, die Überalterung ebenso wie die Immigration gering qualifizierter Arbeitskräfte, den Sozialstaat an seine Grenzen. Zugleich griff ihn von der Einnahmenseite her die technische Rationalisierung an, die den Umfang der Lohneinkommen reduziert. Studien der Einkommensentwicklung haben ergeben, dass die Ungleichheit *zwischen* den EU-Ländern zwar abgenommen, aber *innerhalb* dieser seit 2008 durchweg zugenommen hat. Vom Standpunkt der europäischen Gesellschaft aus ist zu betonen, dass ein deutliches Ost-West- und Nord-Süd-Gefälle besteht, es aber weniger um arme und reiche Länder geht als um ärmere und reichere Regionen.[43] Die Ungleichheit betrifft auch die Grundlagen der politischen Teilhabe , deren Voraussetzung des »one man, one vote« ungeachtet sozialer Unterschiede nicht mehr greift. Soziale Ungleichheit führt häufig zum Ausstieg aus der Partizipation und zuletzt zum Wiedereinstieg via völkisch-autoritäre Strömungen.

Wenn die populistische Unmutswelle eine Lehre bereithält, dann diese: dass soziale Gerechtigkeit und europäische Solidarität auf der politischen Agenda wieder ganz nach oben gehören. Dazu reicht es nicht länger aus, ein wenig an den gewohnten Stellschrauben der Steuer- und Tarifpolitik zu drehen; auf der Tagesordnung steht nicht weniger als ein neuer Gesellschaftsvertrag. Dessen Grundlagen waren in der industriellen Moderne die (annähernde) Vollbeschäftigung und der Anstieg der Produktivität. Heute muss er anders fundiert sein. Ein »bedingungsloses Grundeinkommen« kann nicht als Patentrezept gelten, aber die Diskussion darüber kann ins Zentrum einer Sozialunion führen.

FREE MONEY

Ein Eckpfeiler des neuen Gesellschaftsvertrags könnte das »bedingungslose Grundeinkommen« (BGE, engl. BIG, frz. RU) sein.[44] Die Grundidee ist so einfach wie atemberaubend: Alle Bürger(innen) erhalten ein identisches Grundeinkommen, ungeachtet dessen, ob und wie sie arbeiten (wollen), welches Vermögen sie besitzen und über welche sonstigen Einkommen der Haushalt verfügt, in dem sie leben. Eine konkrete Bedürftigkeit muss nicht nachgewiesen werden. In einem Satz: »Wer nicht arbeitet, soll trotzdem essen« (André Gorz).[45] Dieser »free lunch« geht bereits zurück auf die Utopisten der frühen Neuzeit wie Thomas Morus und Aufklärer wie Thomas Paine. Seither ist das Modell in ganz unterschiedlichen Denkschulen vom Anarchismus über die politische Ökologie bis zum Ordo- und Neoliberalismus diskutiert und jüngst in diversen Pilotprojekten ausprobiert worden. Der Sozialist Benoît Hamon hat das Grundeinkommen 2017 zum Eckstein seiner Bewerbung um das französische Präsidentenamt erhoben, eine Schweizer Volksinitiative nahm 2016 f.st ein Fünftel der Wähler für diese Idee ein

(s. S. 250 ff.), in vielen europäischen und außereuropäischen Ländern werden Proben aufs Exempel gemacht[46] – *the proof of the pudding is the eating.*

Umstritten am BGE ist so gut wie alles: die sozialanthropologischen Grundlagen, die sozial- und wirtschaftspolitischen Auswirkungen und die Finanzierbarkeit. Halten Menschen überhaupt so viel Eigenverantwortung aus? Werden sie womöglich zu »Schmarotzern«? Ist das Grundeinkommen ein Rettungsanker, die konsequente Ausführung oder die Sterbeglocke des Sozialstaats? Führt es zum Kern der Solidaritätsdebatte oder lenkt es nur davon ab? Seine Verwirklichung käme einer Revolution des Arbeitsmarktes wie des Wohlfahrtsstaates gleich: Das Einkommen wäre explizit von der Arbeit und den daraus bezogenen Löhnen und Renditen entkoppelt; der untrennbar scheinende Nexus von Erwerbsarbeitsleistung und Anspruch auf individuelle Transfereinkommen würde aufgelöst und jede Art von Sozialleistung (wie Arbeitslosengeld, Sozialhilfe, Kindergeld etc.) obsolet. Das BGE geht über bereits vorhandene Versionen einer Grundsicherung hinaus, die lediglich niedrige Einkommen aufstocken, stets die Prüfung der Bedürftigkeit voraussetzen und dabei zusätzliche Erwerbseinkünfte oder Vermögensbestände anrechnen. Befürworter des BGE erhoffen sich davon, die Kluft zwischen Arm und Reich zu schließen und strukturelle Ungleichheiten abzubauen.

Doch ein Plädoyer für das BGE ist nicht auf seine sozialpolitische Dimension beschränkt. Ginge es nur um die Frage, wie eine effizientere und gerechtere Verteilung von erwirtschaftetem Reichtum aussehen könnte, dann würde das Grundeinkommen kaum derart polarisieren. Es sorgt für produktiven Gesprächsstoff, weil es immer auch um Menschenwürde, um Autonomie und Freiheit des Menschen geht. Das BGE soll einen Ausweg bieten, wenn künftig ein immer geringer werdender Teil von Tätigkeiten als »Arbeit« entlohnt wird, weil sie unentgeltlich erbracht oder von Automaten ausgeführt werden.[47] Aufwendige Sozialbürokratien und Arbeitsverwaltungen könnten verschlankt werden, das übliche Gewirr steuerlicher Anreize und Sanktionen würde entfallen, die soziale Welt würde überschaubarer. Die Stigmatisierung von »Arbeitslosigkeit« würde entfallen, das Grundrecht auf Arbeit hingegen vielseitig realisierbar – ebenso das antithetische »Recht auf Faulheit« (Paul Lafargue), womit der faktische und normative Arbeitszwang entfiele. Kinder- und Altersarmut und die Abhängigkeit von Frauen von männlichen »Ernährern« würden durch ein BGE verringert. Schließlich soll unter demokratiepolitischen Gesichtspunkten ein BGE mehr politische Beteiligung und ehrenamtliche bzw. unentgeltliche Arbeit ermöglichen, die für die Reproduktion moderner Gesellschaften unabdingbar sind. Die Argumente des Ökonomen Thomas Straubhaar, eines liberalen Befürworters des BGE, seien hier den Einwänden des Politikwissenschaftlers Christoph Butterwegge, eines linken Kritikers, gegenübergestellt (ihre Positionen sind auf S. 150 zitiert).

Weitere Argumente gegen das BGE lauten, dass Regierungen nicht mehr die Ursachen und Umstände der Massenarbeitslosigkeit bekämpfen müssten und Unternehmen bedenkenlos Entlassungen oder Betriebsverlagerungen vornehmen könnten, die Arbeitswelt, ein zentraler Integrationsmodus für Einwanderer, also vollends individualisiert und marginalisiert würde. Für Menschen in langjähriger, oft von Generation zu Generation weitergegebener Abhängigkeit von der nun Grundeinkommen genannten »Stütze« bestünde kaum noch ein Anreiz, ins Arbeitsleben zurückzustreben und einer sinnvollen, gutbezahlten Tätigkeit nachzugehen. Sei denn Vollbeschäftigung nicht besser als Grundeinkommen?

Dem entgegnen die Befürworter wiederum, eine Gesellschaft, die alles auf den rabiaten Zwang zur Arbeit setze, lasse Menschen keine freie Wahl, ob sie viel oder wenig oder überhaupt arbeiten wollen, ob sie lieber einem unbezahlten Ehrenamt nachgehen oder ein paar Monate oder Jahre pausieren wollten. Wer die Debatte über das »gute Leben« (oder eine gute Gesellschaft) an den Ausspruch »Arbeit ist das halbe Leben« festmachen wolle, habe von vornherein verloren.

Pro BGE

»Ein soziales Sicherungssystem, das einseitig auf Beiträgen aus Lohneinkommen basiert, ist ein Anachronismus aus der Zeit der Industrialisierung und der ungebrochenen lebenslangen Erwerbsbiografien, als das Arbeitseinkommen des Mannes die wichtigste Quelle eines Familieneinkommens darstellte. Die Individualisierung hat das traditionelle Rollenverständnis und die Solidargemeinschaft der Familie infrage gestellt. Die Arbeitswelt von heute verursacht Brüche und erfordert Auszeiten zur Neuorientierung. Beiden Veränderungen muss ein modernes Sozialsystem gerecht werden. Und eine Verlagerung der Finanzierung der sozialen Sicherung von Lohnbeiträgen auf eine Wertschöpfungssteuer erfüllt genau diese Forderung (…) Kein anderes Modell trägt als integriertes Steuertransfermodell aus einem Guss sowohl den Folgen der Digitalisierung wie den Wirkungen der Individualisierung Rechnung (…) Je höher das Grundeinkommen, umso höher müssen die Steuersätze zur Finanzierung sein und umso geringer dürften die Arbeitsanreize bleiben. So einfach funktionieren die Regeln der Ökonomik – auch im Zeitalter der Digitalisierung und auch bei einem Grundeinkommen.«[48]

Kontra BGE

»Das bedingungslose Grundeinkommen führt in die Irre. Es untergräbt den Sozialstaat, tastet die Reichtumsverteilung nicht an und harmoniert bestens mit dem neoliberalen Zeitgeist. Die sozialphilosophische Idee, dadurch Armut zu verhindern und Bürger vom Arbeitszwang zu befreien, dass alle Gesellschaftsmitglieder vom Staat ein gleich hohes, ihre materielle Existenz auf einem Mindestniveau sicherndes Grundeinkommen erhalten (…) gewinnt (…) ihre Faszination durch die Verbindung der Gerechtigkeitsvorstellungen eines utopischen Sozialismus, bürgerlicher Gleichheitsideale und von Neoliberalen gepriesener Funktionselemente der Marktökonomie. Grundeinkommensmodelle haben Hochkonjunktur, weil sie (…) die (Markt-)Freiheit des (Wirtschafts-)Bürgers nicht gefährden, vielmehr ›Selbstverantwortung‹ und ›Privatinitiative‹ glorifizieren und gleichzeitig die tradierten Mechanismen der kollektiven Absicherung von Lebensrisiken in Frage stellen, ohne jenen Eindruck sozialer Kälte zu hinterlassen, der etablierter Politik mittlerweile anhaftet. (…) Beim allgemeinen Grundeinkommen handelt es sich um eine alternative Leistungsart, die mit der Konstruktionslogik des bestehenden, früher als Jahrhundertwerk gefeierten Wohlfahrtsstaates bricht sowie seine ganze Architektur bzw. Struktur zerstören würde.«[49]

Man sieht: Die Debatte, die auf politischer Ebene Hamon jüngst neu angefacht hat, stellt radikale Fragen an unser Verständnis von Wohlfahrt, gutem Leben und sozialer Gerechtigkeit. Soll es gerecht sein, wenn auch Milliardäre ein Grundeinkommen beziehen? Ist es angemessen, wenn bei einem steuerfinanzierten Grundeinkommen vor allem die intrinsisch zur Arbeit motivierten Mittelschichten die Hauptlast tragen müssten? Soll man ein, wenn auch vielleicht ungewolltes Abhängigkeitsverhältnis vom Sozialstaat, das bisher auf Notlagen beschränkt war, für alle riskieren? Der Soziologe Stephan Lessenich nimmt einen vermittelnden Standpunkt ein: Das BGE genieße eine hohe intellektuelle Anziehungskraft, es könne trotz seiner revolutionären Ambition in kleinen Reformschritten umgesetzt werden und sprenge ordnungspolitisch die soziale Marktwirtschaft nicht, berge aber eine interessante Relativierung des real existierenden Kapitalismus in sich. Als Krux sieht Lessenich die Schwierigkeit, die sozialpolitischen Akteure unter dieser Fahne zu vereinen und zu koordiniertem Handeln zu veranlassen, und natürlich die Frage der Finanzierung. Letztlich hänge ein möglicher Erfolg von der Breite der Zustimmung in der Zivilgesellschaft und der Überzeugungskraft von Pilotprojekten ab.

Solche gibt es in großer Zahl rund um den Erdball, von Brasilien, wo die renda básica 2004 Verfassungsrang erhalten hat, bis Finnland, wo ein BGE-Versuch 2015 in den Koalitionsvertrag aufgenommen und jüngst mit 2000 Arbeitslosen ein auf zwei Jahre befristetes Experiment gestartet wurde. In Armutsregionen Indiens und Kenias werden ähnliche Versuche begonnen, Länder wie Iran und Namibia und der US-Bundesstaat Alaska verteilen Bodenrenten und Rohstoffeinnahmen. Feldversuche in Deutschland haben bisher nicht die kritische Masse erreicht. Auf private Initiative hin wurden der Petitionsausschuss des Bundestages angerufen und ein Bundestagshearing abgehalten. Die Volksparteien stehen dem BGE durchweg skeptisch gegenüber, bei Grünen, Linken und Piraten wird darüber kontrovers diskutiert. In Deutschland, Österreich und der Schweiz haben sich politische Lobbys wie BIEN (Basic Income Earth Network) und die »Initiative Grundeinkommen« gebildet. Letztere hat bei der Schweizer Volksinitiative im Juni 2016 23,1 Prozent der Stimmberechtigten (bei einer Beteiligung von ca. 46 Prozent) hinter sich vereinigen können.

Die Politologin Louise Haagh hat auf einen rhetorischen Kunstfehler der BGE-Befürworter hingewiesen, wenn sie von der Ersetzung der Arbeit durch ein garantiertes Einkommen sprechen. Das sei, anders als bei kostenloser Bildung oder Kindererziehung, für viele schwer zu verdauen, weshalb sie rät, von der Zentralstellung der Arbeit und der Arbeitseinkommen nicht abzurücken, was im Übrigen durch die Persistenz von Lohnarbeit über alle Konjunktur- und Strukturkrisen hinweg unterstrichen wird. Die Sozialwissenschaftlerin Francine Mestrum hat auf einen weiteren Kurzschluss hingewiesen, der die Idee des BGE kompromittiert: In vielen Fällen sei damit gar kein Grundeinkommen für alle gemeint, sondern ein Mindestlohn (wie in Dauphin, Kanada) oder Dividenden aus Rohstoffeinkommen (wie in Alaska).[50] Daran schließen viele Kritiker an, wenn sie bezweifeln, dass ein Grundeinkommen bedingungslos sein müsste. Sie wollen es auf Geringverdiener beschränken bzw. durch immaterielle Leistungen (wie etwa ein freiwilliges Jahr mit gemeinnütziger Arbeit) kompensiert sehen.

Doch auch diese Kritiker räumen ein, dass mit der Revitalisierung des BGE eine wichtige sozialpolitische Debatte in Gang gekommen sei. Schauen wir also, wie das Konzept im französischen Präsidentschaftswahlkampf 2017 diskutiert worden ist, wo es der sozialistische Kandidat Benoît Hamon zur Zentralidee eines dezidiert linken Projektes erhob.[51] Hamon, ein katholischer Bretone aus einer Arbeiterfamilie, bis 2017 Abgeordneter des Department Yvelines bei Paris und als Bildungsminister und »frondeur« gegen Hollande vorzeitig aus dem Kabinett von Manuel Valls ausgestiegen, machte mit dem Vorschlag Furore, bedingungslos jedem Franzosen und jeder Französin von Geburt an 750 Euro pro Monat auszuzahlen. Die Gesamtkosten des Vorhabens bezifferte er auf bis zu 400 Milliarden Euro. Grobe Ge-

genrechnungskonzepte arbeitete er im Verlauf der Kampagne aus. Als Grund für diese sozialpolitische Volte weg von der unter Linken hochgehaltenen Vollbeschäftigungsstrategie gab er an, bezahlte Lohnarbeit werde sich künftig verknappen und ein Wirtschaftswachstum, das allen Beschäftigung garantiere, könne nicht mehr erreicht werden.[52]

So erschien ein universelles Grundeinkommen als beste Prävention gegen Prekarität und ein Weg zu weiterer Arbeitszeitverkürzung. Im Lauf der Kampagne reduzierte Hamon den Anspruch zunächst auf Franzosen mit einem Bruttoeinkommen bis 2800 Euro, also auf ca. 19 Millionen Lohnarbeiter, Selbständige und Landwirte, später auf einen Zuschuss von 400 Euro für 18- bis 25-jährige Studierende. Auch mit Blick auf die Finanzierung, die zunächst von den Banken als Kompensation für die ihnen nach der Finanzkrise von 2008 gewährten Stützungsmaßnahmen kommen sollte, ruderte Hamon zurück auf eine Steuerfinanzierung. Das BGE – eine »schlechte gute Idee«, wie sie der Anthropologe Paul Jorion genannt hat?[53] Der gute Kern der Idee, deren Finanzierung zum Beispiel auch durch eine Maschinensteuer und eine Transaktionssteuer zu ergänzen wäre, bleibt auf jeden Fall in der Diskussion. Welche postindustrielle Arbeitsethik stellen wir uns vor, welche Prinzipien »guten Lebens« sollen Geltung haben? Wie sorgen wir dafür, dass bisher schlecht bezahlte Dienstleistungen etwa in Pflege und Erziehung aufgewertet und besser entlohnt werden? Soll es eine »Robotization without taxation« geben?[54] Führt Automatisierung zu einer technologisch bedingten Massenarbeitslosigkeit, in der eine schmale Schicht hochbezahlter und überarbeiteter Spezialisten einem Heer ungelernter, schlecht bezahlter und gering motivierter Hilfsarbeiter gegenübersteht?[55] Wovon leben dann überflüssig gewordene Fern- und Taxifahrer, Krankenhauspersonal, Bankangestellte, Rechtsanwältinnen und Mechaniker? Hier laufen sozial- und fiskalpolitische Überlegungen zusammen, die anzustrebende europäische Sozialunion ist ohne eine Fiskalunion nicht denkbar. Sozial- wie Steuerpolitik gehören zu den gut behüteten Domänen der Nationalstaaten, weil sich dort

Kriterien der Zugehörigkeit mit solchen der Gerechtigkeit verbinden.

Die entscheidende Herausforderung ist, dass Nationalstaaten wie Frankreich und erst recht Griechenland oder Estland sich kaum zutrauen werden, ein Fünftel oder Viertel ihres BIP für ein sozialpolitisches Experiment auszugeben. Die europäischen Institutionen hingegen könnten dies, womit ein wichtiger Aspekt der Unionsbürgerschaft angesprochen ist, die allzu starke und ständig wachsende Einkommensunterschiede nicht verträgt. Das Grundeinkommen, an dessen Bedingungslosigkeit man besser nicht dogmatisch festhalten sollte, ist nur europäisch zu lösen und könnte das Fundament bilden für eine europäische Sozial- und Steuerpolitik der Zukunft.

Eine inklusive, solidarische Sozialunion muss eine Antwort liefern auf die Behauptung der autoritären Nationalisten, die europäischen und nationalen Eliten würden sich nicht mehr um die sozial Schwachen kümmern, sie würden die »Abgehängten« vielmehr missachten, ja verachten. »Abgehängtsein« ist ein sozialpolitischer Kampfbegriff der Populisten für jene, die von den üblichen Verdächtigen – Eliten, Finanzkapital, die Politik etc. – angeblich oder tatsächlich im Abseits vergessen worden sind. Aus dieser rechtspopulistischen Vogelperspektive gibt es, wie im ersten Teil ausführlich beschrieben, ein klares Oben (Eliten) und Unten (Volk). Diese Kluft schlägt sich – ein weiteres Thema für eine Sozialunion – auch räumlich nieder: reiche Regionen, oft Boomtowns, versus armes Hinterland, das sich durch Schrumpfung und Verödung zur Krisenregion entwickelt. In diesem Zusammenhang wird »Urbanität« zum Codewort für Arroganz, Kälte und Zynismus.

Demoskopen und Wahlforscher gleichen Karten solcher Problemgebiete mit den Wahlerfolgen populistischer Mandatsbewerber ab und entdecken starke Überschneidungen – eine Erfolgsgeschichte der besonderen Art, wonach die Trumps, Le Pens und Gaulands vor allem dort gewinnen, wo Unternehmen, Rathäuser, Arztpraxen und Kneipen dichtgemacht wurden. Sie kassieren an Stelle der einst hier dominierenden Linken die

Stimmen der Verlierer von Modernisierung und Globalisierung. Aus der Froschperspektive sieht die Sache wesentlich komplizierter aus als in dem gern gewählten Bild des Aufstands der Peripherie gegen die Metropolen. Drei Aspekte verändern dieses Bild, wenn man es schärfer stellt: Das Gros der Wahlerfolge Donald Trumps und anderer Nationalisten geht auf deren mittelständische Anhängerschaft zurück, also nicht auf freigesetzte und verarmte Lohnarbeiter, sondern auf Leute mit relativ hohem Einkommen, deren Existenzangst andere als bloß materielle Ursachen hat. Deren Ressentiment spiegelt nicht primär ein großflächiges Zentrum-Peripherie- oder Stadt-Land-Gefälle, es ist in beiden Zonen vorhanden, also mikropolitisch in den Metropolen ebenso wie im Hinterland. Die sozialökonomische Ungleichheit, deren Indikatoren in der Aggregatgröße von Regierungsbezirken ermittelt werden, ist in der Regel sehr viel kleinteiliger, oft liegen Prosperität und Regression nur wenige Hundert Meter auseinander – auch in Städten, deren Durchschnittseinkommen pauschal keinen Grund zur Besorgnis signalisiert. Und in den strukturschwachen Regionen gibt es Räume, die trotz aller Zuwendungen hoffnungslos scheitern, unweit solcher, die auch ohne große Fördertöpfe aufblühen, wo es wieder Kindergärten, Dorfläden und Bürgerbusse gibt.[56] Der entscheidende Punkt ist, ob eine solche lebensweltliche Infrastruktur sich halten kann, verfällt oder wieder restauriert wird, sei es auf private Initiative, sei es durch gezielte, nicht mit der Gießkanne verteilte Regionalmittel.

Noch ein Fragezeichen muss man am Stadt-Land-Gefälle anbringen. Das Phänomen der Landflucht aus deindustrialisierten, zugleich von der Agrarindustrie verlassenen Räumen ist unbestreitbar, es verschärft aber auch die sozialen Ungleichheiten und sozialpolitischen Probleme in den Städten. Dort sind die Durchschnittseinkommen in der Regel höher, aber die Kaufkraft ist häufig niedriger. Eine Studie des Deutschen Instituts für Wirtschaftsforschung (DIW) fasste die FAZ in der Formel zusammen: »Stadtluft mag danach zwar frei im Geiste machen, aber arm im Geldbeutel.« (22.März 2017) Die Städte werden das neue Land, dorthin wollen Oberbürgermeister und Ministerpräsidentinnen die Struktur- und Regionalmittel künftig lenken. Ein besonderer Kontrastfall sind Stadtrandgebiete, in den USA *suburbs* oder *exurban regions* und in Frankreich *periurbain* genannt, die zwischen Speckgürtel und Slum changieren, und auch dies oft nur wenige Meter voneinander entfernt.

Das französische Beispiel (siehe S. 72ff.) soll die Hypothese vom Abgehängtsein als Ursache oder Anlass autoritär-nationalistischer Erfolge weiter differenzieren. Die Landkarte des Hexagons zeigte 2017 auf den ersten Blick die Konvergenz der Anhängerschaft von Marine Le Pen und ihres Front National mit fünf Ungleichheitsindikatoren: Arbeitslosenquote, Anteil junger Leute ohne Berufsabschluss, überdurchschnittliche Armutsbevölkerung, hohe Anzahl Alleinerziehender, lokale Ungleichheit. Dabei zeigten sich insbesondere frappierende Deckungsgleichheiten im Norden Frankreichs entlang der Linie Le Havre—Belfort, auf einem etwa hundert Kilometer breiten Streifen entlang der Mittelmeerküste sowie im Garonne-Tal zwischen Toulouse und Bordeaux. Dort rekrutierte Marine Le Pen erfolgreich, während Emmanuel Macron spiegelbildlich in den anderen Regionen die Nase vorn hatte. Der Sozialdemograph Hervé Le Bras, dem seit Jahren ausgezeichnete Studien zur »Erfindung Frankreichs« in seiner ganzen Pluralität zu verdanken sind, hat erneut einige Fragezeichen am Pauschalbild angebracht.[57] Es gibt nämlich Regionen und Zonen, in denen die fünf Indikatoren noch ausgeprägter sind, Le Pen aber unterdurchschnittlich erfolgreich war. Wo der Front National theoretisch am meisten hätte rekrutieren können, obsiegten die anderen politischen Angebote, vor allem Jean-Luc Mélenchons Linkspartei. Während Le Pen im ersten Wahlgang im April 2017 in Gemeinden mit weniger als 1000 Einwohnern zwischen 30 und 40 Prozent der Stimmen bekam, betrug ihr Anteil im Großraum Paris nur 5 Prozent; je größer die Wirtschaftskraft und Reputation einer Stadt, desto höher lag der Anteil der Mitte-Links-Wähler.

In diesen Städten leben, das ist wahr, die meisten leitenden Angestellten und andere gutdotierte Berufsgruppen, aber allein die sozioökonomische Verteilung macht den Erfolg Macrons nicht aus. Soziokulturelle Faktoren waren mindestens ebenso wichtig, darunter die Bekräftigung einer weltoffenen Ausrichtung. Denn in diesen Städten leben auch Menschen mit niedrigem Einkommen und geringem formalen Bildungsstand, die Frankreich offenhalten wollen für den Austausch mit Europa und dem Rest der Welt. Darunter sind besonders viele Anhänger des politischen »Centre« – frühere Christ- und Radikaldemokraten – und soziologische Mittelschichten. Typischerweise waren dies auch die Ja-Wähler beim Referendum zum Maastricht-Vertrag 1992, eine Abstimmung, die Frankreichs elektorale Geographie nachhaltig geprägt hat und im Rückblick verständlich macht, dass es letztlich um Europa und eine damit verbundene Lebens- und Herrschaftsform der pluralistischen Demokratie ging.

Es gibt also »zwei Frankreich«, was während des Wahlkampfs oft thematisiert wurde, und, wie in vielen anderen demokratischen Gesellschaften auch, eine entsprechende Polarisierung; aber es ist keine zwischen links und rechts, Stadt und Land, sondern zunehmend eine zwischen Abschottung und Öffnung. Die Europakarte zu ziehen, war also ein ingeniöser Schachzug Macrons, und man darf annehmen, dass es kein rein taktischer war, sondern seiner tiefen Überzeugung entsprungen und in voller Übereinstimmung mit den Ambitionen seiner überwiegend jungen Bewegung. Kompliziert wurde diese Polarisierung, indem sie auch von links befeuert wurde. Mélenchon stellte sich auf einen ebenso national-souveränistischen Standpunkt wie Le Pen, von der sich der Europaabgeordnete weltanschaulich ansonsten absetzte, und er gab seinem Anti-EU-Programm eine ähnlich »klassenkämpferische« Note wie der Front National, der unterstellt, von der EU würden nur die Bonzen und Etablierten, nicht aber die kleinen Leute in Frankreich profitieren.

Der Stadt-Land-Gegensatz – genauer: die Kluft zwischen prosperierenden Metropolen und ihren abgehängten Vorstädten – bleibt eine entscheidende Herausforderung der europäischen Gesellschaft. Es ist ein grobes Versäumnis der um ihr Wiedererstarken ringenden Sozialdemokratie in Europa, dass sie diese Problematik analytisch kaum in den Rang gehoben hat, den sie verdient, und ihr in programmatischen Auseinandersetzungen weit weniger Berücksichtigung schenkt als etwa Fragen der Rentensicherheit und Bildungsgerechtigkeit. Die Relativierung der humangeographischen und sozialdemographischen Unterschiede zwischen Stadt- und Landbevölkerung darf nämlich nicht zu dem Schluss führen, es bedürfe keines regionalen Ausgleichs mehr und annähernd gleiche Lebensverhältnisse hätten keinen Wert mehr an sich.

Aber die Lösung kann auch hier, materiell wie ideell, nur ein Projekt der europäischen Gesellschaft sein. Diese zeichnete sich historisch durch eine spezifische Form von Urbanität aus[58], die mit dem überinszenierten Metropolen-Lifestyle von heute wenig gemein hat. Der Kopenhagener Architekt Jan Gehl arbeitet seit Jahren mit konkreten Vorschlägen des intelligenten Rückbaus autogerechter Städte in lebenswerte Orte und attraktive Plätze. Er weist darauf hin, dass auch politische Aktivisten, die ihren Protest per Smartphone organisiert haben, sich physisch am Gezi-Park, auf dem Majdan oder dem Tahrir getroffen haben, um politische Wirkung zu erzielen. Schutz, Behaglichkeit und Genuss sind die Oberbegriffe, unter denen Gehl seine zwölf Kriterien gelungener Stadtgesellschaften gesammelt hat[59], und im Sinne der »Abgehängten« dürfen solche urbanen Zonen nicht sozial exklusiv sein, sondern müssen, weit mehr noch als auch Gehl und andere dies berücksichtigen, den Anschluss an das Hinterland bereitstellen.

ERASMUS 2.0

Das Erasmus-Programm der Europäischen Union, eingeführt 1987 und neuerdings als Erasmus+ weitergeführt, ist eine der besten vorhandenen Initiativen, um den supranationalen »Gemeinsamkeitsglauben« der europäischen Gesellschaft zu befördern. Grundidee und Praxis seien kurz rekapituliert: Mit Stipendien in Höhe von – je nach Lebenshaltungskosten im Zielland – bis zu 700 Euro wird der Studierendenaustausch aller Fachrichtungen und Hochschularten von zwei bis zwölf Monaten in 33 Ländern gefördert. Daran beteiligen sich Studierende, Hochschullehrer und -verwalter. An den Universitäten haben Auslandsämter und Koordinatoren seit 25 Jahren rund neun Millionen Studierende vermittelt. Die im Ausland erworbenen Leistungsnachweise werden in der Regel wechselseitig anerkannt. Welchen Einfluss »Bologna«, die Vereinheitlichung von Bachelor- und Master-Studiengängen, auf »Erasmus«, also die Mobilität von Studierenden hatte, ist umstritten; einige Kritiker sehen die Beweglichkeit eher gebremst als befördert.

Erasmus gilt unter Bildungspolitikern als ein Glanzlicht der EU, aber was sagen die Absolventen? In einer Studie beschreiben sie als wichtigste Motive für ein Auslandsstudium die allgemeine Erfahrung eines Aufenthalts im nahen Ausland und des gegenseitigen Kennenlernens, die Verbesserung ihrer multilingualen Sprachfähigkeiten sowie die Erhöhung der Chancen auf auswärtigen wie inländischen Arbeitsmärkten. Solche *transversal skills* wie Offenheit, Neugier, Toleranz gegenüber anderen Werten und Verhaltensweisen werden von Arbeitgebern in der Tat geschätzt. Erasmus-Absolventen haben tatsächlich höhere Chancen auf dem Arbeitsmarkt, wobei unter ihnen viele junge Menschen sind, die bereits vor oder ohne den Auslandsaufenthalt bessere Chancen hatten. Erasmus-Absolventen finden früher einen angemessenen Job und machen schneller Karriere, gerade auch im europäischen Ausland. Sie sind mobiler, leben lieber im Ausland als ihre Kommilitonen und haben häufiger als Nichtabsolventen einen ausländischen Partner.[60]

Die wahren Vorteile des Erasmus-Programms liegen weniger in der Steigerung der akademischen Leistungen im engeren Sinne als in dem mit dem Aufenthalt im europäischen Ausland verbundenen Spracherwerb, dem Perspektivwechsel und dem Anknüpfen von Freundschaften. Mehr als ein Viertel der Absolventen, so heißt es, haben ihren derzeitigen Lebensabschnittspartner in einem Erasmus-Austausch gefunden. So wächst die europäische Gemeinschaft von unten zusammen, indem junge Europäerinnen und Europäer die nationale Brille absetzen, sich kennenlernen und näherkommen. Auch wenn Reisen nicht in jedem Fall bildet und manche mit einem Packen von Vorurteilen und Ressentiments nach Hause zurückkehren, verschafft das Erasmus-Programm einen »Migrationshintergrund« im akademischen Leben.

Im Sinne des Namensgebers, des aus Rotterdam stammenden Humanisten, Kosmopoliten und Kirchenreformers Erasmus (ca. 1466–1536), geht es um eine genuin europäische und per se transnationale Bildungsidee, deren Kern eine europäische Erfindung war: das im 11. Jahrhundert in Bologna gestartete Projekt der *Universitas* und der Gelehrtenrepublik. Dem steht gewiss eine europäische Bildungspraxis entgegen, die sich in Schützengräben und Kolonialunternehmungen desavouiert hat, aber mehr noch der akademische Berufsbildungsbetrieb von heute, der immer stärker auf kurzfristige, marktgängige und der Intention nach elitäre, im Endeffekt aber inflationäre Abschlussdiplome reduziert wurde, die in den EU-Ländern zu einer durchschnittlichen Jugendarbeitslosigkeit um 20 Prozent geführt haben. Die originäre und zugleich zeitgemäße Bildungsidee fehlt also, die Max Scheler angesiedelt hat als »Wissensform zwischen dem ›Leistungswissen‹, das der praktischen Weltbeherrschung dient, und dem ›Heilswissen‹ oder ›Erlösungswissen‹, das dem Menschen aus Religion und Metaphysik zuwächst«. Eine *qualitative* Bildungsidee, die etwa der Trias Teilhabe, Solidarität und Nachhaltigkeit entspricht, muss heute in europäischem Maßstab neu entworfen und in der Praxis von Schulen und Hochschulen erprobt werden, ebenso – wie im erweiterten Erasmus-Programm durchaus angelegt – in der beruflichen und polytechnischen Bildung, in einem freiwilligen europäischen (sozialen oder ökologischen) Jahr und nicht zuletzt im grenzüberschreitenden Ehrenamt. Diese Lernorte können als Reallabore der europäischen Gesellschaft von morgen verstanden und eingerichtet werden, wie es die Reformpädagogik – ebenso Demokratielehrer wie John und Evelyn Dewey mit ihrer

Schrift *Schools of To-Morrow* (Boston 1915) – schon vor über hundert Jahren zum Programm erhoben hat und wie es Dutzende von Modellschulen in Europa täglich mit hohem Einsatz betreiben.

Als hinderlich für die europäische Gesellschaft wird oft empfunden, was ihre größte Stärke ist: der Sprachenreichtum. Mehrsprachigkeit hat auch die EU als Voraussetzung einer wissensbasierten Gesellschaft herausgestellt, wobei es hier nicht nur um Englisch als »natürliche« *lingua franca* von heute geht, sondern auch um die von Einwanderern importierten und in der Diaspora gepflegten Sprachen. Ohne diese Sprachkompetenz funktioniert heute kein Krankenhaus, keine Polizeistation, kein Bürgerbüro, kein Dienstleister, kein Unternehmen mehr. Die Lehrerinnen und Lehrer, die zum Teil ja das Erasmus-Programm in Anspruch genommen haben, sind auf diese multikulturelle Bildungswelt kaum eingestellt, ebenso wenig auf jene Schulteams, in die sie als Pädagogen eintreten und zu denen heute selbstverständlich Sozialarbeit und Gemeindevertretung gehören. Schulen und Universitäten, die ihren Freiraum ausbauen und mehr lokale Autonomie bekommen sollten, können Zentren der gesellschaftlichen Debatte und damit wieder relevante europäische Institutionen werden.

Leider stehen die Anforderungen, die an Schulen und Universitäten als Ort des öffentlichen Diskurses zu stellen sind, im Widerspruch zu den Zielsetzungen der nationalen wie der EU-Wissenschaftspolitik, erstere in standardisierte Qualifikationsmaschinen und letztere in unternehmensähnliche Einrichtungen umzuwandeln, denen jede Leidenschaft ausgetrieben wird. Paradoxerweise geschieht das durch »leistungsorientierte Mittelvergabe«, also durch aus der Unternehmenswelt importierte und selbst dort als oft wirkungslos erwiesene *incentives*, die eine bei den meisten Lehrenden und beim Gros der Studierenden vorhandene intrinsische Motivation eher mindern.[61] Nötig wäre stattdessen ein Ansatz, der nicht auf Standardisierung nach Art von DIN-Vorschriften abzielt, sondern die Übersetzungsfähigkeit stärkt, ohne die Vielfalt der Kulturen, Sprachen

und Denkweisen zu beschneiden; der sich nicht auf Kompetenz-
module und Kreditpunkte reduziert, sondern Wildwuchs gedeihen und Kontraintuition zulässt, die man von Jüngeren eher erwarten sollte als die Fähigkeit zum *muddling through*, das sie
mittlerweile von der Grundschule an beherrschen.

Vielleicht ist die bedrohte Freiheit der Wissenschaft und
des Denkens ein »Anreiz«. War sie bisher vor allem durch die in
der EU praktizierte Wettbewerbsideologie der Forschungsför-
derung beeinträchtigt, die ganz auf Anwendung und Marktgän-
gigkeit ausgerichtet ist, so ist Europa heute, zunächst noch an
seiner Peripherie, von massiven Einschränkungen wissenschaftlicher Arbeit betroffen. Ein Lehrer der 2004 in Minsk vom
weißrussischen Regime geschlossenen, im litauischen Vilnius
aber weitergeführten Europäischen Humanistischen Universität spricht vom »belarussischen Modell«[62], dem massiven Eingriff staatlicher Stellen in die freie Lehre und Forschung privater
Universitäten in Ostmitteleuropa. Das betrifft auch EU-Staaten
wie Ungarn, wo das autoritäre Regime kritische Geister nicht
nur an der zuletzt massiv bedrängten Central European University unterdrückt und einen ultranationalistischen Bildungskurs
fährt, aber vor allem die Türkei, wo das Erdoğan-Regime jüngst
einige tausend Wissenschaftler verhaftet, entlassen, zum Schweigen gebracht und ins Exil getrieben hat. Auch in Russland ist die
Freiheit der Wissenschaft stark eingeschränkt, und nun zeigen
massive Eingriffe der Trump-Administration in wissenschaftliche Förderprogramme, dass der Staat auch in den USA seine
gebotene Neutralität aufgibt und die Autonomie der Wissenschaft untergräbt – angeführt von einem Präsidenten, der *par
ordre de mufti* die gesicherten Erkenntnisse der Klimaforschung
zu *Hoax* (Hokuspokus) erklärt.

Gründe und Absichten der gegen die Freiheit der Wissenschaft gerichteten Angriffe sind ebenso evident wie die der Attacken auf die Meinungs- und Pressefreiheit. Zum einen sind sie
klar interessengeleitet, weil etwa Erkenntnisse zum Klimawandel altindustrielle Branchen wie die Kohleförderung oder die
Automobilproduktion in Frage stellen. Zum anderen sollen sie

Korrekturinstanzen beschädigen, die Willkürentscheidungen und Absolutheitsansprüche autoritärer Führungen untergraben. Bei Menschen, die ihr Handeln und Meinen ganz auf Glauben und Vorurteil gründen, werden zudem kulturelle Vorurteile gegen die Rationalität und Fehlbarkeit wissenschaftlicher Erkenntnis und die Autorität ihrer Repräsentanten, der *eggheads*, geweckt.

In der amerikanischen wie europäischen Tradition des Populismus werden Gelehrte und Intellektuelle gern auf Grund ihres Aussehens (Glatzköpfe) verlacht und pauschal den verpönten Eliten zugerechnet.[63] Dazu tragen sie gelegentlich mit einer abgehobenen Sprache, verschmockten Ritualen und einer habituellen Distanzierung bei. Unheilvoller ist die gezielte Wissenschaftsfeindlichkeit der populistischen Gegenaufklärung, der sich eine europäische Bildungsöffentlichkeit zur Wehr setzen muss. Dabei dürfen Anti-Intellektualismus, Expertenverachtung und Ignoranz gegenüber akademischen Eliten kein Freibrief dafür sein, berechtigte Kritik an Expertenherrschaft und akademischer Selbstverliebtheit in den Wind zu schlagen.

3 NACHHALTIGKEIT

ZUKUNFTSFONDS

Die Außenpolitik der Staatengemeinschaft steht unter dem Druck der Klima- und Nachhaltigkeitsbeschlüsse der Gipfeltreffen in Paris und New York vom Herbst 2015. Sie stellen große Herausforderungen dar vor allem für die Industriestaaten in der Gruppe der 20 (G20), die über achtzig Prozent der Treibhausgase ausstoßen. Das G20-Treffen in Hamburg im Juli 2017 hat gezeigt, dass es immer noch an Überzeugung und Tatkraft mangelt, aber selbst Saudis und Russen dämmert, dass das fossile Zeitalter zu Ende geht. Die »Große Transformation« hin zu einer klimaverträglichen Energiepolitik bietet eminente Chancen, und die im wahrsten Sinne Billion-Dollar-Frage lautet konkret: Wie bekommt man die gewaltigen Investitionsmittel für effektiven Klimaschutz und nachhaltige Entwicklung zusammen, während gleichzeitig immense Summen spekulativen, Anlage suchenden Kapitals um die Welt zirkulieren?[64]

Einen möglichen Weg hat Norwegen gewiesen. Aus den Einnahmen aus der Erdöl- und Erdgasförderung speisen sich dort staatliche Pensionsfonds (*Statens pensjonsfond utland*), über deren national begrenzte Absicht und Wirkung hinaus man im europäischen Rahmen transformative Zukunftsfonds entwickeln könnte: das heißt Investitionen in Zukunftsprojekte, privat-öffentliche Partnerschaften zur Erschließung privater Liquidität und zur Abfederung schmerzhafter Konversionsprozesse in das postkarbone Zeitalter. Die Wirtschafts- und Steuerpolitik der Nationalstaaten verbindet sich dabei mit Zielen, die allein in globaler Kooperation bewältigt werden können; zum anderen gewinnen Finanztransaktionen eine ethische Dimension innergesellschaftlicher wie internationaler sozialer Gerechtigkeit und eine starke Generationenkomponente. Ein Vorschlag, anschaulich in Schaubild 1, zielt auf ein höheres Engagement von Staaten im Investitionsgeschehen (im neoliberalen Verständnis Todsünde 1), er impliziert Steuererhöhungen (Todsünde 2) und rührt damit an Tabus, die im Sinne nachhaltiger Entwicklung keine mehr bleiben sollten. Wenn selbst Weltbank und Internationaler Währungsfonds dem *Washington Consensus* inzwischen kritisch gegenüberstehen und einräumen, dass der Markt nicht alles kann und Staaten nicht das Problem, sondern in vieler Hinsicht die Lösung sind, sollten die Wirtschafts- und Finanzpolitiker Europas nicht päpstlicher sein als der einstige Hort der reinen Lehre und dem öffentlichen Investment mehr Beachtung schenken.

Das Schaubild 1 zeigt, wie staatliche Zukunftsfonds befüllt und verwendet werden. Benötigt werden (1 und 3) Mittel für Investitionen in Schlüsselindustrien der Transformation (Speichertechnologien, Elektromobilität, klimafreundliche Baustoffe), auf die private Investoren mit kurzfristigen Gewinnerwartungen ebenso wenig eingestellt sind wie die üblichen

Schaubild 1 (Quelle: WBGU)

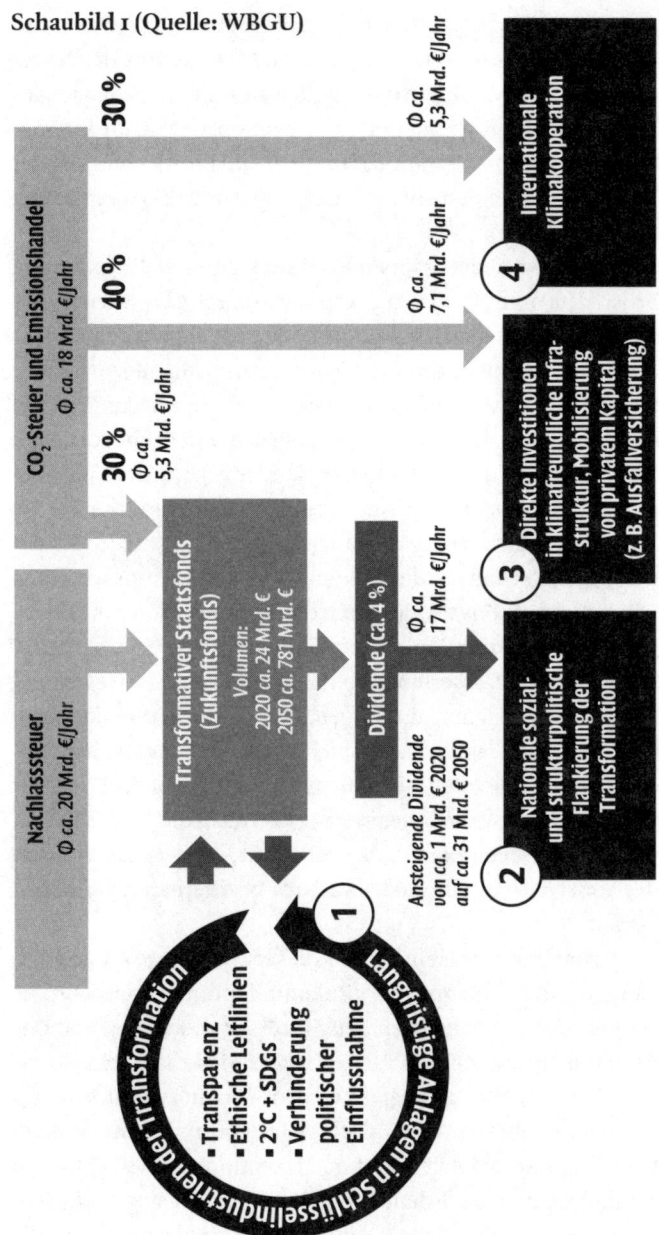

Anreize der keynesianischen Globalsteuerung. Investiert wird (2) in die sozial- und strukturpolitische Flankierung der Transformation, die Verlierern des Wandels in altindustriellen Regionen zugutekommt. Zudem sind Investitionen (3) in die internationale Klimakooperation erforderlich, um Entwicklungsländer bei ihren Anstrengungen für Klimaschutz und Klimaanpassung zu unterstützen.

Befüllt wird der Staatsfonds durch national differenzierte Erbschafts- und Nachlasssteuern sowie durch CO_2-Steuern und Einnahmen aus dem Emissionshandel, die angehoben und international harmonisiert werden müssen, um Standortnachteile zu verhindern (was – mit oder ohne USA – exakt eine Aufgabe von G20 sein muss). Letztere entsprechen dem mit der historischen Verantwortung der alten Industrieländer gekoppelten Verursacherprinzip, erstere realisieren ein auf die historische wie die Zukunftsverantwortung ausgerichtetes Prinzip sozialer Solidarität. Gesellschaften, die viel emittiert haben, müssen einen Obolus leisten, Private, die durch die Akkumulation von Vermögen profitiert haben, sollen mit einer progressiven Erbschaftssteuer auf Nachlassvermögen einen Teil davon in die Gestaltung gemeinsamer Zukunft einbringen. Dabei ist zu berücksichtigen, dass in Deutschland zum Beispiel ein Drittel des aktuellen Erbschafts- und Schenkungsvolumens von 1,5 Prozent der Erbschaften erbracht wird, die Umverteilung also nicht die vielgenannten mittelständischen Familienbetriebe trifft, sondern die Dynastie der Superreichen, die auf kaum noch bezifferbaren Vermögen hocken.

Schaubild 2 präsentiert auf dieser Grundlage eine Schätzung, wie die Einnahmen des Zukunftsfonds generiert und wie die bis 2050 stark ansteigenden Mittel verwendet werden. Das Ambitionsniveau kann durch multilaterale Politik in Zehnjahresschritten erheblich gesteigert werden. Für ein zukunftsoffenes Europa besteht der Anreiz darin, dass künftige Generationen begünstigt werden: erstens durch Investitionen in nachhaltige Strukturen und den Erhalt der natürlichen Lebensgrundlagen; zweitens durch den Abbau ökonomischer Ungleichheit und die

Schaubild 2 (Quelle: WBGU)

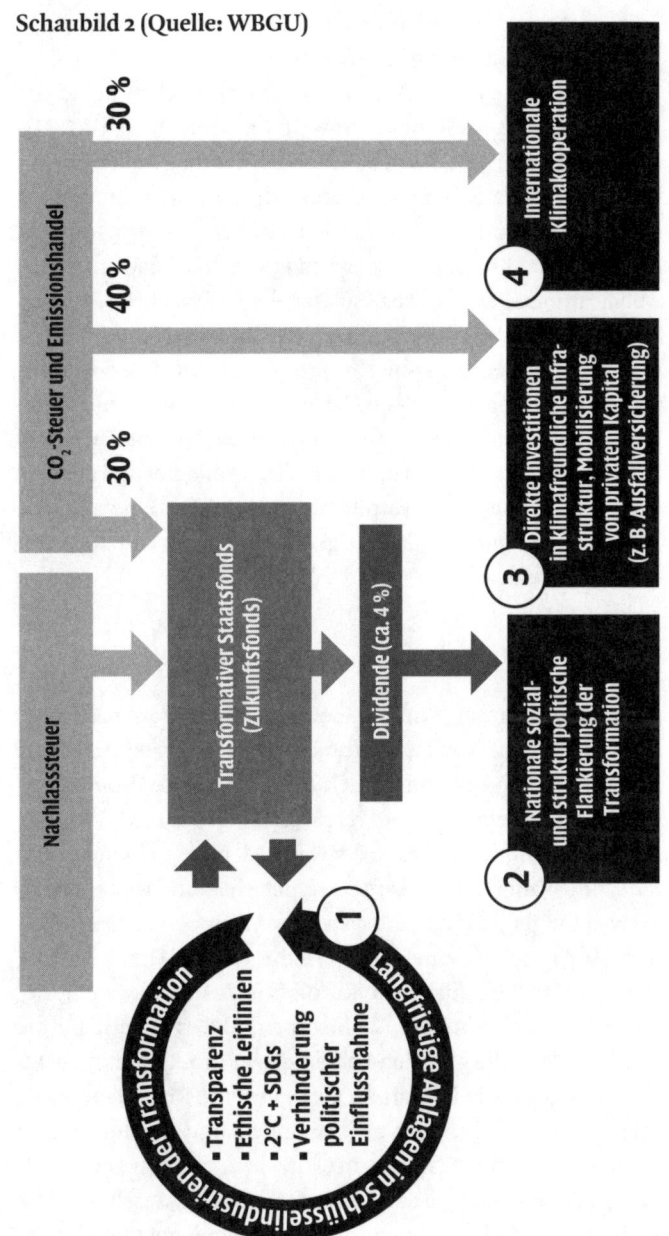

Stärkung sozialer Gerechtigkeit. Dies sollte zum Leitprinzip nachhaltiger Außenpolitik werden.

Deswegen sollten die vom Wissenschaftlichen Beirat der Bundesregierung Globale Umweltveränderungen (WBGU) »Transformationsfonds« genannten Einrichtungen besser »Zukunftsfonds« heißen. So wird praktizierter Klimaschutz nicht nur als Opfer und Last empfunden – höhere Steuern, Verzicht auf gewohnte Routine, Beschwörung von Naturkatastrophen, Abbau altindustrieller Arbeitsplätze –, sondern auch als unternehmerisches Projekt präsentiert, das kreative Ideen freisetzt, neue Entrepreneure ins Spiel bringt, Gewinn im materiellen wie ideellen Sinn schafft und – welch ein Luxus! – Spaß und Erfüllung bereitet. Europa wird zu neuen Kräften kommen, wenn es auf diese Weise Millionen junger, gut ausgebildeter und der Idee der offenen Gesellschaft verpflichteter Menschen eine sinnvolle Aufgabe, eine gutbezahlte Tätigkeit und eine nachhaltige Gesellschaft bietet.

ENERGIEUNION

Prometheus kam aus Europa. Er raubte den Göttern das Feuer, machte die Menschen frei, entfesselte ihre Energien: *Prometheus unbound*.[65] Doch der von den Göttern gefesselte Prometheus steht für die Kehrseite der freigesetzten Produktivkräfte: die Ausbeutung und Zerstörung der Natur, den menschengemachten Klimawandel, das rasante Artensterben und weitere Fehlentwicklungen, die das Erdsystem zum Kippen bringen können. Auch dies ist eine »europäische Frage«. Denn das alte Europa löste die industrielle Revolution aus und expandierte, schuf dadurch Freiheiten, Wohlstand und Demokratie für die Massen. Doch die globalen Folgen dieser prometheischen Tat bekommt auch der klimatisch so bevorteilte Kontinent durch extreme Wetterlagen und tiefgreifende Klimaveränderung zu spüren. Die »Große Transformation« in Richtung einer nachhaltigen Entwicklung ist also zwingend und hat durch Anstöße zur Energiewende von unten wie von oben längst begonnen.

Aber Europa hat seine Vorreiterrolle beim Umwelt- und Klimaschutz eingebüßt, und es ist dringend an der Zeit, sie wiederzugewinnen.

Uneinig wie in vielen Agenden ist die EU auch in ihrer Energiepolitik. Die europäische Gesellschaft verbraucht weit mehr Energie, als ihre Rohstoffe hergeben. Ölkrisen und die Unsicherheit von (russischen) Gaslieferungen haben die Risiken des Energiehungers klargemacht, die Abhängigkeit von wenigen Oligopolen (wie Gazprom) kommt hinzu.[66]

Einigkeit besteht im EU-Ministerrat und in der Kommission, dass Energie nicht nur versorgungssicher, sondern auch umweltverträglich und wettbewerbsfähig erzeugt und importiert werden soll – in einem Dreisatz: bezahlbar, sicher und ökologisch. Die EU-Staaten schwanken zwischen dem Beharren auf Eigenversorgung und dem Ziel des Energiebinnenmarktes. Die »Europäische Gemeinschaft für Kohle und Stahl« (EGKS, auch Montanunion) bildete, gemeinsam mit EURATOM, nicht zufällig als erste europäische Gemeinschaft das Startsignal für die Marktintegration, die aber unvollkommen blieb. Es bestehen transeuropäische Energienetze wie die Nord-Süd-Interkonnektoren für Strom und Erdgas in Westeuropa (NSI West Electricity/ Gas), die Balticconnector-Pipeline und das CESEC-Projekt, das die Gasmärkte in Zentral- und Südosteuropa integrieren soll. Der EU-weite Handel mit Emissionszertifikaten (ETS) sollte ein zentrales Klimaschutzinstrument in Europa werden; auch dieses blieb lächerlich weit hinter seinen Möglichkeiten zurück.[67] Im Bereich von Forschung und Innovation setzte der Strategieplan für Energietechnologie (SET-Plan) Anreize für die Entwicklung kohlenstoffarmer Technologien und für die Verbesserung der Wettbewerbsfähigkeit.

EU-Konsens ist das Bekenntnis zu Energieeffizienz und -einsparung und zum Ausbau der erneuerbaren Energien, aber die Wege dahin verlaufen sehr unterschiedlich, was die Diversität der politischen Kulturen Europas spiegelt. Einige Länder setzen nach dem Fukushima-Schock noch mehr auf Atomkraft, andere sind nie ein- oder rasch ausgestiegen; einige setzen weiter auf Kohle, Erdöl und Erdgas und wollen Fracking zulassen, andere haben Letzteres verboten oder strikt begrenzt; einige fördern Hightech, andere eher die dezentrale Eigenproduktion. Auch mit der gerechten Lastenverteilung der Energiewende und mit der Bürgerbeteiligung tun sich die europäischen Regierungen schwer. Die Deutschen sind eher »Gebäudedämmer«, die beim Heizen und Kühlen auf Energieeffizienz setzen; andere schränken eher ihre Auto-Mobilität ein und fördern bereitwilliger die E-Mobilität.[68]

Experten schrieben schon vor zehn Jahren: »Eine umweltverträgliche, sichere und wettbewerbsfähige Energieversorgung kann auf nationalstaatlicher Ebene inzwischen kaum noch gewährleistet werden.«[69] Die solidarische Energieunion mit einem passenden Energiemix und einer gemeinsamen Energieaußenpolitik lässt weiter auf sich warten. Als Beispiel grenzüberschreitender Zusammenarbeit gilt das deutsch-dänische Pilotprojekt einer bilateralen Auktion für Strom aus Photovoltaik-Anlagen. Doch bis zur Synchronisierung des Stromangebots von 28 nationalen auf einen gesamteuropäischen Kapazitätsmarkt ist es noch ein langer Weg. Für diese bescheidene Bilanz werden üblicherweise »die EU« bzw. ihre Kommission gescholten, als könnte sie sich einfach über die Disparitäten im Europäischen Rat hinwegsetzen. Und wehe, wenn sie Ernst macht! Im Winter 2016/17 hat die Kommission einen Vorstoß für eine Energieunion unterbreitet, der in die gewünschte Richtung weist. Unter der Überschrift »Governance Regulation of the Energy Union« wird eine echte, nämlich obligatorische Koordination der nationalstaatlichen Energiepolitiken im Rahmen einer kohärenten EU-Strategie propagiert.[70] Vom Jahr 2021 an sind die Mitgliedstaaten demnach verpflichtet, ihre Pläne zur Energiewende und zum Klimaschutz zu harmonisieren. Dem Dekarbonisierungsfahrplan des Pariser Klimagipfels von 2015 f.lgend, müssen sie »Langfristziele für Emissionsminderung« beachten, die in einem iterativen Prozess bis 2030 eine Verringerung um dreißig Prozent und bis zum Ende des Jahrhunderts das Ziel der Nullemission erreichen soll. Sollten die Vereinigten Staaten mit dem Ausstieg aus dem Klimaschutz Ernst machen, steigen der Druck auf eine gemeinsame Energie-, Verkehrs- und Stadtentwicklungspolitik und die Notwendigkeit, sich mit anderen Partnern abzustimmen.

Vorgeschlagen wurden dazu auch grenzüberschreitende regionale und technologische Kooperationen, was der beste Weg zu einer europäischen Energieunion sein dürfte. Diese kann nicht »in Brüssel« beschlossen und dekretiert werden, und sie kann auch nicht auf einen einzigen Weg verengt sein. Eine künftige Energieunion ruht auf einer historisch gewachsenen und höchst unterschiedlichen Infrastruktur von Stromleitungen, Pipelinenetzen und Erzeugungsstandorten. Das ist ein sensibles und anfälliges System, das Produzenten mit Endverbrauchern in der Industrie und im Dienstleistungswesen und mit den Teilnehmern am Straßen-, Bahn-, Wasser- und Luftverkehr verbindet und diverse Regulierungen, Preisgestaltungen und Besteuerungen harmonisieren muss.

Die Energieunion hat eine (im Übrigen höchst verletzliche) technische und wirtschaftsorganisatorische Basis mitsamt den dazugehörigen Professionen (Ingenieure, Betriebswirte, Handwerker). Sie gründet auf einer strittigen Kommunikation über Nutzen, Kosten und Risiken, und nicht zuletzt stehen die Verbraucher im Zentrum, die im »Winter package« der EU vom November 2016[71] zu *energy citizens* geadelt wurden, weil man von ihnen einen wesentlichen Anstoß für eine Energieunion der Zukunft erhofft. Erreichbar sind die Verbraucher über eine Kombination aus Informationen, Preissignalen und nichtmonetären Anreizen, um den Energiebedarf privater Haushalte zu reduzieren und sie als »Prosumenten« einzubinden, die den Strom nicht mehr »aus der Steckdose« beziehen, sondern mit herstellen. Freiwillige Selbstverpflichtungen und externe Belohnungen spielen beim Energiesparen zusammen. Das führt zu einem komplexen Abstimmungsprozess zwischen zahlreichen Akteuren aus den beruflichen Sparten, den Energieversorgungsunternehmen, dem Mehrebenensystem der Politik und nicht zuletzt aus der Lebenswelt der Nachfrager, die eigensinnige Wertvorstellungen, Präferenzen, Interessen und Motivationen an den Tag legen.[72]

Die Energiewende ist global wie regional eines der größten Infrastrukturprogramme seit der Industriellen Revolution. *Prometheus reloaded*: Aufbau und Abbau, Reparatur und Modernisierung laufen hier parallel – der Aufbau von Stromtrassen und schneller digitaler Informationstechnik, die Wiederherrichtung kaputter Straßen und Brücken und die Entsorgung radioaktiver Abfälle. Widersprüchliche und gegenläufige Planungsaktivitäten sind da kaum zu vermeiden, zumal die Governance-Kapazitäten der diversen politischen Einheiten von den Kommunen bis zur EU-Kommission auf eine derartige Herkulesaufgabe kaum eingestellt sind.[73] Es liegt auf der Hand, warum die Energiewende gleichwohl ein genuin europäisches Projekt sein muss, das auf eine die europäische Peripherie einbeziehende Energieunion hinausläuft: Die ehrgeizigen Klimaziele sind nur in einer gemeinsamen Anstrengung erreichbar (und die Zeit läuft den Akteuren davon). Die wechselseitige Abhängigkeit der nationalen Stromversorgungssysteme macht sich zunächst ex negativo bemerkbar, etwa wenn Deutschland Stromüberschüsse aus alternativen Energieträgern in die Nachbarländer einspeist. Und das erforderliche Investitionsvolumen übersteigt die nationalen Kapazitäten.[74] Dabei kann der »Masterplan« nur funktionieren, wenn die Energieerzeugung so dezentral wie möglich vonstattengeht, sich die Energie-Bürger also maßgeblich beteiligen, an Planungsprozessen konstruktiv mitwirken und die sozialräumlichen Gefälle und Gegebenheiten in der europäischen Gesellschaft in Rechnung stellen.

Eine Energieunionsbürgerschaft stelle ich mir analog zu inter- und transkulturellen Praktiken der Einwanderungsgesellschaft als eine *société des bricoleurs* vor: als eine Reparaturgesellschaft im europäischen Rahmen.[75] Es geht dabei weniger um technische Großprojekte (wie die Kernfusion) als um eine Beseitigung der Schäden, die der besagte Prometheus im ersten Anlauf auf seinem langen Weg verursacht hat: weg von der Überfluss- und Risikogesellschaft, hin zur Reparaturgesellschaft.

Reparatur bedeutet, Schäden an Dingen auszubessern, ihre Lebensdauer zu verlängern. Reparatur baut mehr als andere Wissenskulturen auf praktischer Erfahrung und Kollaboration auf. Sie ist weder revolutionäre oder technokratische Großtat noch naturromantische Revision, eher eine schrittweise Verbesserung der Gesellschaft. Die Reparaturgesellschaft adressiert einen im besten Sinne »abgeklärten Blick« auf die Zukunft und umfasst das Ausbessern von Schäden an drei Entitäten – Artefakte, Umwelt und soziale Strukturen. Dafür gibt es zahlreiche objektbezogene Reparaturpraktiken sowie raumzeitlich begrenzte Reparaturkulturen, für die nicht nur ökologische, sondern auch ökonomische und eigentumsrechtliche Motive bis hin zu rituellen Akten der Produktaneignung – »If you can't fix it, you don't own it« – ausschlaggebend sind. Die Reparatur bringt nicht nur technische, sondern auch soziale und ökologische Systeme in einen robusten, resilienten Zustand zurück; dies nicht nur über die Behebung des Schadens an sich, sondern auch über das Zusammenwirken der Akteure. Es lassen sich grob drei Begründungen für die Notwendigkeit einer Reparaturgesellschaft angeben: Reparieren ist ein wichtiges Element in Nachhaltigkeitsstrategien, ein Treiber für technikmündige Bürger und ein Anstoß für Geselligkeit – gelebter Konvivialismus.[76]

Absicht dieses Entwurfs einer europäischen Ideenwerkstatt war, die Themen der Angst zu überwinden, exemplarische Zukunftsaufgaben zu benennen und dann die losen Enden einer föderativen und nachhaltigen Bürger- und Sozialunion zusammenzubinden. Aus einer Vielzahl möglicher Innovationen habe ich drei »Körbe« vorgeschlagen, denen gemeinsam ist, dass Probleme der Transformation nur gesamteuropäisch gelöst werden können, dass sie europäische Trägergruppen haben und dass sie auf einem relativen Konsens in Europa aufbauen können. Sie schließen an genuin europäische Institutionen an: eine städtische Öffentlichkeit, Wohlfahrtsstaatlichkeit, humanistische Bildungsidee, technologische Innovation. Deren Nichtfunktionieren, deren perverse Effekte, deren Verrat ist zu Recht immer wieder herausgestellt worden – die in ihnen zum Ausdruck kommende Moderne ist im 19. und 20. Jahrhundert gerade in Europa und von Europa aus korrumpiert worden. Vor kapitalen Bedrohungen stehend, kann ein aufgeklärtes Europa nicht anders, als aus seinen historischen Fehlern zu lernen, an sein wohlverstandenes und reflektiertes Erbe anzuschließen und dieses in die weltweite Kommunikation und Kooperation einzubringen. Die »inneren Angelegenheiten« der Europäischen Union stehen unter der Bewährung ihrer Außenbeziehungen.

#PLUS: EUROPA IN DER WELTGESELLSCHAFT

KLEINER – GRÖSSER – ANDERS

Im Jahr 2014 f.agten sich viele, was mit den Schotten los sei, als sie aus dem Vereinigten Königreich austreten wollten. Sollte die südöstliche »Verschweizerung« Europas nach 1990 – die Zerlegung Jugoslawiens in kantonale Einzelteile – mit Ministaaten im Nordwesten fortgesetzt werden? Dabei hatten die Schotten gute Gründe für ihren Separationswunsch anzuführen: Sie wollten den Wohlfahrtsstaat bewahren, den die City of London mit ihrem neoliberalen Radikalismus abserviert hatte, ihrer Jugend kostenlose Bildung garantieren und eine bürgernahe Politik und Regierung haben. Im Euro, in der EU und in der NATO wollten sie bleiben. Aber wäre es sinnvoll gewesen, dafür 800 000 Schotten in England und 400 000 Engländer in Schottland zu »Ausländern« zu machen?

Die schottische Leave-Kampagne scheiterte, aber der erfolgreiche Brexit im Juni 2016 hat die Nationalisten in Edinburgh bestärkt. Die schottische Bevölkerung stimmte mehrheitlich gegen den Austritt des Vereinigten Königreichs aus der Europäischen Union, und die Regierung will nun womöglich mit einem neuen Referendum ihre Zustimmung zur EU signalisieren und gegebenenfalls als selbständiger Nationalstaat in ihr verbleiben. Ähnlich verhält es sich mit dem zum UK gehörenden Nordirland, das keine EU-Außengrenze nach Irland haben möchte; Sinn Fein und andere Gruppen denken über eine Wiedervereinigung mit der Republik Irland nach – wogegen nordirische Protestanten und Unionisten jahrzehntelang gekämpft haben.

Das ist die Paradoxie: Eine – in diesem Fall die nordirische – Gesellschaft möchte sich einer Schwesternation anschließen, um in einer supranationalen Gemeinschaft verbleiben zu können; eine andere – die schottische – Gesellschaft möchte eine Nation verlassen, zu der sie seit Jahrhunderten gehörte, ebenfalls um in einer supranationalen politischen, rechtlichen und wirtschaftlichen Gemeinschaft bleiben zu können. Der Fall belegt, was Regionsforscher gerne herausstreichen: »Region« oder »regionale Integration« bedeutet ganz Verschiedenes für verschiedene Leute in unterschiedlichen Zeiten und Zusammenhängen.[77] Eine Region ist keine vorgegebene Struktur oder Funktion, die sich quasi automatisch aus der nationalstaatlichen Ordnung herausmendelt; *regionness* (Fredrik Söderbaum) ist aus kultureller und kulturwissenschaftlicher Sicht ein Prozess, der aus verschiedensten Anlässen verschiedenste Akteure vereint oder gegeneinanderstellt. Das lernt auch, wer über die nationalstaatliche Ordnung Europas hinaus in den globalen Süden blickt, wo viele Gesellschaften an von Kolonialherren willkürlich gezogenen Grenzen leiden, die vielfältigste kulturelle und ethnische Bezüge durchschnitten haben.

Die britische *devolution* unterstreicht, dass das Korsett des Nationalstaats an Bindung eingebüßt hat und sich allenthalben subnationale Einheiten herausbilden, kleiner als die überkommenen Staaten, während zugleich supra- und transnationale Gebilde wie die EU, in denen man sich als Schotte und Europäer (und Weltbürger) fühlen kann, entstehen, dass sich also zu Beginn des 21. Jahrhunderts neue regionale Einheiten herausbilden – kleiner, größer, anders. Die Regionen, die sich da konstituieren, nehmen kulturelle und sprachliche Gemeinsamkeiten für sich in Anspruch, fühlen sich als Peripherien von Machtzentren unterdrückt und bilden territoriale, administrative und rechtliche Entitäten mit mehr oder weniger großer Autonomie –

jedoch nicht notwendigerweise, wie man bei Basken und Kurden sehen kann. Die Herausforderung für einen zeitgemäßen Regionalismus besteht nun darin, nicht zu exklusiven Mininationen zu schrumpfen und dadurch Gebilde entstehen zu lassen, die über noch weniger Ressourcen und Steuerungskapazitäten verfügen als die angeschlagenen klassischen Nationalstaaten. Der fluide Begriff der Region könnte im Zeitalter weltumspannender Digitalisierung und globaler Politikfelder eine neue Qualität gewinnen; dazu gilt es aber, sich vom traditionellen Verständnis von Region zu verabschieden.

Regionen (vom lateinischen *regio* = Herrschaftsgebiet) wurden historisch als Teilgebiete eines größeren Raums definiert, als Ausdehnungen in der Fläche, typisch für den modernen Territorialstaat. Vom 15. Jahrhundert an bildeten sich größere moderne Herrschafts- und Verwaltungseinheiten, die Gebiete auch jenseits natürlicher Gegebenheiten (wie Flüsse, Berge und Täler) voneinander abgrenzen, in denen Menschen intensiv zusammenwirken und ein Wir-Gefühl pflegen – gewissermaßen ein »Revier« bilden (wie im »Ruhrrevier«). Die Nation gilt seit dem Westfälischen Frieden im 17. Jahrhundert und vor allem seit den nationalen Bewegungen im 19. und 20. Jahrhundert als natürlichste Gebietseinheit, dabei ist sie historisch sehr jung – und könnte ein Auslaufmodell sein.

Dass sich Schotten und andere Verfechter eines »Europas der Regionen« (wie Bretonen, Okzitanier, Basken, Katalanen und in der angrenzenden Türkei die Kurden) politisch selbständig machen wollten, lag am Überzentralismus der jeweiligen Nationalstaaten, während föderale Systeme wie in Kanada, Deutschland oder der Schweiz mehr Spielraum ließen für politisch-kulturelle Autonomie ihrer »Stämme«. In der Regel sind Nationalstaaten territorial untergliedert; wie die Vielzahl der Regionen innerhalb der EU zeigt, haben diese aber ganz unterschiedliche Zuschnitte und Kompetenzen. Zu unterscheiden sind stets funktionale und kulturelle Aspekte der Region. Für die kollektive Identität sind naturräumliche, ökologische und vor allem symbolisch-kulturelle (darunter sprachliche) Verbindungen bedeutsam, für die funktionale Verbindung sorgen institutionalisierte Gebietskörperschaften und wirtschaftliche Arbeitsteilungen. Regionen sind »gelebte Räume« – physisch und imaginiert, erst durch soziale Praktiken und rechtliche Setzungen hergestellt. Und indem sie etwas einschließen, schließen sie anderes stets aus.[78]

Der europäische Regionalismus, der insbesondere in den 1940er und 1970er Jahren aufblühte, leitete nach dem Vorbild des europäischen Nationalismus den Anspruch auf territoriale Souveränität aus kulturellen Eigenheiten ab. Das war der Fall, als sich bestimmte Ethnien in dem von der deutschen Wehrmacht besetzten Europa aus dem »Völkergefängnis« befreiten, und erneut, als sich zum Teil nur noch nostalgisch beschworene Gebietseinheiten wie »Okzitanien« gegen die Machtzentralen in Paris, Madrid, London oder anderswo stemmten und in einem »Europa der Regionen«, also einer locker gefügten Konföderation ethnisch-kultureller Gemeinschaften, Zuflucht suchten. In Schottland und Katalonien[79] hat dies zu einer Nationsbildung geführt, auch der friedliche Scheidungsprozess zwischen Tschechen und Slowaken ist in diesem Zusammenhang zu erwähnen. Hochproblematisch bleiben Fälle, in denen Autonomiebestrebungen zur Separation führen und Gebiete aus mehreren Staaten herausgeschnitten werden sollen, wie im kurdischen Fall.

Man kann sich auch die Herausbildung neuer Regionen vorstellen. Mitgliedschaft in und Teilhabe an regionalen Verbünden sind nicht exklusiv; denkbar ist vielmehr die Überlappung multipler Zugehörigkeiten, die von unten wächst und sich zugleich an transnationalen Problemen ausrichtet. Ein Definitionsversuch: Regionen sind kooperative Nutzergemeinschaften zur Erhaltung und Pflege regionaler und transregionaler Gemeingüter auf der Grundlage historisch-kultureller Gemeinsamkeitsgefühle. So weit sind wir freilich noch nicht. Aber zwischen marktgetriebener Globalisierung und defensiver Renationalisierung entwickeln sich heute schon weltweit neue Makroregionen – im Fernen Osten, in Westafrika, in Südamerika. Sie sind vor allem wirtschaftlich oder sicherheitspolitisch veranlasst. So etwa der Verband Südostasiatischer Nationen (ASEAN), dessen ursprüngliches Ziel die Verbesserung der wirtschaftlichen, politischen und sozialen Zusammenarbeit war und dessen Betätigungsfeld sich später um die Bereiche Sicherheit, Kultur und Umwelt erweiterte. Oder die Economic Community of West African States (ECOWAS) mit dem Ziel einer »kollektiven Selbstversorgung« der Mitgliedstaaten durch die Errichtung eines gemeinsamen Binnenmarktes sowie einer Wirtschafts- und Währungsunion. Und schließlich MERCOSUR, der »gemeinsame Markt Südamerikas«, durch den sich die Mitgliedstaaten nicht nur wirtschaftlich, sondern auch politisch enger verbunden haben. Interessanter in unserem Zusammenhang sind die europäischen Grenzregionen, so etwa Grenzland-Gemeinschaften bzw. Mikroregionen wie an Maas, Mosel und Saar. Oder »Alpe-Adria«, früher habsburgische Zone, und die Ostsee-Baltikum-Union, einst Handelsgebiet der Hanse. Oder das »Dreiländereck« zwischen Frankreich, Deutschland und der Schweiz an einer lange Zeit hoch umstrittenen Rheingrenze.

Betrachten wir dieses Dreiländereck »Oberrhein« etwas genauer. Dort leben ca. sechs Millionen Menschen auf 21,5 Quadratkilometern in drei Staaten und in 20 Distrikten, das sind Landkreise, Kantone und Departments. Die Städte Basel, Freiburg, Karlsruhe, Strasbourg, Colmar und Mulhouse flankieren und prägen die Region, deren Bruttoprodukt zu zwei Dritteln aus Dienstleistungen und im Übrigen aus der chemischen, pharmazeutischen, biotechnologischen und Energie-Wirtschaft stammt. Folglich hat die Region einen hohen Lebensstandard und einen intensiven Grenzverkehr von Arbeitskräften und Verbrauchern, auch von Studierenden, aufzuweisen. Sie ist dreisprachig, wobei alemannische und andere Dialekte passives Verstehen erleichtern. Die regionale Kooperation begann nach dem Zweiten Weltkrieg, der zwei »Erbfeinde« und einen neutralen Staat gegeneinandergestellt hatte, mit Städtepartnerschaften. In den 1970er Jahren folgte die Oberrhein-Konferenz; mit der Unterzeichnung einer Regierungsvereinbarung am 22. Oktober 1975 in Bonn gaben die deutsche, französische und schweizerische Regierung zum ersten Mal gemeinsam ihrem Wunsch Ausdruck, die grenzüberschreitende regionale Zusammenarbeit zu organisieren, regelmäßige Kontakte zu pflegen und sich gemeinschaftlich mit Fragen zu beschäftigen, die alle Partner betreffen. Das zur Oberrhein-Konferenz gehörende »Forum Kultur« versteht sich als Koordinator, Informant und Berater von Initiatoren grenzüberschreitender Kulturprojekte und betreut auch selbst Initiativen und Programme aus verschiedenen Kulturbereichen.

Seit den 1990er Jahren profitiert die Region »Oberrhein« auch vom Interreg-Programm der EU, über das ebenfalls zahlreiche Kunst- und Kulturprojekte gefördert werden. Dabei geht es unter anderem darum, das kulturelle Erbe gemeinsam aufzuarbeiten und dabei auch kontroverse Sichtweisen – etwa auf die Ereignisse des Ersten Weltkriegs – gelten zu lassen.[80] Seit den 2000er Jahren bestehen Eurodistrikte und Einrichtungen der »Trinationalen Metropolregion Oberrhein«, die außer Hoheitsträgern auch zivilgesellschaftliche Akteure zusammenführen. Kulturelle und touristische Themen spielen dabei ebenso eine Rolle wie die Förderung einer grenzüberschreitenden Wissenschaft.[81] Ähnliche, historisch weniger belastete Beziehungen bestehen in der Bodenseeregion, die schwäbische, Vorarlberger und Schweizer Bezirke und Kantone sowie Liechtenstein umfasst, oder in der Region um Triest, einst Kriegsgebiet und Hot Spot des Kalten Krieges, heute ein Dreiländereck zwischen Italien, Österreich und Slowenien, das der historischen Stadt Triest etwas von ihrem Glanz zurückgegeben hat.[82]

Was alle diese Transregio-Kooperationen eint: Sie sind unspektakulär, lebensnah und ausbaufähig. Sie heben sich vor allem wohltuend von der Selbstbezogenheit solcher regionalistischer Bewegungen ab, die sich von größeren (nationalstaatlichen) Einheiten in deutlich wohlstandschauvinistischer Absicht absetzen und abspalten, wie die Lega Lombarda in Norditalien vom Mezzogiorno und dem armen Süden. Unterstützt werden kann diese Regionalisierung durch neue Formen transnationaler Staatsbürgerschaft, die in der Makroregion, aber auch über deren Grenzen hinaus politische Beteiligung unterhalb der Nationalstaaten bieten. Wichtig ist, dass solche Verbünde auch in ärmeren Regionen, beispielsweise an der polnisch-tschechischen Grenze, funktionieren und sogar – warum nicht – als Partnerschaft von Regionen, die gar nicht benachbart sind, sich aber kulturell durch eine spezielle Aufgabenstellung verbunden fühlen.

Die aufgeführten Beispiele für erfolgreiche transregionale Kooperation in einigen Fällen, aber auch die Fehlanzeigen in anderen demonstrieren, dass ein »Europa der Regionen« sich heute, anders als in den 1970er Jahren, nicht mehr an kultureller Differenz, sondern zur Pflege von Gemeingütern herausbildet – und dies insbesondere in Form kultureller Kooperation. Die Aktivitäten in Form von Städtepartnerschaften, Museumskooperationen, Schüleraustauschprogrammen und dergleichen Formate bereichern nicht nur die beteiligten Regionen, sie leben vor, was für Europa als Ganzes gilt: Zusammenarbeit und ein Wir-Gefühl, das keinesfalls an nationalen Grenzen Halt macht. Regionale und Städte-Netzwerke können über ihre unmittelbaren Themen hinaus auch den Anstoß geben für transregionale und globale Kooperationen auf den Gebieten des Klima- und Meeresschutzes und der Wasserversorgung.[83]

GLOBALE VERANTWORTUNG: BEISPIEL AFRIKA

Ein markiges »Europa zuerst!« überhaupt wagen zu können setzt eine klare Verpflichtung der Union auf die Offenheit ihrer Grenzen voraus, speziell für Asylsuchende, aber auch für Einwanderer, sowie die tätige Absicht, mit ihrerseits kooperationsbereiten Gesellschaften der näheren Peripherie und der restlichen Welt zusammenzuarbeiten. Europa unterhält seit seinem Neuanfang 1945 ein wachsendes und im Verhältnis zu anderen Großregionen und Kontinenten am weitesten ausgebautes Beziehungsgeflecht, das nicht nur Handel und Investitionen umfasst, sondern in besonderer Weise kulturelle und lebensweltliche Dimensionen beinhaltet. Man denke an das Netzwerk der

Städtepartnerschaften, die Reisefreudigkeit europäischer Touristen und die Wirkung nationaler Kulturinstitute, die zunehmend als europäische in Erscheinung treten.

Gewiss hat dieses breit gespannte Netz klaffende Löcher und hässliche Flecken: Waffenexporte in Krisengebiete, Abschottung zur »Festung Europa«, dubiose Geheimdienstaktivitäten, organisierte Kriminalität, das erpresserische Moment in Handelsverträgen und Investitionen, zumal gegenüber Partnern in der »Dritten Welt«. Aber solche Erscheinungen werden in der europäischen Bürgergesellschaft zugleich am meisten kritisiert und bekämpft. Im Vergleich zur neoimperialen Politik der Vereinigten Staaten, der Volksrepublik China oder der Russischen Föderation, ganz zu schweigen von regionalen Spielern im Mittleren Osten, strebt die Europäische Union heute eher benevolente Außenbeziehungen an, wenngleich es an deren Umsetzung noch häufig mangelt.

Jüngstes Versäumnis an der europäischen Peripherie war, dass die EU die freiheitliche Dynamik des »Arabischen Frühlings« übersehen, die demokratisierenden Ansätze nicht genügend gefördert und sich in den darauf folgenden blutigen Bürger- und Stellvertreterkriegen der Verantwortung entzogen hat. In diesem Abschnitt soll skizziert werden, wie die Außenbeziehungen Europas gegenüber der südlichen Mittelmeerregion und den Ländern Afrikas gestaltet werden könnten.[84] Der SPD-Kanzlerkandidat Martin Schulz brachte diesen Schwerpunkt, wie schon in seiner Zeit als EU-Parlamentspräsident, alternativ zu der von der Trump-Administration geforderten Pauschalerhöhung der Militärausgaben der NATO-Staaten auf zwei Prozent des BIP in die Debatte: »Wenn wir die Summen, die jetzt manche für noch mehr Rüstung ausgeben wollen, in den Aufbau einer Mittelmeerunion investieren würden, mit klaren wirtschaftlichen Perspektiven für die nordafrikanischen Staaten, würde uns das sicherer machen als jede Aufrüstung.«[85] Aber das ist höchstens der Umriss einer kohärenten Außenpolitik.

Denn wer ist in diesem Zusammenhang »wir« – die Bundesregierung, hiesige Unternehmen und zivilgesellschaftliche

Initiativen oder nicht besser die europäische Koordination eines Marshallplans für Nordafrika und den Mittleren Osten? Davon ist die EU meilenweit entfernt, ihre Mitgliedstaaten verfolgen im Mittelmeerraum und in der Krisenzone zwischen Libyen und Afghanistan schlecht koordinierte, oft widersprüchliche und bisweilen konfrontative Strategien, deren Gemeinsamkeit im Negativ-Fokus der Flüchtlingsabwehr liegt.[86] Die Uneinigkeit, wie den Diktaturen in Libyen und Syrien zu begegnen sei, wie man mit Ägypten und Tunesien verhandelt, was in Algerien oder im Irak zu tun sei, liegt offen zutage und ist Residuum der Großmachtrollen, die speziell Frankreich, Großbritannien und Italien in der Region einmal spielten.

Eine dreiköpfige Autorengruppe legte für das Treffen der EU-Finanzminister auf Malta im April 2017 ein Strategiepapier zur Förderung privater Investitionen in Nordafrika unter bestimmten politischen Rahmenbedingungen vor. Dazu gehört, dass Kredite und Subventionen internationaler und europäischer Finanzinstitutionen an Standards guten Regierens, der Rechtsstaatlichkeit und des fairen Wettbewerbs gebunden sind, ebenso an Reformen des in diesen Ländern besonders schlecht entwickelten Bildungssystems und an wirksame Maßnahmen gegen die weit überdurchschnittliche Arbeitslosigkeit von jungen Menschen.[87]

Diese Mission gilt vor allem auch für Afrika südlich der Sahara, von wo künftig das Gros der Flüchtlinge übers Mittelmeer nach Europa drängen wird. Wie oft schon wurden Marshallpläne für Afrika ausgerufen und wie häufig sind sie an Bürgerkriegen, Hungersnöten und Dürrekrisen gescheitert! Wenn die europäische Gesellschaft »Fluchtursachen« und »Armut« bekämpfen will, muss sie vor allem faire Handelsverträge schließen, die afrikanischen Produzenten die Luft zum Atmen lassen und fragile Märkte schützen. Sie muss den Hunger nach Rohstoffen wie Kupfer, Coltan, Kobalt, seltenen Erden, Uran und Diamanten zügeln, aus deren Verkauf sich die korrupten Kleptokraten alimentieren, die auf demokratische Mehrheiten keine Rücksicht nehmen müssen.[88]

Die Europäer müssen Demokratiebewegungen und Oppositionsgruppen unterstützen und das Appeasement gegenüber Potentaten einstellen, die Menschen- und Bürgerrechte mit Füßen treten, aber für »Migrationspartnerschaften« (= Internierungslager) gebraucht werden. Sie müssen dafür sorgen, dass die talentiertesten und wachsten Kräfte sich nicht nach Europa aufmachen müssen, wenn sie ein Leben in Würde und Wohlstand führen wollen.[89] Sie müssen durch die Unterstützung des Hinterlandes, beispielsweise durch den Aufbau von Agro-Citys verhindern, dass die Landflucht in die Mega-Citys weitergeht.[90] Und sie müssen innerafrikanische Kooperationen fördern. Mit *tied aid*, also konditionierter Kooperation, und der Förderung von Selbsthilfe kann Europa das große Potential einer afrikanischen Entwicklung aktivieren.

Enge Kooperation mit Afrika steht ganz oben auf der Agenda der deutschen G20-Präsidentschaft 2017 und der deutschen Kanzlerin, die darin den besten Beitrag zur »Fluchtursachenbekämpfung« sieht. Das ist insoweit richtig, als das Ziel nicht sein kann, weitere Massen von qualifizierten, jungen Afrikanern nach Europa ziehen zu lassen, sondern ihnen Perspektiven zu Hause zu eröffnen. Aber es ist naiv anzunehmen, mit einem von außen induzierten Wirtschaftswachstum einen Rückgang der Migration zu erwarten – erfahrungsgemäß ist es eher umgekehrt.[91] Die Partnerschaft mit Afrika spielt auch für China eine große Rolle, ebenso für die Vereinten Nationen und die BRICS-Staaten, die Vorschläge für eine Süd-Süd-Zusammenarbeit unterbreiten.[92] Der für wirtschaftliche Zusammenarbeit zuständige Minister Gerd Müller hat erneut einen Marshallplan für Afrika ins Spiel gebracht, der in Zusammenarbeit mit Frankreich auf den Weg zu bringen wäre; die EU-Finanzminister schlagen einen »Compact with Africa« vor.

Anregungen gibt es genug, und das nun seit Jahrzehnten – warum zeigt der »Schwarze Kontinent« also immer wieder das Bild, das Martin Bröckelmann-Simon, Geschäftsführer der Hilfsorganisation Misereor, in einer Osterbotschaft gezeichnet hat: »Etwa 1,5 Milliarden Menschen leben derzeit in gut 50 Ländern, die von Gewalt, Konflikten und unsicheren politischen Verhältnissen geprägt sind. Generell werden Staaten dann als fragil (zerbrechlich) angesehen, wenn ihre Regierungen nicht willens oder in der Lage sind, staatliche Grundfunktionen in den Bereichen Sicherheit, Recht oder Sozialwesen zu erfüllen, wenn die Institutionen sehr schwach oder vom Zerfall bedroht sind und es der politischen Führung an Legitimität mangelt. In so einem fragilen Staat zu leben heißt, täglich der Willkür von Polizei oder Gangs ausgesetzt zu sein, keine Rechtssicherheit zu haben, die Kinder nicht zur Schule schicken zu können, weil der Weg dorthin zu gefährlich ist oder es gar kein funktionierendes Bildungssystem gibt. Es bedeutet, keinen Zugang zu angemessener medizinischer Versorgung zu haben, die Felder nicht bestellen und den eigenen Lebensunterhalt nicht – oder nur unter Lebensgefahr – verdienen zu können. Unter den Bedingungen fragiler Staatlichkeit florieren Korruption und organisierte Kriminalität, ebenso wie Armut und Hunger.«[93]

Voraussetzung für das Gelingen eines wirtschaftlichen Strukturwandels in Afrika ist also eine politische Transformation. Denn nicht nur ungerechte Handelsbedingungen, sondern auch das fatale Wirken korrupter afrikanischer Staatsklassen verhindern nachhaltige Entwicklung. »Auch wenn internationale Handels-, Finanz-, Entwicklungs- und Sicherheitspolitiken wichtige Beiträge leisten können, liegt die nachhaltige Entwicklung des europäischen Nachbarkontinents primär in den Händen afrikanischer Regierungen und Gesellschaften«[94], schreibt die Politikwissenschaftlerin Christine Hackenesch. Ähnlich formuliert es der ehemalige Direktor des GIGA-Instituts in Hamburg: »Es ist die alleinige Aufgabe der Staaten Afrikas, ihre Entwicklung in die Hand zu nehmen. Kooperation kann hierbei lediglich unterstützen, aber ihnen die Eigenverantwortung nicht abnehmen.«[95]

Den Afrika-Analysen mangelt es zumeist an einer europäischen Dimension und dem gemeinsamen Willen, den Hypotheken der postkolonialen Epoche radikal zu Leibe zu rücken: asymmetrische Handelsbeziehungen, Fixierung auf Agrargüter und Bodenschätze, Primat geostrategischen Denkens und militärischen Handelns, Kooperation mit lokalen Autokraten. Vor allem Frankreichs Politik ist kritikwürdig, und auch wenn das Auftreten der Weltmächte China und USA in Afrika noch weit problematischer ist, fehlt es an einer supranationalen Koordination der EU-Länder. Im Mittelpunkt einer veritablen Entwicklungszusammenarbeit müssten junge Afrikaner beiden Geschlechts stehen, die sich als Unternehmer, Forscher und Manager hervortun wollen, daran aber durch das Fehlen einer innerafrikanischen Infrastruktur und durch korrupte Verwaltungsstrukturen gehindert werden und genau aus solcher Frustration heraus den riskanten Weg nach Europa suchen.

WESTFÄLISCHER FRIEDEN IM MITTLEREN OSTEN?

Es kommt nicht alle Tage vor, dass ein amtierender Außenminister sich per Skype von der UN-Generalversammlung bei einem akademischen Kongress meldet, wie im Herbst 2016 beim Deutschen Historikertag in Hamburg geschehen. Frank-Walter Steinmeier, der zu Staatsgeschäften abwesende Festredner, hatte den Historikern virtuell Wichtiges mitzuteilen: wie man aus der Geschichte lernen kann. Dieses Mal nicht aus der Geschichte des »Dritten Reiches«, sondern weit zurück aus dem Schicksal des Heiligen Römischen Reiches Deutscher Nation und den Friedensschlüssen von Münster und Osnabrück 1648, die den verheerenden, vornehmlich auf deutschem Boden ausgetragenen Dreißigjährigen Krieg beendeten. Steinmeier nahm sie als Blaupause für den gegenwärtigen, ebenfalls schon Jahrzehnte andauernden Krieg im Nahen und Mittleren Osten.[96]

Zwei Wochen später machte die renommierte US-Fachzeitschrift *Foreign Affairs* mit dem gleichen Thema auf. Das Autorengespann Michael Axworthy und Patrick Milton beschrieb, wie weit die Analogie reichen könnte: »Der Westfälische Friede kann zwar nicht als Blaupause für einen neuen Vertrag in einer anderen Region herangezogen werden, aber doch als Anleitung und Werkzeugkasten für Ideen und Techniken der Aushandlung eines künftigen Friedens dort.« Diese Hoffnung bezogen sie aus ersten Ergebnissen des Forschungsprojekts »A Westphalia for the Middle East« am Centre of Geopolitics and Grand Strategy (CoGGS) des Department for Politics and International Studies an der University of Cambridge unter der Leitung des renommierten Historikers Brendan Simms. Das ist eines von diversen »Laboratories for World Construction«, interdisziplinären Teams von Akademikern und Praktikern der internationalen Beziehungen, die aus der Fülle der historischen Erfahrungen Ratschläge für künftige Lösungen entwickeln sollen.[97]

Die Kernfrage ist natürlich, ob die Analogie zutreffend ist, und wenn ja, was die Menschheit aus der Geschichte konkret lernen kann. Die Historikergruppe identifizierte im Westfälischen Frieden drei Kernelemente: die Reform des »Heiligen Römischen Reichs Deutscher Nation«, den Religionsfrieden zwischen den christlichen Konfessionen und die Verträge des Reiches mit den damaligen Großmächten Frankreich und Schweden unter Beteiligung weiterer Mächte. Eine ähnliche Diplomatenrunde hatte es zuvor nicht gegeben; sie verstand sich als informelle Versammlung von Abgesandten, die 1647/48 über konfessionelle Grenzen hinweg Möglichkeiten für einen Friedenskompromiss ausloteten. Die Intervention einer »dritten Partei«, Spaniens, galt als besonders wichtig. Damit regelten äußere Mächte das Kräftegleichgewicht zwischen dem Kaiser (Ferdinand III.) und den Fürsten, die Bündnisse untereinander und mit auswärtigen Mächten schließen durften, sofern sich diese nicht gegen den Kaiser richteten. Auf ihren Territorien waren sie souverän, blieben aber dem Kaiser als feudalem und juristischem Oberhaupt untergeordnet.

Der entscheidende Faktor (und das diplomatische Meisterstück) war der Religionsfriede, der auf legalem, nicht länger militärischem Wege zustande kam. Vorbild war der Augsburger Religionsfriede von 1555, der schon eine religiöse Koexistenz vereinbart und strittige theologische Dispute ausgeklammert hatte. Im Westfälischen Frieden wurden die Calvinisten neben Katholiken und Protestanten als dritte Konfession anerkannt.

1624 wurde dazu als das »normative Jahr« ausgewählt, zu dem das Eigentum von Kirchen, Klöstern etc. und der Status quo von Territorien festgestellt wurde. Die Fürsten konnten ihren Untertanen die Konfession nicht länger vorschreiben, und sie konnten die Konfessionalität eines Gebiets durch Übertritt in eine andere Religionsgemeinschaft nicht länger verändern. Trotz der katholischen Mehrheit im Reichstag konnten die protestantischen Fürsten nicht mehr überstimmt werden, es herrschte konfessionelle Parität und ein Vetorecht in den Gerichtshöfen.

Die Historikergruppe um Brendan Simms hat zwischen der Lage Europas im 17. Jahrhundert und der aktuellen Situation im Mittleren Osten »erstaunliche Ähnlichkeiten« konstatiert, die ich in voller Länge zitieren möchte: »(...) die Länge und Intensität des Konflikts, die verwirrende Komplexität der Streitpunkte, die Bedeutung innerer Rebellionen, die sich zu breiteren Konflikten ausweiteten, und die Einschaltung äußerer Mächte. Da ist ferner die Intensität der religiösen Animosität unter den Kampfbeteiligten, die Multipolarität der internationalen Szenerie, die Rivalität unter den zahlreichen Fürstendynastien und die Fusion bzw. Konfusion der religiösen und politisch-rechtlichen Angelegenheiten. Beide Konflikte kennen die Nutzung kleinerer Stellvertreter durch größere Mächte, um ihre Gegensätze auszutragen; und die Hereinziehung neuer Mächte in den Konflikt aus der Befürchtung, ihre Sicherheitsinteressen würden beschädigt, wenn sie passiv blieben. Beide Konflikte erlebten auch die Anwendung neuer Informationstechnologien, des Buchdrucks im 17. Jahrhundert und des Internets heute, zur Anstiftung sektiererischer Bestrebungen, und beide führten zu einem ungeheuerlichen Ausmaß menschlichen Leids. (...). Auch wenn das religiöse Sektierertum für Machtkämpfe ausgenutzt wurde, war es ein destabilisierender Faktor eigener Art. Vor dem Dreißigjährigen Krieg hatte ein tragfähiger Kompromiss zwischen den katholischen und lutherischen Fürsten bestanden, aber die imperiale Politik hatte im späten 16. Jahrhundert konfrontativere und konfessionellere Züge angenommen. Analog verschlechterten sich die Beziehungen zwischen Sunniten und

Schiiten in den letzten rund 30 Jahren, während eher säkular ausgerichtete Kräfte in der Region an den Rand verdrängt wurden.«

Viele Spezialisten der frühneuzeitlichen Geschichte wie der internationalen Beziehungen haben hier eine zu starke Analogiebildung konstatiert[98]; aber sie könnten wohl mit der Lehre übereinstimmen, welche die Historikergruppe gezogen hat, »dass ein wirksames Abkommen zur Herstellung einer Friedensordnung mit einer multilateralen Konferenz oder mit einem Kongress beginnen muss, an dem die wichtigsten regionalen Akteure in Verhandlungen eintreten. Die Beteiligung sollte so inklusiv sein wie möglich, doch einige besonders störende und widerwärtige Akteure müssten ausgeschlossen bleiben. Exilanten, die gegen die Habsburger aufgestanden waren, waren von den westfälischen Verhandlungstischen ausgeschlossen, so wie der IS es heute sein würde. Alle Verhandler müssen bereit sein, flexibel zu arbeiten und neue diplomatische Grundlagen zu schaffen.«

Direkt an Steinmeiers Rede für den Hamburger Historikertag angelehnt, bestätigten die Autoren, »dass in kritischen Phasen (wie 1647/8) die Rolle einer ›dritten Partei‹ kleinerer Mächte entscheidend sein kann, um dem Friedensprozess eine entscheidende Wendung zu geben. Er (Steinmeier) bemerkte, dass europäische Nationen eine solche Rolle im Mittleren Osten spielen könnten, und man kann hinzufügen, dass die Verhandler in Westfalen nicht auf einem dauerhaften Waffenstillstand beharrten, bevor sie die Friedensgespräche einleiteten. Die Verhandlungen begannen und setzten sich fort, während die Kämpfe andauerten, und sie waren affiziert vom wechselhaften Kriegsgeschehen. Im Verlauf der Verhandlungen mussten die Beteiligten ein Verhältnis wechselseitigen Vertrauens aufbauen, sie mussten mehr Transparenz über ihre Sicherheitsinteressen gewähren und so ein Gefühl für das geteilte Interesse an einem dauerhaften Frieden entwickeln. Das war damals nicht einfach und ist es heute auch nicht, aber es ist möglich. Es dauert seine Zeit.«

Historische Analogiebildung ist das eine, ein konkretes Verhandlungsszenario – in unserem Zusammenhang also eine »KSZMO« – das andere, gerade angesichts der Millimeterfortschritte, die zuletzt in den Friedensverhandlungen zu Syrien (oder zur Ukraine) erreicht und durch massive Rückschläge immer wieder zunichtegemacht wurden. Derzeit ist nicht absehbar, wie die iranisch-saudische Rivalität abgebaut, wie das Schisma zwischen Sunna und Schia überwunden werden kann und welche Instanzen die positive Rolle der Gerichtshöfe des 17. Jahrhunderts in der Region übernehmen sollten. Und die Defizite und Unterschiede sind kaum zu übersehen. Der Mittlere Osten kennt keine supranationale Justiz nach Art des Europäischen Gerichtshofes, die Vereinten Nationen können kein Äquivalent für Konfliktlösungsmechanismen anbieten. Und ob sich die EU – machtlos und diskreditiert, wie sie in der ehemaligen Kolonial- und Protektoratsregion dasteht – in ihrem zerstrittenen Zustand durchsetzen kann, ist höchst fraglich.

Offen ist also, wer die Rolle Schwedens und Frankreichs als externe Garantiemächte heute spielen könnte – und ob eine solche Rolle irgendwann auf eine erneuerte, selbstbewusster gewordene Europäische Union zulaufen könnte oder eher ein Comeback der ehemaligen Supermächte bevorsteht, die in der Region schon seit Jahrzehnten Stellvertreterkriege geführt haben und führen. Die schwierigste Frage ist am Ende, welches analog zum Westfälischen Frieden das »normative Jahr« sein sollte, auf das die Uhr gewissermaßen gestellt werden müsste, um die Kriege in Syrien und im Irak, im Jemen und in Bahrein zu beenden.

Entscheidend ist, wie sich das künftige Verhältnis zwischen den Vereinigten Staaten und dem Iran entwickeln wird. Präsident Trump, für den der Iran das »Reich des Bösen« ist, setzt auf die Allianz mit den wahabitischen Saudis, von denen die größte finanzielle und moralische Unterstützung des IS kommt, und führt mit enormen Waffenlieferungen die unselige Ausrichtung der US-amerikanischen Außenpolitik unter George W. Bush fort. Das höhlt den Iran-Deal (das Atomabkommen JCPOA) seines Vorgängers aus und setzt dessen Architekten im Iran, den wiedergewählten Staatspräsidenten Rohani, unter Druck. Mit den Salafisten unterstützt Amerika die ärgsten Feinde des Westens und faktisch auch die Hardliner in Teheran; so riskiert Trump den heißen Krieg zwischen den Regionalmächten im Mittleren Osten.[99] Und das trotz der faktischen Kooperation mit dem Iran gegen Baschar al-Assad und den IS, was den Eindruck einer erratischen Politik des Weißen Hauses wie des State Department verstärkt und das Verhältnis zu den beiden anderen Stakeholdern in der Region, Russland und Türkei, weiter strapaziert.

Auch für Europa hat diese erratische US-Politik unter Trump Folgen. Die Außenbeauftragte der EU, Federica Mogherini, ließ Rohani per Tweet wissen, die EU stehe bereit, »gemeinsam an der umfassenden Umsetzung des JCPOA, bilateralem Engagement sowie Frieden in der Region zu arbeiten und die Erwartungen aller Menschen in Iran zu erfüllen« (@FedericaMog).[100] Konkret beträfe das die Handelsausweitung mit dem Iran, die einer Erneuerung oder Verschärfung der Sanktionen durch Washington entgegenlaufen und einen Konflikt mit den USA bedeuten würde. Es bedarf eines Zeichens aus Teheran, dass man sich an Buchstaben und Geist des JCPOA hält und eine militärische Nutzung der Atomenergie ausschließt und dass die Unterstützung schiitischer Milizen auf der »schiitischen Route« von Teheran über den Irak und Syrien bis in den Libanon und nach Jemen zurückgefahren wird. Die EU-Regierungen haben mit der Aufnahme der Nuklearverhandlungen 2003 bewiesen, dass sie eigenständig handeln können, und der Iran müsste einsehen, dass er beim Wegfall der früheren Unterstützung durch die Obama-Administration nunmehr stärker auf Europa angewiesen ist. Beide möglichen Szenarien – die aus Erschöpfung, Einsicht und Egoismus gemischte Kooperationsbereitschaft ebenso wie eine zugespitzte kriegerische Konfrontation zwischen den Regionalmächten bzw. zwischen Russland und Amerika, China nicht zu vergessen – erzwingen eine engere Koordination von Politikzielen, -strategien und -instrumenten der Europäischen Union.

Wenn sie die Gespenster der eigenen Geschichte, die Monster des Ultranationalismus vertreibt, könnte sie auch als Friedensmacht nach außen wirken.

Diesbezüglich kann Europa eine Alternative bieten zu dem Rückzug, den die Vereinigten Staaten als Ordnungs- und Gestaltungsmacht vorzunehmen scheinen, und zu dem großen Design, das die Volksrepublik China gerade an ihrer Stelle entworfen hat. Das Prestigeprojekt läuft unter dem Titel »Neue Seidenstraße«; es wurde 2013 skizziert und mit einer Gipfel-Veranstaltung im Mai 2017 offiziell inauguriert. Unter dem Namen »Ein Gürtel und eine Straße« werden nach historischem Muster der antiken Seidenstraße Land- (und See-)Wege nach Europa, Afrika und Südasien sowie Korridore nach Pakistan und in die Mongolei bzw. nach Russland gebahnt, eine durch gewaltige Infrastrukturprojekte verbundene Kette von Industriezonen, die selbstverständlich dem chinesischen Außenhandel dienen sollen.[101] Die chinesische Regierung behauptet, keine Bedingungen daran zu knüpfen und ein Gegenmodell zum historischen und aktuellen »Aufzwingen westlicher Werte« zu bieten, ein »public good«, das China der Welt schenkt und damit nichts anderes als einen alternativen Pfad der Globalisierung. Diese Ankündigung beißt sich aber mit der praktischen Umsetzung, die häufig neokoloniale Züge annimmt. Europa muss hier aus historischen Gründen, aber auch im Blick auf Defizite heutiger Entwicklungszusammenarbeit vorsichtig sein mit Kritik, aber es kann von dieser Initiative zumindest lernen, dass ein konsistent und explizit europäisches Projekt einer anderen Globalisierung fehlt.

»Europa beginnt in Sarajewo« hieß eine Initiative europäischer Intellektueller, die den Jugoslawien-Krieg mit seinem hochsymbolischen Ort der bosnischen Kapitale Sarajewo im Europa-Wahlkampf 1994 zum Thema machen wollte.[102] Das gelang außerhalb Frankreichs nicht sonderlich gut, und es war der US-amerikanischen Intervention zu verdanken, dass der Krieg in Bosnien, in dem es zu einem in Europa nach 1945 unvorstellbaren Völkermord gekommen war, Mitte der 1990er Jahre beendet werden konnte. An diese Abhängigkeit vom US-Militär erinnert man sich, wenn Präsident Trump den europäischen NATO-Ländern jüngst den militärischen Rückhalt aufkündigte und die deutsche Bundeskanzlerin davon sprach, auf manche, gemeint waren die USA, könne man sich »nicht mehr verlassen«. Damit nahm die sehr sinnvolle und überfällige Diskussion Fahrt auf, wie sich Europa künftig besser selbst verteidigen und in Kriegs- und Bürgerkriegssituationen im Innern wie an seiner Peripherie adäquat (was nicht notwendigerweise heißt: mit Waffengewalt) eingreifen könnte. Trump hat, wie schon viele vor ihm ohne diese Wirkung, vor allem die Tatsache ins grelle Licht gerückt, dass die EU-Staaten mit ihren jeweils nationalen Streitkräften vor sich hin manövrieren, es aber weder ein gemeinsames strategisches Konzept noch eine Arbeitsteilung der Kapazitäten, noch eine koordinierte Rüstungsbeschaffung gibt. Im Juni 2017 sind dazu geeignete Initiativen in Richtung einer gemeinsamen EU-Armee gestartet worden, die Europas Unabhängigkeit auch auf diesem Feld stärken können – eine notwendige Ergänzung der zivilen Anstrengungen.[103]

Die auswärtigen Beziehungen Europas können seine innere Handlungsfähigkeit stärken; umgekehrt ist eine föderative und nachhaltige Bürger- und Sozialunion attraktiv für die Welt und hilfreich für die Anrainerstaaten. Mögen Kooperationsprojekte in Afrika und im Nahen und Mittleren Osten auf den ersten Blick als Aufgabe professioneller Diplomatie wirken (die sie durchaus sind), so sind sie zugleich ein Betätigungsfeld der europäischen Bürgergesellschaft, deren Nichtregierungsorganisationen weltweit unterwegs sind. Wenn man in diesen nüchternen, depressiven Zeiten also ein wenig pathetisch werden darf, steht Europa bestenfalls vor einer neuen bürgerlichen Revolution. Diese stellt dem Neofeudalismus des globalen Finanzkapitals eine wiederhergestellte Staatlichkeit entgegen, die den Wohlfahrtsstaat zeitgemäß in Kraft setzt. Gegen den platten Utilitarismus setzt sie ihre universalen, aber regional, sprachlich und kulturell geerdeten Bildungsideale. Gegen die Regression der Öffentlichkeit stellt sie eine erweiterte politische Teilhabe, gegen den Abbau von Produktionsstätten eine transformierte Industrie, die im Einklang mit der natürlichen und sozialen Umwelt steht. So weit die Theorie – dass und wie es auch praktisch geht, will dieses Buch nun anhand zahlreicher hoffnungsvoll stimmender Beispiele aufzeigen.

III FREIBEUTER: PRAXIS EUROPA

Wenn Du ein Schiff bauen willst, dann trommle nicht
Männer zusammen, um Holz zu beschaffen, Aufgaben zu vergeben
und die Arbeit einzuteilen, sondern lehre die Männer
die Sehnsucht nach dem weiten, endlosen Meer.
Antoine de Saint-Exupéry[1]

Aus der Zukunftswerkstatt begeben wir uns zurück ins Getümmel, in den Wellengang der Gegenwart, die viele Zeitgenossen als aufgewühlt, wetterwendig und voller Untiefen empfinden. Was in der Zukunftswerkstatt in Ruhe und aus der Distanz an Plänen reifte, muss sich in der politischen und sozialen Praxis bewähren, an manifesten Interessen beweisen. Akteure müssen neue Interessen stärken und Macht generieren. Im folgenden Kapitel steht die »Praxis Europa« im Zentrum, sind die politisch Handelnden also im Fokus, deren Aufgabe es ist, neue Lösungen in die sich radikal verändernde Welt zu tragen. Sie stehen im harten Wettbewerb mit Kräften, die alles beim Alten belassen wollen und re-aktionär in einen Zustand zurückstreben, in dem angeblich alles besser war. Oder sie haben es mit Utopisten zu tun, denen die konkrete »Meliorisierung« der Gegenwart lästig ist. In diesem Parallelogramm ist der pragmatisch Handelnde angesiedelt, dessen Aktionen Max Weber wesentlich agonal ausgerichtet sah, nämlich »am vergangenen, gegenwärtigen oder für künftig erwarteten Verhalten anderer (Rache für frühere Angriffe, Abwehr gegenwärtigen Angriffs, Verteidigungsmaßregeln gegen künftige Angriffe)«. Akteure setzen sich gegen etwas in Bewegung und für etwas ein, was »Empfindungen der verschiedensten Art: Heiterkeit, Wut, Begeisterung, Verzweiflung und Leidenschaften aller Art hervorrufen«[2] kann. Der Schwerpunkt dieses Kapitels liegt weniger auf der Renovierung der normativen Ordnung, auch wenn es den Protagonisten des neuen Europas nicht zuletzt um Werte und Normen geht, auch nicht auf der Reform der europäischen Republik[3], er liegt bei den umstrittenen *Policies* und in den leidenschaftlichen *Politics* und wirkt damit auf die *Politie* des vereinten Europas zurück.

RENAISSANCE DES JUNGEN EUROPA

Warum Europa? Wo ist Europa? Wie soll Europa 2030 sein? Drei Fragen nach Grund, Ort und Form. Die Initiative Praxis Europa[4] hat sie im Lauf des Jahres 2017 unter Freunden und bei öffentlichen Veranstaltungen in Umlauf gebracht. Leicht fielen die Antworten nicht, allzu rasch verfällt man in salbungsvolle Worte im Stil von Karlspreis-Verleihungen – oder in eine Schimpfkanonade nach Art der Euroskeptiker. Oder es greift zu den üblichen Floskeln (»In Vielfalt geeint«), wem auf Anhieb nichts Konkretes, Originelles einfallen will. Natürlich ist man für (oder gegen) »Europa«, aber warum genau? Heute muss jedem klar sein: Europa kann als politische Union nur überleben, wenn die europäischen Bürgerinnen und Bürger sich bewusst machen, was sie an Europa haben, wozu sie es in Zukunft brauchen und wie es sich verändern muss – und wenn sie sich dem schrägen Chor von Euroskeptikern und Pessimisten mit lauter Stimme entgegenstellen.

Europa ist längst da, und das ist gut so. Aber klar ist auch, dass es nicht bleiben kann, wie es derzeit (verfasst) ist. Der vor allem von linken Parteien und Gruppierungen immer wieder angekündigte Politikwechsel kann nur dann erfolgreich sein, wenn er organisierte Form annimmt. Die Stärke einer »progressiven« Agenda resultierte in der Geschichte der bürgerlichen und sozialistischen Revolutionen stets aus dem Organisationsgrad und der damit verbundenen Widerstandsfähigkeit von Akteuren und Bewegungen, die zunächst ressourcenschwach waren, sich aber vereint einer bestehenden Machtkonzentration entgegensetzten. Wenn Emmanuel Macron seine Wahlkampfmaschine »En marche!« getauft hat, war damit gemeint, dass man für Frankreich und Europa mehr tun kann als ein Kreuzchen in der Wahlkabine machen, aber auch, dass man sich nicht nur gegen etwas empören soll, wozu der verehrte Stéphane Hessel Globalisierungskritiker ermuntert hatte, sondern dass man aufgefordert ist, Europa durch konstruktive Allianzen zwischen engagierten Bürgerinnen und Bürgern weiterzuentwickeln.

In diesem Kapitel werden ein gutes Dutzend exemplarischer Praxis-Initiativen vorgestellt, die überwiegend national oder regional ausgelegt sind, sich aber zu einem Netzwerk in der europäischen Gesellschaft zusammenfügen können, womit Einzelanstößen erst die nötige Wucht verliehen wird. Die europäische Bewegung kann jene Selbstwirksamkeit erreichen, die Umweltbewegte in den letzten Jahrzehnten erlangt und sich über viele Rückschläge hinweg bewahrt haben. Aus der Nische angeblicher »Waldschrate« und »Körnerfresser« (so lauteten beliebte Vorurteile über grüne Aktivisten der ersten Stunde) wurde binnen weniger Jahrzehnte eine weltweite, Millionen Menschen umfassende Bewegung, die nicht nur die menschengemachten Umweltkatastrophen ins allgemeine Bewusstsein rückte, sondern den Vorschein eines besseren, ökologisch ausgerichteten Lebens aufleuchten ließ. Wenn die vielen lokalen Ansätze eines politischen Engagements auf analoge Weise europäisches Format annehmen, können sie, ohne ihr Lokalkolorit zu verlieren, die in Teil II geöffneten »Körbe« für eine neue politische Agenda füllen.

Zunächst sollen exemplarische europäische Bürgerinitiativen, Denkfabriken und Magazine gewürdigt werden, von denen einige seit Jahren aktiv sind, andere erst in den letzten Monaten – nicht zuletzt um den Populisten entgegenzutreten. Vorgestellt werden sie ohne die im politischen Betrieb übliche politische Einordnung und Bewertung. Denn sämtliche Pro-

Europa-Initiativen eint das Ziel, die schweigende Mehrheit der Europäer für ein Bekenntnis zur politischen Union zu mobilisieren, Praxis-Alternativen auf den Weg zu bringen und über Reformschritte für ein anderes und besseres Europa nachzudenken. Sie alle zeigen, dass man Plattformen für ein attraktives Narrativ des »Futur zwei« schaffen kann, die der Jeremiade vom Niedergang Europas und des Westens entgegenwirken.

BEWEGUNG

Einleiten sollen den europäischen Reigen die Organisatoren der Demonstrationen vom 25. März 2017 anlässlich des 60. Jahrestags der Unterzeichnung der Römischen Verträge, die vier Tage vor Einreichung der Brexit-Erklärung in Rom selbst, aber auch in London und vielen anderen europäischen Metropolen auf die Straße gegangen sind.[5] Senior der Initiatoren war die Union der Europäischen Föderalisten (UEF) (www.federalist.eu), die ein im besten Sinne ehrwürdiges Alter erreicht hat. Gegründet unter dem Eindruck der zweiten Katastrophe des europäischen Nationalismus nach dem Zweiten Weltkrieg, hat diese supranationale Vereinigung ihren Sitz in der informellen EU-Hauptstadt Brüssel und in Den Haag, wo viele multilaterale Initiativen im 20. Jahrhundert ins Leben gerufen wurden. Die UEF hat zwei Dutzend nationale Sektionen mit rund 20 000 Mitgliedern. Vorrangige Ziele sind die Demokratisierung der Europäischen Union und die Schaffung eines föderalen europäischen Bundesstaats, also jener Vereinigten Staaten von Europa, von denen die Gründergenerationen europäischer Föderalisten seit dem 19. Jahrhundert und erneut nach 1945 geträumt haben. Die stärksten Sektionen sind die *Europa-Union Deutschland*, das italienische *Movimento Federalista Europeo* und die *Europäische Föderalistische Bewegung* in Österreich.

Als aktive Jugendorganisation treten die *Jungen Europäischen Föderalisten* (JEF) auf. Sie sind Mitglied der Dachorganisation *European Movement International*, ein transeuropäisches Netzwerk von Organisationen in 39 Ländern, das am 25. Oktober 1948 auf dem »Europa-Kongress« in Brüssel gegründet wurde und zuletzt den *March of Europe* mitgestaltet hat. Der französische Verband der jungen Föderalisten organisierte im März 2017 die *European Youth Convention* mit 150 Repräsentanten aus 38 Ländern, denen die Erarbeitung einer neuen, von den Bürgern mitkonzipierten Europa-Verfassung oblag.[6]

Viele gleichgesinnte dezentrale Gruppen können genannt werden: An der Freien Universität Brüssel sitzen die Initiatoren der kleinen Gruppe *Eyes on Europe*, in Berlin und Brandenburg die Urheber der Kampagne *The European Moment*, die am 25. März gestartet wurde und am 9. Mai nach dem »hoffentlich positiven französischen Wahlausgang« einen Europatag im Rahmen des »Ride for Europe« ausrichtete.

The European Moment demonstriert jeweils am letzten Samstag im Monat, während die 2016 gegründete Bürgerinitiative *Pulse of Europe* (PoE), in Frankfurt am Main von einem bis dato »unpolitischen« Paar, den Frankfurter Rechtsanwälten Daniel und Sabine Röder, gestartet, mittlerweile in Dutzenden deutscher und europäischer Großstädte regelmäßig sonntags um 14 Uhr zu Demonstrationen aufruft, die lokal verschieden gestaltet werden. Dann steigen blaue Luftballons auf, die Demonstranten tanzen auf den Straßen, und die Europahymne an die Freude erklingt, für die Noten und Text ausgegeben werden, damit jeder sie mitsingen kann. Dem entspricht, dass ein Präsidentschaftsbewerber in Paris sich im allgemeinen EU-Bashing ebenfalls in den Sternenkreis auf blauem Grund stellt und zu seinem Wahlsieg die Europahymne spielen lässt. *Pulse of Europe* hat Entsprechungen überall in Europa gefunden, nicht zuletzt in Budapest bei *Momentum*, in Bukarest bei den Antikorruptionsprotesten und in der südosteuropäischen Provinz, die genau deshalb keine mehr ist.[7]

Diesen Zusammenkünften, die für den Stimmungswechsel im Frühjahr 2017 anlässlich der Parlamentswahlen in den Niederlanden und der Präsidentschaftswahlen in Frankreich bedeutsam waren, wurde einige Skepsis entgegengebracht. Ulrike

Guérot zum Beispiel, die sich früh für eine Vertiefung der Europäischen Union engagiert hat, äußerte: »Ich finde es großartig, dass die Deutschen endlich mal für Europa auf die Straße gehen, dass viele intuitiv verstanden haben, dass etwas passieren muss und dass Deutschland nicht ohne Europa kann. Und doch stellt sich die Frage: Was machen wir jetzt damit?« Dann legte sie nach: »Das ist so eine Art bürgerliches Kaffeetrinken geworden, was da gerade passiert. Man stellt sich bei schönem Wetter auf den Berliner Gendarmenmarkt, es ist freundlich und gemütlich, die Leute haben ihre Kinder dabei, blau-gelbe Luftballons schweben über allem. Das ist das traditionelle Bildungsbürgertum, das ein Zeichen setzen will, weil es durch die akute Gefahr des Rechtspopulismus (...) aufgewacht und ernsthaft besorgt ist.« Die Zurückhaltung von PoE, sich rechts oder links, grün oder rot zu positionieren, identifizierte sie als unpolitisch. »Es ist leicht, das anzugreifen, und die Hoffnung ist, dass man über Emotion zum Inhalt kommt (...). Wenn die Bewegung keinen inhaltlichen Akzent setzt, wäre auch mit ihr nichts gewonnen.«[8]

Hier sind alle Vorbehalte angemeldet: zu bürgerlich, zu harmlos, zu unpolitisch. Auf die Nachfrage, ob eine »so kritiklose Europabegeisterung nicht dem Neoliberalismus Vorschub« leiste, antwortete Guérot: »Wenn sie das nicht merken, gebe ich ihnen keine Chance. Dann kann auch im Ausland nicht erkannt werden, was die Deutschen wollen – dass es nicht darum gehen kann, dass das deutsche Europa einfach weitergeht. Insofern hat Pulse jetzt eine doppelte Aufgabe. Sie müssen erstens politisch formulieren: Europa ja, aber EU nein. Und zweitens müsste man ins Ausland spielen: Wer hier auf die Straße geht, sind die Bürger, die im Zweifelsfall nicht mitbekommen haben, welche Verantwortung Deutschland an der Krise hat, welches Missmanagement stattgefunden hat.«

Die Antwort der PoE-Organisatoren kam rasch und entschieden: Ausdehnung auf weitere europäische Städte, Abstand zu allen Parteien, minimale Professionalisierung mit zwei aus dem Spendenaufkommen bezahlten Mitarbeitern, Streckung des Demonstrationsrhythmus auf einen Monat – und ausdrücklich keine inhaltliche Fokussierung, aber Intensivierung auf die Bundestagswahl hin.[9] Das ist genau der Weg, den Bürgerinitiativen und soziale Bewegungen stets gegangen sind. »Europa« an sich bildet keine Spaltungslinie, und es ist auch kein Thema, das sich für eine klassische Rechts-links-Dichotomie eignet, insofern ist es vernünftig, eine »leere« Mitte zu bilden, in der sich Europafreunde aus allen Lagern treffen und ausdrücken können. Das politische Wunder, das *Pulse of Europe* und andere darstellen, besteht doch genau darin, dass ein solches Unthema wie Europa eine so kräftige Mobilisierung bewirkt, dass es Menschen auf die Straße und in Workshops bringt, die bisher »völlig unpolitisch« waren, aber »etwas« tun zu müssen meinten, um das Vordringen der autoritären Nationalisten und den Zerfall der Europäischen Union zu verhindern; Menschen, die nicht länger »schweigende« Mehrheit, sondern aktive Minderheit mit einem mehrheitsfähigen Thema sein wollten. Hier ist ein politischer Anfang gesetzt worden, der natürlich wie so viele zuvor in sich zusammenfallen, der sich aber auch zu etwas Größerem entwickeln kann. Immerhin waren PoE-Teilnehmer auch in Dresden oder Dortmund unterwegs, wo bisher eher Pegida und Hooligans gegen Salafisten aufgetreten waren.[10]

Ein wichtiger Partner der UEF ist die Spinelli Group (www.spinelligroup.eu), ein fraktionsübergreifendes parlamentarisches Netzwerk von EU-Föderalisten, gegründet im Herbst 2010 und geleitet von EU-Parlamentariern wie Guy Verhofstadt, Daniel Cohn-Bendit, Sylvie Goulard und Isabelle Durant. Dieser Lenkungsgruppe gehören Promotoren der europäischen Idee an wie Jacques Delors und Joschka Fischer sowie Intellektuelle wie, um nur zwei bekannte Deutsche zu nennen, der (mittlerweile verstorbene) Soziologe Ulrich Beck und die Politikwissenschaftlerin und zweimalige Kandidatin für das Amt des Bundespräsidenten Gesine Schwan. Der Namensgeber Altiero Spinelli (1907–1986) war ein italienischer Politiker, der seine Laufbahn als Kommunist im antifaschistischen Widerstand begann und zu den Gründungsvätern des vereinten Europa zählt. Die Spinelli Group verfolgt das Ziel, den politischen Entscheidungen und

Grundsatzdiskussionen im Europaparlament einen föderalistischen Impuls zu geben. Jüngeren Lesern sei Spinellis Manifest aus dem Jahr 1941 in Erinnerung gerufen, in dem er während seiner Festungshaft auf der Insel Ventotene auf dem Höhepunkt der faschistischen Machtentfaltung mitten im Zweiten Weltkrieg die Vision niederschrieb, »einen Bundesstaat zu schaffen, der auf festen Füßen steht und anstelle nationaler Heere über eine europäische Streitmacht verfügt. Es gilt, endgültig mit den wirtschaftlichen Autarkien, die das Rückgrat der totalitären Regime bilden, aufzuräumen. Es braucht eine ausreichende Anzahl an Organen und Mitteln, um in den einzelnen Bundesstaaten die Beschlüsse, die zur Aufrechterhaltung der allgemeinen Ordnung dienen, durchzuführen. Gleichzeitig soll den Staaten jene Autonomie belassen werden, die eine plastische Gliederung und die Entwicklung eines politischen Lebens, gemäß den besonderen Eigenschaften der verschiedenen Völker, gestattet.«[11] Eine aktuelle Entsprechung dieses Gründungsmanifestes ist das Krisenmanifest von *Civico Europa*, der neue Name der Bewegung »The May 9 Movement« (M9M), die am Europatag 2016 von Persönlichkeiten aus Politik und Kultur als Bürgerverein ins Leben gerufen worden ist.[12]

In urföderalistischem Geist gründete Spinelli nach dem Krieg die UEF, wirkte als Ratgeber und über das von ihm geleiteten *Istituto Affari Internazionali* an den ersten Schritten zur Europäischen Gemeinschaft mit und wurde in den 1970er Jahren EU-Kommissar und Abgeordneter im EU-Parlament. Als entschiedener Gegner eines engen Intergouvernementalismus, der Europa über den Ministerrat regiert, gehörte er 1984 mit gleichgesinnten »Krokodilen« zu den Initiatoren eines Vertragsentwurfs für eine Europäische Union, der bis heute nur teilweise realisiert ist. Es wäre zu hoffen, dass ehrwürdige »Dinosaurier« wie Spinelli wiederentdeckt und gelesen werden, jetzt, da nach einer langen Phase der Europamüdigkeit die europäische Bewegung durch eine Vielzahl von Demonstrationen und Manifesten wieder höhere Pathosfähigkeit erlangt und als emotional bewegendes Projekt begriffen wird.

Eine weitere Mitveranstalterin des »March for Europe« zum 60. Jahrestag der Römischen Verträge war *Stand up for Europe*. Gegründet im Dezember 2016 von vier Einzelpersonen, hat die Plattform mittlerweile rund tausend Mitglieder, eine Online-Zeitschrift *Europe Today* und rund 80 000 Follower auf Facebook. Ebenfalls als Facebook-Seite wurde im März 2014 zu Beginn der Ukraine-Krise mit heute fast 50 000 »Likes« *My Country? Europe* ins Leben gerufen. Derzeit erblühen erfreulich viele solcher Neugründungen. Das *European Youth Forum*, eine Plattform von 99 Jugendorganisationen, veranstaltet jährlich das YO!Fest, 2017 zum Thema »Generation Maastricht«, und organisiert öffentliche Debatten mit dem EU-Jugendministerrat. *Why Europe* ist ein studentisches Graswurzelprojekt, das 2016 gegründet wurde und eine Facebook-Seite gestaltet hat, auf der unter anderem die Eingangsfrage dieses Kapitels gestellt wird: Warum Europa?[13]

Zeitgemäß gibt es außer den analogen Auftritten der Europafreunde auch virtuelle: Auf der Petitionsplattform *Campact* hat die UEF einen offenen Brief für ein »tolerantes, friedliches und zukunftsfähiges Europa« gepostet mit dem Ziel, 100 000 Unterzeichner zu gewinnen, was im Frühjahr 2017 erreicht wurde. Hier bestehen Querverbindungen zu *Pulse of Europe* und *European Moment*. *Campact* und *38 Degrees* finanzieren auch die Online-Kampagnen von *WeMove.EU*, die auf EU-Entscheidungen Einfluss nehmen wollen. Die *Campact*-Schwesterorganisation *de-clic* mobilisiert als Graswurzelorganisation in Rumänien, die dortige *Young Initiative Association* ist eine in Bukarest angesiedelte NGO, die sich im Rahmen von Erasmus+ mit Bildungsprojekten befasst. Verwandt ist *Ukraine StopFake.org*, eine Plattform gegen antieuropäische Propaganda in der Ukraine, die Falschinformationen aus russischen Quellen korrigiert. Auf entsprechende polnische und ungarische Initiativen kann hier nur verwiesen werden.

Als Zwischenfazit ist festzuhalten: Etwas sehr Unwahrscheinliches, eine soziale und politische Bewegung für Europa und den Erhalt beziehungsweise Ausbau der Europäischen Union, ist in den Jahren seit 2015 entstanden. Unwahrscheinlich deshalb, weil »Europa/EU« nach den Erkenntnissen der Bewegungsforschung ein wegen seiner Allgemeinheit überaus schwer zu mobilisierendes Thema ist und eine Pro-Haltung in der Regel kaum zieht.[14] Die Montagsdemonstrationen in der späten DDR (»Wir sind das Volk!«) waren gegen das SED-Regime gerichtet, spätere Montagsdemonstrationen gegen »Hartz IV« und die Schlechterstellung von ostdeutschen Arbeitnehmern und Rentnern, aktuelle Pegida-Demonstrationen richten sich gegen die Flüchtlingspolitik in Europa und gegen die Regierung der Großen Koalition. Mobilisiert wird auch gegen AfD/Pegida, gegen Rüstung und kriegerische Akte, etwa bei den Ostermärschen, gegen die restriktiven Abtreibungsregelungen in Polen, gegen Donald Trump und seine Politik, gegen den G20-Gipfel in Hamburg, gegen die Schließung der Central European University in Budapest und gegen die Privatisierung öffentlichen Raums am Gezi-Park in Istanbul. Die dezidiert proeuropäische Haltung der eben skizzierten Initiativen weicht von diesem Kontra-Muster deutlich ab, und das ist der Grund dafür, warum die Demos auf viele Betrachter »inhaltsleer« und die Manifeste teilweise als Gemeinplätze erscheinen. Parallel laufen auch weiterhin Demonstrationen gegen Europa/EU, zum Beispiel am 25. März 2017 in Rom von italienischen Neofaschisten oder von Freihandelsgegnern in Brüssel.

Spezifischer und ausdrücklich politisiert sind dagegen die Auftritte weltanschaulich ausgerichteter Gruppen, von denen im Folgenden einige genannt werden sollen: Überparteilich ist die gemeinnützige Organisation *Making Europe Again* unter der Schirmherrschaft des Europaparlaments und der EU-Kommission, die im April 2017 in Rom mit der Veranstaltung »Reshaping the European Project« hervorgetreten ist. Parteipolitisch ist die *European Liberal Youth* (LYMEC), ein Zusammenschluss der liberalen Jugendverbände in Europa und gleichzeitig Jugendorganisation der ALDE-Fraktion mit Sitz in Brüssel. Sie hat mehr als 250 000 Mitglieder in 60 Mitgliedsorganisationen in

33 Ländern, und sie hat ebenfalls am »March for Europe« 2017 teilgenommen.

Restart Europe Now! (restart-europe-now.eu/) ist eine im rot-rot-grünen Spektrum beheimatete Initiative der SPD-Politikerin und Politologin Gesine Schwan, die im Januar 2016 ins Leben gerufen wurde. Ziel ist eine »Schubumkehr« in der deutschen Europapolitik. Zeigen möchten die Initiatoren, dass es in Deutschland Kräfte gibt, die die technokratische Regelfixiertheit und vermeintlich alternativlose Sparpolitik Brüssels und Berlins kritisieren, ohne darüber zu grundsätzlichen Europakritikern zu werden. Gefordert wird eine Europapolitik, die den Zusammenhalt fördert, Solidarität stärkt und der innereuropäischen Vielfalt gerecht wird. *Restart* äußert sich zu diversen tagespolitischen Fragen, namentlich zur Aufnahme und Integration von Flüchtlingen und zum Schuldenabbau in Südeuropa. Strategisch wird hier nicht nur ein Linksbündnis in Deutschland anvisiert, sondern auch ein Ende der Polarisierung zwischen dem »reichen Norden« und dem »armen Süden« der EU, ohne dabei in eine Konfrontation mit Berlin einzutreten.

Das ist stärker der Fall beim *Democracy in Europe Movement 2025*. DiEM25 ist eine europaweite linke Basisbewegung für ein demokratischeres und sozialeres Europa, die auf den ehemaligen griechischen Finanzminister und Ökonomen Yanis Varoufakis zurückgeht. Mitglieder des Koordinierungskollektivs sind unter anderem Noam Chomsky, Brian Eno, Elif Shafak und Srećko Horvat, im Board sind klingende Namen vertreten wie Julian Assange, Saskia Sassen, Slavoj Žižek und weitere aus dem »Gotha der Globalisierungskritik«. Der Leitspruch von DiEM25 lautet: »Die EU wird entweder demokratisiert, oder sie wird zerfallen.« Im Unterschied zu Strömungen, die mit einem »lexit« – einem »linken Exit« aus der EU – liebäugeln, ist es das erklärte Ziel von DiEM25, den Zerfall durch eine tiefgreifende Demokratisierung der Union abzuwenden. Die Bewegung setzt sich in diesem Sinne für eine verfassunggebende Versammlung ein, deren Beschlüsse bis 2025 umgesetzt werden sollen. Zu diversen Themenfeldern, etwa einem »New Deal« für Europa, wurden Positionspapiere ausgearbeitet. Darüber hinaus laufen verschiedene Petitionen, etwa »#StopTheDeal« mit dem Ziel, das Türkei-EU-Flüchtlingsabkommen vor Gericht zu bringen. Es bestehen vielfältige Möglichkeiten, sich einzubringen (etwa durch kostenlose Mitgliedschaft, ehrenamtliche Tätigkeiten, aktive Teilnahme in Lokalgruppen etc.).

STRATEGIE

Für eine stärkere Intellektualisierung und die Bereitstellung von Expertise sorgen sodann Denkfabriken wie das Jacques Delors Institut (www.delorsinstitute.eu/), ein forschungsorientierter Thinktank, der 1996 von Jacques Delors, von 1985 bis 1995 Präsident der Europäischen Kommission, unter dem Namen »Notre Europe« gegründet wurde und seinen Sitz in Paris hat. Zusammen mit der Hertie School of Governance wurde 2014 das Jacques Delors Institut Berlin gegründet. Die derzeitigen Schwerpunktthemen des Berliner Büros, dessen Direktor Henrik Enderlein ist, umfassen die Wirtschafts- und Währungsunion, die Außenbeziehungen und Sicherheitspolitik der EU, Energiefragen sowie EU-Institutionen und Governance. Zu den regelmäßigen Veranstaltungen gehört zum Beispiel »EU to go«, ein 30-minütiges Frühstück im Delors-Institut am Pariser Platz in Berlin mit EU-Input der Delors-Wissenschaftler.

Die »Europäische Republik« (www.european-republic.eu/de/) ist eine Initiative des *European Democracy Labs*, einer NGO in Berlin, gegründet und geleitet von der erwähnten Politologin und Publizistin Ulrike Guérot. Durch ihre Bücher *Warum Europa eine Republik werden muss!* und *Der neue Bürgerkrieg* erreichte Guérots konkrete »EUtopie« größere Bekanntheit. Sie plädiert darin für die Etablierung der ersten postnationalen Demokratie der Welt, die schrittweise bis 2045 realisiert werden soll. Der Vorschlag sieht eine neue Bürgerunion mit einem europäischen Senat vor, der die Regionen vertritt, einem direkt zu wählenden europäischen Präsidenten sowie einem Parlament, über dessen Zusammensetzung die Bürger nach dem Prinzip »eine Person, eine Stimme« bestimmen.

Polis180 ist ein junger Grassroots-Thinktank für Außen- und Europapolitik in Berlin, der wissenschaftliche Erkenntnisse in den politischen Diskurs einbringen und sich als Sprachrohr der jungen Generation engagieren will. Unter den Themen Migration, Frieden, Digitalisierung und Datensicherheit teilt sich das Programm in drei Bereiche auf: europäische Identität, Post-Brexit-Europa und europäische Sicherheitspolitik. In Blogbeiträgen, Publikationen, Veranstaltungen und interaktiven Debattenformaten geht es um Ideen für die Zukunft Europas.

European Alternatives (euroalter.com/) ist ein transnationales Netzwerk von Einzelpersonen und Vereinen mit Sitz in London und anderen europäischen Städten, das sich für ein postnationales Europa einsetzt. Gegründet wurde es 2007 von Lorenzo Marsili und Niccolò Milanese, Geschäftsführerin ist Daphne Büllesbach, die außerdem das Berliner Büro leitet und für das »Transeuropa Festival« (2017 in Madrid) und den »Campus of European Alternatives« verantwortlich ist. Mit einer Vielzahl von Kampagnen, Publikationen und Projekten wird unter dem Motto »imagine, demand, and enact« für eine transnationale Demokratie auf dem Kontinent gefochten. Die Initiative hat den Charlemagne-Preis des Europäischen Parlaments und den »Civil Society Prize« des Europäischen Wirtschafts- und Sozialausschusses erhalten. Interessierte können online Mitglied werden, in mehreren Städten gibt es zudem Lokalgruppen.

Advocate Europe ist ein Beispiel für diverse proeuropäische Stiftungsinitiativen, darunter ein Ideenwettbewerb von *MitOst* in Zusammenarbeit mit *Liquid Democracy*, gefördert von der Stiftung Mercator, die bis zu zwölf zukunftsweisende transnationale Vorschläge zur Stärkung des Zusammenhalts in Europa mit bis zu 50 000 Euro fördert, zum Beispiel »Europäische Dimension im Ruhrgebiet stärken«.

Als Beispiel für einen ostmitteleuropäischen Thinktank sei das *Bulgarian Centre for Liberal Strategies* (www.cls-sofia.org/en/) genannt, das 1994 als forschungsorientierte NGO gegründet wurde und originelle wie analytisch tiefschürfende Beiträge zu EU-Themen vorgelegt hat, zuletzt die Bilanz »10 Years of Bulgarian Membership in the European Union: Success and Challenges«. Spiritus Rector ist der Sozialwissenschaftler Ivan Krastev, langjähriger Fellow am Institut für die Wissenschaften vom Menschen (IWM) in Wien und Gründungsmitglied des *European Council on Foreign Relations* sowie der *International Crisis Group*, der mit Leitartikeln für die *New York Times* und zuletzt mit dem provokanten Buch *After Europe* in Erscheinung getreten ist. Entsprechende Denkfabriken und NGOs sind das *Project Forum* in Bratislava mit der slowakischsprachigen Website »Salon« und in Ungarn das *Antall József Knowledge Centre*[15] an der Corvinus University of Budapest.

REFLEXION

Komplettieren möchte ich diesen Überblick mit dem Hinweis auf (Online-)Zeitschriften wie *Lettre International, Eurozine* und *Social Europe*, die wichtigen europäischen Debatten den notwendigen Raum bieten und damit unterstützen, woran es so sehr mangelt: eine europäische Öffentlichkeit.

Diese muss sich anders herausbilden als nationale Öffentlichkeiten im 18. und 19. Jahrhundert, die republikanisches und ethnisches *Nation building* begleiteten und kulturell maßgeblich untermauerten. Jürgen Habermas hat in diesem Sinne 2001 in einem vielbeachteten Essay festgehalten: »Man darf sich die fehlende europäische Öffentlichkeit nicht als die projektive Vergrößerung einer (...) innerstaatlichen Öffentlichkeit vorstellen. Sie kann nur so entstehen, dass sich die intakt bleibenden Kommunikationskreisläufe der nationalen Arenen füreinander öffnen.« Er gab auch gleich praktische Anregungen, wie dies vonstattengehen könne: »Die nationalen Medien des einen Landes müssen die Substanz der in anderen Mitgliedsländern geführten Kontroversen aufnehmen und kommentieren. Dann können sich in allen Ländern parallele Meinungen und Gegenmeinungen an derselben Sorte von Gegenständen, Informationen und Gründen herausbilden, gleichviel, woher diese stammen.«[16] So entstünde eine »grenzüberschreitende, aber gemeinsame politische Meinungs- und Willensbildung«. Folgt man dieser Anleitung, so wird man, wie der Kulturwissenschaftler Roman Schmidt und der schwedische Publizist Carl Henrik Fredriksson mit Blick auf europäische Medien schrieben, »auf Verschränkungen, Überlappungen und osmotische Prozesse setzen müssen, die von den bestehenden, das heißt größtenteils nationalstaatlichen Kommunikationsstrukturen und deren Akteuren ausgehen«. Medienverächtern treten die Autoren entschieden entgegen: »Es gibt (immer noch) Medien, die hervorragende Arbeit leisten, und auf sie kommt es an. Mit ihnen muss man arbeiten, um die Europäisierung der Medienlandschaft voranzubringen.«[17]

Supranationale Top-down-Lösungen sind in der Frage der »Europamedien« wenig aussichtsreich: Wo immer Print- und elektronische Medien den nationalen Prozess der Öffentlichkeitsbildung zu imitieren suchten, etwa in der Zeitschrift The European, sind sie gescheitert oder – interessante – Nischenprodukte geblieben. Es ist kein Nachteil für grenzüberschreitende Öffentlichkeit, wenn nationale Partikularitäten bestehen bleiben; sie lassen sich schwer auf ein europäisches Set an gemeinsamen sprachlichen Bildern und Referenzen »eindampfen«. Denn dann wird uninteressanter »Eurotalk« produziert, anämische Texte, die im »Erfahrungszusammenhang« (Negt/Kluge) der Bürgerinnen und Bürger keinen Platz haben.

Das gilt selbst dann, wenn ein Thema von durchaus gesamteuropäischer Relevanz verhandelt wird, das sich gut für eine genuin europäische Debatte eignen würde. Werden die Beiträge dazu von einer zentralen Stelle aus für ganz Europa verfasst, sind sie in den jeweiligen nationalen Öffentlichkeiten, in denen sie weiterhin ihre Leser finden müssen, nicht anerkannt und konkurrenzfähig. Sicherlich: Man findet gelegentlich die syndizierten Meinungsstücke von Intellektuellen wie Jürgen Habermas und Jacques Derrida, etwa 2003 mit der Forderung, Europa müsse sich von der amerikanischen Irakkriegsstrategie distanzieren, oder von Carl Bildt, Joschka Fischer und ähnlichen Elder Statesmen, aber als kontinuierliche Europadebatte (jenseits von *EUobserver* und ähnlichen Fachinformationsmedien) funktionieren sie nicht.

Das müssen sie auch gar nicht: Europäische Öffentlichkeit ist schließlich nicht erst hergestellt, wenn »wir« in ein und demselben Medium schreiben, sondern wenn viele Europäer über dieselben Themen reden und Kontroversen darüber austragen; wenn wir uns also als europäische Gesellschaft wahrnehmen und über Meinungen und Gegenmeinungen in anderen Diskursräumen wenigstens kursorisch informiert werden. Ein Argument kann dabei »deterritorialisiert« und in einem anderen Diskurs »reterritorialisiert« werden. Die Argumente verlieren dann ihren nationalen Marker, flottieren frei, und es kann zu transnationalen Allianzen kommen, die unselige, das Trennende betonende Fixierungen wie »Franzosentheorie« oder »la pensée allemande« vermeiden. Darauf gilt es hinzuwirken. Und in diesem Sinne muss ein gesamteuropäisches Transformationsprojekt, wie es in Teil II in drei »Körben« ausgebreitet wurde, in je lokale Gegebenheiten rückübersetzt werden, was im Folgenden ansatzweise geschehen soll.

Zuvor sollen aber noch zwei europäische Print- bzw. Online-Magazine vorgestellt werden, die in diesem Prozess sehr weit gediehen sind und gegen widrige Bedingungen des Zeitschriftengewerbes lange Jahre und viele EU-Krisen überlebt haben. Der Klassiker ist *Lettre International*, 1984 im Pariser Exil gegründet von dem tschechischen Publizisten Antonin Liehm. Diese Zeitschrift war von Anfang an als europäisches Netzwerk konzipiert, wobei die Ausgaben in anderen Ländern größtmögliche Autonomie genießen sollten und jeweils von Partnern vor Ort gegründet und finanziell verantwortet wurden. Der Kooperationsmodus war idealiter: 50 Prozent gemeinsame Texte aus dem Pariser Artikelpool, 25 Prozent Texte, die zwischen den Ausgaben zirkulieren; 25 Prozent rein lokale Texte, die die Verankerung am Ort des Erscheinens sichern. Im Verständnis von

LI waren osteuropäische Autoren nicht im Rollenstereotyp des »Dissidenten«, sondern mit Selbstverständlichkeit in alle europäischen Debatten einzubeziehen. LI hat in Frankreich bis 1993 existiert, das Netzwerk hat sich weitgehend aufgelöst (oder ist in Eurozine übergegangen), es besteht aber weiterhin eine Zusammenarbeit zwischen den noch existierenden Editionen in Madrid, Budapest, Bukarest und Berlin, wo die heute weitaus größte und erfolgreichste Ausgabe erscheint.

Roman Schmidt begründet den Erfolg des Blattes so, dass man bei LI nicht versucht habe, hinter das Zeitalter der Nationen zurückzufinden zu einer idealisierten pränationalen Gelehrtenrepublik (die es so, vermutlich, ohnehin nie gegeben hat). »Vielmehr trug das Überlappungsmodell der Erkenntnis Rechnung, dass sich die gemeinsame europäische Anstrengung in unterschiedlicher Gestalt artikulieren muss. Was im Lettre-Netzwerk zu reaktualisieren versucht wurde, war jenes Paradigma der ›kulturellen Übersetzung‹, das einmal, mit den Namen Goethe und Humboldt verbunden, als Modell einer kommenden Weltliteratur gelten durfte, ehe sich sein diffiziles Gleichgewicht in der Romantik zugunsten der nationalkulturellen Affirmation auflöste.«[18] Daran wäre wieder anzuknüpfen – die Idee einer europäischen Zeitschrift von mehreren Orten aus zu entwickeln und sich auf einen Kooperationsmodus zu einigen.

Auch das zweite Projekt verdankt seine Existenz dem europäischen Moment zu Beginn der 1980er Jahre. Eurozine ging aus einem jährlichen Treffen von Zeitschriftenmachern hervor, das erstmals im September 1983 im schweizerischen Bossey stattgefunden hatte. Initiator war der WDR-Redakteur Hans Götz Oxenius (dessen Anstalt die Zusammenkünfte anfangs auch finanzierte). Mit der Etablierung des Internets dachte man über ein Online-Magazin nach. 1997 präsentierten Klaus Nellen, Fellow am Institut für die Wissenschaften vom Menschen in Wien und Herausgeber der Zeitschrift Transit, und Walter Famler, Redakteur der Literaturzeitschrift Wespennest, das Konzept für eine gemeinsame Website als »Vitrine« der beiden Zeitschriften. Seit 1998 ist Eurozine selbständig aktiv. Heute verbindet das Magazin rund achtzig politisch-kulturelle Partnerzeitschriften aus ganz Europa und bietet darüber hinaus die Website *eurozine.com* mit eigener Redaktion für Originalbeiträge. Partnerzeitschriften steuern Beiträge bei, die von *Eurozine* ins Englische übersetzt werden und damit den anderen Netzwerkteilnehmern zur Verfügung stehen. Außerdem gibt es, wie später bei *perlentaucher.de* und *eurotopics.net*, eine regelmäßige Zeitschriften- und Debattenrundschau. Die Leitidee war ursprünglich, das Englische als Relaissprache zu setzen, etwa nach dem Muster: Eine schwedische Zeitschrift entdeckt einen für sie interessanten Text einer bulgarischen Zeitschrift, weil dieser durch *Eurozine* ins Englische übersetzt wurde. *Eurozine* fungiert heute weiterhin als »Vitrine«, versucht jedoch, über ihre Partnerzeitschriften zunehmend bestimmte Themen in die nationalen Debatten einzuspeisen, indem die Redaktion thematische Dossiers zusammenstellt.

AGENTEN DES WANDELS: EIN GUTES DUTZEND EUROPA[19]

Wie viele Divisionen der Papst habe, soll die rhetorische Frage gelautet haben, die Josef Stalin 1935 dem französischen Außenminister Pierre Laval beim Abschluss des gegen Hitler gerichteten französisch-sowjetischen Beistandspaktes gestellt haben soll, als Laval ihn auf eine Lockerung der Christenverfolgung in der Sowjetunion ansprach, um die Unterstützung des Papstes zu gewinnen.[20] Wenn heute gefragt würde, wie viele Bataillone Europa denn habe (oder ob es mittlerweile eine Telefonnummer besitze[21]), fielen die Antworten wohl unterschiedlich aus: Die einen würden Europa schon zu viel Militärmacht zusprechen, andere die EU als ohnmächtigen Spielball ansehen. Die einen sehen Europa als Wirtschaftsgiganten, der seine Produktionsmuster und einen auf Vergeudung angelegten Massenkonsum dem Rest der Welt aufoktroyiert, andere sehen die EU als Koloss auf tönernen Füßen, der im Rennen mit den anderen Global Playern, darunter den BRICS, den aufsteigenden Wirtschaftsmächten des globalen Südens, zurückfällt. Einige sehen die Alte Welt durch ihre koloniale Vergangenheit und postkoloniale Kontinuität moralisch am Ende, andere erhoffen sich von ihr die Rettung der universalen Menschenrechte und der liberalen Demokratie.

Von Pathos und Prophetie möchte ich mich fernhalten, aber zu beobachten ist, dass sich eine Art zivile *lévée en masse* entwickelt, die Europa nicht einfach einem Verfallsdatum ausliefern möchte. Es gilt, Farbe zu bekennen, weniger für die eine oder andere politische Orientierung als für konkrete Ziele, die nur gesamteuropäisch und transnational zu bewältigen sind. Längst gibt es eine Vielzahl von Menschen und Bürgerinitiativen, die man als »Agenten des Wandels« bezeichnen kann und von denen einige im Folgenden exemplarisch beleuchtet werden sollen. Wer Europa verbessern will, braucht Programme, eine effektive Verwaltung, technische Innovationen und wirtschaftliche Anreize, aber mindestens so wichtig sind europaaktive Bürgerinnen und Bürger, die vorangehen, Druck machen, Dynamik erzeugen. Diese Aktivbürger, der Sauerteig der Demokratie als Herrschafts- und Lebensform, informieren sich, werden konsultiert, wirken an konkreten Lösungen mit, bewerten den Reformprozess mit ihren Voten.

Solche Menschen identifizieren wir als Agenten des Wandels, als zivilgesellschaftliche Akteure, die in den hier ausgewählten Feldern von Teilhabe, Solidarität und Nachhaltigkeit erfinderisch sind und ihre Ideen als Vorbilder kommunizieren. Soziologen definieren eine »soziale Innovation« als »Neukonfiguration sozialer Praktiken«[22], und genau dafür stehen die Agenten (oder Pioniere) des Wandels. Manche handeln bewusst und ausdrücklich, andere eher implizit mit »normalem« bürgerschaftlichem Engagement, das von der Betreuung älterer Menschen über Nachbarschaftshilfe bis zur Inspiration von Unternehmen durch eine ideenreiche Belegschaft reichen kann. Von ihren »peers«, ihresgleichen also, werden sie als glaubhafte Quelle der Veränderung wahrgenommen.[23] Agenten des Wandels schließen an unterschiedliche Lebenswelten an und nehmen in der Sprache der Systemtheorie eine »strukturelle Koppelung« vor zwischen formellen Bürokratien und informellen Netzwerken, zwischen lokalem, alltagsweltlichem Wissen und dem Expertenwissen etwa einer Verwaltung.

In der Tradition eines politischen Erziehers wie des Amerikaners John Dewey heißt das »demokratischer Experimentalismus«[24], und was damit konkret gemeint ist, kennt jeder, der in jüngster Zeit die spontane Solidarität mit Flüchtlingen in formelle Strukturen lokaler Administrationen hat übergehen sehen.[25] Wir können ähnliche Phänomene in der Europafrage beobachten, die hier anhand eines guten Dutzends exemplarischer Geschichten aus der europäischen Gesellschaft erzählt werden soll. Ausgesucht sind sie aus tausend möglichen (die der Autor nicht kennt, aber die Leser kennen mögen) nach drei Kriterien: dass sie (a) ein originär transnationales Problem bearbeiten, welches (b) für die Weiterentwicklung der europäischen Demokratie zentral ist, und (c) durch Agenten des Wandels bzw. eine innovative Organisation verkörpert wird.

Man findet im Folgenden Vorhaben, die ganz grundsätzlich den Wesenskern demokratischer Gesellschaften sichern sollen – wie die Bekämpfung von Korruption, der Schutz von Minderheiten und der Kampf für elementare Menschen- und Bürgerrechte –, solche, die mit Bewusstseinswandel und Investitionslenkung Zukunft gestalten wollen – wie Projekte der Energie- und Verkehrswende –, und schließlich solche, die zivilen Ungehorsam und Widerstand organisieren, wo der demokratische Konsens durch autokratische und diktatoriale Willkür beschädigt ist. Viele der hier aufgelisteten und steckbriefartig beschriebenen Bürgerinitiativen erscheinen als kontrafaktisch und kontraintuitiv: Korruptionsbekämpfung und Minderheitenschutz in Autokratien wirken ebenso unwahrscheinlich oder zum Scheitern verurteilt wie der Atomausstieg in Frankreich oder die Relativierung des Automobils in Deutschland. Aber genau dieses Widerborstige, gegen den »gräßlichen Fatalismus der Geschichte« (Georg Büchner in »Dantons Tod«) Gerichtete macht Hoffnung und zeitigt erste Erfolge. Oft sind es phantasievolle und mutige Einzelne, die das Richtige tun, zumeist kleine und mittlere Gemeinschaften, die als außerparlamentarische Bürgerinitiativen und Nichtregierungsorganisationen auftreten, oft auch Vereine und – nicht zu vergessen – Stabsstellen in Verwaltungen, Parlamenten und Regierungen, die den Wandel anstoßen. Dabei darf man auch die heute so schlecht angesehenen, aber ganz unverzichtbaren Parteien, Verbände und Gewerkschaften nicht vergessen, die weiter als intermediäre Instanzen zwischen Staat und Gesellschaft und im sogenannten Dritten Sektor tätig sind. Zur Macht der Einzelnen und Gemeinschaften muss nämlich das »Gelegenheitsfenster« – altmodischer der *kairos* oder rechte Augenblick – für eine politische Intervention treten, und dazu gehören Ressourcen wie Organisationsfähigkeit, mediale Kommunikations- und Diffusionskanäle, finanzielle Mittel und einflussreiche Netzwerke.

Natürlich kann das folgende Line-up nicht für alle Felder der Körbe-Trias Teilhabe, Solidarität und Nachhaltigkeit repräsentativ oder gar vollständig sein, gleichwohl soll ein roter Faden erkennbar werden, der von der Sicherung elementarer politischer Grund- und Bürgerrechte und dem Schutz von Minderheiten über Elemente der Transformation der europäischen Industriegesellschaft bis zu Selbstbefriedung und Gewaltverzicht führt. Beginnen soll diese Tour d'Horizon an zwölf Leuchttürmen entlang in einer der ältesten parlamentarischen Einrichtungen, im Westminster Palace zu London.

@ FREIHEIT UND WIDERSTAND

ALLEIN IM HIGH COURT

Als die »Frau, die den Brexit kippen könnte«, stellte eine Zeitung die Leiterin einer Investmentfirma, die 51-jährige Millionärin Gina Miller vor.[26] Sie hatte mit einer Klage beim High Court erreicht, dass die Regierung Theresa Mays die Zustimmung des britischen Parlaments zu den Austrittsverhandlungen Großbritanniens nach Art. 50 des Lissabon-Vertrags einholen musste. Miller vertrat die vom obersten Gericht geteilte Meinung, bei einer so existentiellen Entscheidung gelte das Exekutivrecht der Regierung nicht, das Parlament dürfe nicht umgangen werden. Es ging der Klägerin dabei weniger um ihren Standpunkt, Großbritannien solle die Schwächen der EU lieber von innen zu beheben suchen, als die Union zu verlassen, als um die prinzipiellen Rechte von Volksvertretungen. Sie wollte keinen Präzedenzfall, wonach künftig ein Premier oder ein Küchenkabinett allein über Wohl und Wehe des Landes entscheiden dürfe.

Eine Initiative »People's Challenge to the Government on Article 50« unterstützte Miller und organisierte ein zusätzliches Crowdfunding zur Finanzierung der Klage. Weil die aus Guyana stammende, mit einem Hedgefonds-Manager verheiratete Frau, die auch für eine »True and Fair«-Kampagne in der Finanzwirtschaft zeichnet, alles verkörpert, was UKIP-Anhänger und Brexit-Befürworter am weltoffenen, multikulturellen und gelegentlich hyperelitären Britannien hassen, war sie von dieser Seite üblen rassistischen und sexistischen Beschimpfungen ausgesetzt und wurde als »schwarze Witwe« und »Volksfeindin« tituliert. Sie steht tatsächlich auf den Todeslisten der Ultrarechten, lässt sich jedoch auch nach ihrem Sieg davon nicht beirren. Die Essenz des High-Court-Urteils vom 25. Januar 2017 besagt, dass »eine Parlamentsentscheidung erforderlich ist, bevor der Brexit-Prozess ausgelöst werden kann«. Die entscheidenden Sätze (eine Ohrfeige für die Regierung May/Johnson) lauten, dass »eine vom Parlament in Kraft gesetzte Gesetzgebung – der European Communities Act 1972 – das Volk des Vereinigten Königreichs an EU-Recht gebunden hat und dass diese Rechte vom Parlament in einer Weise garantiert sind, dass sie von der Regierung nicht einfach aufgehoben werden können. Indem die Klägerin dieses Argument vortrug, bezog sie sich auf das seit langem etablierte Prinzip, wonach die gesetzlichen Rechte des Parlaments verfassungsgemäß über den Prärogativen der Regierung stehen und letztere hinter dem ersteren Platz machen muss.«[27]

Die Entscheidung führte zu der Abstimmung in beiden Häusern des britischen Parlaments, die Premierministerin May auf jeden Fall vermeiden wollte. Der Brexit wurde dadurch nicht hinausgezögert, weil beide Häuser, trotz schwerwiegender Bedenken, die Volksabstimmung als endgültig ansahen und ihr knappes, aber eindeutiges Ergebnis nicht durch eventuell konträre Voten problematisieren oder gar revidieren wollten. Unabhängig davon hat Gina Miller sozusagen im Alleingang die Ehre des Parlaments wiederhergestellt, die von zahlreichen Abgeordneten missachtet worden war, die nicht auf einer Abstimmung bestanden und dann nicht den Mut hatten, bei der Abstimmung ihrem Gewissen zu folgen. Das ist besonders verwunderlich, da die Wucht der Leave-Kampagne nicht zuletzt dem Argument geschuldet war, das britische Volk habe seine Souveränität und Westminster seine Rechte an demokratisch nicht legitimierte Institutionen in Brüssel abgetreten. »Taking back control!« und »Getting our country back« waren die Parolen, die Rechte wie Linke aufboten. Dabei ging es ihnen aber nicht um Parlamentsrechte (die ja auch Abgeordnete des Bundestags gegen Exekutiventscheidungen der EU und der EZB geltend gemacht haben), sondern den Rechten um eine Begrenzung der Immigration und den Linken um die Aufrechterhaltung von Arbeitsrechtsstandards und den Kampf gegen ungerechte Handelsverträge. Der Regierung wiederum ging es um die Freiheit, nach dem Austritt aus der EU ein Steuerdumping einzuleiten und das Land in eine Art westliches Singapur zu verwandeln – mit einer Variante des dort geübten autoritären Ultraliberalismus, dessen intransparente Machenschaften auf eine weitere Entparlamentarisierung hinauslaufen.

Es sei denn, man hätte mehr entschiedene Demokraten wie Gina Miller, für die ein Parlament keine »Quasselbude« und Volkssouveränität kein Freifahrtschein für den Mob ist, der das »Volk« über das Recht stellt. Hier wird noch einmal die problematische Seite von Referenden und Plebisziten deutlich, die sich anmaßen, eine so intensive Verflechtung wie die zwischen der EU und Großbritannien mit einem Streich zu zerschlagen und damit scheinbar »Klarheit« zu erzeugen. Aus Feigheit und Kurzsichtigkeit hat eine virtuelle Mehrheit britischer Parlamentarier, Tories wie Labour-Abgeordnete, sich dem »Volkswillen« und dem Regierungsdruck unterworfen und gegen das eigene Gewissen gestimmt. Es wäre gut, wenn auch in Protestbewegungen ein Gefühl dafür wächst, welche Bedeutung ein Parlament mit mehr Rückgrat in Zeiten hat, in denen sich präsidiale Autokratien breitmachen, die sich auf Plebiszite stützen und den Volkswillen usurpieren.[28]

Genau genommen müsste die Frage des Brexit parlamentarisch neu verhandelt und entschieden werden. Denn die Kosten des Ausstiegs, die im März 2017 auf 60 Milliarden Euro veranschlagt wurden, aber weit höher liegen dürften, müssen vom britischen Volk getragen und vom Schatzkanzler des Vereinigten Königreichs verantwortet werden, was in einem Land, das so viel auf sein Parlament und sein Rechtssystem hält, wohl kaum ohne deren Mitsprache geschehen darf.[29] Ihre primäre Motivation, die Klage einzureichen, rekapitulierte Miller nach ihrem Erfolg vor Gericht, sei gar nicht Anti-Brexit, sondern Pro-Law gewesen. Wenn man sich gegen die mit der Leave-Kampagne verbundene Lügenpropaganda nicht zur Wehr setze, was würde dann als Nächstes geschehen? Passiv zu bleiben verbot sich für sie im Blick auf ihre Kinder und ihre Familie.[30]

Miller ist, wenn man ihr krass überzeichnetes Medienbild auf menschliches Maß herunterbricht, ein Beispiel für die »Verantwortung des Einzelnen in finsteren Zeiten«. Diese müssen sich nicht erst derart verdunkeln wie in Europa unter der Gewaltherrschaft des NS-Regimes, auf die Hannah Arendt sich bezog.[31] Denn in Frage zu stellen, ob eine schwerreiche Frau ihre Meinung über den Brexit überhaupt äußern dürfe, ist der Beginn einer Ausbürgerung. Den Mund zu halten hieße die Sichtweise der Gegner akzeptieren: »Geh nicht zur Schule, erzähl nicht herum, dass du erfolgreich bist, denn in dem Moment, wo du es bist, gehörst du, selbst wenn du das alles im Schweiße deines Angesichts geschafft hast, nicht mehr hierhin. Dann hast du kein Recht mehr, die Stimme zu erheben oder dich ums Gemeinwohl zu kümmern.« Politisch ist Millers Klage ein Beispiel dafür, wie man den Parlamenten Rechte gegen die Prärogative der Exekutive zurückerobert. Das jüngste Urteil des Europäischen Gerichtshofs, das den nationalen Parlamenten das Recht zubilligt, über die von der EU-Kommission verhandelten Freihandelsabkommen zu entscheiden, weist wohlverstanden ebenfalls in diese Richtung, die Gewaltenteilung zu sichern.[32]

GEGEN DIE KLEPTOKRATIE

Dass Politiker und Beamte in Brüssel korrupt seien und die dortigen Funktionäre und Repräsentanten massiv in die eigene Tasche wirtschaften, ist einer der Hauptvorwürfe populistischer Propaganda gegen die Europäische Union. Es gab und gibt solche Fälle, aber der Vorwurf ist gegen »Europa« weit weniger begründet als gegenüber einzelnen Mitgliedstaaten. Dort sind es, wie gesagt, die Populisten selbst, die, einmal an die Macht gelangt wie im österreichischen Bundesland Kärnten oder in Ungarn, für Korruption extrem anfällig sind.[33]

Eine weltweit tätige Organisation setzt sich seit Jahren kompetent und lautstark mit der grassierenden Korruption auseinander: Transparency International. Sie publiziert auf der Grundlage transnationaler Regeln und nationaler Berichterstattung ein Ranking, auf dessen Platz eins seit vier Jahren Dänemark rangiert, weil es dank hoher Löhne und eines leistungsfähigen Sozialstaats, ähnlich wie weitere nordwesteuropäische EU-Länder, beste Voraussetzungen hat, Korruption zu vermeiden.

Doch das allein reicht nicht: Auch dieses relativ korruptionsfreie Land führt in Verwaltungen und Unternehmen Schulungen durch und hält eine öffentliche Moral hoch, um sein vergleichsweise hohes Niveau der Unbestechlichkeit zu wahren. Und wenn, wie zuletzt, zwanzig Abgeordnete im Parlament ihre Einnahmen nicht offenlegen wollen, wird das öffentlich skandalisiert.

Ungarn (Rang 57), Italien (60), Bulgarien (75), Moldawien (123) sowie Russland und die Ukraine (beide auf Rang 131) haben diese Voraussetzungen und Vorkehrungen nicht. Korruption ist dort oft endemisch und zersetzt das Vertrauen in Regierung und Verwaltung; politisch-finanzielle Oligarchien setzen sich kalt-lächelnd über Moral und Anstand im Geschäfts- und Privatleben hinweg und fühlen sich an politische Mehrheiten und Regeln nicht gebunden. Die dadurch verursachten materiellen und mo-ralischen Schäden sind immens und bedrohen die demokrati-sche Kultur ihrer Länder im Kern. Die wirtschaftlichen, morali-schen und politischen Folgen von Korruption sind eine der Hauptgefahren für die liberale Demokratie und ein Einfallstor für autokratische Tendenzen.[34]

Hoffnung verbreitete zuletzt ausgerechnet das Land, das in Sachen Korruption bereits als hoffnungsloser Fall gewertet wurde: Rumänien. Die Europäische Union hatte vor und nach dem Beitritt des Landes im Jahr 2007 strenge Korruptionskon-trollen verlangt, diese aber zunächst nicht durchsetzen können. Die Nomenklatura der Ceaușescu- und Securitate-Zeit hatte die postsozialistischen Regierungen systematisch durchsetzt und Korruption bei jedem kleinsten Geschäft, bei alltäglichen Be-hördengängen und namentlich im Gesundheitswesen zur Re-gel gemacht. Doch gab es Rumänen, die diese Erniedrigung nicht hinnehmen wollten, so auch die Staatsanwältin Laura Kövesi an der Spitze der von der EU geforderten Ermittlungs-behörde *Direcția Națională Anticorupție* (DNA). Im Jahr 2015 hat sie gegen 1250 Personen Anklage erhoben, darunter gegen einen amtierenden Ministerpräsidenten, fünf Minister und über zwanzig Abgeordnete; ein Teil von ihnen sitzt nun tatsäch-lich im Gefängnis. Knapp 500 Millionen Euro hat die DNA bis-her beschlagnahmt, eine vierstellige Zahl von Verfahren gegen Manager öffentlicher Unternehmen ist anhängig.[35] Als die »so-zialdemokratische« Regierungspartei PSD im Winter 2016/17 die Antikorruptionsgesetze entschärfen wollte, gingen Zigtau-sende Rumänen, überwiegend zwischen 20 und 45 Jahre alt,[36] über Wochen hinweg auf die Straße, auch nachdem die um-strittene Gesetzesinitiative zurückgezogen worden war.[37] Sie demonstrierten weiter, weil es ihnen um mehr ging: um die

Reform der rumänischen Demokratie und die moralische Erneuerung des Landes.

Hier findet man eine Antwort auf die Frage, wozu die EU eigentlich gut sei,[38] denn offensichtlich ist die Europäisierung ganz im Sinne eines guten Teils der (urbanen) Gesellschaft Rumäniens. »Europa« funktioniert als Maßstab, an dem man sich misst, und als »appellative Instanz« (Jörg Requate/Martin Schulze Wessel), an die man sich wendet, um die eigenen Verhältnisse anzuprangern und zugleich, siehe Milan Kunderas »occident kidnappé«, die Solidarität des Westens einzufordern. Auf dem »Platz des Sieges« in Bukarest und in vielen kleineren Städten wie Sibiu und Cluj-Napoca breitete sich Majdan-Stimmung aus, und auch Gebiete unter dem Einfluss der regierenden Sozialdemokraten wurden vom Kampf gegen die tentakelhafte, scheinbar unbesiegbare Korruption erfasst. Heute können die Machthaber die Masse der Landarbeiter nicht mehr jederzeit gegen die Protestierenden in den Städten aufbieten, wie dies 1989 geschah. Das Land hat eine wirtschaftliche Entwicklung hinter sich, die nicht mehr allein auf dem Staatssektor und staatlichen Transferzahlungen beruht, sondern auf dem Privatsektor und auf Rücküberweisungen rumänischer Arbeitsmigranten in Südeuropa.

Die Proteste waren vorläufig erfolgreich, doch die Gerichte arbeiten langsam und die Regierung ist entschlossen, die von ihr angestrebte Amnestie Hunderter wegen Amtsmissbrauch angeklagter Amtsträger per Dekret durchzusetzen. Deshalb wurde weiter demonstriert, und die Agenda weitet sich aus. Schon 2016 haben Umweltaktivisten die »Union Rettet Rumänien« gegründet, die bei den Wahlen im Dezember 2016 mit fast 9 Prozent drittstärkste Kraft im Parlament wurde. Doch indem die PSD die Wahlen zur Abstimmung über die in Rumänien unbeliebte Homoehe machte, konnte sie das Wählerpotential der Opposition spalten und zugleich die Rechtsradikalen stärken. Rumänien gilt im Kampf gegen die Korruption als Idealtypus einer proaktiven Anpassung an EU-Standards: Korruptionsbekämpfung genießt oberste Priorität und ist zugleich ein

Topthema der politischen Kommunikation, das Behörden und Justiz schwer unter Beschuss nimmt.

Der Kampf gegen Korruption, das zeigt das rumänische Schlaglicht, ist elementar für die Erhaltung der Demokratie in Europa. Oligarchen können sich immer wieder eine Massenbasis erkaufen, was auch im Nachbarland Ungarn eine effektive Bekämpfung der organisierten Kriminalität verhindert. Aber sie können die Verbitterung in der Bevölkerung nie ganz unterdrücken. Bei den Budapester Maidemonstrationen 2017 gingen Zigtausende Oppositionelle auf die Straße und skandierten in Richtung Orbán: »Europa, nicht Moskau!« – eine Anspielung auf die Wahlverwandtschaft der illiberalen Demokratie in Ungarn mit Putins gelenkter Demokratie, die beide eine hemmungslose Bereicherung von Kleptokraten unter dem Schutzmantel ihrer Patrone ermöglichen.

Auch die russische Führung hätte nach der Erfahrung der Proteste von 2011 bis 2013[39] nicht ganz so überrascht sein müssen, als sich am letzten Märzwochenende 2017 wieder Tausende meist jüngerer Menschen in vielen Städten des Landes versammelten, um gegen die »bisnismen« (Geschäftsleute) aus der Entourage des Kreml (vor allem des Premiers Medwedjew) zu demonstrieren, die den Kuchen des exsowjetischen »Volkseigentums« unter sich aufgeteilt haben. Die Jugend galt bis dato als unpolitische und kreuzbrave Verfügungsmasse der Putin-Nomenklatura, und es ist ein mieser Witz, wenn deren Sprecher nunmehr die sozialen Medien, die sie selbst hemmungslos zur Desinformation im In- und Ausland nutzt, der Verführung unschuldiger Kinder bezichtigen. Kritische Beobachter sehen in dieser kleinen Märzrevolution den Beginn eines Stimmungswechsels. »Der ganze ultrapatriotische, orthodox-xenophobe Unsinn im TV kann bei normalen jungen Menschen nur einen starken Brechreiz auslösen«, schrieb der im Berliner Exil lebende russische Soziologe Igor Eidman.[40] Können die Antikorruptionskampagnen ein Startschuss sein für die Rückgewinnung der Demokratie in Ost- und Mitteleuropa?[41]

TUNESISCHE WIEDERGEBURT

Von der Wiege des Parlamentarismus an Europas westlichem
Rand und einer ihre Geburtskrankheiten bekämpfenden
»neuen Demokratie« im Südosten machen wir nun einen
Sprung an die europäische Peripherie – nach Tunesien. Das
muss erläutert werden und lässt sich gut begründen. Geo-
graphisch und historisch-kulturell gehören die Länder des
Maghreb nicht zu Europa, spätestens die Flüchtlingsbewegun-
gen bestätigen aber die enge Verbindung, den schon die Kolonialherrschaft und zuvor die europäisch-arabische Convivencia
der frühen Neuzeit geschaffen hatte. Heute sind die EU-Staaten
in einer wahren Schicksalsgemeinschaft mit den Anrainern im
südlichen Mittelmeer verbunden, deren Fortgang von einer ge-
lebten und beiderseits förderlichen Koexistenz abhängt. Die
Frage ist nicht allein, ob – wanderungsbedingt – der Islam zu
Europa gehört, worum derzeit ein regelrechter Kulturkampf geführt wird, sondern auch, ob an den Rändern der Europäischen
Union ein Islam gedeihen kann, der mit Demokratie und Menschenrechten vereinbar ist und nicht zur Quelle einer andauernden dschihadistischen Bedrohung und einer dadurch angeheiz-
ten Islamophobie wird.

Eine wesentliche Errungenschaft der europäischen Moderne ist gelebte Religionsfreiheit, mit unterschiedlichen Gra-
den der Säkularisierung und der Verwirklichung des Trennungs-
gebots von Staat und Religion. Schon die US-amerikanische
Variante unterscheidet sich erheblich von den in Europa üblichen Ausformungen, die ihrerseits zwischen französischer
laicité, niederländischer verzuiling (Versäulung) und diversen
Varianten residualen Staatskirchentums changieren. Die Weltregion, in der die Säkularisierung am wenigsten Fuß fassen
konnte, ist der »islamische Gürtel« von Marokko bis Indonesien,
wo sich seit der islamischen Revolution im Iran von 1979 f.nda-
mentalistische Ideologien und theokratische Regime ausgebreitet haben. Der »Arabische Frühling« von 2011 hat die in vielen
Staaten zuvor verbotenen Islamisten auf die politische Bühne,

zum Teil auch an die Macht gebracht, womit jede Form der Säkularisierung in dieser Weltregion in noch weitere Ferne gerückt ist.

Tunesien genießt in Europa hohes Ansehen, weil es 2011 der Ausgangspunkt ebendieses »Arabischen Frühlings« war, des Aufstands gegen Diktatoren wie Zine el-Abidine Ben Ali in Tunesien, Muammar al-Gaddafi in Libyen, Hosni Mubarak in Ägypten und Baschar al-Assad in Syrien. Unter allen diesen Aufstandsländern gilt Tunesien heute als das relativ stabilste. Gestört wurde dieses positive Bild durch islamistische Anschläge am Bardo-Museum in Tunis und im Badeort Sousse, denen europäische Touristen zum Opfer fielen, und durch die Lkw-Anschläge auf die Flaniermeile in Nizza und den Berliner Weihnachtsmarkt 2016, beide von jungen Tunesiern ausgeführt. Derzeit exportiert Tunesien von allen arabischen Ländern pro Kopf die meisten IS-Kämpfer nach Syrien. Die von EU-Ländern angestrebte Regelung, Tunesier (und andere Nordafrikaner) ohne Aussicht auf ein erfolgreiches Asylverfahren in die Heimat zurückzuschicken, stieß in Tunesien auf energischen Widerstand, mit dem durchaus zutreffenden Argument, junge Männer wie Anis Amri hätten sich in Europa radikalisiert.[42]

Seit der Wahl zur Verfassunggebenden Versammlung im Oktober 2011 ist in Tunesien die gemäßigt islamistische »Bewegung der Wiedergeburt« (Ennahda) als stärkste Partei präsent, die zur »Jasminrevolution« am Jahresbeginn 2011 nichts beigetragen hatte, da die meisten ihrer Repräsentanten inhaftiert waren. Die Anhänger der schon zu Beginn der 1980er Jahre entstandenen Bewegung kamen nach dem Sturz Ben Alis aus den Gefängnissen frei, wo viele von ihnen gefoltert und brutal misshandelt worden waren. Es gelang ihnen, ihre Religion in der öffentlichen Sphäre auszuüben und den Islam als symbolische Referenz des Landes zu verankern, und damit waren sie in einem zwangssäkularisierten Regime unbestreitbar Protagonisten der freien Rede, der bürgerlichen Freiheiten und der Zivilgesellschaft.[43] Landeskenner sind uneinig, ob die zunächst durch die Repression bewirkte Radikalisierung nunmehr abklingt oder ob der durch die palästinensische Intifada, das Vorbild der

Hamas und den Irakkrieg genährte Salafismus seine wahren Absichten nur tarnt – ob Islam und Demokratie in Tunesien also zusammenpassen oder ob, wie so gut wie überall sonst in der arabischen Welt, demokratische Wahlen als Sprungbrett dienen, um auch das nordafrikanische Land in einen Gottesstaat zu verwandeln.[44] Die Gemäßigten bezeichnen die türkische AKP und sogar die europäische Christdemokratie als Vorbild[45] und akzeptieren die laizistische und säkulare Tradition Tunesiens, die Radikalen in den Moscheen sprechen von der Wiedereroberung Jerusalems und dem Kreuzzug gegen Juden, Christen und Gottlose. Wer sich am Ende durchsetzt, ist offen.

Es ist offensichtlich, wie wichtig der politisch-kulturelle Austausch zwischen den Gesellschaften Europas und des Maghreb ist – oder besser: wäre. Die diplomatischen Beziehungen sind spröde, die Entwicklungszusammenarbeit zäh, die Tätigkeit von Parteistiftungen geschieht unter Vorbehalt, universitäre und kulturelle Institutionen begegnen sich viel zu selten. Es gibt Akteure, die den Austausch am Leben halten[46], aber im Wesentlichen ist hier eine Leerstelle anzuzeigen. Umso wichtiger sind jene Agenten des Wandels, die in Tunesien selbst tätig sind. Ins Rampenlicht geriet eine dieser Gruppen, das tunesische »Quartett für den nationalen Dialog«, durch die Verleihung des Friedensnobelpreises 2015. Das »Quartett«, bestehend aus der Gewerkschaft Union Générale des Travailleurs Tunisiens (UGTT), dem Verband von Industrie, Handel und Handwerk (UTICA), der Liga für Menschenrechte (LTDH) und dem Nationalen Anwaltsverein, hatte sich 2013 gebildet, als der Prozess der Demokratisierung zu scheitern drohte. Vertreten wird es durch die Arbeitgeberpräsidentin Wided Bouchamaoui, den Generalsekretär der UGTT Houcine Abassi, den Präsidenten der Menschenrechtsliga Abdessattar Ben Moussa und den Präsidenten der Anwaltskammer Mohammed Fadhel Mahmoud.

So gut wie niemand in Europa hatte von diesen Pionieren der demokratischen Entwicklung gehört[47], und seither sind sie wieder in Vergessenheit geraten, auch wenn jeweils bilaterale Beziehungen zu europäischen Institutionen bestehen. Tunesien gilt heute wieder als Problemland und Quelle dschihadistischen Terrors. Deshalb ist das Augenmerk auf die Entwicklung der gemäßigten Islamisten der Ennahda-Partei zu richten, die in Tunis an der Regierung beteiligt sind. Für eine mittelfristig moderate Entwicklung spricht der Verlauf ihres Parteitags im Mai 2016 in Hammamet, wo der legendäre und charismatische Parteichef Rachid al-Ghannouchi die Einheit Tunesiens im Kampf gegen den Terror beschwor und sich in die Tradition so widersprüchlicher Persönlichkeiten wie der Reformdenker Khayr al-Din al-Tunisie, Tunesiens Staatsgründer Habib Bourguiba und dessen Widersacher Saleh Ben Youssef sowie des Kommunisten und Gewerkschaftsgründers Ferhat Hachad stellte. Dem Parteitag wohnte der säkulare Staatspräsident Béji Caïd Essebsi bei, der von Ennahda den Beweis forderte, sich in eine zivile Partei verwandelt zu haben. Die beiden alten Herren hatten auf der Grundlage einer strikten Trennung von Religion und Politik den Nationalen Dialog eingeleitet, was innerhalb der Ennahda umstritten bleibt und in einem Formelkompromiss vorerst beigelegt wurde: Der Islam ist Staatsreligion, aber die Zivilgesellschaft bleibt autonom. Ennahda definiert sich als eine »demokratische, politische Partei mit islamischer Referenz und nationalem Bezugsrahmen«. Ghannouchi wurde zum letzten Mal als Parteivorsitzender gewählt.[48] Die Partei scheint nunmehr auf einen institutionellen Kompromiss eingestellt zu sein, der die vielschichtige Tradition Tunesiens respektiert, zu der eine aus der Kolonialzeit überkommene Säkularität und eine starke Arbeiter- und Gewerkschaftsbewegung gehören.[49]

Der tunesische Verfassungspatriotismus wirkt derzeit stärker als die islamische Identität bzw. Umma, aber seine Performanz hängt ab von der wirtschaftlichen Lage, die seit 2011 kaum besser geworden ist, und von der Eindämmung dschihadistischer Kommandos, die vor allem aus dem gescheiterten Nachbarstaat Libyen eindringen und den empfindlichen Nerv der Tourismusindustrie treffen. Der tunesische Politologe Hamza Meddeb benannte in einem Interview den heikelsten Punkt: »Der Staat ist (...) nicht in der Lage, auf die Sinnkrise der tunesischen Jugend eine Antwort zu geben. Der soziale Aufstieg funktioniert nicht mehr. Leute studieren, um arbeitslos zu werden. Sie sind arbeitslos, weil sie nicht arbeitsfähig sind, da es eine absolute Inkompatibilität zwischen dem Arbeitsmarkt und der Universität gibt. Es gibt nichts mehr, das die jungen Leute mobilisiert und ihnen Hoffnung verleiht. Da ist eine Generation ›No Future‹ herangewachsen. Und diese Generation ›No Future‹ hat sich für eine ›No Future‹-Gewalt entschieden, sie verfällt in Nihilismus, in Gewalt gegen die Gesellschaft und den Staat.«[50]

Wir sprechen weitgehend von einem Desiderat, aber es ist offensichtlich, wo die Handlungsfelder der Europäischen Union liegen müssen, die derzeit eher auf Abschottung und Abschiebung setzt und nicht versteht, wie sehr die europäische Gesellschaft durch eine jahrzehntelange Migration in beide Richtungen über das Mittelmeer – von und nach Nordafrika – geprägt wurde, womit die Radikalisierung ebenso wie die Perspektivlosigkeit der unter Dreißigjährigen ein *inneres* Problem Europas geworden ist. Schon aus purem Selbstschutz und Eigennutz muss die europäische Gesellschaft Zukunftsperspektiven für Tunesien und seine Nachbarn schaffen. Den Anfang machen könnte eine transmediterrane Konferenz, wie ich sie im Frühjahr 2017 mit dem algerischen Schriftsteller Boualem Sansal und dem belgischen Kollegen Sébastien Boussois angeregt habe.[51]

Es gibt, anders als es die arabophoben und islamkritischen Strömungen in Europa suggerieren, keine strukturelle Barriere zwischen Islam und Demokratie – wer diese konstruiert, betreibt das Geschäft der Islamisten, die ebendiese Unvereinbarkeit behaupten, und liefert alle säkularen und liberalen Kräfte in der arabisch-islamischen Welt den Autoritären aus. Es ist unbestritten, dass in der arabischen Welt demokratische Bewegungen besonders stark unterdrückt werden und herrschende islamische Kreise sich mit aller Macht gegen eine Demokratisierung sträuben. Bürgerliche Freiheiten sind durchweg ebenso unterentwickelt wie politische Bildung, in den Gefängnissen sitzen Oppositionelle, Journalisten und Intellektuelle, viele von ihnen werden unmenschlich behandelt und gefoltert. Ihre verzweifelten Bemühungen aber als sinnlos abzutun hieße, ihnen den Todesstoß zu versetzen. Die europäische Gesellschaft muss sie mit allen verfügbaren Mitteln unterstützen und darf sich nicht unter dem Druck einer populistischen Agitation gegen Islam, Terror und Flucht auf einen protektionistischen Kurs abdrängen lassen.

ROCK FÜR ROMA

Ungarn liegt im erwähnten »Korruptionsindex« auf Platz 57 und droht weiter abzusacken, was nur eine von vielen schlechten Nachrichten aus dem Land ist. Aber es wäre auch hier fatal, die ungarische Gesellschaft pauschal abzuqualifizieren – gleich doppelt träfe es Oppositionelle wie András Nun, der Anfeindungen der Regierungsrechten ausgesetzt ist und von der europäischen Öffentlichkeit nicht abgeschrieben werden will. Der Geschäftsführer der *Autonomia Foundation* setzt sich seit mehr als einem Vierteljahrhundert für die Integration der Roma in Ungarn ein und bearbeitet damit ein verkanntes, aber drängendes europäisches Problem.

Roma und andere früher meist abwertend »Zigeuner« gerufene Gruppen sind nämlich das Standardbeispiel für eine »Problemgruppe«. Bei ihnen bündeln sich Phanomene wie Armut und Arbeitslosigkeit, Abhängigkeit und Delinquenz. Wo immer Roma und Sinti angetroffen werden – die meisten von ihnen als sesshafte Teile einer größeren Bevölkerung –, gelten sie als Belastung, der man mit administrativer, sozialpädagogischer und polizeilicher Intervention beizukommen trachtet. Auch als Transmigranten stellen Roma eine spezielle Kategorie dar, da sie normalerweise nicht als Gastarbeiter, Flüchtlinge und Asylbewerber unterwegs sind und auch nicht als solche angesehen werden.

Da Sinti und Roma in verschiedenen europäischen Ländern leben, rufen diese Zustände und Verhältnisse nach einer gesamteuropäischen Lösung. Diese wird aber in den seltensten Fällen angestrebt oder implementiert.

Sinti und Roma genossen in der langen europäischen Geschichte als »fahrend' Volk« eine denkbar schlechte Reputation. Sie sind ein Paradebeispiel dafür, wie ethnische Gruppen von außen, meist von staatlichen oder pädagogischen Autoritäten, konstruiert und erst als solche Konstrukte wirksam werden, bis sie die Selbstwahrnehmung der betroffenen Gruppen prägen. Im Zeitalter der Nationalstaaten und des ethnischen Nationalismus wurden Roma und Sinti ideale Objekte einer Prozedur, die Kulturwissenschaftler »Othering« nennen: die Klassifikation einer Gruppe als »die anderen«, als Fremde, die man bestenfalls romantisch zu Exoten mit »ganz anderen« Sitten und Gebräuchen und einer eigenen Musik verklärt, schlimmstenfalls zu Sündenböcken degradiert und im 20. Jahrhundert der Ausrottung preisgegeben hat. Es hat lange gedauert, bis dieser Völkermord seitens des NS-Regimes nach 1945 als solcher anerkannt worden ist. Die extreme Marginalität der »Zigeuner« wurde zur Folie anderer unliebsamer Gruppen von »Asozialen« und macht Sinti und Roma zu Leidensgenossen der europäischen Juden. Stigmatisierung ist ihr gemeinsames Schicksal gewesen und ist es zum Teil noch heute.[52]

Geschätzte neun Millionen Roma leben über ganz Europa verteilt, vor allem in den beiden EU-Ländern Rumänien und Bulgarien sowie in Serbien. Sie werden meist nicht als Minderheiten anerkannt und trotz partieller Ähnlichkeit im Mobilitätsverhalten nicht als Migranten angesehen. Es gibt natürlich gut qualifizierte und begüterte Roma, aber das Gros lebt am untersten Ende der Sozialpyramide, häufig in provisorischen, scharf abgegrenzten und gemiedenen Siedlungen. Die Ernährung und Bildung von Roma-Kindern ist nicht nur auf dem Balkan weit unterdurchschnittlich. Der eklatante Mangel an Arbeit und Einkommen ist der Hauptantrieb für die Wanderungen, doch in Westeuropa landen die Roma meist in demselben Teufelskreis und sind starker Stigmatisierung ausgesetzt, vor allem dort, wo sie Transferleistungen in Anspruch nehmen.

Die Zahl der Roma in Ungarn wird auf 200 000 bis 600 000 Personen geschätzt, womit sie die größte Minderheit im Lande darstellen. Sie passen schwer in das geschönte, homogenisierte Bild einer Nation, die viele Ungarn als Opfer der Zerstückelung nach dem Ersten Weltkrieg, der sowjetischen Okkupation und nun der Globalisierung betrachten. Die Regierung Orbán und weiter rechts stehende Nationalisten beschwören inständig das Trauma, das ihrer Nation 1920 im Pariser Vorortvertrag von Trianon zugefügt wurde, als Gebiete an die Tschechoslowakei, Rumänien und das serbisch-kroatische Königreich abgetreten werden mussten. Gezielt richtet sich die nationalistische Propaganda an die Gefühle der »auslandsungarischen« Minderheiten in diesen Ländern. Im eigenen Land ist das Regime weniger zimperlich bei der Diskriminierung der Roma auf allen Ebenen[53], übertünchte den Alltagsrassismus aber durch die Instrumentalisierung der Integrationsstrategie der europäischen Roma im Jahr der ungarischen EU-Ratspräsidentschaft 2011.

In diesem Zeitraum wurden auch die Roma-Projekte der *Autonomia Foundation*[54] aufgelegt, deren europäische Unterstützer außer der EU Norwegen und George Soros' *Open Society Foundation* sind. Neben Bildungsprojekten veranstaltet András Nun Rockkonzerte, um in den ländlichen Gebieten Ungarns, in denen viele Roma leben, Alternativen zum dort vorherrschenden Rechtsrock nationalistischer, Jobbik-naher Gruppen anzubieten. Parallel dazu findet das Djelem-Djelem-Festival in Dortmund statt, ein via »Weltmusik« bzw. Global Pop verlaufendes Angebot europäischer Solidarität mit bedrohten Minderheiten. In diesem Segment europäischer Politik ist eine transnationale Bürgerbewegung entstanden, die sich in allen Überlebensfragen Kompetenz angeeignet hat und praktische Hilfe leistet – von der Beschaffung von Unterkünften über ärztliche Versorgung bis zur Rechtsberatung und psychologischen Betreuung.

Die europäische Politik hat sich in den letzten zwei Jahren massiv blamiert, als sie unter dem Druck von Viktor Orbán und Politikern wie Horst Seehofer, der eigens nach Budapest pilgerte, um »Obergrenzen« zu reklamieren, an einer gemeinsamen Flüchtlingspolitik scheiterte und die Lösung als »deutsches Problem« (Orbán) einstufte. Gegen dieses dramatische

Politikversagen hilft zum Teil eine Europäisierung von unten, für die als ein Beispiel unter vielen die Vinzenz-Gemeinschaft St. Marien in Wanne-Eickel genannt sei, die Dorfprojekte für Roma auf dem Balkan unterstützt.[55] Die andere Seite dieser Solidarität ist die Arbeit in den sogenannten Roma-Slums im Ruhrgebiet und in anderen Ballungsgebieten Europas, deren zum Teil unhaltbare Zustände die pauschale Polemik gegen Flüchtlinge anheizt. Gerade die Roma, die für Orbáns EU-Referendum instrumentalisiert wurden und kollaterale Opfer der totalen Abschottung der Balkan-Route sind[56], sollten ein Fall für eine europäische Antidiskriminierungspolitik sein, zumal der Antiziganismus und eine restriktive Flüchtlingspolitik auch in den anderen Visegrád-Staaten (Tschechien, Slowakei, Polen) um sich greifen.

Ungarn wäre nicht Ungarn, würde die Opposition gegen Orbán diesem nicht auch mit Humor und Satire begegnen. Um beim im Herbst 2016 veranstalteten Referendum gegen die EU-Flüchtlingspolitik das gewünschte Ergebnis zu erreichen, hatte Premierminister Orbán nicht nur geschätzte drei Millionen Euro springen und allerorts Fidesz-Propaganda mit rotgrün-weißer Ungarnflagge anbringen lassen, sondern auch eine reichlich suggestive Frage zur Abstimmung vorgelegt: »Wollen Sie, dass die Europäische Union ohne Zustimmung des ungarischen Parlaments die verpflichtende Ansiedlung von nichtungarischen Bürgern in Ungarn anordnet?« Was soll man dazu noch sagen? Am besten »Ja« und »Nein« zugleich ankreuzen und damit das Plebiszit ungültig machen, riet die Satirepartei »Partei des zweischwänzigen Hundes«.

Solidarität mit Flüchtlingen ist in Europa höchst ungleich verteilt. Während Deutschland, Österreich und Schweden in absoluten Zahlen wie pro Kopf der Bevölkerung weit über dem Durchschnitt lagen[57], haben sich die Visegrád-Staaten, aber auch Frankreich und Großbritannien, abgeschottet. Doch auch in diesen Gesellschaften ist viel Bereitschaft zur praktischen Solidarität vorhanden. In Spanien hat sich sogar eine Protestbewegung unter dem Slogan »Se aceptan los refugiados« gebildet.

Bis zu 300 000 Menschen gingen im Februar 2017 auf Initiative der NGO *Casa Nostra Casa Vostra* in verschiedenen Städten auf die Straßen, um die Regierung an ihr Versprechen zu erinnern, mindestens 16 000 Flüchtlinge aufzunehmen – bislang waren es nur rund 1000. Die Teilnehmer trugen blaue Kleidung und blaue Flaggen, um den Eindruck einer wogenden Meereswelle zu erzeugen und auf die traurige Bilanz von mindestens 5000 Flüchtlingen hinzuweisen, die im Mittelmeer umgekommen sind. Die Demonstranten hielten Schilder hoch mit Aufschriften wie »Keine weiteren Toten, öffnet die Grenzen!« und »Genug der Ausreden! Nehmt sie jetzt auf!«[58]. Die Stadt Valencia hat sich offiziell als »Zufluchtsstadt für Flüchtlinge« deklariert.

Die Wanderungsmotive, Problemlagen und Diskriminierungserfahrungen von Roma, Flüchtlingen und Einwanderern sollen hier nicht vermengt werden. Der Verweis auf die Flüchtlingsthematik soll nur verdeutlichen, dass es nicht nur im Blick auf die Diskriminierung der Roma gesamteuropäischer Solidarität bedarf. Die Europäische Union muss auch im Blick auf künftige Wanderungsbewegungen gemeinsame Prinzipien und eine Lastenteilung entwickeln, die der völkisch-autoritären Propaganda entgegenwirken, derzufolge Unterkünfte von Roma, Flüchtlingsheime und »Migrantenviertel« Symbole der Überfremdung sind und sozial- und integrationspolitische Maßnahmen sowie eine kohärente Einwanderungspolitik eine Gefahr für das »Abendland« darstellen.

REGENBOGEN ÜBER DUBLIN

Gegen das »Europa der Schwuchteln«! Drastischer und aggressiver kann man den Kampfauftrag nicht formulieren, den sich Milizionäre in der Ostukraine selbst erteilt haben.[59] Sie bekämpfen eine angeblich verweichlichte, effeminierte und dekadente europäische Gesellschaft, die sich im 20. Jahrhundert entschlossen hat, aus der Ächtung gleichgeschlechtlicher Beziehungen und der Abwertung unkonventioneller sexueller Orientierungen, die Stammesriten und Weltreligionen verfügt hatten und die weltweit noch virulent sind, auszubrechen und eine rechtliche wie faktische Gleichstellung der LGBTIQA (Lesbian, Gay, Bisexual, Transsexual, Intersex, Queer, Asexual) herbeizuführen.[60] In dem Maße, wie rechtliche Einschränkungen abgebaut wurden, verschwanden auch die sozialen Vorurteile. Nun aber, da eine Gleichstellung vielerorts inklusive des Adoptionsrechts für schwule Paare erreicht ist, wächst wieder die Ablehnung seitens derer, die Homosexualität nach wie vor für sündig, pervers oder widernatürlich halten. Homophobie ist unter religiösen Fundamentalisten, die »Familienwerte« ansonsten demonstrativ hochhalten, ebenso verbreitet wie unter völkischen Nationalisten, die offenbar um die Reproduktionsfähigkeit ihrer jeweiligen Gesellschaft fürchten. Insofern ist der Kampf um die Gleichberechtigung von LGBTIQA eine entscheidende Selbstaufklärung europäischer Gesellschaften, die sich von jedweder Diskriminierung befreien wollen, und eine wichtige Aufgabe europäischer Rechtspolitik. Zu widersprechen ist auch der nach der Wahl Trumps häufig zu hörenden Meinung, die liberale Linke habe sich zu stark um die Anliegen von Minderheiten (*race & gender*) gekümmert und Aspekte sozialer Ungleichheit (*class*) vernachlässigt. Beide Kämpfe gehören vielmehr eng zusammen und verbinden sich nicht selten in einer Person, etwa bei einer aus Zentralamerika stammenden Arbeiterin in einem Sweatshop oder auf einem Erntefeld in Kalifornien, die sich als »Illegale«, als Ausgebeutete und ob ihres weiblichen Geschlechts diskriminiert fühlen kann – oder eben auch noch als lesbische Frau.

Insofern steht die Thematik der sexuellen Orientierung weiter oben auf der europäischen Agenda, zumal wenn man die Diskriminierung in Betracht zieht, die Homosexuelle im Berufsleben, in Armeen oder als Erzieher erfahren. Es ist wichtig, erzielte Fortschritte rechtlich zu verankern und zu garantieren. Ein Beispiel dafür ist das Referendum, das im Mai 2015 in Irland abgehalten wurde und fast eine Zweidrittelmehrheit für die Legalisierung der Homosexuellen-Ehe einschließlich Adoptionsmöglichkeit brachte. Das Besondere war zum einen, dass diese

Legalisierung in die irische Verfassung eingeschrieben wurde, zum anderen, dass dieser Schritt in einem immer noch tiefkatholischen Land erfolgte. Kirche und Konservative hatten scharfe Propaganda aufgefahren. »Shergar (ein 1983 von der IRA entführtes Rennpferd) ist nicht von zwei Hengsten gezeugt worden«, konnte man auf einem handgeschriebenen Plakat in einem Vorort der Hauptstadt Dublin lesen, darunter der populistische Imperativ: »Stimmt Nein!« Auch der Bischof von Limerick warnte: »Die Ehe als Institution steht unter enormem Druck in der westlichen Welt.« Christen sollten die Grundlagen der Ehe wiederentdecken, die auf der »Vereinigung von Mann und Frau basieren, die sich ergänzen und möglichst neues Leben in die Welt bringen«[61]. Nach dem Referendum sprach der Vatikan von einem »Desaster für die Menschheit«.

Angestoßen hatten die Volksabstimmung diverse Gay-Rights-Gruppen, die auf das berühmte »Coming out« des irischen Politikers David Norris während einer TV-Show im Jahr 1974 zurückgehen. Das heute 73-jährige Mitglied des irischen Senats war damals ein junger Literaturdozent am Trinity College in Dublin und gläubiges Mitglied der Church of Ireland. Er machte zahlreiche Vorstöße für die Entkriminalisierung der Homosexualität, die 1993 auf Druck des Europäischen Gerichtshofs für Menschenrechte schließlich im irischen Parlament beschlossen wurde. Befördert wurde der Erfolg des Referendums durch eine seit den 1980er Jahren zu beobachtende deutliche Liberalisierung der Haltung irischer Katholiken nicht nur gegenüber der Homosexualität, sondern auch gegenüber Euthanasie, Abtreibung, Prostitution, Scheidung und dem Gebrauch »sanfter« Drogen.[62]

Das irische Verfassungsreferendum ist für ganz Europa wichtig, weil die Gleichstellung von Schwulen, Lesben oder Transsexuellen zwar weit vorangeschritten ist, aber neuerdings wieder homophobe Stimmungen geschürt werden. Nicht zufällig geschieht das in den Autokratien der Türkei und Russlands, auch unter der christlichen Wählerschaft Trumps sind zahlreiche Schwulenhasser. In Frankreich hat die katholische Rechte mit »Manif pour tous« eine Massenbewegung gegen die von der sozialistischen Regierung angestrebte »Ehe für alle« angestoßen. Dass in Irland alle Wahlbezirke außer einem für die Homoehe votierten, hängt auch mit dem Ansehensverlust der katholischen Kirche durch sexuelle Missbrauchsfälle zusammen. Schon 1986 war sie mit ihrem Widerstand gegen ein liberales Scheidungsgesetz gescheitert. »Sexpolitik«, wie die sozialen Protestbewegungen der 1970er Jahre gegen die verbreitete Prüderie, die Kriminalisierung von Schwulen und das Abtreibungsverbot dieses »weiche« Politikfeld nannten, bleibt nach wie vor aktuell.

THE LEFTER SEX

Hätte man – ein Gedankenspiel – die männliche Bevölkerung vom Wählen abgehalten oder ausgeschlossen, würden rechtsgerichtete Populisten eine viel geringere Rolle spielen, wäre Donald Trump nicht gewählt worden und würde die klerikalreaktionäre Regierung in Polen unter dem Widerstand der Frauen gegen eine Verschärfung der Abtreibungsgesetze in die Knie gehen. In Österreich haben Frauen schon im ersten Durchgang der Präsidentschaftswahlen mehrheitlich für den Grünen Alexander Van der Bellen gestimmt, dessen rechtskonservativer Gegner Norbert Hofer vor allem bei 30- bis 60-jährigen Männern auch im zweiten Durchgang eine satte Mehrheit erhielt. Der Gender Gap, das heißt in diesem Fall das Auseinanderdriften weiblichen und männlichen Wahlverhaltens und die Zunahme weiblicher Stimmen zugunsten linker und liberaler Parteien und Kandidaten, weitet sich seit einigen Jahren aus. Barack Obama hatte 2012 nicht zuletzt dank weiblicher Wähler einen 12-Prozent-Vorsprung gegenüber Mitt Romney, und nur die weißen Frauen gaben vier Jahre später Trump mit knappem Vorsprung ihre Stimmen.[63] Seit den 1980er Jahren verließen Wählerinnen in Österreich, Irland, in den skandinavischen Ländern und in der Schweiz, dann auch in Deutschland und in den meisten OECD-Ländern zunehmend den konservativen Mainstream, während Männer in die umgekehrte Richtung tendierten. Das hing zusammen mit säkularen Tendenzen, steigendem Bildungsniveau und breiterer, besser bezahlter Beschäftigung von Frauen. Sie engagieren sich auch stärker für soziale Gleichheit, Umweltschutz und Friedenspolitik. Dabei scheuen sie vor radikalen Parteien und Persönlichkeiten eher zurück.

Warum sich signifikant mehr Männer zu Trump, Le Pen, Beppe Grillo, Heinz-Christian Strache oder zur AfD bekennen, ist weniger klar. Eine Hypothese lautet, dass sie in die Defensive geraten sind gegenüber deutlichen Emanzipationsfortschritten der Frauen und dass sie diese zwar überwiegend begrüßen oder hinnehmen, zum Teil aber aggressiv bekämpfen. Das Gesellschaftsbild völkischer Nationalisten ist oft extrem traditionell, in ihm kommen patriarchale und geradezu tribale Denkmuster zum Vorschein, die eine paradoxe Nähe zu den von ihnen am stärksten bekämpften muslimischen Fundamentalisten aufweisen und den *gemeinsamen* Kampf gegen eine geschlechterneutrale Moderne anzeigen. Frauen werden von beiden Strömungen radikal auf ihre reproduktiven, den eigenen Clan oder Stamm oder das »Volk« erhaltenden Aufgaben beschränkt. So erklärt sich der irrationale Widerstand gegen Gender-Politiken aller Art, eben auch gegen die Homoehe und die Adoptionsmöglichkeit für schwule Paare, die das traditionelle Familienbild angeblich zerstört (in Wirklichkeit aber festigt). Frauen bevorzugen insgesamt weniger konfliktorientierte, verbalradikale und verhaltensaggressive Repräsentanten. Damit sind sie nicht die besseren Menschen, wohl aber die bessere Hälfte der politischen Kultur. In den Führungsetagen von Unternehmen – Ausnahmen bestätigen die Regel – kann man Ähnliches beobachten.

Gegenbeispiele lassen sich leicht finden: Was war denn besser an der Politik Margaret Thatchers, Indira Gandhis oder Golda Meirs? Auch Angela Merkel ist nicht gerade als Feministin bekannt. Und gegenüber Hillary Clinton haben viele Frauen Reserven an den Tag gelegt, nicht wenige haben ihr die Stimme verweigert. Doch die zeithistorische und soziologische Evidenz belegt, dass Frauen in Friedensstiftungsprozessen eine wichtige Rolle spielen, dass sie, wenn sie in den Krieg ziehen, die Perspektive der Opfer und der Angehörigen von Soldaten stärker in den Blick nehmen und dass sie in jedem Fall diplomatische Schritte bevorzugen.

Damit nach Polen, wo im Herbst 2015 sehr viele Frauen die rechte Partei für Recht und Gerechtigkeit (PiS) gewählt und sich eine stramm konservative Premierministerin eingehandelt haben. Vielen von ihnen ist seither bewusst geworden, wie sehr deren Autoritarismus auf Kosten ihres Geschlechts geht. Tausende sind 2016 auf die Straße gegangen. Schwarz gekleidet erhoben sie sich im ganzen Land gegen Entwürfe zur Verschärfung des Abtreibungsrechts, protestierten gegen die Einflussnahme des Klerus auf die Politik und generell gegen die »Verletzung von Frauenrechten«. Der Sejm nahm das radikale Verbot der Abtreibung zurück, das selbst dann gelten sollte, wenn einem gesundheitlich stark beeinträchtigten Kind ein rascher Tod drohte, weil es, wie der PiS-Vorsitzende Jarosław Kaczyński sich zynisch vernehmen ließ, dann zumindest getauft werden könne.

Die Massendemonstrationen des Jahres 2016 waren organisiert von Bożena Przyłuska und Kamila Majer, die darüber hinaus eine strikte Trennung von Staat und Kirche, das Recht auf Verhütungsmittel und gleiche Bezahlung für Frauen und Männer forderten. Beata Bielecka, Redakteurin der *Gazeta Słubicka*, erinnerte der Protest bereits an die 1980er Jahre, »als die unabhängige Gewerkschaft Solidarność den Kommunismus zu Fall brachte. Endlich gilt der Begriff ›Solidarität‹ wieder etwas in unserem Land! Wir Frauen, die wir sonst weder politisch noch sozial einer Meinung sind, sind uns hier einig.«[64]

Auch in Polen erinnerte man sich an die in den 1970er Jahren von Frankreich ausgehende und alle westeuropäischen Länder erfassende Bewegung »Mein Bauch gehört mir!«. Im Vordergrund ging es damals um die Liberalisierung und Straffreiheit von Schwangerschaftsabbrüchen, doch dahinter stand der umfassende Kampf um Gleichberechtigung und Gleichstellung. Heute sind in allen rechtsregierten Ländern diese Errungenschaften bedroht. Beispielhaft hierfür ist der von der christlichen Rechten angestrebte und von Donald Trump unterstützte Versuch, das Grundsatzurteil Roe vs. Wade aus dem Jahr 1973 zu kippen, das eine Liberalisierung des Schwangerschaftsabbruchs beinhaltete. Doch der Widerstand von Frauen gegen Benachteiligung und Diskriminierung wächst überall auf breiter Front. In der Türkei wurde auf Druck von Frauen ein irrwitziger Gesetzentwurf zurückgezogen, der Sexualtätern Straffreiheit gewährte, wenn sie die von ihnen missbrauchten Minderjährigen heiraten.[65]

Da Frauen offensichtlich spontaner und zugleich reflektierter Aversionen gegen jedwede Form autoritärer Politik zeigen, darf man auf sie setzen. Sie können als mäßigende und zivilisierende Kräfte die europäische und globale Politik beeinflussen und verbessern. Man möchte in Zeiten wie diesen auf Trends und Quoten setzen, die (langsam, aber sicher) mehr gebildete Frauen in allen gesellschaftlichen Bereichen in Führungspositionen bringen. Es geht nicht um »Spezialrechte« für Frauen, als die beispielsweise ihre Entscheidungsfreiheit im Bezug auf Abtreibung oft noch missverstanden wird. Vielmehr gibt es in einer Gesellschaft, in der Männer und Frauen nicht in jeder Hinsicht gleichberechtigt und gleichgestellt sind – eigentlich eine Banalität –, keine wirkliche Freiheit, auch nicht für Männer.

@ GROSSE TRANSFORMATION

Um die autoritäre Welle einzudämmen, müssen bedrohte und beeinträchtigte Rechte gesichert und muss Widerstand geleistet werden gegen Verletzungen der Gewaltenteilung und der Rechtsstaatlichkeit, wie sie Autokraten systematisch betreiben, indem sie ihre Prärogativen gegen die Parlamente und Gerichte, die freie Presse und die Forschung ausbauen. Agenten des Wandels, die über die Sicherung des Status quo (ante) hinausgehen wollen, können nur agieren, wenn diese Grundpfeiler politischer Teilhabe gesichert sind.

Aus einer unüberschaubaren Zahl von Praxisbeispielen habe ich vier aus den Bereichen Nachhaltigkeit und Solidarität ausgewählt, die diese »Körbe« miteinander verbinden. Die beiden Handlungsstränge soziale und ökologische Nachhaltigkeit, im politischen Farbenspektrum oft »rot« und »grün« markiert, müssen stärker als bisher verbunden und aufeinander abgestimmt werden. Das »rote« Thema soziale Gleichheit und Gerechtigkeit kann ebenso wenig auf Kosten des »grünen« Themas Nachhaltigkeit verteidigt werden wie letzteres auf Kosten des sozialen Umfelds. Über allem rangiert das Freiheitsversprechen der liberalen Demokratie, das Solidarität und Nachhaltigkeit auf der freien Entscheidung von Individuen und Gemeinschaften aufbaut, wie knappe Ressourcen am besten für eine lebenswerte Zukunft zu investieren sind.

FOSSIL FREE IN NORWEGEN

2016 bekam man dazu auf der Website *Finanzglueck.de* den Rat: »Investiere wie die Norweger!« Im branchenüblichen Übertreibungsjargon wurde deren Weisheit gelobt, Einnahmen aus Erdöl und Erdgas in den mit 800 Milliarden Dollar weltgrößten Staatsfonds überführt zu haben, der ihnen ein üppiges Pensionswesen beschert. Fast zeitgleich stufte die Website *verbraucherzentrale.de* diesen Staatsfonds als klimafreundliche Kapitalanlage ein, ganz im Sinne der laufenden Divestment-Kampagne, die Kapital aus klimaschädlichen Unternehmen abziehen und in klimafreundliche Anlagen lenken will. Man muss den Kapitalismus nicht abschaffen, um das Klima zu schützen, wie der Titel eines Bestsellers suggeriert[66], man kann ihn aber unter ethischen Gesichtspunkten verändern. In Teil II (siehe S. 163ff.) habe ich einen entsprechend aufgebauten Zukunftsfonds bereits als europäische Aufgabe beschrieben.

Gibt es ein ökologisch richtiges Leben im falschen Wirtschaftssystem? Die Mühen und Klippen ethischen Verhaltens im Finanzkapitalismus kann man am norwegischen Staatsfonds erkennen. Er hat zwei Pfeiler: den Pensionsfonds (*Statens pensjonsfond Norge*, SPN), in den Beiträge zur Altersversicherung fließen und aus dem Anlagen in norwegische Aktiengesellschaften getätigt werden, und den Ölfonds (*Statens pensjonsfond utland*, SPU), in den Überschüsse aus Erdölexporten fließen und aus dem Investitionen auf dem globalen Finanzmarkt getätigt werden. Gemanagt wird der Fonds von einer Abteilung der Zentralbank im Auftrag und unter der Kontrolle des Finanzministeriums. Fünf Millionen Menschen haben dank dieses Fonds einen dicken Batzen norwegischer Kronen auf der hohen Kante.

Finanzkrise und Ölschwemme haben jedoch am Fonds gezehrt. Das Problem ist weniger der den sinkenden Ölpreisen geschuldete Renditeschwund als die Verwendung von Einnahmen aus klimaschädlichen Rohstoffen, die im Wesentlichen für die Automobilität verwendet werden und somit für einen Großteil der weltweiten Treibhausgase verantwortlich sind. Norwegen stellt sich, genau wie die Golfstaaten, zwar der Perspektive *Post-Oil*, das Land könnte aber seinen ungewöhnlichen Reichtum viel gezielter in klimaverträgliche und umweltfreundliche Technologien lenken. Bisher schreibt der 2004 eingerichtete Ethikrat des Ölfonds nur vor, wo *nicht* investiert werden soll, nämlich in Unternehmen, die direkt oder indirekt in Mord, Folter, Freiheitsberaubung und Verletzungen der Menschenrechte verwickelt sind. Geschäfte mit Rüstungsfirmen (außer Nuklearwaffen) sind nicht ausgeschlossen; 2014 sind aber zwei Milliarden Dollar aus Tabakunternehmen abgezogen worden. Das Engagement in der Kohleindustrie ist ebenfalls gebremst worden, doch bleibt das Öl- und Gasgeschäft der natürliche Schwerpunkt.

Ein reiches Land sorgt für seine Zukunft. Bisher fehlt dem norwegischen Staatsfonds jede Dimension europäischer Gemeinschaft und Solidarität. Norwegen ist kein Mitglied der EU, sondern der Gemeinschaft vertraglich nur locker verbunden. Aber der Fonds könnte durchaus als Modell öffentlichen Kapitals dienen, nämlich für eine europäische Investitionsinitiative in Klimaschutz und nachhaltige Entwicklung, ein Ziel, dem sich die Union unmissverständlich verschrieben hat. Was in Norwegen fehlt, ist die demokratische Teilhabe am Fonds, die zum Beispiel über die Einbeziehung einer ähnlich ausgerichteten Genossenschaftsbewegung erfolgen könnte – eine solche hat in den letzten Jahren im Energiesektor Fuß gefasst und gibt Anstöße für eine dezentrale, sich selbst tragende und im Charakter demokratischere Energiewende. Schließlich sollten aus dem Fonds nicht nur Renten und Pensionen an Erwerbstätige ausgezahlt werden, die aus dem Arbeitsleben ausgeschieden sind, sondern auch Anreize an noch Berufstätige mit unterdurchschnittlichem Einkommen erfolgen.

Was Europa betrifft, lautet die zentrale Frage, wie die wachsende Einkommens- und Vermögensungleichheit abgeschwächt und umgekehrt werden kann, eine Quelle der Unzufriedenheit und Wut, die autoritäre Nationalisten erstarken lässt. Die meisten Reformer denken hier an die Besteuerung von Kapitalerträgen im nationalen Rahmen, doch hat der italienische Ökonom Giacomo Corneo vorgeschlagen, die notwendige Umverteilung bereits vor dem Steuerzugriff erfolgen zu lassen, nämlich »bei der Verteilung der Primäreinkommen aus Kapital. Dies ist möglich, sobald sich ein ausreichend großer Anteil des Kapitalstocks im öffentlichen Eigentum befindet, denn die entsprechenden Kapitalerträge könnten dann über den öffentlichen Haushalt gleichmäßig an alle Bürger weitergeleitet werden.« Mit Hilfe des europäisch ausgedehnten Fonds »sollte jeder Bürger an den hohen Kapitalrenditen teilhaben, welche heute ausschließlich große Investoren erzielen«. Die Erträge sollten zweckgebunden für die Finanzierung einer sozialen Dividende eingesetzt werden.[67]

Derartige Transformationsfonds sind ein wohl nur im europäischen Konzert zu stemmender und in der Weltwirtschaft durchzusetzender Modus distributiver Gerechtigkeit für nachhaltige Ziele, der nicht auf keynesianische Methoden allein vertraut und die seit dem Crash von 2008 keineswegs gezügelten Finanzmärkte in die Zielsetzungen einer Gemeinwohlwirtschaft einzubeziehen versucht. Ist erst die Illusion einer autarken Steuer- und Finanzpolitik in den Händen einzelner europäischer Regierungen verflogen, die sich intergouvernemental auf die Einhaltung von Regeln verständigen, kann der Weg zu einem europäischen Experiment gebahnt werden.

STRASSENSPERREN IM AUTOLAND

Das böse Wort war heraus, als im März 2017 auch die VW-Tochter Audi wegen schwerer Schummelei bei der Messung der Schadstoffe von Dieselfahrzeugen auf die Anklagebank geriet und die Polizei mit einer Hausdurchsuchung mitten in die Präsentation des Vorstands platzte: Der Automobilstandort Deutschland sei gefährdet.[68] Das klang in vielen Ohren, als würde einem Patienten, der einen leichten Schnupfen zu haben meinte, eine Prognose von wenigen Monaten Lebenszeit mitgeteilt. Dass die Autobranche bedroht sei, trifft das deutsche Autoland ins Herz, und der Patient mag es weiterhin nicht wahrhaben. Mit über 400 Milliarden Euro Jahresumsatz, knapp 60 Milliarden Bruttolohnsumme pro Jahr (davon zwei Drittel im Ausland) und über 800 000 Arbeitsplätzen, mit dem engen Geflecht von Zulieferbetrieben, einer ganz auf Automobilität ausgerichteten Infrastruktur und nicht zuletzt in symbolischer Hinsicht ist das Automobil Eckpfeiler der deutschen Volkswirtschaft und Gesellschaft.[69]

Autobranche und staatliche Verkehrspolitik sind offensichtlich schlecht vorbereitet auf eine Verkehrswende, die im Blick auf die anspruchsvollen Klimaziele unabdingbar ist, aber in der Implementierung der notwendigen CO_2-Einsparungen hinterherhinkt. Etwa ein Fünftel der Emissionen wird durch den Personen- und Güterverkehr in benzin- und dieselgetriebenen Fahrzeugen verursacht, doch die europäischen, erst recht die globalen Wachstumsprognosen für beide Zweige weisen weiter steil nach oben, die jüngere Generation von Verkehrsteilnehmern und Konsumenten eingeschlossen. Elektroautos und Car Sharing sind bisher marginal geblieben, der öffentliche Personennahverkehr (ÖPNV) mit Bahn und Bus ist in den Ballungsgebieten überlastet und in ländlichen Regionen zurückgestutzt oder kaum noch vorhanden. Fahrradfahren und Zufußgehen bleiben auch bei kurzen Wegstrecken eine Seltenheit.

Nicht nur aus Klimaschutzgründen steht Autodeutschland unter Druck. Durch die Politik der chinesischen Regierung, die eine E-Auto-Quote eingeführt hat, um die Luftverschmutzung in chinesischen Städten zu mindern, die eigene Autoindustrie zu stärken und Klimaschutz zu betreiben, sowie durch die Initiative der französischen Regierung, 2040 nur noch E-Autos zuzulassen, wird sich die deutsche Autoindustrie grundlegend verändern müssen. Es stellt sich eigentlich nur noch die Frage, wie proaktiv diese Veränderung gestaltet wird – schaffen es die deutschen Hersteller, den Automobilstandort zu erhalten, indem sie rasch umsteuern, oder werden sie Marktanteile in großem Maß an chinesische und US-amerikanische Hersteller verlieren?

Dabei gibt es gerade in Deutschland eine überwiegend positive Einstellung zur Energiewende und ein verbreitet ökologisches Bewusstsein. In den letzten Jahrzehnten ist mit der Zunahme des individuellen Autoverkehrs auch das Problembewusstsein mitgewachsen. Eine ökologische Verkehrswende ist von diversen Denkfabriken wie dem Wuppertal-Institut, der »Agora Verkehrswende«, Greenpeace und anderen konzeptionell durchgearbeitet und von zahlreichen kommunalen Pilotprojekten experimentell umgesetzt worden. Analoge Bemühungen gibt es in anderen europäischen Städten, die zum Teil erheblich weiter vorangekommen sind als das Gros der deutschen Städte.[70]

Eine echte Verkehrswende kommt einer Quadratur des Zirkels gleich. Sie greift erheblich in eine über Jahrzehnte und Jahrhunderte gewachsene Infrastruktur ein, deren kontinuierliche Anpassung und Reparatur enorm aufwendig ist, sie irritiert kulturelle Routinen, die mental tief verankert sind, und sie tangiert das Privateigentum von Menschen, die zum Beispiel über ihr Auto frei verfügen wollen. Nicht zufällig werben Automobilclubs und Autoparteien mit dem Freiheitsbanner und hat die Furcht vor Restriktionen diverse populistische Kampagnen

mobilisiert. Mobilität gilt als eine Art europäisches Menschen-
recht, sie soll ungehindert, individuell differenziert und preis-
wert sein. Zugleich soll sie neuerdings den Umwelt- und
Klimaschutz verinnerlichen, nicht der Gesundheit schaden
(etwa durch das lärmende Grundrauschen von den Straßen)
und nicht zuletzt demokratisch legitimiert sein.

Angestrebt und stellenweise geplant wird heute eine kompakte »Stadt der kurzen Wege«; Arbeit, Einkauf und Versorgung
sollen dezentral und wohnortnah bereitstehen, Ganztagsschu-
len die »Hol- und Bringverkehre« mindern. Das schafft ent-
schleunigte Räume für einen bequemen, barrierefreien und
sicheren Fuß- und Radverkehr. Längere Strecken soll ein
Liniennetz des ÖPNV mit einem dichten Taktangebot bedienen,
das auch in Rand- und Nebenzeiten gewährleistet sein muss
und die Peripherie der Städte und ländliche Zonen erreichbar
macht. Erforderlich sind multimodale Schnittstellen an wichtigen Knotenpunkten des überregionalen Bahnverkehrs mit
Car-Sharing-Stationen, Abstellanlagen und Parkhäusern für
Fahrräder, die auch für ältere Menschen komfortabel sein müssen. Bus und Bahn sollen mit Ökostrom bzw. klimaschonenden
Fahrzeugen betrieben werden. Das alles setzt ein kluges Mobili-
tätsmanagement der Kommunen, Schulen, Unternehmen und
der Wohnungswirtschaft voraus. Die »autogerechte Stadt« ist
vor allem deswegen so ungerecht für Stadtbewohner, weil par-
kende Pkws einen großen Teil des öffentlichen Raums zustellen
und die eigentlich für Wohnungen nutzbaren Flächen durch
Parkhäuser und Abstellplätze vergeudet werden.

Es gilt also, den privat-individuellen Autoverkehr irrever-
sibel zu verteuern und einzuschränken. Das bewirken zum Bei-
spiel Fahrbeschränkungen in Umweltzonen, flächendeckende
Geschwindigkeitsbegrenzungen, die Öffnung von Einbahnstra-
ßen für den Radverkehr in Gegenrichtung, die Umwidmung von
Fahr- zu Umweltspuren, Citymaut und die Bewirtschaftung von
Parkraum für Privatfahrzeuge. Solche Maßnahmen generieren
Einnahmen für die Förderung des ÖPNV sowie des Fuß- und
Radverkehrs. Vorschriften der Europäischen Union limitieren

CO_2-Flottenemissionen, erlauben die CO_2-basierte Kfz-Steuer, Umweltzonen und Tempolimits. Auch eine effektive Kontrolle der Lärm-, Luftschadstoff- und Kohlendioxidemissionen von Pkw und Lkw sollte längst zur Selbstverständlichkeit geworden sein. Zur Verkehrswende gehört nicht zuletzt die Mitsprache und Mitgestaltung der Bürgerschaft, wobei von eingefleischten Autofahrern geharnischter Widerstand zu erwarten sein wird. Reallabore können dabei Weichensteller sein.[71] Da der in den letzten Jahren niedrige Ölpreis zur *mobility as usual* geführt hat, ist eine kontinuierliche Anhebung der Mineralölsteuer geboten und damit verbunden die Senkung der CO_2-Grenzwerte für den durchschnittlichen Neuwagen, wodurch Anreize entstehen, bei steigenden Spritpreisen auf Elektro- und Hybridfahrzeuge umzusteigen.

Die bisherigen Aussagen gelten vor allem für die Ballungsgebiete. Doch liegen die Autoverfügbarkeit und die Anzahl der alltäglich zurückgelegten Kilometer in ländlichen Regionen weit höher als in Städten. Täglich legt eine wachsende Zahl von Pendlern lange Hin- und Rückwege zurück, überwiegend mit dem Auto, da viele regionale Strecken des ÖPNV stillgelegt worden sind. Dazu heißt es bei der »Agora Verkehrswende«: »In Orten mit weniger als 50 000 Einwohnern sind fast 600 Autos pro 1000 Einwohner zugelassen, in Großstädten mit mehr als 500 000 Einwohnern sind es lediglich 360 Pkw auf 1000 Einwohner. Analog dazu nehmen Angebot und Qualität des Öffentlichen Personenverkehrs (...) mit abnehmender Siedlungsdichte ab.«[72] In ländlichen Räumen bleiben die Bewohner auf ihr Auto angewiesen, so dass man hier auf die Elektrifizierung des Antriebsstranges setzen müsste, die in den EU-Ländern sehr unterschiedlich vorangekommen ist und speziell in Deutschland aufgrund von Regierungs- und Unternehmensversagen skandalös zurückliegt.

Ein im Wortsinn gewichtiges Problem stellt schließlich der Lkw-Güterverkehr dar, dem in den nächsten Jahrzehnten sagenhafte Wachstumsraten prophezeit werden, obwohl er nachweislich immense Risiken für Umwelt und Gesundheit birgt und der

Logistik falsche Signale setzt – gegen die gebotene Regionalisierung der Erzeugung und Verteilung von Gütern, die heute in einer überdrehten globalen und europäischen Arbeitsteilung komponentenweise aus allen Himmelsrichtungen zusammenfließen. Der Grund ist die vermeintliche Kosteneinsparung, deren externe Effekte nicht eingepreist werden. Auch an diesem Fall lässt sich die Notwendigkeit einer europäischen Lösung aufzeigen. Die wirtschaftliche Genese der EU als Binnenmarkt ohne tarifäre und nichttarifäre Hindernisse hat eine Verkehrsinfrastruktur wuchern lassen, die unter klima- und umweltpolitischen Gesichtspunkten nicht mehr zu rechtfertigen ist. Die vielfältigen lokalen Ansätze zu einer Verkehrswende müssen von einem starken politischen Akteur koordiniert, Mentalitätswandel, technologische Innovation und politische Regulierung besser aufeinander abgestimmt werden. Das Autoland in der Mitte Europas bedarf einer echten Kulturrevolution – oder es verliert die Spitzenposition und sein liebstes Kind.

Glanz und Elend eines mobilitätspolitischen *change agent* kann man an den Lobbyverbänden der Fahrradfahrer studieren. Sie haben einen Bewusstseinswandel bewirkt und etwa im besonders auf den Autoverkehr fixierten Ruhrgebiet den Bau eines sicheren und kreuzungsfreien Radschnellweges über eine Länge von derzeit 100 Kilometern mit angestoßen.[73] Zugleich sind Fahrradfahrer oft allein auf ihre Bedürfnisse fixiert und haben mögliche Bündnispartner, die legitime Mobilitätsbedürfnisse nicht mit Zweirädern befriedigen können oder wollen, vergrault und entfremdet.[74] Als ein supranationaler Agent des Wandels sei die European Cyclists' Federation (ECF) genannt, ein Dachverband europäischer Organisationen, die sich der Förderung des Radverkehrs widmen, mit Sitz in Brüssel, dem heute 56 Verbände in 38 Ländern angehören, darunter der Allgemeine Deutsche Fahrrad-Club (ADFC), radlobby.at und Pro Velo Schweiz.[75] Erwähnenswert sind diese Verbände auch, weil sich zeigt, dass Lobbyarbeit bei europäischen Organisationen unumgänglich ist, um Ziele der Nachhaltigkeit zu erreichen und diese in einen allgemeinen wirtschafts- und sozialpolitischen

Kontext einzufügen. In keinem Politikfeld treten Interessengruppen so stark und forsch auf wie die Automobil- und Logistikbranche gegenüber der EU-Kommission, in der Regel unterstützt durch die deutsche Bundesregierung.

ERNEUERBARES GRIECHENLAND

1981 als erster südosteuropäischer Staat der EU beigetreten und Mitglied der Eurozone, gilt Griechenland seit langem als größter Problemfall der Union und der sprichwörtlich »kranke Mann Europas«. Es ist damit zur Projektionsfläche ungezügelter, geradezu rassistischer Attacken geworden. Solidarität mit dem schwer angeschlagenen Land gilt als Verrat, namentlich seit es von der Linkspartei Syriza angeführt wird, die Kritik an der in Washington, Brüssel und Berlin konzipierten Austeritätspolitik zu äußern versteht.[76] Zu den Sparauflagen, die große Teile der griechischen Gesellschaft (nicht aber die oberen Zehntausend) schwer in Mitleidenschaft gezogen haben, sind zuletzt die eminenten Belastungen durch Flüchtlinge getreten, die über die Ägäis-Inseln aus dem Nahen Osten kommen und denen der Weg nach Norden versperrt wird. Ginge es nach den autoritären Nationalisten, würde Hellas aus der EU fliegen; das Land solle die Drachme wiedereinführen und sehen, wie es zurechtkommt. Stirb draußen, heißt die brutale Devise.

Ein Schuldenschnitt für Griechenland dürfte unumgänglich sein, damit das Land wieder atmen und seine kreativen Potentiale entfalten kann. Aber was dann? Zu den interessanten Perspektiven zählt ein Green Deal. Eulen nach Athen tragen nennt das Sprichwort eine überflüssige Tätigkeit; gar nicht überflüssig wäre es aber, Solartechnologie in ein Land zu bringen, in das Touristen strömen, weil dort ganzjährig mit 300 Sonnentagen die höchste Einstrahlung in Europa und im Übrigen stabile Windverhältnisse anzutreffen sind. In Griechenland, das lächerlich überproportional von arabischem Öl und russischem Gas abhängig ist, könnten erneuerbare Energien gefördert werden, die nicht nur die Klimaschutzziele des Landes und der EU stützen, sondern auch eine Investition in die Zukunft Griechenlands und der Balkanregion wären. Derzeit wird über die Hälfte des Energiebedarfs durch Erdöl gedeckt, ein großer Teil der Stromproduktion erfolgt durch veraltete Dieselgeneratoren. Im Norden des Landes wird noch Braunkohle gefördert, die ebenfalls zur Verstromung dient. Derzeit sind vier neue Kraftwerke in Planung, darunter das 450-MW-Projekt Kozani-Ptolemaida mit deutscher Unterstützung durch die Kreditanstalt für Wiederaufbau.

An diesem Beispiel kann man europäische Fehlallokationen studieren. Im Norden war auch das deutsch-griechische Prestigeprojekt »Helios« angesiedelt, ein großer Solarpark, dessen Strom ab 2015 vor allem ins Ausland exportiert werden sollte. Es scheiterte an fehlenden Investitionen, fehlenden Netzen und der Senkung der 2010 eingeführten Einspeisetarife. Energie- wie finanzpolitisch zielführender wäre gewesen, erneuerbare Energieerzeugung dezentral zu fördern, speziell auf den griechischen Inseln. Es fehlt dazu vor allem an Investitionssicherheit und einer förderlichen Regulierung. Hier kann die Europäische Union mit dem Investitionsfonds der Europäischen Investitionsbank und mit Regionalförderung helfen, auch, indem sie mittelständische und genossenschaftliche Projekte unterstützt. Erforderlich ist auch ein Umdenken in der griechischen Regierung, deren Energieverantwortliche viel zu stark auf Kohleförderung und Gasimporte setzen. So wird das Ziel, 40 Prozent des Stromverbrauchs durch Erneuerbare abzudecken, das sich das Land für 2020 gesteckt hat, nicht zu erreichen sein.

Nicht nur aus umweltpolitischer Sicht sind die Erneuerbaren wichtig, sie verringern die Abhängigkeit von teuren Importen, senken die Kosten für griechische Verbraucher und bringen Investitionen ins Land, die indirekt dem lokalen Handwerk und Gewerbe zugutekommen. Diese *windfall profits* stehen zunächst im Zentrum; ob Griechenland Solar- und Windstrom exportieren kann, etwa in die Süd- und Westbalkan-Region, oder Teil eines europäischen Super-Grids wird, ist später zu entscheiden. Für eine europäische Energieunion wäre beides sicherlich zuträglich. Eine europäische Energiepolitik ist weit mehr als die Bereitstellung von Strom und Wärme; sie kann der Bevölkerung eines Landes, das einen starken Nationalstolz hat[77], sich für weitgehend unschuldig an den aktuellen Problemen erklärt und über jedes Maß hinaus gegängelt und vorgeführt wurde, eine moralische Alternative weisen, nämlich mit im Lande reichlich vorhandenen Ressourcen eine dem Gemeinwohl verpflichtete Politik zu treiben, die offen ist für ein Europa, das sich selbst gerade erheblich verändert.

Es trifft historisch zu, dass das moderne Griechenland »keine Renaissance erlebt (hat), keine Reformation, keine industrielle Revolution und keine Aufklärung«[78], und es trifft aktuell ebenso zu, dass Griechenland sich trotz enormer Subventionen in kurzer Zeit maßlos verschuldet hat. Seine Bevölkerung reagierte »wie ein Kind, das man in einem Süßwarengeschäft von der Leine lässt« (Nikos Dimou). Die von der EU und in dramatisch übertriebener Form von den Populisten angeführten Übel – dysfunktionale Verwaltung, ubiquitäre Korruption, Schattenwirtschaft am Fiskus vorbei und weitverbreiteter Steuerbetrug – sind unbestreitbar, doch ebenso wahr ist, dass sie durch europäische Banken, Waffendeals und eine falsche Austeritätspolitik der »Troika« angeheizt wurden. Der Vorschlag einer Solarwende kann aus diesem Dilemma herausführen.

»Es ist unmöglich geworden, über Griechenland zu sprechen oder etwas in Griechenland zu unternehmen, ohne dass die Krise allgegenwärtig ist«, kommentiert der Romancier Vassilis Alexakis. »Sie sitzt an allen Tischen, in jedem Autobus. Die Krise ist der Stern der Finsternis in unserem Land. Unsere schwarze Sonne.«[79] Diese selbstzerstörerische Vision und die wechselseitige Schuldzuweisung müssen ein Ende haben, sie treiben Ältere in die Verzweiflung und sogar in den Selbstmord, Jüngere außer Landes. Noch einmal der Spötter und Nestbeschmutzer Dimou: »Wenn ein Grieche von Europa spricht, schließt er Griechenland automatisch aus. Wenn ein Ausländer von Europa spricht, ist es undenkbar für uns, dass er Griechenland nicht mit einschließt.«

Wo sind Alternativen bzw. Mut machende Aktivitäten sichtbar? In einem Meer von Resignation und Wut (thymos) muss man oft ganz genau hinschauen. Vor einigen Jahren, mitten in der dramatischen Phase der Krise, war ich beim Besuch in der malträtierten Stadt Athen Zeuge und Teil einer »Goethe-Guerilla«, die in oftmals abgelegenen Vierteln und Orten vielfältige urbane Erneuerungsinitiativen ausprobierte, ohne sich in Larmoyanz und steriler Systemkritik zu erschöpfen, die man dem heutigen Kultur- und Kunstbetrieb bisweilen vorwerfen muss.[80] Analoge Initiativen gab es an anderen Orten der gleichermaßen von der globalen Finanzkrise wie von endogener Spekulation betroffenen Mittelmeerregion.[81] Solche Foci eines Guerillakampfes neuen und anderen Typs sind für mich die wahren Energiezentren Europas, und sie werden ihr Potential unter Beweis stellen können, wenn sie transeuropäisch vernetzt werden. Wohlverstanden können dazu auch Initiativen wie die zum Teil nach Athen ausgelagerte Kasseler Documenta beitragen, vor allem aber die Architekturbiennalen und -wettbewerbe, die sich der »Behausung« munizipalistischer Ansätze widmen, darunter der mehr als nur provisorischen Unterbringung von Flüchtlingen und Asylsuchenden.[82]

SCHWEIZER VOLKSINITIATIVE FÜR GRUNDEINKOMMEN

Die programmatische Initiative des französischen Sozialisten und Präsidentschaftskandidaten Benoît Hamon zum bedingungslosen Grundeinkommen (BGE) ist bereits erwähnt worden (siehe S. 147); sie war ein wichtiger, von den französischen Wählern nicht belohnter Anstoß für eine überfällige sozialpolitische Debatte, die die Folgen des demographischen Wandels und der Automatisierung von Arbeitsprozessen in Rechnung stellt, darüber hinaus aber auch die modernen Gesellschaften vom Arbeitszwang befreien möchte. In der Schweiz sind Verfechter der Idee einen Schritt weiter gegangen und haben das BGE im Juni 2016 einer landesweiten Volksabstimmung unterzogen. Diese ging mit 23,1 Prozent Zustimmung verloren, doch die Initiatoren feierten das Ergebnis wie einen Sieg. Denn immerhin knapp ein Viertel der Wählerinnen und Wähler bekannte sich zu einem Vorhaben, das im Vorfeld als Absurdität, Frevel an der Wirtschaft, Ruin der Schweiz, modernes Märchen »irrlichternder Mondfahrer«, mindestens als eine »(leider) nicht bezahlbare Idee« diskreditiert wurde.

Zweifel am BGE verspürt auch der Autor, doch beeindruckend war die Verve und Kreativität, mit der die Pro-Kampagne die Debatte erwirkte und eine beachtliche Zahl der als konservativ und risikoscheu verschrienen Schweizer für sich einnahm. Volksinitiativen wie diese gehören sei 1891 in das Verfahrensrepertoire der Schweizer direkten Demokratie. Anders als beim Referendum, mit dem der Souverän die abschließende Entscheidung über neue Gesetze fällt, wird bei einer Volksinitiative über die Aufnahme einer neuen Bestimmung in die Verfassung abgestimmt.

»Volksinitiative« wird dieses Instrument genannt, weil der Anstoß nicht von der Regierung oder dem Parlament ausgeht, sondern von einzelnen Bürgern bzw. Bürgerinitiativen, Parteien und Verbänden. Volksinitiativen gibt es auf Gemeinde-, Kantons- und Bundesebene. Damit eine solche auf Bundesebene zustande kommt, müssen innerhalb von 18 Monaten 100 000 Unterschriften von Stimmberechtigten gesammelt werden. Wenn das gelingt, kann das *Stimmvolk* zur jeweiligen Vorlage Stellung nehmen. Nach der *Zustimmung* durch die *Mehrheit* der Abstimmenden muss dann auch das »*Ständemehr*«, die Mehrheit der Kantone, zustimmen.

Die Volksinitiative »Für ein bedingungsloses Grundeinkommen« hatte folgenden Wortlaut: »Die Bundesverfassung vom 18. April 1999 wird wie folgt geändert: Art. 110a (neu) bedingungsloses Grundeinkommen. 1. Der Bund sorgt für die Einführung eines bedingungslosen Grundeinkommens. 2. Das Grundeinkommen soll der ganzen Bevölkerung ein menschenwürdiges Dasein und die Teilnahme am öffentlichen Leben ermöglichen. 3. Das Gesetz regelt insbesondere die Finanzierung und die Höhe des Grundeinkommens.« Es ging also um die grundsätzliche Zustimmung, die Details sollten Gesetze regeln.

Den Anstoß gegeben hatten 2006 der Künstler Enno Schmidt und Daniel Häni, der in Basel das Kaffeehaus »Unternehmen Mitte« betreibt.[83] Dessen Motto »Wer nicht muss, der kann« (= an diesem Ort kein Konsumzwang) illustriert laut Häni die Idee des BGE: »Ich kann das Grundeinkommen nicht persönlich einführen, aber ich kann versuchen, Momente der Bedingungslosigkeit zu schaffen. Unser Kaffeehaus ist ein Raum, in dem Menschen sich aufhalten können, ohne etwas zu müssen. Es ist eine Miniatur des Grundeinkommens.«[84] Der Ansatz erinnert an die Techniken sozialer Plastik im Kunstbetrieb der 1970er Jahre, als zum Beispiel Joseph Beuys mit seinen Aktionen für direkte Demokratie in die soziale Praxis eingriff und Debatten anstieß. Unter dem Namen »Krönungswelle« tourten die Initiatoren durch zwanzig Städte in der Schweiz und in Deutschland. In Anspielung auf eine Krönungsszene in dem Film »Grundeinkommen – ein Kulturimpuls« wurden rund 100 000 Menschen mit symbolischen Kronen versehen: »Die starke Geste des Krönens, die die Menschen an ihre eigene Souveränität erinnern will, basiert auf der Überzeugung, dass das bedingungslose Grundeinkommen sowohl Ausdruck als auch Ermöglichung dieser Souveränität ist.«[85]

Die Volksinitiative war von Beginn an eine Medienkampagne: zunächst mit einer Website mit News Blog und Filmbeiträgen und einer Kick-Off-Veranstaltung in Romainmôtier; der erwähnte Film wurde über eine Million Mal angeklickt. Häni und Schmidt vernetzten sich mit dem in Deutschland bekannten Verfechter der Grundeinkommensidee Götz Werner, Inhaber einer Drogeriemarktkette und Gründer des Instituts für Entrepreneurship in Karlsruhe, sowie mit dem Schweizer Nationalrat Oswald Sigg. 2010 wurde die Stiftung Kulturimpuls gegründet. Es folgten weitere Veranstaltungen und Interviews, bis im Frühjahr 2012 die Volksinitiative offiziell lanciert wurde. Im Rahmen des Lancierungsfests ließ man symbolisch die Schweizer Landesmutter Helvetia die Volksinitiative segnen. Im Folge-

jahr fand die öffentlichkeitswirksame Einreichung der Volksinitiative statt. Am 4. Oktober wurden auf dem Bundesplatz in
Bern acht Millionen Fünfräppler ausgeschüttet – eine Münze für
jeden Einwohner der Schweiz. Das »Unternehmen Mitte« gewährte dafür einen Kredit von 400 000 Franken, der vollständig
zurückgezahlt wurde. Die Hälfte der Münzen wurde vom Stap-
ferhaus Lenzburg für eine Ausstellung erworben, bei der die Be-
sucher einige Monate lang »wie Dagobert Duck in seinem
Geldspeicher« baden konnten. Die andere Hälfte wurde der
Nationalbank zurückgegeben. Nach dem gleichen Leihprinzip
wurde ein goldener Tesla beschafft, das Geld für die Flyer wurde
aus Spenden finanziert. 2015 erschien das »Buch zur Abstimmung«: *Was fehlt, wenn alles da ist? Warum das bedingungslose Grundeinkommen die richtigen Fragen stellt* von Daniel Häni und Philip Kovce.
Am 14. November 2014 berieten Kommissionen des National-
und Ständerates die Volksinitiative.

Mut machte eine repräsentative Umfrage zum Grundeinkommen im Januar 2016 in der Schweiz.[86] Sie ergab, dass beim
Bezug eines BGE nur zwei Prozent der Befragten ganz aufhören
würden zu arbeiten; allerdings vermutete rund ein Drittel, »die
anderen« würden die Arbeit niederlegen. Interessant war, wofür
die Bezieher das BGE nutzen würden: 54 Prozent wollten sich
weiterbilden, 53 Prozent nähmen sich mehr Zeit für die Familie,
22 Prozent würden sich selbständig machen, 35 Prozent würden
nachhaltiger konsumieren. 59 Prozent der unter 35-Jährigen
glaubten, dass das Grundeinkommen irgendwann eingeführt
wird.

Im März 2016 wurden echte 10-Franken-Scheine im Wert von
10 000 Franken als Werbeflyer am Bahnhof in Zürich verteilt, ver-
sehen mit der Sprechblase: »I ♥ Grundeinkommen | ja-oui-si.ch |
5. Juni 2016«. Dieses nach Luxus riechende Werbemittel sollte
den mit dem Rappenhaufen und dem goldenen E(del)-Mobil
suggerierten Eindruck verstärken, es gehe nicht um Armuts-
bekämpfung, sondern um den Luxus der Freiheit. Die Initiatoren rechtfertigten sich gegen Kritik: »Statt teure Flyer zu drucken
und die Schweiz mit Plakaten zuzukleistern, setzen wir lieber

bedingungslos Flyer als Banknoten in Umlauf.«[87] Eine weitere aufsehenerregende Aktion war die »Demo der tanzenden Roboter«, bei der etwa hundert als Roboter verkleidete Menschen durch Zürich tanzten. »Die Roboter haben eine klare Botschaft, was die Diskussion rund um die Digitalisierung betrifft: ›We work for you! Wir nehmen euch die Arbeit ab, nicht das Einkommen!‹ Roboter müssen nicht konsumieren und benötigen deshalb kein Einkommen. Menschen schon. Die Angst vor den Robotern beruht darauf, keine Erwerbsarbeit mehr zu finden – eine Situation, die Menschen stigmatisiert. Das wollen die Roboter ändern, indem sie die Einführung eines bedingungslosen Grundeinkommens für alle Menschen fordern.«[88] Die Digitalisierung soll demnach mit dem bedingungslosen Grundeinkommen zur Chance werden. »Und da die Roboter geschaffen werden, um den Menschen zu helfen, setzen sie sich nun ebenfalls für ein bedingungsloses Grundeinkommen ein.«

Bei der langen Nacht des Grundeinkommens (2. Mai 2016) wurden prominente Personen aus Politik, Wirtschaft und Kultur zu Streitgesprächen zum Thema Grundeinkommen ins Theater Basel eingeladen. Am 4. Mai 2016 wurde am Gottlieb-Duttweiler-Institut in Zürich die internationale Konferenz »Zukunft der Arbeit – Industrie 4.0 und die Suche nach sozialer Innovation« abgehalten, in deren Rahmen mit Silicon-Valley-Unternehmern, Gewerkschaftern und Teilnehmern wie Yanis Varoufakis über das Grundeinkommen diskutiert wurde.[89] Im Mai 2016 brach die Plakataktion »Die größte Frage der Welt« in Genf drei Wochen vor der Abstimmung den Weltrekord für das größte Plakat der Welt mit 8115,53 m² (Text des Plakats, Gold auf Schwarz: WHAT WOULD YOU DO IF YOUR INCOME WERE TAKEN CARE OF?). Mehr als 1200 Menschen trugen per Crowdfunding rund 200 000 Euro zusammen, um diesen Weltrekordversuch zu ermöglichen. Das Plakat wurde im Anschluss nach Berlin gebracht, um dort die Straße des 17. Juni zwischen Siegessäule und Brandenburger Tor zu zieren. Nach Ende der Aktion wurde es nicht entsorgt, sondern zu »Fragetaschen« und »Weltrekord«-Rucksäcken weiterverarbeitet.

Am 5. Juni 2016 f.nd die Volksabstimmung statt. Das schon erwähnte Ergebnis: 23,1 Prozent stimmten dafür – deutlich mehr als erwartet. Nach der Abstimmung ist vor der Abstimmung: Im Februar 2017 veröffentlichten Daniel Häni und Philip Kovce ein Manifest mit dem Titel: »Was würdest du arbeiten, wenn für dein Einkommen gesorgt wäre?« Im Luther-Jahr führten sie mit 95 Thesen in die Idee des Grundeinkommens ein und erzählten exemplarische Geschichten.

Bei den vorgestellten Initiativen haben wir uns von defensiven zu offensiven Projekten und von alltagskonkreten zu konkret-utopischen Vorhaben vorgearbeitet. Sie sind vor allem im städtischen Raum zu finden, der unter der Flagge einer munizipalistischen Tradition und Strategie neue politische Akteure herausgebildet hat. Ein großer Teil der Menschheit lebt heute in solchen urbanen Agglomerationen und Mega-Citys[90], dort auch findet man am ehesten eine lebendige Auseinandersetzung um Demokratie und Experimente ihrer Erneuerung, jeweils in eher »linken« und »bürgerlichen« Varianten.

Zwei Bedenken sind hier anzubringen: Der linken Variante fehlt häufig die kosmopolitische Dimension, weil sie diese als Ausfluss neoliberaler Globalisierung verkennt, der bürgerlichen Variante das Verständnis für die Desintegration der urbanen Agglomerationen als Folge ebendieser globalen Finanzwirtschaft. Und beide munizipalistischen Ansätze sind oft blind für das eklatante Stadt-Land-Gefälle, auf dem der Erfolg des autoritären Nationalismus beruht, welcher in seiner Essenz eine antiurbane und zugleich xenophobe Reaktion ist. Die Kämpfe gegen *gentrification*, also um bezahlbaren Wohnraum in den Städten, müssen sich besser als bisher verbinden mit dem Kampf um die Renaissance der Dörfer, also um eine Stadt und Land verbindende Infrastruktur.

@ ERINNERUNG UND FRIEDEN

Der Erwartungshorizont des künftigen Europas ist eingebettet in seinen Erfahrungsraum, der von Spaltungen und Konflikten durchzogen ist, auch von Bürger- und Staatenkriegen, die Hekatomben von Toten forderten und in so gut wie jeder europäischen Familie, auch an der Peripherie, mit der Erinnerung an Verschleppte und Vertriebene, Gefallene und Ermordete verbunden ist. Europa ist ein Schlachtfeld der Erinnerungen geblieben, und jeder europäische Erfolg hängt von der Pazifizierung der Gegensätze und der Versöhnung ehemals verfeindeter Nationen und Gruppen ab. Zwei solcher Konflikte sollen beispielhaft vorgestellt werden: der französisch-algerische Krieg (1954–1962), dessen europäische Bedeutung erst langsam deutlich wird, und der deutsch-sowjetische Krieg (1941–1945), der lange nachgewirkt hat und nun durch neue Spannungen aktualisiert wird.

DER FRANKO-ALGERISCHE SPLITTER[91]

Emmanuel Macron hat auf seiner Wahlkampftour im Frühjahr 2017 nicht nur Berlin und London besucht, sondern auch Algier, die Hauptstadt des 1962 nach dreizehn langen Dekaden brutaler Kolonialherrschaft unabhängig gewordenen nordafrikanischen Landes. Dort charakterisierte er diese als eine Barbarei von Beginn an und sogar als »Verbrechen gegen die Menschlichkeit«[92]. Er meinte damit die Ausradierung ganzer Dörfer, Massaker und Folter, die materielle und ideelle Enteignung eines Volkes, dem jedwede kollektive Existenz, ja sogar der Name aberkannt worden war. Selten war eine sprachlich-kulturelle Überformung so intensiv wie in dieser Siedlerkolonie. Frankreich, pointierte Macron, habe in Algerien die Menschenrechte eingeführt, aber vergessen, sie zu befolgen.

All das hatte die Geschichtswissenschaft seit langem als Stand der Forschung bestätigt. Macrons Vorgänger Sarkozy und Hollande hatten die Kolonialverbrechen zwar eingeräumt, sich dafür aber nicht entschuldigt, um eventuelle Ansprüche auf Wiedergutmachung zu unterbinden.

In puncto Algerien herrscht in Frankreich weiterhin Schwarz-Weiß-Denken vor. Die antikoloniale Linke kennt in ihrer Kritik kein Pardon, die revisionistische Rechte will die »guten Seiten« des Kolonialismus sogar per Gesetz in Schulbüchern verankert wissen. Das sollen dann auch die Enkel und Urenkel der algerischen Migranten lernen, die schon seit dem 19. Jahrhundert nach Frankreich gekommen sind, genau wie die Nachfahren der *Pieds-noirs*, der Kolonisten aus Frankreich, Spanien und Italien, die auf der anderen Seite des Mittelmeers eine weiße Parallelgesellschaft errichtet hatten. 1962, als die Schlacht um Algier verloren war, wurden sie in ein »Mutterland« vertrieben, dessen Modernität ihnen fremd war; ähnlich ging es den *harkis*, jenen Arabern und Berbern, die auf Seiten der Kolonialmacht gestanden hatten und sich nun über Macrons Geschichtsbild wenig amüsiert zeigten.

Wer zwischen all diesen Fronten keinen gemeinsamen Nenner erreicht, was die Sicht auf die Geschichte betrifft, riskiert in den Banlieues wie in den Kleinstädten des Midi noch immer einen Bürgerkrieg. Der Süden Frankreichs ist eine *chasse gardée* der Familie Le Pen: Der Senior begann seinen politischen Aufstieg in der Terrororganisation OAS, Tochter Marine lebt von der araberfeindlichen Stimmung, Enkelin Marion Maréchal-Le Pen hat bei den Parlamentswahlen 2012 im Département Vaucluse einen Erdrutschsieg eingefahren. Zur von den Rechten skandalisierten Algerienvisite Macrons twitterte sie, die sich nach dem Erfolg ihrer Tante erst einmal ins Privatleben zurückzog: »#Macron: Kandidat der Eliten, der Banken, der Medien und (...) der Bußfertigkeit«. Ganz ähnlich ereiferte sich der gar nicht so gemäßigte Präsidentschaftskandidat François Fillon.[93]

Macron beschritt den radikalen Mittelweg, den zum Beispiel der in einer algerisch-jüdischen Familie in Constantine geborene Historiker Benjamin Stora und der algerische Historiker Mohammed Harbi[94] vorausgegangen sind: *audiatur et altera pars*. Die unbestreitbaren, unter der weitgehenden Amnesie von

Zeitzeugen und Geschichtsschreibung zugedeckten Kriegsver-
brechen als *crimes against humanity* zu bewerten würde Frankreich
in der Nürnberger Völkerrechtsterminologie einen veritablen
Genozid anlasten, also die wahllose und summarische Ermordung von Algeriern. Dafür wurde Macron sogar von Alfred
Grosser gerüffelt, der sich noch nie scheute, Frankreichs dunkle
Vergangenheiten auszuleuchten.[95] Doch verwendet Macron den
Terminus in seiner moralischen Bedeutung und beruft sich auf
frühe Kritiker der Kolonisation aus der Zeit der französischen
Aufklärung und eine große Zahl Gleichgesinnter in der Dritten
bis Fünften Republik.

Dabei zeigte er sich nicht minder empfänglich für die Verletzungen der Algerienfranzosen und zitierte den als *Pieds-noir* aufgewachsenen Albert Camus, der es abgelehnt hatte, sich zwischen seiner Mutter und der algerischen Befreiungsbewegung
FLN entscheiden zu müssen.[96] Camus fortgeschrieben (und dabei dessen blinde Flecken aufgedeckt) hat der algerische Schriftsteller Kamel Daoud in dem Roman *Meursault, contre-enquête*.[97] Er
dankte Macron für seine Aufrichtigkeit: »Endlich ein französischer Politiker, der hinfährt, zuhört und ausspricht.«[98] Auch
Daoud gehört der post-postkolonialen Generation an, die nicht
länger in vergangenen Kämpfen Partei ergreifen will, sondern
sich drängenden Gegenwartsproblemen zwischen Europa und
Nordafrika zuwendet, vor allem dem unseligen Zusammenspiel
von Radikalisierung und Fremdenfurcht auf beiden Seiten des
Mittelmeers.

Solche Persönlichkeiten können die festgefahrene Dis-
kurslage auflockern und Dogmen erschüttern. Agenten des
Wandels gibt es auch auf der anderen Seite des Mittelmeers. Da-
ouds preisgekröntes Buch erschien zuerst im Verlag Barzakh,
den Sofiane Hadjadj, ursprünglich Architekt, und die Politologin Selma Hellal 2000 in Algier gegründet haben. Schon der
Name des Verlags (deutsch: Barriere, auch Fegefeuer) deutet die
literarische Zuspitzung an, die eine versteinerte Erinnerungs-
kultur und Geschichtspolitik in Bewegung bringen soll. 2016
publizierte das angesehene Haus den Roman *L'Effacement* (Die

Tilgung) von Samir Toumi, eine psychologische Parabel auf die moudjahidines, die Kriegsveteranen des FLN. Diese haben im Roman wie in der algerischen Wirklichkeit den Platz der Kolonialherren eingenommen und sich deren Privilegien angeeignet, so dass man selbst für den Erwerb einer schlichten Taxilizenz nachweisen muss, von ihnen abzustammen oder protegiert zu werden.

Diese Gerontokraten, inkarniert im schwerkranken, an den Rollstuhl gefesselten Präsidenten Abdelaziz Bouteflika, leiten ihren Herrschaftsanspruch aus einer heroisch-verkitschten Vergangenheit ab, die der Jugend, die zur Hälfte ohne Arbeit und Perspektive ist, die Zukunft raubt und sie massenhaft übers Meer treibt. In Frankreich mobilisiert der Front National Ressentiments und Revanchegelüste gegen die hauptsächlich von Migranten bewohnten Vorstädte, in denen sich wiederum einige zum bewaffneten Kampf entschließen. Ist, wer sich der Vergangenheit nicht stellen will, dazu verurteilt, diese zu wiederholen? Marine Le Pen konterte Macrons gewagten geschichtspolitischen Vortrag auf ihre Weise: Sie negierte, ganz in der Tradition ihres Vaters, die Beteiligung des Vichy-Regimes an der Judenverfolgung in Frankreich. Sie bestritt die Verantwortung dafür, dass am 16. und 17. Juli 1942 mehr als 8000 Juden im Vélodrome d'Hiver in Paris von französischen Polizisten auf Veranlassung der Kollaborationsregierung in Vichy zusammengetrieben und von dort in die Vernichtungslager deportiert worden waren.[99] Chirac und Hollande hatten diese Schuld Frankreichs als Erste offiziell anerkannt. Für den Front National gehört das nicht in den »nationalen Roman«, die Großerzählung eines einigen, bio-französischen Hexagons.

Das Umdenken hat in den 1990er Jahren begonnen und sich in letzter Zeit noch einmal intensiviert. Jüngere Historiker um Patrick Boucheron vom Collège de France revidieren das hexagonal beschränkte Weltbild der Nation und stellen deren (ausdrücklich in den Plural gesetzte) Kulturen in einen globalgeschichtlichen Rahmen.[100] Und Macron forderte in einem

Gespräch mit der Zeitschrift L'histoire seine Landsleute auf, von einem überholten Souveränitätsideal abzulassen und die Widersprüche im »nationalen Roman« auszuhalten.[101] Unter Bezug auf den Mentor der neueren französischen Historiographie, den 1944 von der Gestapo ermordeten Marc Bloch, will er »das Band wiederherstellen zwischen der Krönung der Könige in Reims und der Fête de la Fédération 1790, zwischen Karl dem Großen und Charles de Gaulle, zwischen Jeanne d'Arc und Jean Jaurès, sogar zwischen 1789 und 1793«, zwischen Revolution und Terror also. Der Waffenstillstand der Erinnerungen kann die menschlichste aller Rührungen freisetzen, das Mitgefühl.

Da sich das Verhältnis zu Nordafrika mit der Massenauswanderung von Algeriern und Tunesiern und Vorfällen wie der »Kölner Silvesternacht«, zu der sich Kamel Daoud differenziert geäußert hat (und dafür gescholten wurde)[102], gerade zum europäischen Drama weitet, involviert die franko-algerische Verstrickung auch die Deutschen, denen gerade die Zuspitzung der deutsch-türkischen Beziehungen zu schaffen macht. Dieses angespannte Verhältnis macht vielleicht eher verständlich, in welchem Psychodrama sich Frankreich und Algerien seit Jahrzehnten befinden. Genauso wenig, wie diese beiden Länder, als Exkolonialmacht und Exbefreiungsbewegung, damit allein zu Rande kommen werden, können dies Deutsche und Türken oder Italiener und Libyer oder Briten und Iraker. Es bedarf einer großen, alle Themen der Vergangenheit, Gegenwart und Zukunft in den Blick nehmenden Mittelmeer-Konferenz der europäischen und arabischen Nationen, vertreten durch Persönlichkeiten der aufgeklärten Zivilgesellschaften, um zu einem einvernehmlichen Verhältnis und zu einer echten Zusammenarbeit zu kommen. Es stimmt hoffnungsfroh, wenn eine Kommunalpolitikerin der bürgerlichen Rechten jüngst die deutsch-französische Aussöhnung als Modell der algerisch-französischen reconciliation gewürdigt und einen Jugendaustausch nach diesem Modell vorgeschlagen hat.[103]

KRIEGSSPIELE IN KALININGRAD

In Königsberg fasste der europäische Aufklärer Immanuel Kant »Gedanken über einen möglichen Weg zum ewigen Frieden« in Worte, die nach 220 Jahren immer noch aktuell sind. Wie in einem Friedensvertrag lautet Präliminarartikel 1: »Es soll kein Friedensschluß für einen solchen gelten, der mit dem geheimen Vorbehalt des Stoffs zu einem künftigen Kriege gemacht worden.« Präliminarartikel 3 lautet: »Stehende Heere sollen mit der Zeit ganz aufhören.« Artikel 5 besagt: »Kein Staat soll sich in die Verfassung und Regierung eines anderen Staates gewalttätig einmischen.« Präliminarartikel 6 schließt: »Es soll sich kein Staat im Kriege mit einem anderen solche Feindseligkeiten erlauben, welche das wechselseitige Zutrauen im künftigen Frieden unmöglich machen müssen: als da sind, Anstellung der Meuchelmörder, Giftmischer, Brechung der Kapitulation, Anstiftung des Verrats in dem bekriegten Staat usw.«, weil »ein Ausrottungskrieg, wo die Vertilgung beide Teile zugleich, und mit diesen auch alles Recht treffen kann, den ewigen Frieden nur auf dem großen Kirchhofe der Menschengattung stattfinden lassen würde.« Es folgen die Definitivartikel. 1: »Die bürgerliche Verfassung in jedem Staat soll republikanisch sein.« 2: »Das Völkerrecht soll auf einen Föderalismus freier Staaten gegründet sein.« Damit hat Kant den »demokratischen Frieden« vorweggenommen, wonach Volksherrschaften keine Kriege (gegeneinander) führen, ebenso den »Völkerbund« oder die Vereinten Nationen, deren Charta durchaus auf den Königsberger Visionär Bezug genommen hat. Zum guten Schluss liest man in Definitivartikel 3: »Das Weltbürgerrecht soll auf Bedingungen der allgemeinen Hospitalität eingeschränkt sein.« Wovon oben in Korb 1 die Rede war (siehe S. 129 ff.).

Wie aktuell der Text ist, um nicht zu sagen: hoffnungslos aktuell, sieht man am besten am Ort seiner Entstehung, den Kant kaum je verlassen haben soll. In der Stadt an der Newa wird heute nämlich nicht weniger als der mögliche Eintritt in einen Dritten Weltkrieg inszeniert. Die Russische Föderation hat mitten im Gebiet der Europäischen Union und der NATO ihren im Zweiten Weltkrieg erbeuteten Außenposten wiederentdeckt, den sie lange vernachlässigt hat, und dort im Oktober 2016 Iskander-M-Raketen stationiert, die die seit Jahren intensivierte Remilitarisierung der Region unterstreichen. Das war nicht immer so: Nach dem Ende der Sowjetunion gab es Hoffnungen und Ansätze, dass Kaliningrad zur Freihandelszone erklärt und eine Art »russisches Hongkong« (oder Singapur) entstehen würde, die Stadt also ihre historische Rolle als kulturelle und wirtschaftliche Brücke zwischen Ost und West wieder übernehmen könnte.

Doch inzwischen ist der Oblast (Bezirk) Kaliningrad Schauplatz von Kriegsspielen, die eindeutig nicht mehr die Verteidigung der Exklave gegen NATO-Angriffe simulieren, sondern Raketen- und Flottenangriffe in die umgekehrte Richtung. Die litauische Präsidentin Dalia Grybauskaitė spricht offen von einer Vorbereitung Russlands auf den Krieg mit dem Westen – und wird in russischen Medien und deren Kollaborateuren im Westen dafür selbst als Kriegstreiberin gescholten. Schon länger stehen die Zeichen auf Eskalation und Abbruch der Beziehungen mit den Nachbarstaaten. Bewohner der Grenzregionen in Polen und Litauen müssen wieder Visa beantragen, der kleine Grenzverkehr hat seither rapide abgenommen. Polen hat sechs Wachtürme an der Grenze errichtet, ausgerüstet mit Wärmebildkameras, Nachtsichtgeräten und Laser-Entfernungsmessern, bezahlt von der EU aus dem Budget zum Schutz der EU-Außengrenzen. Beide Seiten haben Überwachungsdrohnen in Betrieb. Die 72-Stunden-Visa für Kaliningrad-Touristen, die während der letzten Jahre den unkomplizierten Besuch der Stadt ermöglicht hatten, werden seit Januar 2017 nicht mehr ausgestellt, so dass die menschliche Verbindung zwischen der Exklave und dem Westen abgeschnitten ist. Leidtragende sind unter anderem die Baltische Föderale Immanuel-Kant-Universität, Nachfolgerin der 1544 gegründeten Albertina Königsberg[104], und das Deutsch-Russische Haus.

Diese angesehene Einrichtung im Status einer Nichtregierungsorganisation wird neuerdings als »ausländischer Agent«

abgestempelt; sie verwalte nur noch »alte Steine« (deutscher Provenienz) und stehe der Pflege des russischen Erbes im Wege. Ein Vierteljahrhundert lang diente das Deutsch-Russische Haus, wie entsprechende Häuser in Moskau und Sibirien, als Treffpunkt für Wolgadeutsche und andere Kaliningrader Bewohner. Heute ist die Website[105] außer Betrieb, wird das Kaliningrader Haus als Spionagenest eingestuft, obwohl der Leiter, Viktor Hoffmann, Landwirt mit deutschen Wurzeln und Vorsitzender von »Eintracht«, des Vereins der Russlanddeutschen in Kaliningrad, sich für den russischen Präsidenten engagiert haben soll und für die Aufhebung der EU-Sanktionen geworben hat. An Stelle russisch-deutscher Begegnungen ist die paramilitärische Jugendorganisation Yunaria angetreten, die Jugend patriotisch auf Vordermann zu bringen. Jederzeit könnte Russland eine Operation »Heimholung« in Gang setzen, wie 2014 mit der Krim, und den Krieg in die Nachbarländer exportieren, wo starke russische Minderheiten leben. Ideologisch unterstützt wird dieser gefährliche Kurs durch Äußerungen des russisch-orthodoxen Patriarchen Kyrill, während die Initiative eines Moscheebaus in Kaliningrad gescheitert ist.[106]

So stehen die Zeichen in der Exklave, über siebzig Jahre nach der Zerstörung Königsbergs, wieder auf Sturm. Die NATO verstärkt ihre Präsenz in den baltischen Staaten, auch Schweden und Finnland sind in Alarm versetzt. Militärexperten bezweifeln, dass das Atlantische Bündnis die baltischen Staaten ernsthaft schützen könnte, es sei denn um den Preis einer unabsehbaren Eskalation, die auch eine nukleare Komponente aufweisen könnte.[107] Deutsch-russische Initiativen seit 1990 haben diese Eskalation nicht aufhalten können, ihnen haftete stets eine unangemessene Ostpreußen-Nostalgie an. Die Lösung kann auch hier wieder nur eine europäische sein. Auch deswegen sind Initiativen für eine friedliche Kooperation in der Ostseeregion so bedeutend. Die zehn Anrainerstaaten (Dänemark, Norwegen, Schweden, Finnland, Russland, Estland, Lettland, Litauen, Polen, Deutschland) haben Interesse an der friedlichen Nutzung der Ostsee, wobei Interessenkonflikte bestehen zwischen dem

Bau von Gaspipelines und Naturschutzgebieten, Fischfang bzw. Aquakulturen und Schiffsrouten, touristischer Erschließung und Windparks, generell zwischen intensiver wirtschaftlicher Nutzung und dem Erhalt des Ökosystems. Zum Beispiel wird es am Öresund immer enger: Autofähren, internationale Containerflotten, Kreuzfahrtschiffe, Fischerkähne und Freizeitboote kreuzen den Weg. Ähnlich sieht es unter der Wasseroberfläche aus, wo Unterseekabel und Rohrleitungen verlegt sind, Schiffswracks verrotten, die Masten von Windkraftanlagen verankert sind und in militärischen Sperrgebieten Chemiewaffen aus dem Zweiten Weltkrieg liegen sollen. Da die Ostsee ein relativ kleines und nicht sehr tiefes Meer ist, stellt sich deutlich auch das Problem der Verschmutzung und möglichen Übernutzung, wenn »blaue Biotechnologien«, Sand- und Kiesgewinnung für die Bauindustrie sowie Manganknollenabbau ausgebaut werden.[108]

Das führt nicht nur zu Konflikten zwischen Nachbarn, sondern auch zu Interessenkoalitionen, etwa hinsichtlich der Gasleitung Nord Stream, eines von Gazprom geführten Konsortiums, die das russische Wyborg mit dem deutschen Greifswald verbindet und bei Anrainern deutliches Stirnrunzeln hervorruft. Es liegt auf der Hand, dass derartige Konkurrenzen und Konflikte nur durch intensive Kooperation gelöst werden können und die Europäische Union hier eine Rolle als Plattform, Vermittlung und Mediation spielen muss. Meeresraumplanung ist per se eine transnationale Aufgabe. Jenseits der »Ausschließlichen Wirtschaftszonen« (AWZ), die sich 200 Seemeilen (gleich 370 Kilometer) vor den nationalen Küsten ausdehnen, bietet das internationale Seerecht auch von vornherein gemeinsame Aktivitäten an, um eine differenzierte und schonende Nutzung des strapazierten Meeresraums zu erreichen. Umweltthemen aller Art können eine Art »dritte Ebene« der Verständigung schaffen, auf der sich private, halbstaatliche und EU-Institutionen treffen können.

Fazit: Das hier vorgestellte Dutzend ganz unterschiedlicher Problemfelder und Initiativen soll deutlich machen, wo Agenten des Wandels in Europa überall für Teilhabe, Solidarität und Nachhaltigkeit streiten (bzw. streiten sollten), wie sie mit verteilten Rollen und einem verbindenden Narrativ Widerstand leisten und Wandel hervorbringen. Akteure sind Bürgerinitiativen, beruflich Selbständige und Freischaffende, politische Unternehmer[109], grüne Lobbys, Gewerkschafter, Politiker und Administratoren. Was sie vereint, ist das Vorhandensein grenzüberschreitender Probleme und die Einsicht in die Notwendigkeit supra- und transnationaler Kooperation, um sie lösen zu können. Den zuerst genannten Initiativen geht es um die Sicherung basaler Freiheiten, um Menschenrechte und sexuelle Selbstbestimmung, um den Schutz vor despotischer Regression und die Wiederherstellung von Grundrechten und Gewaltenteilung. Es sind Neuauflagen der Kämpfe, die liberale Revolutionen des 19. Jahrhunderts und sozialistische Reformer des 20. Jahrhunderts geführt und in Verfassungen niedergelegt haben, deren Geltung heute von Autokraten faktisch bestritten und pervertiert wird. Mit diesen Initiativen werden die Bedingungen der Gestaltung von Zukunft gesichert. Hinzu kommen Bemühungen, die europäische Gesellschaft nachhaltiger zu gestalten und zukunftsfähig zu machen im Sinne einer Großen Transformation, die ähnlich der Industriellen Revolution, aber in einem viel kürzeren Zeitraum, Europa umgestalten wird. Dabei wird sich zeigen, dass diese Transformation zur Nachhaltigkeit auch eminente friedensstiftende Wirkungen haben kann.

Allfällige Einwände, solche Initiativen seien zu liberal, idealistisch, eurozentrisch, sie hätten eine klare Mittelschichtsausrichtung und wären politisch nicht ordentlich (links) kodiert, kann man leicht kontern: Ja, sie sind es (noch), aber deswegen sollte man gute Ideen nicht für sich behalten und mit ihrer Umsetzung warten, bis alle im Boot sind. Man sollte für sie werben, was in erster Linie die Aufgabe von Parteien, sozialen Bewegungen und gemeinnützigen Verbänden ist. Auch dass diese Projekte erst einmal die Sache von »Eliten« sind, muss nicht erschrecken, solange sie offen bleiben und sich öffentlicher Diskussion und Konsultation stellen. Ein anderer Einwand lautet, die Initiativen seien zu klein, ohne Hebelwirkung, politisch naiv. Drahtesel oder Pedelecs sollen die Welt retten, eine Friedensgruppe im Baltikum den Weltfrieden sichern, ein Dutzend Windräder in Nordgriechenland den Klimawandel aufhalten? Unter vielversprechenden Ansätzen stellt man sich für gewöhnlich infrastrukturelle Großprojekte (wie »Geoengineering« gegen Klimawandel) oder schwergewichtige Bündnisse von Weltkonzernen (wie Desertec als Super Smart Grid der europäischen Stromversorgung) vor, jene »weißen Elefanten« also, die Techno-Utopien stets bevölkert haben.[110] Gegen das Engagement potenter Unternehmen und die Entwicklung neuer Technologien im großen Maßstab ist nichts einzuwenden. Der Kontext der hier vorgestellten Mikroinventionen ist in Teil II dargelegt worden, wobei es um zwei elementare Voraussetzungen geht: die Innovationsfähigkeit der Gesellschaft, die in Kleinstprojekten wie den genannten – »small is beautiful« – aufscheint, und deren gesamteuropäischer Rahmen, der »small is beautiful« zum Durchbruch verhilft.

IT'S EUROPE, STUPID!

Was soll, derart von unten angetrieben, aus Europa und der EU werden? Die Frage setzt, gut sechs Jahrzehnte nach dem Abschluss der Römischen Verträge im Jahr 1957, eine historische Vergewisserung voraus, um die multiple Gegenwartskrise ab- und den Reformbedarf der Union einzuschätzen, auch um die strategische Kraft der Basisimpulse bewerten zu können. Das betrifft nicht nur die Entwicklung der Institutionen und Mechanismen, sondern auch die Chancen einer nachhaltigen Bürger- und Sozialunion, was eine Vertiefung der anderen Art wäre. Und hier interessiert wiederum, was dazu eine neu belebte französisch-deutsche Kooperation beitragen könnte.

Immer wieder heißt es, die europäische Geschichte sei eine endlose Kette von Konflikten und die EU sei wesentlich durch Krisen zusammengewachsen. Krise als Normalmodus. Für die aktuelle Häufung multipler, sich wechselseitig verstärkender Krisen gilt das vermutlich nicht mehr. Finanzkrise (Euro, Banken, Schulden, Griechenland), Erosion der Normalarbeitsmärkte (vor allem als Jugendarbeitslosigkeit), Flüchtlingsdrama (aus Mangel an solidarischer Verteilung der Lasten), militärische Bedrohung an der Ostflanke (Russland) und politische Krise (das Vordringen autoritärer Nationalisten) betreffen sämtliche Systemkomponenten gleichzeitig: Wirtschaft, Gesellschaft, Sicherheit, Kultur. Dieser Generalangriff geht an die Substanz aller bisherigen Errungenschaften: Wohlstand, Lebensqualität, Bildungsniveau, Handels- und Investitionsbilanzen, Vergangenheitsbewältigung, Wertegemeinschaft. Ebenso dauerhaft (und kumulativ) ist die Rede von den Defiziten: Es mangele der Union an demokratischer Legitimation, dem Euro an Stabilität, den Gesellschaften an Ligaturen, dem europäischen Gemeinschaftssinn an Verbindlichkeit und den Regionen an Solidarität. Da ist es schon erstaunlich, wie viel Vertrauen die Europäer in Umfragen der Union immer noch schenken, wiederum von Region zu Region unterschiedlich und insgesamt auf brüchigem Fundament. Der Brexit hat einen echten Knacks verursacht, er kann die Fragezeichen vermehren, aber auch zu einem Neubeginn führen.

Wer nur auf die aktuellen Mängel und Krisenlagen starrt, verkennt womöglich, woher die EU kommt und aus welchem Zustand Europa sich zu seiner heutigen föderalen Gestalt durchgerungen hat. Dabei muss man gerade bei jüngeren Leserinnen und Lesern Pathos und Telos so weit wie möglich vermeiden – es gibt keine gott- oder menschengegebene, jedenfalls keine metaphysische Finalität der europäischen Einigung, und die Überwindung kriegerischer Extremgewalt als Signum des »Höllensturzes« (Ian Kershaw), den der Kontinent in der ersten Hälfte des 20. Jahrhunderts erlebt hat, kann nicht länger als zwingendes Motiv dieser Einigung herangezogen werden. Ganz auszuklammern ist diese historische Voraussetzung der westeuropäischen Wiedergeburt nach 1945 aber auch nicht, zumal man hier fatale Parallelen zu aktuellen Erscheinungen des

ethnischen Nationalismus entdecken kann, die zu übersehen
fahrlässig wäre.

Um den Geschichtsunterricht knapp zu halten: Die Aus-
gangssituation 1945 hätte nicht hoffnungsloser sein können,
der Kontinent hatte sich materiell wie moralisch fast zur Gänze
selbst zerstört und konnte sich nur regenerieren um den Preis
seiner tiefen Ost-West-Spaltung und der Einbindung des westlichen Teils in die von den USA dominierten politischen, kulturellen, militärischen und wirtschaftlichen Bündnisse. Das war
die anfangs geschenkte, dann aus eigenen Kräften vollzogene
Befreiung aus einem rassistisch getriebenen Nationalismus vor
allem in der Mitte, im Osten und Südosten Europas, wo extreme
Formen eines ausrottungswilligen Faschismus gediehen waren,
angeheizt durch aus dem Untergang der Imperien resultierende
Gebietskonflikte und vor dem Hintergrund einer tiefen Krise
der kapitalistischen Produktionsweise und eines in der Sowjetunion Staat gewordenen Klassenkonflikts.[111]

Die auf dieser Grundlage etablierten Regime waren selten
demokratisch, und wenn, dann höchst anfällig; in der Regel
waren sie autoritär und totalitär. Das Deutsche Reich und die
Sowjetunion, aus beider Niederlage im Ersten Weltkrieg heraus
punktuell kooperationsbereit, trieben ihren weltanschaulichen
Antagonismus in einen totalen Krieg, den die Nationalsozialisten mit dem erklärten Ziel der Säuberung und Ausrottung der
jüdischen und slawischen Bevölkerung »im Osten« vom Zaun
brachen. Auch die Sowjetunion, Opfer dieses planmäßigen Völ-
kermords, tritt im kühlen Vergleich als Gewaltregime hervor,
das von der Oktoberrevolution über die Zwangskollektivierung
bis zum Großen Terror den Klassenmord betrieb. Das 20. Jahrhundert ist Geschichte, aber eine, die heute noch in den Tiefen-
strukturen der europäischen Erinnerung und Raumordnung
nachwirkt.[112]

Diese Spuren imprägnierten auch noch die Konfronta-
tionslinien des Kalten Krieges zwischen kapitalistischem Westen und sozialistischem Osten, im Kern ein nuklear bewehrter
Grundkonflikt zwischen individueller Freiheit und kollektiver

Gleichheit, räumlich materialisiert als Antagonismus zwischen sowjetisch geführtem eurasischen Machtgefüge und US-geführtem atlantisch-maritimen Marktgefüge, in dem das letzte westliche Imperium, Großbritannien, aufging und die Militärmacht USA einen weltumspannenden Imperialismus aufbaute. In der Mitte lag, als möglicher Schauplatz eines nuklearen Kriegstheaters, die Bundesrepublik Deutschland, politisch ohnmächtig, wirtschaftlich davongekommen, in provinzieller Nische, aber die US-getriebene Verwestlichung zögernd, dann begierig annehmend.

Die Europäische Union war ein Vektor und Motor dieser Absicht, den notorischen Unruhestifter in der Mitte des Kontinents politisch-militärisch einzuhegen, seine wachsende Wirtschaftskraft aber zum allgemeinen Wohl zu nutzen. USA, Deutschland, Sowjetunion – der Riesensprung in die Gegenwart nimmt einem fast den Atem und stellt das eingangs skizzierte Krisenszenario in seinen geopolitischen Kontext. Die Sowjetunion existiert nicht mehr, die Vereinigten Staaten überlassen Europa seinem Schicksal und Deutschland schlüpft – nolens volens – in eine hegemoniale Rolle, die seine Bevölkerung kaum wahrhaben will und ihre Repräsentanten ungern wahrnehmen möchten. Und Russland als Erbe des Sowjetimperiums möchte seine Grenzen erneut in die ehemalige Satellitenregion vorschieben und eine Destabilisierung der atlantischen Sphäre bewirken.

Das war die Lage 25 Jahre nach dem Fall der Mauer. Der 7. Mai 2017 hat die politische Großwetterlage verändert, wenn die Chance des klaren Wahlsiegs von Emmanuel Macron als *europäisches* Ereignis begriffen und genutzt wird. Dann kann die autoritäre Welle gebrochen und gegen den verbreiteten Defätismus demonstriert werden, wie man mit dem Front National die wohl gemeinste Variante des völkisch-autoritären Nationalismus in die Schranken weist; aber auch, wie man die AfD und ihresgleichen zur Fußnote der Geschichte macht – nicht durch furchtsame Blicke an den rechten Rand, wie sie die Volksparteien in Mitteleuropa werfen, noch weniger durch vorauseilende

Anpassung, sondern durch offensive Bekämpfung der Protagonisten der Angst und des Exit. Um den einsichtigen Teil der rechtspopulistischen Wähler muss mit einem attraktiven Programm geworben werden, das der durchaus vorherrschenden Stimmungslage »pro EU« entspricht. In Frankreich ist nämlich nicht nur, wie oft zu hören war, »Le Pen verhindert«, sondern der Boden für eine erneuerte EU bereitet worden.

Die Reaktionen in den europäischen Hauptstädten waren freundlich, aber viele haben das Momentum spät begriffen. In Warschau und Sofia befürchtet man Nachteile von einem Zusammenrücken Frankreichs und Deutschlands, in Rom und Den Haag hat man andere Sorgen, Madrid und Athen meinen, ihnen sei der lateinische Verbündete abhandengekommen. Diese Befürchtungen dürften unbegründet sein – Macron weiß, was er will, und ist, das ist rasch klar geworden, definitiv nicht Merkels Gehilfe oder Junckers Pudel. Er hat eine »nördliche« wie »südliche« Vision[113], wie die EU aus ihrer Depression zu führen ist; diese Vision möchte er mit der Zivilgesellschaft aushandeln, dabei auf entschiedene autorité und einen selbstbewussten Gestaltungsanspruch staatlicher Akteure aber nicht verzichten.

Vieles kommt nun auf die Reaktionen in Brüssel und Berlin an. Bundeskanzlerin Merkel, Vertreterin der Hegemonialmacht in der EU, hätte mehr Entgegenkommen und Enthusiasmus zeigen müssen, ihr Herausforderer Schulz hätte sich erinnern und stärker herausstellen können, welches Amt er vor kurzem noch innehatte – an der Spitze des Europäischen Parlaments. Die antikapitalistische Linke in Deutschland tut sich immer noch schwer, die EU zu verinnerlichen, die Grünen, die zu recht als »Europapartei« gelten, stehen im politischen Alltag weit weniger dazu als ihre Schwestern in Paris oder Den Haag.[114] Bis zu dem Zeitpunkt, an dem das Manuskript dieses Buches abgeschlossen wurde (Mitte Juni 2017), war mit anderen Worten der Bundestagswahlkampf definitiv noch kein europäisches Ereignis.

Wer auch immer für die Zukunft Europas gute Ideen und machbare Konzepte vorlegt, soll Deutschland regieren und die Allianz mit Paris neu gestalten. Emmanuel Macron hat mit deutlicher Sprache und konkreten Plänen aufgezeigt, wie Berlin, Brüssel und eine Koalition der Willigen ein erneuertes Europa auf den Weg bringen können. Denkfabriken, Intellektuelle und namentlich die proeuropäischen Bürgerinitiativen sind aufgefordert, sich einzubringen, Städtepartnerschaften, Sprachkurse und Jugendaustausch sollten wiederbelebt werden. Macrons *En Marche!* ist eine Wertebewegung, die zur Abstimmung gestellt hat, ob Europa offen bleiben soll, und die Frage zu beantworten verspricht, wie man eine alternative Globalisierung gestalten kann – und die mit diesem Vabanque-Spiel gewonnen hat.

Den *kairós*, den günstigen Augenblick zu nutzen und nicht verstreichen zu lassen, ist die hohe politische Kunst.[115] Europa kann sich in Form und Inhalt erneuern. Zum einen geht es um die gemeinsame Wirtschafts-, Finanz- und Sozialpolitik, beginnend mit einem gemeinsamen Haushalt für die Eurozone und einem gemeinsamen Finanzminister, mit dem klaren Auftrag, Megaprobleme vor allem im Süden wie die massive Perspektivlosigkeit der dortigen Jugend anzugehen und das Finanzkapital einzuhegen, gefolgt von einer Steuer auf Finanztransaktionen sowie verschärfter Bankenkontrolle und mündend in einen Europäischen Währungsfonds unter parlamentarischer Kontrolle.[116] Ergänzt werden müssen diese Maßnahmen durch einen Mindestsatz bei der Körperschaftssteuer, um weiteres Lohn- und Steuerdumping auszuschließen, und den entschlossenen Kampf gegen Steuervermeidung und -hinterziehung. Die Erträge müssen der Finanzierung europäischer Gemeinschaftsprojekte dienen, die vernachlässigten (»abgehängten«) Regionen wieder Anschluss verschaffen und jüngeren Europäerinnen und Europäern die Identifikation mit der EU erleichtern.[117]

Das ist ein im Kern »sozial-demokratisches« Programm, weiter links stehende Kräfte mögen es »sozial-progressiv« nennen. Es ist mehrheitsfähig, auch wenn sich das in den Wahlergebnissen sozialistischer und sozialdemokratischer Parteien kaum noch niederschlägt – sie sind bisher die größten Leidtragenden der autoritären Welle. Die notwendige Ergänzung, die »links« oft vergessen wird, ist die Gewährleistung physischer Sicherheit, an deren Lücken sich die autoritären Nationalisten immer wieder aufrichten. Präsident Macron sprach im Wahlkampf von einem »Europa, das schützt«, das also die legitimen Schutzbedürfnisse der Bürger, die durch nationale Steuerung nicht zu gewährleisten sind, nicht ins Leere laufen lässt, sondern der EU anträgt. Das schließt – für Traditionslinke und große Teile der Friedensbewegung eine harte Nuss – eine gemeinsame Armee und eine Verteidigungspolitik ein, die andere Methoden der Konfliktprävention und Friedenssicherung anwendet als die der vermeintlichen Großmächte.[118]

Zu welchem Szenario des eingangs erwähnten Weißbuchs der EU-Kommission[119] solche Perspektiven passen, hängt davon ab, inwieweit die in fast allen Varianten geforderte »Flexibilität«[120] mehr Solidarität, Nachhaltigkeit und Demokratie leisten kann, oder ob sie ein bloßer Vorwand ist für Nationalismus und Solidaritätsentzug. Dafür gibt es konkrete Prüfsteine und Roadmaps in den genannten Politikfeldern wie die gemeinsame Klima- und Energiepolitik, die Aufnahme und Verteilung von Flüchtlingen[121], die Ausgestaltung der Arbeitswelt, die Raumordnung und eine bessere Mobilität. Ein weiteres Kriterium ist, ob die europäischen Verbündeten Trumps, Erdoğans und Putins geschwächt werden und sich Europa insgesamt seine Unabhängigkeit von den Autokratien bewahrt, oder ob diesen das erstrebte Auseinanderbrechen der EU doch noch gelingen kann.

Im Mai/Juni 2019 wird ein neues Europäisches Parlament gewählt, seit 1979 zum neunten Mal und für weitere fünf Jahre. Es ist mit 750 Abgeordneten plus 1 (dem oder der Vorsitzenden) das einzige direkt gewählte Organ der Europäischen Union und die einzige direkt gewählte supranationale Institution weltweit. Das EP hat sich klassische Funktionen eines Parlaments erstritten, allerdings mit eingeschränktem Budgetrecht und ohne Initiativrecht; es wählt keine Regierung und kennt folglich nicht den üblichen Gegensatz von Regierung und Opposition. Bisher war vornehmlich von außerparlamentarischen und zivilgesellschaftlichen Initiativen die Rede, welche die Europäische Union von unten stützen und ausbauen. Das ist aber nicht genug. Das EP hat sich in den letzten Jahren von einer eher zweitrangigen zur wichtigsten europäischen Institution gewandelt, ohne die eine europäische Wiedergeburt gar nicht denkbar ist. Das Demokratiedefizit, namentlich die mangelhafte Repräsentation der europäischen Gesellschaft durch ihre Vertreter in Straßburg und Brüssel, ist oft beklagt worden und wird auch von vielen EU-Abgeordneten kritisch gesehen. Von daher muss auch das EP einen Reformprozess durchlaufen.

Und es muss seine Zusammensetzung verändern! Bei der nächsten Wahl sind nach dem Brexit die 73 britischen Sitze vakant. Der Vorschlag ist, sie nicht ersatzlos zu streichen, sondern eine Wahlrechtsreform einzuleiten, die allen Europäern zwei Stimmen gibt.[122] Die erste Stimme geben sie auf nationaler Ebene für ihre nationalen Parteien ab, die zweite für eine europaweite, also per se supra- und transnationale Liste, die von Spitzenkandidaten für die Präsidentschaft der Kommission angeführt wird. Die 73 Abgeordneten dieser Liste kandidieren unabhängig von ihrer jeweiligen Staatsangehörigkeit als Unionsbürger in ganz Europa, müssen also mit genuin europäischen Themen (wie sie in Teil II behandelt worden sind) Wahlkampf in und für ganz Europa führen.

Was spricht für diese Idee? Das Europäische Parlament würde gestärkt, die Souveränitätsrechte der Nationen würden nicht wirklich eingeschränkt, aber es gäbe eine Traversale, wie Reiter eine rasche *Vorwärts-Seitwärts-Bewegung* nennen, die Europa als Union in den Blick nimmt und Themen ins Parlament bringt, die transnationaler Natur sind. Erforderlich ist eine (aus Termingründen sehr bald anstehende) Änderung des Wahlrechts in allen Mitgliedstaaten, deren Risiko man sich leicht ausmalen kann – sie abzublocken würde bedeuten, den Vorschlag insgesamt zu kippen. Doch wer will als Blockierer einer europäischen Initiative dastehen, für die man die Wahlvölker der europäischen Gesellschaft erwärmt hat? Der Wahlkampf für Europa und eine transnationale Liste hat also schon begonnen!

Die Europäische Union muss demokratischer werden, und sie wird es schon. Die Stärkung des Parlaments in Brüssel und Straßburg ist ein wichtiges Spielfeld. Daneben gibt es, wie in diesem Buch an vielen konvergenten Beispielen belegt, andere, dezentrale und außerparlamentarische Instrumente, die transnationale Bürgerbeteiligung zu verbessern und den europäischen Demos von unten wachsen zu lassen. Dazu trägt das Zusammenwachsen von Europas Städten bei. Benjamin Barbers Diktum, dass die Weltgesellschaft einen besseren Klimaschutz hätte, »if mayors ruled the world«[123], wenn die Bekämpfung des Klimawandels also Sache der Bürgermeister wäre, kann man auf die europäische Gesellschaft und viele andere hier aufgezeigte Agenden übertragen. Europa würde durch ein europäisches Städte-Netzwerk mehr Dynamik entfalten und besser Zukunftsaufgaben lösen können als im intergouvernementalen Zusammenspiel renitenter und risikoscheuer Nationalstaaten.[124] Europa ist eine Welt von morgen.

ANMERKUNGEN

EINLEITUNG

1 »Vorstellung von *Les Temps Modernes*«, 1945, in der dt. Übersetzung von Lothar Baier in: *Der Mensch und die Dinge*, Reinbek 1978, S. 158.

2 Das Buch verfolgt damit einen handlungstheoretischen Ansatz nach Max Weber, der die Aufgaben der Soziologie so definiert hat: »Soziologie soll heißen: eine Wissenschaft, welche soziales Handeln deutend verstehen und dadurch in seinem Ablauf und seinen Wirkungen ursächlich erklären will. (...) ›Handeln‹ soll dabei ein menschliches Verhalten (einerlei ob äußeres oder innerliches Tun, oder Lassen oder Dulden) heißen, wenn und sofern als der oder die Handelnden mit ihm einen subjektiven Sinn verbinden«, in: *Wirtschaft und Gesellschaft*, Studienausgabe Tübingen 1972, S. 1. Vgl. auch Thomas Luckmann, *Theorie des sozialen Handelns*, Berlin/New York 1992.

3 Die kultur- und sozialwissenschaftlichen Leitkonzepte sind bereits angeklungen. Die Konturen, Dynamiken und Blockaden der europäischen Gesellschaft werden genauer ausgeführt bei Maurizio Bach, *Europa ohne Gesellschaft*, Wiesbaden 2. Aufl. 2015; Monika Eigmüller/Steffen Mau (Hg.), *Gesellschaftstheorie und Europapolitik. Sozialwissenschaftliche Ansätze zur Europaforschung*, Wiesbaden 2010; Robert Hettlage/Hans-Peter Müller, *Die europäische Gesellschaft*, Konstanz 2006; Maurizio Bach (Hg.), *Die Europäisierung nationaler Gesellschaften*, Wiesbaden 2000 (Sonderheft 40 der *Kölner Zeitschrift für Soziologie und Sozialpsychologie*) sowie schon bei Hartmut Kaelble, *Auf dem Weg zu einer europäischen Gesellschaft. Eine Sozialgeschichte Westeuropas 1880–1980*, München 1987. Das Konzept des völkisch-autoritären Nationalismus ist ausgeführt in Claus Leggewie, *Anti-Europäer. Breivik, Dugin, al-Suri & Co.*, Berlin 2016. Das Konzept der »Agenten des Wandels« wurde entwickelt in Claus Leggewie/Harald Welzer, *Das Ende der Welt, wie wir sie kannten*, Frankfurt 2009 und öfter.

4 Wichtig war hier die Auseinandersetzung mit Tony Judt (1948–2010) und seinen Büchern *A Grand Illusion? An Essay on Europe*, New York 1996, und *Postwar. A History of Europe since 1945*, New York 2005. Ihm verdanke ich den inklusiven Blick auf Ost und West, Nord und Süd, der einer emphatischen Westbindung entgangen war. Dazu trugen auch Aufenthalte am Wiener Institut für die Wissenschaften vom Menschen unter der Leitung von Krzysztof Michalski und Klaus Nellen bei, dem langjährigen Redakteur der Zeitschrift *Transit*, die 2017 leider mit Heft 50 eingestellt wird. Für Hinweise und Diskussionen zu diesem Buch danke ich Antonio Bolaffi, Piotr Buras, Mischa Gabowitsch, Dirk Messner, Patrizia Nanz, Jana Wegener, meinem Lektor Christian Seeger und vor allem Roman Léandre Schmidt, der den Europa-Schwerpunkt am Essener KWI betreut. Frühere Versionen einiger Abschnitte des Buches sind aus aktuellen Anlässen in Zeitungen erschienen, etwa die »Briefe aus Paris« in der *Frankfurter Rundschau* und Texte zu den USA im *Freitag*.

5 Siehe www.huffingtonpost.com/benjamin-r-barber/interdependence-day-2011_b_958246.html und benjaminbarber.org/projects/.

6 Im Folgenden versuche ich eine »Versöhnung« zwischen dem linken Munizipalismus, der sich vor allem in der spanischen M15-Protestbewegung von 2011 herauskristallisiert und in vielen metropolitanen Bewegungen in »rebellischen Städten« rund um den Erdball ausdifferen-

ziert hat (dazu programmatisch das *Munizipalistische Manifest*, 2016, deutsch: eipcp.net/policies/mac1/de), und dem bürgerlichen Munizipalismus, der sich in den Pro-Europa-Bewegungen des Jahres 2017 niedergeschlagen hat (dazu sehr anregend Dieter Hoffmann-Axthelm, *Lokaldemokratie und Europäisches Haus. Roadmap für eine geöffnete Republik*, Bielefeld 2016). Es besteht eine produktive Spannung zwischen den Jugendbewegungen des Jahres 2017 f.r linkspopulistische Kandidaten wie Bernie Sanders (US-Demokraten), Jeremy Corbyn (Labour) und Jean-Luc Mélenchon (La France insoumise) und denen, die für Europa auf die Straße gegangen sind und in der Bewegung En marche! für den Wahlsieg des Präsidentschaftskandidaten Emmanuel Macron gekämpft haben.

GEZEITENWECHSEL

1   Blaise Pascal, *Gedanken. Eine Auswahl*, Stuttgart 1966, S. 130.
2   Georg Wilhelm Friedrich Hegel, »Vorlesungen über die Philosophie der Geschichte«, *Werke*, Bd. 12, Frankfurt/Main 1970, S. 118f.; vgl. Michael Makropoulos, »MEER. *Aspekte einer Daseins- und Lebensführungsmetaphern*«, in: Ralf Konersmann (Hg.), *Wörterbuch der philosophischen Metaphern*, Darmstadt 2007, S. 236–248. Sehr anregend auch Jules Michelet, *Das Meer*, Frankfurt/Main 2006 (zuerst 1861) und Alain Corbin, *Meereslust. Das Abendland und die Entdeckung der Küste*, Frankfurt/Main 1994 (zuerst 1988).
3   Hans Blumenberg, *Schiffbruch mit Zuschauer. Paradigma einer Daseinsmetapher*, Frankfurt/Main 1979, S. 9. Aus diesem auch für die politische Rede bedeutsamen Metaphernrepertoire – man denke nur an das »Staatsschiff« – werde ich mich im Folgenden bedienen. Vgl. auch Carl Schmitt, *Land und Meer. Eine weltgeschichtliche Betrachtung*, Stuttgart 1954.
4   Der Terminus stammt wohl von dem stets anregenden Staatsrechtslehrer Hermann Heller in einem Aufsatz von 1933, in: ders., *Gesammelte Schriften*, hg. v. Christoph Müller, Bd. II, Tübingen 2. Aufl. 1992, S. 643, dazu ein Sonderheft des *European Law Journal*, Bd. 21, H. 3, Mai 2015.
5   Hier ist vorwegzunehmen, dass die Präsidentschaftswahl 2017 im Iran eine analoge populistische Konstellation aufwies. Der Kandidat der konservativen Mullahs, Ebrahim Raisi, propagierte die sogenannte »Widerstandswirtschaft«, ein »linkes« Programm staatlicher Umverteilung. Zielscheibe der iranischen Populisten war weniger der Iran-Deal vom Juli 2015, der im Kern von keiner Partei in Frage gestellt wird. Raisi und als weiterer ultrakonservativer Kandidat Mohammad Bagher Ghalibaf, der Bürgermeister von Teheran, sprachen vielmehr für die sich vernachlässigt und ignoriert fühlenden Unterschichten. Raisi, der 38,5 Prozent der Wähler hinter sich vereinigen konnte, nahm die oberen vier Prozent der iranischen Eliten ins Visier, die angeblich auf Kosten der anderen 96 Prozent leben. Wahlsieger Rohani ist kein Freund von Mindestlöhnen, Gewerkschaften und wohlfahrtsstaatlicher Intervention, er will mehr ausländische Investitionen und flexiblere Märkte. Eben das brachte Ghalibaf mit dem Iran-Deal in Verbindung, indem er an die historische Qajaren-Dynastie erinnerte, die im kollektiven Gedächtnis ein Musterbeispiel der Kollaboration korrupter Herrscher mit westlichen Konzessionsgesellschaften im 19. Jahrhundert ist. Auch im

Iran geht es letztlich um die Konfrontation zweier Weltsichten: sich entweder auf die Globalisierung einlassen und eine moderate Diplomatie praktizieren, oder die Welt ausschließen und auf Konfrontationskurs gehen. Vgl. Payam Mohseni, www.belfercenter.org/publication/how-irans-hard-liners-are-challenging-rouhani-left, und Amélie M. Chelly, *Iran. Autopsie du chiisme politique*, Paris 2016 unter Bezugnahme auf iranische Intellektuelle wie Akbar Gandji, Abdolkarim Soroush und andere, dazu auch Charlotte Wiedemann: *Der neue Iran. Eine Gesellschaft tritt aus dem Schatten*, München 2017.

6   Aus den kaum noch zu überschauenden Publikationen zum »Populismus« möchte ich hervorheben: Cas Mudde/Cristobal Rovira Kaltwasser, *Populism: A Very Short Introduction*, London 2017; Benjamin Moffitt (Hg.), *The Global Rise of Populism: Performance, Political Style, and Representation*, Stanford 2016; John B. Judis, *The Populist Explosion: How the Great Recession Transformed American and European Politics*, New York 2016; Jan-Werner Müller, *Was ist Populismus?* Berlin 2016 sowie an älteren Publikationen Ernst Hillenbrand (Hg.), *Rechtspopulismus in Europa. Gefahr für die Demokratie?* Bonn 2015, Karin Priester, *Populismus. Historische und aktuelle Erscheinungsformen*, Frankfurt/Main 2007, und dies., *Rechter und linker Populismus. Annäherung an ein Chamäleon*, Frankfurt/Main 2012; Frank Decker (Hg.), *Populismus: Gefahr für die Demokratie oder nützliches Korrektiv?*, Wiesbaden 2006, Klaus von Beyme, »Der Rechtspopulismus in der Postdemokratie. Die Erosion der Parteien, der Aufstieg der ExpertInnen und der Medien, die Organisation des ›Wutbürgers‹«, in: *Populismus. Herausforderung oder Gefahr für die Demokratie?* Wien 2012, S. 33–56, sowie das Themenheft des *Journal of Democracy*, 27, 4/2016. Einen alternativen Ansatz für einen linken Populismus vertreten Ernesto Laclau: *On Populist Reason*, London 2005, und Chantal Mouffe (www.ipg-journal.de/rubriken/soziale-demokratie/artikel/fuer-einen-linken-populismus-857/). Ich führe im Folgenden Ansätze fort aus früheren Publikationen zum Populismus wie *Mut statt Wut. Aufbruch in eine neue Demokratie*, Hamburg 2011, *Die Konsultative. Mehr Demokratie durch Bürgerbeteiligung* (mit Patrizia Nanz), Berlin 2016, und »Populisten verstehen. Ein Versuch zur Politik der Gefühle«, in: Karl-Rudolf Korte (Hg.), *Emotionen und Politik. Begründungen, Konzeptionen und Praxisfelder einer politikwissenschaftlichen Emotionsforschung*, Wiesbaden 2015, S. 137–154.

7   Eine WIN/Gallup-International-Online-Befragung von 14 969 Europäern zeigt, dass die Unterstützung der EU im Durchschnitt in den meisten großen Mitgliedsländern nur noch bei 60 Prozent liegt (*Le Monde*, 29. Dezember 2016).

8   Zur Terminologie vgl. Franz Urban Pappi, »Cleavage«, in: Dieter Nohlen/Rainer-Olaf Schultze, *Lexikon der Politikwissenschaft 4*, München 2010, S. 110–112, und die Übertragung auf Europa bei Wolfgang Merkel, »Kosmopolitismus versus Kommunitarismus: Ein neuer Konflikt in der Demokratie«, in: Philipp Harfst/Ina Kubbe/Thomas Poguntke (Hg.), *Parties, Governments and Elites*, Wiesbaden 2017, S. 9–25.

9   Eine genaue Ausarbeitung des hypothetischen Zusammenhangs fehlt bisher, vgl. aber die Vergleichsstudien zum Autoritarismus (z. B. yougov.de/news/2016/11/21/studie-zu-autoritarem-populismus-europa-deutsche-a/), die Gini-Koeffizienten zur Einkommensverteilung (z. B. ec.europa.eu/eurostat/de/web/gdp-and-beyond/quality-of-life/s80s20-income-quintile), die Eurobarometer zu individuellen und kollektiven Zukunftsaussichten (z. B. ec.europa.eu/commfrontoffice/publicopinion/index.cfm/Survey/getSurveyDetail/yearFrom/2015/yearTo/ 2017/

surveyKy/2137) und EU-Erhebungen zur Beschäftigungsqualität (z. B. ec. europa.eu/eurostat/web/lfs/data/database).

10 Dagegen Robert Menasse, *Der Europäische Landbote, Die Wut der Bürger und der Friede Europas*, Wien 2012.

11 Valeska Henze, *Das schwedische Volksheim. Zur Struktur und Funktion eines politischen Ordnungsmodells*, Florenz/Berlin 1999. Zum »nordischen Modell« vgl. N. F. Christiansen u. a. (Hg.), *The Nordic Model of Welfare*, Kopenhagen 2006, Gøsta Esping-Andersen, *The Three Worlds of Welfare Capitalism*, Cambridge UK 1990, und Steffen Jöhncke, *Integrating Denmark. The Welfare State as a National(ist) Accomplishment*, in: K. F. Olwig/K. Paerregaard (Hg.), *The Question of Integration: Immigration, Exclusion and the Danish Welfare State*. Newcastle upon Tyne, S. 30–53, und Sven Jochem, *Die politischen Systeme Skandinaviens*, Wiesbaden 2012.

12 Clemens Wirries, »Populismus und Pragmatismus. Genese und Etablierung der Dänischen Volkspartei«, in: F. Decker/B. Henningsen/K. Jakobsen (Hg.), *Rechtspopulismus und Rechtsextremismus in Europa. Die Herausforderung der Zivilgesellschaft durch alte Ideologien und neue Medien*, Baden-Baden 2015, S. 129–145, und Susi Meret, »Die Dänische Volkspartei: Vom Steuerprotest zum Rechtspopulismus«, in: Ernst Hillebrand (Hg.), *Rechtspopulismus in Europa. Gefahr für die Demokratie?*, Bonn 2015, S. 15–23, sowie der Vergleich mit dem Aufstieg der Schwedendemokraten bei Jens Rydgren, »Vom Wohlfahrtschauvinismus zur ideologisch begründeten Fremdenfeindlichkeit. Rechtspopulismus in Schweden und Dänemark«, in: Decker (Hg.), *Populismus*, S. 165–190.

13 www.fr.de/politik/fluechtlinge-daenemark-zuerst-a-670598.

14 Jørgen Goul Andersen, »Nationalism, New Right, and New Cleavages in Danish Politics: Foreign and Security Policy of the Danish People's Party«, in: Christina Schori Liang (Hg.), *Europe for the Europeans. The Foreign and Security Policy of the Populist Radical Right*, Aldershot 2007, S. 103–125.

15 Siehe dazu Stephan Lessenich, *Neben uns die Sintflut. Die Externalisierungsgesellschaft und ihr Preis*, München 2016.

16 Das Konzept stammt aus der Meeres- und Fischereiforschung; vgl. Daniel Pauly, »Anecdotes and the Shifting Baseline Syndrome of Fisheries«, in: *Trends in Ecology and Evolution*, 10 (10): S. 430, siehe auch Claus Leggewie/Harald Welzer, *Das Ende der Welt, wie wir sie kannten*, Frankfurt/Main 2009, S. 93ff.

17 Susi Meret, »Charismatic female leadership and gender: Pia Kjærsgaard and the Danish People's Party«, in: *Patterns of prejudice*, Bd. 49, Heft 1–2, S. 81–102.

18 *Hamburger Abendblatt*, 2. Januar 2017.

19 nyeborgerlige.dk/

20 *Süddeutsche Zeitung*, 23. Februar 2017, zur Annäherung der schwedischen Konservativen unter Anna Kinberg Batra an die Schwedendemokraten.

21 Jens Gmeiner, »Die schwedische Reichstagswahl vom 14. September 2014 – Schwierige Mehrheitsverhältnisse und das Ende des schwedischen Exzeptionalismus«, in: *Zeitschrift für Politik*, Bd. 63, 2016, S. 3–23.

22 Marco Tarchi, *Italia populista*, Mailand 2015, und Louis Zarnetta, *Il populismo*, Rom 2013.

23 Die Kehrseite der zivilgesellschaftlichen Basis der italienischen Gesellschaft hat Robert D. Putnam analysiert: *Making Democracy Work: Civic Traditions in Modern Italy*, Princeton 1993.

24 Giovanni Orsina, *Il Berlusconismo nella storia d'Italia*, Venedig 2013. Die Einwanderung von »Prominenten« in den Politikbetrieb war früh absehbar, vgl. Claus Leggewie, »›You – just do it.‹ Der unglaubliche Do-

nald Trump oder: Unternehmer als Politiker als Fernsehhelden«, in: *Berliner Debatte initial*, 11/1/2000, S. 9–18, und ders., »Bimbes und Brimborium, Das Ventura-Phänomen oder Prominente als Politiker«, in: *Kursbuch* 139/2000, S. 147–163.

25 Siehe Marco Brunazzi/Günther Pallaver, »From Important Parties to Pivotal Parties. The Role of Regional Parties in Italy's Second Republic«, und Silvana Patriarca, »A Crisis of Italian Identity? The Northern League and Italy's Renationalization since the 1990's«, in: Robert Kaiser/Jana Edelmann (Hg.), *Crisis as a Permanent Condition*, Baden-Baden 2016, S. 35–60 und 61–80.

26 Salvini ist einer der Motoren der nationalistischen Euro-Internationale im EU-Parlament. Wie seine Kollegen in der Fraktion geht er gerne auf »Betteltour« nach Moskau, wo er mit der Machtpartei »Einiges Russland« ein Kooperationsabkommen geschlossen hat. Dazu gehörten die Anerkennung der besetzten Krim als Teil der Russischen Föderation und ein Kredit zur Wahlkampffinanzierung (*Frankfurter Allgemeine Zeitung*, 8. März 2017).

27 Vgl. dazu umfassend Filippo Tronconi (Hg.), *Beppe Grillo's Five Star Movement. Organisation, Communication and Ideology*, Farnham 2015 und James L. Newell, »The MoVimento 5Stelle (M5S), the PD and the Current (and changing) state of the party system«, in: Kaiser/Edelmann, a. a. O., S. 239–270.

28 Das Politikkonzept der Fünf-Sterne-Bewegung greift Ideen der Piraten auf, die von *liquid democracy* sprechen.

29 www.focus.de/politik/ausland/italien-beppe-grillos-5-sterne-bewegung-erobert-italiens-parlamente_id_6314990.html

30 Dass Grillos Stab auch Trumps Methoden (inkl. der Kollaboration mit russischen Desinformationskampagnen) kopiert hat, zeigt eine investigative Reportage in BuzzFeed, »Italy's Most Popular Political Party Is Leading Europe In Fake News And Kremlin Propaganda«, 29. November 2016 (www.buzzfeed.com/albertonardelli/italys-most-popular-political-party-is-leading-europe-in-fak?utm_term=.xyYE3RqX7#.tv-BYp75Qo).

31 *Le Monde*, 17. Februar 2017.

32 *Frankfurter Allgemeine Zeitung*, 13. Dezember 2016.

33 S. Alexej Yurtschak, *Everything Was Forever, Until It Was No More: The Last Soviet Generation*, Princeton 2005. Dazu allgemein Hannah Arendt, *Wahrheit und Lüge in der Politik: Zwei Essays*, München/Zürich, 2. Aufl. 1987, S. 44–92, auch in der kommentierten Edition von Patrizia Nanz, Berlin 2006.

34 Vgl. György Konráds »Antwortschreiben an den Ministerpräsidenten Ungarns« vom 7. April 2017, veröffentlicht in *Népszava* und dokumentiert unter www.perlentaucher.de/essay/gyoergy-konrads-offener-brief-an-viktor-orban.html, dazu auch Claus Leggewie, *In (nicht nur) eigener Sache. Populismus und Wissenschaftsfreiheit* (kwi-nw.de/images/text-material-3658.img).

35 www.deutschlandradiokultur.de/korruption-in-ungarn-wie-eu-gegner-von-eu-milliarden.979.de.html?dram:article_id=372674

36 Gábor Halmai, »Second-Grade Constitutionalism? The Cases of Hungary and Poland« (4. Mai 2017), Eleven International Publishing, CSF – SSSUP *Working Paper Series* 1/2017; siehe: ssrn.com/abstract=2962292 und Michael Blauberger/R. Daniel Kelemen, »Can Courts Rescue National Democracy? Judicial Safeguards Against Democratic Backsliding in the EU«, in: *Journal of European Public Policy*, 24, 3/2017, S. 321–336.

37 www.ipg-journal.de/interviews/artikel/orban-der-gute-europaeer-1752/
38 Denkbar ist sogar ein taktisches Zusammenspiel von Jobbik und der Linken, vgl. Abel Bojar, »Hungary in 2017: Could the Left and Far-Right Unite to Keep Orban Out of Power?« in: *Social Europe*, 20. Januar 2017.
39 actu.orange.fr/politique/videos/marine-le-pen-viktor-orban-est-le-seul-a-proteger-les-frontieres-exterieures-VID00000001X2Mp.html.
40 www.theeuropean.de/wolfram-weimer/11360-orbans-heimlicher-erfolg//
41 www.amazon.de/weniger-Bundeskanzlerin-Deutschland-Pullover-16689/dp/B0182NUZA6/ref=sr_1_54?ie=UTF8&qid=1498465660&sr=8-54&keywords=copytec+pullover
42 Virág Molnár, »Civil Society, Radicalism and the Rediscovery of Mythic Nationalism«, in: *Nations and Nationalisms*, Bd. 22, H. 1, 2016, S. 165–185.
43 Klassisch Samuel P. Huntington, *The Third Wave: Democratization in the Late Twentieth Century*, Norman/OK 1991; die jährlichen Berichte des NGO Freedom House in Washington zeigen Fortschritte und Rückschläge der Freiheitsentwicklungen, siehe www.freedomhouse.org, und vor allem seit 2010 eine echte Regression.
44 Roberto Stefan Foa/Yacha Mounk, »The Signs of Deconsolidation«, in: *Journal of Democracy*, Bd. 28/1, Januar 2017, S. 5–16, vgl. auch deren Aufsatz »The Democratic Disconnect«, in: ebda., Bd. 27/3, Juli 2016, S. 5–17.
45 Vgl. dazu S. 99 ff. und das Themenheft des *Journal of Democracy* über die US-Wahl 2016, 28/2/2017 sowie Robert Mickey/Steven Levitsky/Lucan Ahmad Way, »Is America Still Safe for Democracy? Why the United States Is in Danger of Backsliding«, in: *Foreign Affairs*, Mai/Juni 2017, www.foreignaffairs.com/articles/united-states/2017-04-17/america-still-safe-democracy.
46 Ronald F. Inglehart, »The Danger of Deconsolidation: How Much Should We Worry?«, in: *Journal of Democracy* 27/3., S. 18–23; ders./Pippa Norris, »Challenges to liberal democracy: Trump, Brexit and the rise of Populism«, International Political Science Association World Congress, 24.–27. Juli 2016, Poznan, Poland; Thomas Carothers/Richard Youngs, »Democracy is not Dying. Seeing Through the Doom and Gloom«, *Foreign Affairs*, 11. April 2017.
47 Die einst in Österreich starken Kommunisten sind von der Bildfläche verschwunden und auf eine lokale Größe in der drittgrößten Stadt Linz geschrumpft.
48 Lothar Höbelt, *Von der vierten Partei zur dritten Kraft. Die Geschichte des VdU*, Graz 1999. Der Historiker steht der FPÖ und dem »dritten Lager« nahe.
49 Oliver Geden: *Diskursstrategien im Rechtspopulismus. Freiheitliche Partei Österreichs und Schweizerische Volkspartei zwischen Opposition und Regierungsbeteiligung*, Wiesbaden 2006; Reinhard C. Heinisch, »Die FPÖ – Ein Phänomen im internationalen Vergleich. Erfolg und Misserfolg des identitären Rechtspopulismus«, in: *Österreichische Zeitschrift für Politikwissenschaft* 33/3/2004, S. 247–261; Anton Pelinka, »Die FPÖ in der vergleichenden Parteienforschung. Zur typologischen Einordnung der Freiheitlichen Partei Österreichs«, in: ebda. 31/3/2002, S. 281–299; ders., »Österreich – Im europäischen Trend«, in: ZSE *Zeitschrift für Staats- und Europawissenschaften | Journal for Comparative Government and European Policy*, 14/4/2016, S. 448–454, und Stephan Grigat (Hg.), *AfD & FPÖ. Antisemitismus, völkischer Nationalismus und Geschlechterbilder*, Baden-Baden 2017.
50 So die Chefredakteurin des *Standard*, Alexandra Föderl-Schmid, *tageszeitung*, 27. März 2017.
51 Ben Stanley, »Poland's Dysfunctional Democracy«, *Social Europe*, 17. Januar 2017. Detaillierte Erklärungsansätze findet man im Themenheft

»Gegen die Wand. Konservative Revolution in Polen« der Zeitschrift *Osteuropa* (1–2/2016) und im *Jahrbuch* 2017 des Deutschen Polen-Instituts sowie laufend in den *Polen-Analysen*, die vom Deutschen Polen-Institut, der Forschungsstelle Osteuropa an der Universität Bremen und der Deutschen Gesellschaft für Osteuropakunde in Zusammenarbeit mit dem Institut für Öffentliche Angelegenheiten (ISP) herausgegeben werden. Eine prägnante Analyse bietet causa.tagesspiegel.de/gesellschaft/vormarsch-der-populisten/populismus-ist-keine-ost-oder-mitteleuropaische-spezialitat.html.

52 Details der Wahlanalyse von Waldemar Wojtasik, www.boell.de/en/2016/02/16/parliamentary-elections-2015-poland-trends-and-tactics 16. Feb. 2016.

53 Dass die nationalistische und antiwestliche Propaganda einen Resonanzboden in den Werteinstellungen eines beachtlichen Teils der Gesellschaft hat, zeigen Piotr Buras, *Prepare for a New Europe*, Warschau 2017 (Batory Foundation), und Adam Balcer u. a., *Polish Views of the EU: The Illusion of Consensus*, Warschau 2017 (Batory Foundation).

54 Dem dient der »Smolensk-Kult« – die Behauptung, der Flugzeugabsturz von Lech Kaczyński und anderen im Jahr 2010 sei dem Zusammenwirken von Russen mit dem damaligen Premier Donald Tusk zuzuschreiben, also ein politischer Mord an der konservativen Elite gewesen, die sich damals auf dem Weg zum Gedenken an die Opfer der Massenhinrichtung polnischer Soldaten durch den NKWD in Katyn befand.

55 Iwona Uberman, »Beten, schimpfen, schreddern«, *tageszeitung*, 19. April 2017; auch Paul Ingendaay, »Wer Platz hat in diesem Land«, *Frankfurter Allgemeine Zeitung*, 17. November 2016.

56 Sławomir Sierakowski, »Populism at the Barrel of a Gun?«, *Social Europe*, 6. April 2017, und Berichte im kritischen Periodikum *Krytyka Polityczna*.

57 So gut wie jede polnische Familie hat ein Mitglied, das im Vereinigten Königreich lebt, vgl. Aleks Szczerbiak, »Poland and Brexit«, *Social Europe*, 9. März 2017.

58 So Gavin Rae, »Poland's Conservative Nationalism and a Multi-speed Europe«, *Social Europe*, 22. März 2017; vgl. auch den Blog »Beyond The Transition«.

59 Siehe deren Webseiten dziewuchydziewuchom.pl/2017/03/29/mamy-rok/, www.rpo.gov.pl/en, www.krakowskialarmsmogowy.pl/, www.otwarteklatki.pl/www.kongreskultury2016.pl/, kultura20.blog.polityka.pl/autorzy/edwin-bendyk/

60 Wer an diesem Dokument gescheitert ist, bekam in vielen Fällen eine sofortige Ausweisungsandrohung, vgl. Colin Talbot, »Go Home: UK Order To EU Academics«, in: *Social Europe*, 30. Januar 2017.

61 James Wickham, »What Do Idi Amin, Erich Honecker and Theresa May Have in Common?«, in: *Social Europe*, 7. Februar 2017.

62 Ipsos MORI-Analyse vom 5. September 2016.

63 So der Historiker Roland G. Asch, »Die Möglichkeit einer Insel«, *Frankfurter Allgemeine Zeitung*, 31. Dezember 2016, S. 16.

64 www.project-syndicate.org/commentary/brexit-democratic-failure-for-uk-by-kenneth-rogoff-2016-06?utm_source=Project+Syndicate+Newsletter&utm_campaign=4a5ec8a61e-ten_most_read_politics+_30_12_2016&utm_medium=email&utm_term=0_73bad5b7d8-4a5ec8a61e-93565929

65 Dazu John Palmer, »Northern Ireland Elections: Warning Light for May's Brexit Plans«, in: *Social Europe*, 8. März 2017, und Fiona Hsylop, »Scotland's Place in Europe«, ebda., 20. März 2017.

66 Patrick Bahners (»Was soll das heißen: Global Britain?«, FAZ, 19. Januar 2017) zeigt, dass das Etikett eher auf einen Firmennamen als ein imperiales Remake hinausläuft. Auch die von Theresa May beim Antrittsbesuch in Washington beschworene *special relationship* mit den USA wird in der Ära Trump Britannien nicht größer machen.

67 Dazu das 2017 *Election Poverty Manifesto* der Vereinigung Academics Stand Against Poverty, ukpovertyaudit.org/, und die Reportage von Thomas Frank, »From rust belt to mill towns: a tale of two voter revolts«, in: *Guardian*, 7. Juni 2017.

68 So drückte es David Boyle, Chef der Thinktanks Radix (www.radix.org.uk) und New Weather Institute (www.newweather.org), aus (in: www.opendemocracy.net/uk/david-boyle/why-i-cant-vote-labour).

69 Paul Lucardie/Gerrit Voerman, »Geert Wilders and the Party for Freedom in the Netherlands: A Political Entrepreneur in the Polder«, in: K. Grabow/F. Hartleb (Hg.), *Exposing the Demagogues. Right-wing and National Populist Parties in Europe*, Berlin 2013, S. 187–203; Koen Vossen, »Das Ein-Mann-Orchester in den Niederlanden: Geert Wilders und die Partei für die Freiheit (PW)«, in: E. Hillebrand (Hg.), *Rechtspopulismus in Europa: Gefahr für die Demokratie?*, Bonn 2015, S. 48 ff. Als »politischen Unternehmer« kann man in Anlehnung an Joseph Schumpeters *Theorie der wirtschaftlichen Entwicklung* (Berlin 2006) einen risikofreudigen Politiker bezeichnen, der »eine neue Kombination durchsetzt«, d. h. auf dem politischen Markt ein Angebot etabliert, das bisher nicht vorhanden ist oder durch die Monopolstellung anderer politischer Angebote nicht zum Zuge gekommen ist.

70 Evelien Gans, »Anti-antisemitischer Enthusiasmus und selektiver Philosemitismus. Geert Wilders, die PVV und die Juden«, in: Stefanie Schüler-Springorum (Hg.), *Jahrbuch für Antisemitismusforschung*, 23. Jg. (2014), S. 93–104.

71 Testlauf war das Referendum über das EU-Ukraine-Abkommen im April 2016, das die Niederländer mit 61 Prozent (bei einer Wahlbeteiligung von 32 Prozent) ablehnten.

72 Vgl. dazu Horst Lademacher/Renate Loos/Simon Groenveld (Hg.), *Ablehnung – Duldung – Anerkennung. Toleranz in den Niederlanden und in Deutschland. Ein historischer und aktueller Vergleich*, Münster 2004. Der Historiker Willem Frijhoff erklärte im Interview in *Le Monde*, 15. März 2017, wie sich die innerchristliche Spaltung in eine zwischen Christen und Muslimen entwickelt hat.

73 Dazu empathisch Douglas Murray, »Geert Wilders Doesn't Threaten Dutch Liberalism: He's Defending It«, *Spectator*, 28. Januar 2017, und kritischer Joris Luyendijk, »Was ist mit Holland geschehen?« *Frankfurter Allgemeine Zeitung*, 28. Februar 2017, sowie Paul Ingendaay, »Osterei, Nikolaus und Windmühlen«, *Frankfurter Allgemeine Zeitung*, 9. März 2017.

74 Clemens van Herwaarden, *Fortuyn, Chaos en Charisma*, Amsterdam 2005; Friso Wielenga/Florian Hartleb (Hg.), *Populismus in der modernen Demokratie: Die Niederlande und Deutschland im Vergleich*, Münster/New York/München/Berlin 2011.

75 Vgl. die langjährigen Kritiker des niederländischen Multikulturalismus bei Paul Scheffer (zuletzt in *Le Monde*, 5.–6. März 2017) und dem Rechtsphilosophen Paul Bernard Cliteur.

76 »Aboutaleb tegen jihadisten: rot toch op!«, *NOS.nl*, 7. Januar 2015.

77 Ministerpräsident Rutte hat die Muslime aufgefordert, sich entweder normal zu verhalten oder nach Hause zu gehen.

78 Über Gemeinsamkeiten zwischen Trump und Le Pen siehe Sylvie Kauff-mann in *Le Monde*, 5.–6. März 2017, und Alain Frachon, ebda., 3. März 2017. Sie haben die französischen Wählerinnen und Wähler eher abge-schreckt. Die Überschrift dieses Abschnitts wandelt einen Frank-reich-Klassiker ab, vgl. Herbert Lüthy, *Frankreichs Uhren gehen anders*, Zü-rich/Stuttgart/Wien 1954, vgl. auch meinen Artikel »Emmanuel Macron und der Niedergang der Fünften Republik«, in: *Blätter für deutsche und in-ternationale Politik*, 4/2017, S. 55–60.

79 Zum Beispiel Tahar Ben Jellouns Dystopie »Nous n'oublierons jamais ce dimanche soir 2017 …«, *Le Monde*, 12. April 2017. Den Wahlkampf habe ich begleitet in sieben »Briefen aus Paris« in: *Frankfurter Rundschau*, www.fr.de/Briefe+aus+Paris./.

80 Zum biographischen Hintergrund die Studie von Tanja Kuchenbecker, *Marine Le Pen*, Freiburg 2017, zur Familiengeschichte Michel Henry, *La nièce. Le phénomène Marion Maréchal-Le Pen*, Paris 2017, sowie die instruk-tive Darlegung der Familiensaga bei Olivier Beaumont, *Dans l'enfer de Montretout*, Paris 2016.

81 Dies nimmt eine alte Debatte in der und über die Rechten auf; dazu der Klassiker von Réné Rémond, *Les Droites en France*, zuerst Paris 1954, wo-nach man katholisch-monarchisch-legitimistische, liberal-kapitalis-tisch-orléanistische und faschistisch-bonapartistische Typen unter-scheidet. Modifizierend jetzt Gilles Richard, *Histoire des Droites en France*, Paris 2017, der nur eine liberale und eine nationalistische Linke unter-scheidet und generell die Spaltung zwischen Befürwortern und Geg-nern der Globalisierung an die Stelle des alten Rechts-links-Gegensat-zes getreten sieht.

82 Dazu unter Einschluss der Kommunisten Oliver Fahrni, »Frankreich: Die Geburt der ›Vierten Rechten‹?«, in: *Blätter für deutsche und internatio-nale Politik* 7/2017, S. 45–53, und meine Replik Frankreich oder: Die Renaissance des ›zweiten Linken‹, in: ebda., 7/2017.

83 Gérard Mauger/Stéphane Beaud, *Une génération sacrifiée? Jeunes des classes populaires dans la France désindustrialisée*, Paris 2017, und *Le Monde*, 13. April 2017; auch David Doucet, *La Fachosphère*, Paris 2016. Mélenchon hat eine ebenso starke Basis bei den unter 30-Jährigen, deren Mehrheit damit rechts- oder linksradikalen Anti-System-Kandidaten anhängt.

84 Nonna Mayer, »The Closing of the Radical Right Gender Gap in France?«, in: *French Politics* 13/4/2015, S. 391–414.

85 Als Kronzeuge dafür wird gerne Didier Eribon mit seinem Buch *Rückkehr nach Reims* (Berlin 2016) benannt; dazu Christina Dongowski, »Die Scham zur Sprache bringen«, *Frankfurter Allgemeine Zeitung*, 15. März 2017.

86 Vgl. die Umfrage von Kantar Sofres – OnePoint, in: *Le Monde*, 8. März 2017. Vgl. zur partiellen Überschneidung der extremen Linken und Rechten Cécile Ducourtieux, »Le Pen, Mélenchon, même danger«, in: *Le Monde*, 13. April 2017.

87 Unglaubwürdig war die Strategie der »Entdämonisierung« des FN; dazu außer zahlreichen Reportagen aus dem FN-Milieu (z. B. NZZ am Sonn-tag, 19. Februar 2017) Sylvain Crépon/Alexandre Dézé/Nonna Mayer, *Les Faux-semblants du Front national. Sociologie d'un parti politique*, Paris 2015, und Nonna Mayer, *Le mythe de la dédiabolisation du FN*, in: »La Vie des idées«, 4. Dezember 2015. Diverse Intellektuelle der Neuen Rechten beliefern die Partei mit identitären Konzepten, vgl. Eric Dupin, *La France identi-taire. Enquête sur la réaction qui vient*, Paris 2016, und Cécile Alduy, »Le fron-tisme est un déterminisme identitaire«, in: *Le Monde* 17. Februar 2017, sowie die fünfteilige Serie »Les passeurs« in *Le Monde*, 11.–15. April 2017

über den geistigen Hintergrund des FN, und ebda. die vierteilige Serie vom 1.–5. April 2017 über die Internet-Trolls der Partei, deren Unterstützung durch russische Quellen, auch in finanzieller Hinsicht, manifest sind.

88 Zeev Sternhell, Ni droite ni gauche. L'idéologie fasciste en France, Paris 1983, und ders., Les origines françaises du fascisme, Paris 1978.

89 Thierry Pech, Portrait de France qui vient, Paris 2016.

90 Interview Michel Winock, in: Le Monde, 5.–6. März 2017, und dazu Raffaele Simone, »L'affaire Fillon menace l'Europe entière«, ebda.

91 Im bipolaren Präsidialsystem der V. Republik hatte es die politische Mitte stets schwer, dazu Jean-Pierre Rioux, Les Centristes. De Mirabeau à Bayrou, Paris 2011, und ders., Interview in Le Monde, 25. Februar 2017.

92 Die Debatte dazu bei Farhad Khosrokhavar, La Radicalisation, Paris 2014 (dt. Ausgabe 2016), und in Le Monde, 28. Februar und 16. März 2017.

93 Arnaud Leparmentier, »Macron-Fillon, deux Europe à Berlin«, in: Le Monde, 26. Januar 2017

94 Dazu Hulots Think Tank unter www. fondation-nicolas-hulot.org

95 Hier kann Macron gegebenenfalls anknüpfen an Ideen der »deuxième gauche«, der mit dem Namen des verstorbenen Premierministers und PSU-Chefs Michel Rocard verbundenen sozialliberalen und antitotalitären Linken; vgl. auch Jacques Juillard, »La CFDT doit lancer une véritable refondation syndical«, in: Le Monde, 7. April 2017, und Michel Noblecourt, »Nouvelles règles du jeu syndical«, ebda., 11. April 2017 zur Bedeutung der Gewerkschaft CFDT.

96 Zumindest kurz erwähnt werden soll, dass in den drei baltischen Staaten trotz einer rechtskonservativen, auch antisemitischen Tradition antieuropäische Radikale keine Chance haben, da hier die ökonomische, politisch-kulturelle und militärische Bindung an Europa und die NATO als Garant der historisch lange verweigerten und weiterhin prekären nationalen Unabhängigkeit gesehen wird.

97 Die Entwicklung von Podemos aus den Protestbewegungen der M15 und Indignados rekapitulieren Josep Maria Antentas, »Spain: from the indignados to the regime crisis (2011–2016)«, in: Labor History 58/1/2017, S. 106–131, und Luis Ramiro/Raul Gomez, »Radical-Left Populism During the Great Recession: Podemos and It's Competition With the Established Radical Left«, in: Political Studies 65/1/2017, S. 1–19.

98 Alexandros Kioupkiolis, »Podemos: the Ambiguous Promises of Left-Wing Populism in Contemporary Spain«, in: Journal of Political Ideologies, 21/2/2016, S. 99–120.

99 Dazu Carmen González-Enríquez, The Spanish Exception: Unemployment, Inequality and Immigration, But No Right-Wing Populist Parties, Real Instituto Elcano, Madrid, WP 3/2017–13/2/2017, www.realinstituto-elcano.org/wps/wcm/connect/e9e0d7c1-7c71-4335-a2fb-15b219e62c5e/WP3-2017-GonzalezEnriquez-Spanish-Exception-unemployment-inequality-inmigration-no-right-wing-populist-parties.pdf?MOD=AJPERES&cacheid=1487009991261, und Le Monde, 29. April 2017.

100 Vox errang bei den Parlamentswahlen 2016 0,2 Prozent, die PNR bei den Europawahlen 0,46 Prozent.

101 Christian Pfeiffer, »Die spanischen nationalen Wahlen vom 26. Juni 2016: ein zweiter Anlauf zur Regierungsbildung im neuen Vierparteiensystem«, in: Zeitschrift für Parlamentsfragen, XX/4/2016, S. 783–799.

102 Pauline Perrenot/Vladimir Slonska-Malvaud, »Aufbruch von unten«, in: Le Monde diplomatique (dt. Ausgabe) Februar 2017, S. 7 f.

103 dgap.org/de/node/20029

104 Thomas Petersen (Institut für Demoskopie Allensbach), »Am Rand«, in: *Frankfurter Allgemeine Zeitung*, 26. Mai 2017, und Alexander Häusler (Hg.), *Die Alternative für Deutschland. Programmatik, Entwicklung und politische Verortung*, Wiesbaden 2016.

105 www.spiegel.de/politik/deutschland/afd-alexander-gauland-sieht-fluechtlingskrise-als-geschenk-a-1067356.html; www.zeit.de/politik/deutschland/2017-05/afd-schleswig-holstein-landtagswahl-alexander-gauland.

106 Geschickter ist Stephan Hebel, *Sehr geehrter AfD-Wähler, wählen Sie sich nicht unglücklich! Ein Brandbrief*, Frankfurt/Main 2016.

107 Justus Bender, *Was will die AfD*, München 2017, S. 190 f.; ähnlich Melanie Amann, *Angst für Deutschland. Die Wahrheit über die AfD: wo sie herkommt, wer sie führt, wohin sie steuert*, München 2017; Gero von Randow, *Wenn das Volk sich erhebt. Schönheit und Schrecken der Revolution*, Köln 2017.

108 Volker Weiß, *Die autoritäre Revolte. Die Neue Rechte und der Untergang des Abendlandes*, Stuttgart 2017, und Samuel Salzborn, *Angriff der Antidemokraten. Die völkische Rebellion der Neuen Rechten*, Weinheim 2017.

109 Susanne am Orde, »Solide im einstelligen Bereich«, in: *tageszeitung*, 19. Mai 2017, und oben, Anm. 111.

110 Dazu Michael Wildt, *Volk, Volksgemeinschaft, AfD*, Hamburg 2017 und Samuel Salzborn, *The Will of the People? Carl Schmitt and Jean-Jacques Rousseau on a Key Question in Democratic Theory*, Gießen 2017.

111 *Frankfurter Allgemeine Zeitung*, 5. Januar 2017.

112 Gestützt wird diese Alleinherrschaft durch das plutokratische Gebaren seines Familienclans, dazu Rainer Hermann, *Frankfurter Allgemeine Zeitung*, 13. April 2017.

113 Bülent Mumay, »Faschistisch sind natürlich nur die anderen«, in: *Frankfurter Allgemeine Zeitung*, 16. März 2017. Zur Annäherung der AKP-Rhetorik und -Symbolik an die ultrarechte MHP (Graue Wölfe), deren Mob jederzeit gegen die Opposition aufgebracht werden kann, vgl. Sercan Meriç, »Die Feuerkraft des Volkes«, in: *taz.gazete*, 16. März 2017.

114 Günter Seufert, »Anatomie eines Putsches«, in: *Le Monde diplomatique* (dt. Ausgabe), August 2016.

115 Erdoğans Wirkung auf Frauen beschreibt Sevgi Vatansever, in: *taz.gazete*, 16. März 2017, vgl. aber die Frauen, die am Frauentag den Widerstand organisierten, *tageszeitung*, 9. März 2017.

116 Siehe das Interview mit dem Verfassungsjuristen Christian Rumpf, in: *Frankfurter Allgemeine Zeitung*, 13. März 2017.

117 Michael Martens in: *Frankfurter Allgemeine Zeitung*, 3. Januar 2017.

118 So äußerte sich die »liberale« Spitzenkandidatin der AfD Alice Weidel: »Darum sollte die fünfte Kolonne dahin gehen, wo es ihr offensichtlich am besten gefällt und wo sie auch hingehört. In die Türkei.« (www.manager-magazin.de/koepfe/alice-weidel-afd-froMntfrau-a-1144588-2.html)

119 Bülent Mumay, »Der deutsche Feind«, in: *Frankfurter Allgemeine Zeitung*, 9. März 2017, und ders., »Deutschland will Erdoğan zum Sultan machen«, in: ebda., 23. März 2016, ferner den Essay von Zafer Senocak, »Die Entfesselung des inneren Orients«, in: *tageszeitung*, 8./9. April 2017, und die Reportage von Nuray Yilderim (pseud.), »Wie Erdoğan meine Familie spaltet«, ebda.

120 Die Positionen in Claus Leggewie (Hg.), *Die Türkei und Europa*, Frankfurt/Main 2004.

121 Gonul Tol, »What's Next After Turkey's Referendum?«, in: *New York Times*, 18. April 2017.

122 So drastisch Dani Rodrik, »Dismal Thoughts On Erdoğan's Referendum«, in: *Social Europe*, 19. April 2017.

123 Fuat Keyman/Megan Gisclon, »Erdoğan's Post-Referendum Paradox, *German Marshall Fund*, 4. Mai 2017. www.gmfus.org/publications/erdogans-post-referendum-paradox, und Galip Dalay, »Turkey After the Referendum«, in: *GMF On Turkey*, Mai 2017.

124 So etwa Mischa Gabowitsch, *Putin kaputt? Russlands neue Protestkultur*, Berlin 2013; siehe ferner Thomas Franke, *»Russian Angst«. Einblicke in die postsowjetische Seele*, Hamburg 2017, und Manfred Quiring, *Putins russische Welt. Wie der Kreml Europa spaltet*, Berlin 2017.

125 Vgl. Gregory Carleton, *Russia. The Story of War*, Harvard 2017, und Anne Applebaum, »The myth of humiliation«, in: *Washington Post*, 17. Oktober 2014.

126 Vgl. meinen »Brief aus Paris«, *Frankfurter Rundschau*, 7. Februar 2017.

127 www.faz.net/aktuell/politik/nach-annexion-der-krim-afd-sprecher-gauland-aeussert-verstaendnis-fuer-russland-12859603.html.

128 Dazu Claus Leggewie, *Anti-Europäer*, Berlin 2016, S. 61 ff..

129 Dazu die Enquête »Le cyber-arsenal de la maison russe«, in: *Le Monde*, 20. März 2017.

130 Belege bei Neera Tanden, »La France prochaine cible de Vladimir Poutine«, in: *Le Monde*, 15. Februar 2017, ferner der Generalsekretär von En Marche!, Richard Ferrand, »Ne Laissons pas la Russie déstabiliser la présidentielle«, ebda., und Cécile Vaissié, »Can the Kremlin Influence the French Election?«, in: *New York Times*, 14. April 2017.

131 Kerstin Holm, »Die Revolution ist dem Kreml ein rotes Tuch«, in: *Frankfurter Allgemeine Zeitung*, 13. April 2017.

132 Anna Becker, *Mythos Stalin. Stalinismus und staatliche Geschichtspolitik im post-sowjetischen Russland der Ära Putin*, Berlin 2015.

133 *Frankfurter Allgemeine Zeitung*, 16. September 2016.

134 Thomas Bremer, »Diffuses Konzept. Die Russisch Orthodoxe Kirche und die ›Russische Welt‹«, in: *Osteuropa* 66/3/2016, S. 3–18, www.zeitschrift-osteuropa.de/site/assets/files/9230/0e160301.pdf

135 Vgl. Jussi Lassila, »Anti-Corruption Protests in Russia«, in: *FIIA Comment* 8/2017, Helsinki, und Andrei Kolesnikov/Denis Volkov, »Defending One's Backyard: Local Civic Activism in Moscow«, *Carnegie Moscow Center* 4. Mai 2017.

136 Vladislav Inozemtsev, Direktor des Moskauer Center for Post-Industrial Studies in: thehill.com/blogs/congress-blog/foreign-policy/319264-putin-isnt-too-strong-the-enemies-make-him-mighty.

137 www.eu-info.de/dpa-europaticker/278025.html

138 www.npr.org/2017/01/20/510629447/watch-live-president-trumps-inauguration-ceremony; vgl auch www.project-syndicate.org/onpoint/the-god-of-carnage-2017-01?barrier=accessreg und zum Hintergrund James Hohmann, »Five Books to Understand Stephen K. Bannon«, in: *Washington Post*, 7. Februar 2017, sowie die Themenhefte der *Foreign Affairs*, »Present at the Destruction«, Mai–Juni 2017 und des *Journal of Democracy*, April 2017, Bd. 28, H. 2, und Claus Leggewie, *America first. Aufstieg und Fall einer konservativen Revolution*, Frankfurt/Main 1997.

139 Im Folgenden stütze ich mich auf meinen Artikel in *Der Freitag* 21/2017.

140 Trumps Innen- und Außenpolitik sehen Kenner der amerikanischen Geschichte und Präsidentschaften als »Rückkehr des Jacksonianism«, d. h. als Wiederkehr des demokratischen Präsidenten Andrew Jackson, der während seiner Amtszeit 1829–1837 eine xenophobe Politik im Innern mit einer protektionistischen und isolationistischen Außen-

politik verband; dazu Daniel S. Hamilton,« Trump's Jacksonian Foreign Policy and its Implications for European Security«, in: UIbrief 2/2017, Stockholm; Michael Clarke/Anthony Ricketts, »Understanding the Return of the Jacksonian Tradition«, in: *Foreign Policy Research Institute* (doi: 10.1016/j.orbis.2016.12.006), David Martin Jones/Nicholas Khoo, »Donald Trump and the New Jacksonians«, in: *Policy*, 33/1/2017, S. 42–49 sowie Taessuh Cha, »The Return of Jacksonianism: the International Implications of the Trump Phenomenon«, in: *The Washington Quarterly*, 39/4/2017, S. 83–97. Zur Unterscheidung vom »Wilsonianism«, »Hamiltonianism« und »Jeffersoniansm« vgl. Walter Russell Mead, *Special Providence: American Foreign Policy and How it Changed the World*, London 2002.

141 Das Verhältnis von Trump und Putin bzw. zu Russland ist ein Kapitel für sich, vgl. Alice Bota/Kerstin Kohlenberg, »Dich bring ich ganz groß raus«, in: *ZEIT*, 23. Februar 2017, Hans Binnendijk/William Courtney, »Can Trump Make a Deal with Putin?«, www.rand.org/blog/2016/12/can-trump-make-a-deal-with-putin.html, Simon Saradzhyan/William H.-Tobey, »Männerfreundschaft reicht nicht«, in: IPG (www.ipg-journal.de/kommentar/artikel/maennerfreundschaft-reicht-nicht-1760/).

142 Thomas Wood, »Racism Motivated Trump Voters More Than Authoritarianism«, in: *Washington Post*, 17. April 2017; www.electionstudies.org/studypages/anes_timeseries_2016/anes_timeseries_2016.htm. Wahlanalysen zeigen im Übrigen, dass Trump im Wesentlichen nicht von blue collar-Schichten, sondern von der Mittelschicht unterstützt wird, vgl. Abigail Geiger, www.pewresearch.org/fact-tank/2016/12/21/16-striking-findings-from-2016/und Nate Silver, The Mythology Of Trump's ›Working Class‹ Support, fivethirtyeight.com/features/the-mythology-of-trumps-working-class-support/.

143 So nannte man in der Türkei seit den 1970er Jahren das konspirative Hineinwirken des Militärs und der Geheimdienste im Bunde mit rechtsextremen Kreisen und dem organisierten Verbrechen in die offizielle Politik und Verwaltung; Beispiele für diesen schmutzigen Bürgerkrieg, darunter die Ermordung des armenischen Journalisten Hrant Dink im Jahr 2007, im Dossier www.taz.de/!t5035971/; zur Übertragung auf die ZSA vgl. www.tagesspiegel.de/politik/pressekonferenz-von-donald-trump-droht-in-den-usa-ein-krieg-zwischen-der-regierung-und-dem-tiefen-staat/19407558.html.

144 www.washingtonpost.com/news/post-politics/wp/2017/04/12/trump-on-nato-i-said-it-was-obsolete-its-no-longer-obsolete/; Artikel 5 des NATO-Vertrags zur Beistandspflicht wurde auf Betreiben von Trumps Außenminister Rex Tillerson implizit von Trump bekräftigt, vgl. *Frankfurter Allgemeine Sonntagszeitung*, 9. Juni 2017, vgl. auch Jonathan Power, www.ipg-journal.de/rubriken/aussen-und-sicherheitspolitik/artikel/trump-hat-recht-die-nato-ist-obsolet-1871/.

145 Vgl. Arno Borst, »Barbaren. Geschichte eines europäischen Schlagworts«, in: ders., *Barbaren, Ketzer und Artisten. Welten des Mittelalters*, München 1988, S. 19, und Reinhart Koselleck, »Zur historisch-politischen Semantik asymmetrischer Gegenbegriffe«, in: ders., *Vergangene Zukunft. Zur Semantik geschichtlicher Zeiten*, Frankfurt/Main 1979, S. 211–259.

146 Hier folge ich Seymour M. Lipset/Stein Rokkan, »Cleavage Structures, Party Systems and Voter Alignments. An Introduction«, in dies. (Hg.), *Party Systems and Voter Alignments. Cross-National Perspectives*, New York 1967, S. 1–64, und Jens Rydgren, *Class Politics and the Radical Right*, London 2012.

147 Die auf Jean-Jacques Rousseau zurückgehende Denkschule ist in ihrer rechtskonservativen Variante vor allem von Carl Schmitt ausformuliert worden, vgl. Samuel Salzborn, Anm. 119.

148 Interview Sighard Neckel, *tageszeitung*, 29. Dezember 2016.

149 Quelle: www.berliner-zeitung.de/24382588. In »seiner Stadt«, in der Meuthen gelegentlich spazieren geht (gemeint waren Karlsruhe oder Stuttgart), so berichtete er auf dem AfD-Parteitag im April 2017, treffe er »gelegentlich noch Deutsche« (www.huffingtonpost.de/2017/04/22/meuthen-afd-parteitag_n_16169628.html).

150 Der Terminus »Fudamentalliberalisierung« stammt von Jürgen Habermas, vgl. dazu und zur Antibewegung der Neuen Rechten Claus Leggewie, »Mit '68 gegen '68: Damals startete auch die Neue Rechte einen langen Marsch«, in: *Wetterbericht. '68 und die Krise der Demokratie*. Berlin 2017, S. 112–118.

151 Siehe Chantal Mouffe, *On the Political*. New York 2005, dies., *Agonistics: Thinking The World Politically*. London/New York 2013, dies. (in conversation with Íñigo Errejón), *Podemos: In the Name of the People*, London 2016, und ihr Interview »Wir brauchen einen linken Populismus«, in: *Süddeutsche Zeitung*, 28. Dezember 2016, sowie die Aufzeichnung einer Debatte mit Mélenchon (www.youtube.com/watch?v=FtriFMxsOWw).

152 Mark Lilla, »The End of Identity Liberalism«, in: *New York Times*, 18. November 2016 (www.nytimes.com/2016/11/20/opinion/sunday/the-end-of-identity-liberalism.html); dazu eine lange Debatte in der *Times* und in vielen anderen Organen.

153 Ein Klassiker der »responsiven Politik« ist Amitai Etzioni, *A Responsive Society. Collected Essays on Guiding Deliberate Social Chance*, San Francisco/Oxford 1991; vgl. zuletzt auch L. Elsässer/S. Hense/A. Schäfer, Systematisch verzerrte Entscheidungen? Die Responsivität der deutschen Politik von 1998 bis 2015: Endbericht, Bonn: Bundesministerium für Arbeit und Soziales 2016, und Hans Vorländer, »Krise, Kritik und Szenarien: Zur Lage der Demokratie«, in: *Zeitschrift für Politikwissenschaft* 23/2/2013, S. 267–277, sowie im Hinblick auf die Parteien Luciano Bardi/Stefano Bartolini/Alexander Treichel, »Responsive and Responsible? The Role of Parties in Twenty-First Century Politics«, in: *West European Politics* 37/2/2014, S. 232–255. Ein paradoxes Beispiel aus der Geschichte ist das Umschwenken von Charles de Gaulle von einer Linie, die ihn an die Macht gebracht hatte – nämlich Algerien unbedingt als französische Kolonie zu halten –, auf die konträre Linie der »Algérie algérienne«. Der in einer Rede im Juni 1958 geprägte Responsivitätsterminus war »Je vous ai compris!« (Ich habe euch verstanden), dessen Ambivalenz an diesem Meinungs- und Richtungswechsel aber deutlich wird – denn de Gaulle hatte auch schon 1958 die Unhaltbarkeit der »Algérie française« erkennen können und anders geantwortet, indem er um die Irreversibilität der Dekolonisation wusste.

154 Siehe Literatur in Anm. 108.

155 Allgemein: G. Bingham Powell, »The Chain of Responsiveness«, in: *Journal of Democracy* 15 (4), 2004, S. 91–105.

156 Hanna Pitkin, *The Concept of Representation*, Berkeley u. a. 1967, und bereits John Stuart Mill, *Betrachtungen über die repräsentative Demokratie*, Paderborn 1971.

157 Marc Debus, »Die Thematisierung der Flüchtlingskrise im Vorfeld der Landtagswahlen 2016: Mangelnde Responsivität als eine Ursache für den Erfolg der AfD?«, in: C. Bieber u. a. (Hg.), *Regieren in der Einwanderungsgesellschaft*, Studien der NRW School of Governance, DOI 10.1007/978-3-658-15714-2_14.

158 Das naturwissenschaftliche Konzept der Resilienz ist in sozialwissen-schaftlicher Perspektive adaptiert worden, vgl. etwa Terry Cannon/Det-lef Müller-Mahn, »Vulnerability, Resilience and Development Discour-ses in Context of Climate Change«, in: *Nat Hazards* 55/2010, S. 621–635, und Daniel F. Lorenz, »The Diversity of Resilience: Contributions from a Social Science Perspective, in: *Nat Hazards* 67/2013, S. 7–24.

159 Dazu Claus Leggewie/Horst Meier, *Republikschutz. Maßstäbe für die Vertei-digung der Demokratie*, Reinbek 1995, und Karl Loewenstein, »Militant Democracy and Fundamental Rights«, in: *American Political Science Re-view* 31/1937, S. 417–433 und 638–658.

160 Beispiele für die Herangehensweise der deutschen Bundesregierung 2017 waren Bundesinnenminister Thomas de Maizières Grundsatzarti-kel in der *Frankfurter Allgemeinen Zeitung* vom 3. Januar 2017 (www.faz.net/aktuell/politik/inland/innenminister-de-maiziere-leitlinien-fuer-einen-starken-staat-in-schwierigen-zeiten-14601852.html) und das von Bundesjustizminister Heiko Maas eingebrachte »Gesetz zur Verbesse-rung der Rechtsdurchsetzung in sozialen Netzwerken«; dazu netzpoli-tik.org/2017/netzwerkdurchsetzungsgesetz-maas-stellt-regulierungsplan-fuer-soziale-netzwerken-vor/.

161 So schrieb der französische Philosoph Etienne Balibar am Vorabend der französischen Präsidentschaftswahl in: *Libération*, 4. Mai 2017, unter Be-zug auf Jacques Derrida/Elisabeth Roudinesco, *De quoi demain*, Paris 2001, nach einem Gedicht von Victor Hugo aus dem Jahr 1835 (Les Chants du crépuscule, V, Napoléon II.).

GEGEN DEN STROM

1 Zit. nach Sarah Allan, The Great One, Water, and the Laozi, Leiden 2003.

2 WDR, Monitor, 19. Januar 2017, dort auch die beiden folgenden Zitate.

3 Ausdrücklich im AfD-Manifest 2017 vom Dezember 2016, zit. nach *Frankfurter Allgemeine Zeitung*, 25. Januar 2017.

4 Claus Leggewie/Harald Welzer, *Das Ende der Welt, wie wir sie kannten. Klima, Zukunft und die Chancen der Demokratie*, Frankfurt/Main 2009 und öfter; im An-schluss daran die Initiativen der Stiftung Futur zwei, www.futurzwei.org/

5 Vgl. auch das Gespräch mit Jürgen Habermas: »Für eine demokratische Polarisierung. Wie man dem Rechtspopulismus den Boden entzieht«, in: *Blätter für deutsche und internationale Politik*, November 2016, S. 35–42. Ich beziehe mich im folgenden Kapitel u. a. auf eigene *Policy Papers* zu Themen nachhaltiger Sozial- und Umweltpolitik, speziell auf gutach-terliche Arbeiten des Wissenschaftlichen Beirats der Bundesregierung Globale Umweltveränderungen (WBGU), dem ich von 2008 bis 2016 angehört habe. Dessen Mitgliedern bin ich für ihre zahlreichen Anre-gungen zu großem Dank verpflichtet.

6 Siehe dazu die weltweiten Studien zum Wertewandel: www.worldvalu-essurvey.org/wvs.jsp.

7 Dazu jetzt die Debatte in Karl Ulrich Mayer/Ursula Marie Staudinger (Hg.), *Gutes Leben oder gute Gesellschaft?*, Deutsche Akademie der Naturfor-scher Leopoldina, Diskussion Nr. 9, Halle (Saale) 2017.

8 Zit. nach Jens Martens/Wolfgang Obenland, *Die 2030-Agenda. Globale Zu-kunftsziele für nachhaltige Entwicklung*, Global Policy Forum/terre des hommes, Februar 2016.

9   Naomi Oreskes/Erik. M Conway, *Merchants of Doubt: How a Handful of Scientists Obscured the Truth on Issues from Tobacco Smoke to Global Warming*, New York 2012, dt. München 2014.

10   Der Ausstieg der USA aus dem Pariser Abkommen im Juni 2017 war da nur konsequent, dazu www.nytimes.com/2017/06/01/climate/trump-paris-climate-agreement.html?_r=0, und erste Kommentare aus der Klimaforschung www.theguardian.com/environment/live/2017/jan/19/global-warning-live-from-the-climate-change-frontline-as-trump-becomes-president?page=with%3Ablock-5880c365e4b00b8fc2ae2538.

11   Siehe Matthias Peter/Hermann Wentker (Hg.), *Die KSZE im Ost-West-Konflikt: Internationale Politik und gesellschaftliche Transformation 1975–1990*, München 2012; Peter Schlotter: *Die KSZE im Ost-West-Konflikt: Wirkung einer internationalen Institution*, Frankfurt/Main 1998; Wilfried von Bredow, *Der KSZE-Prozess*, Darmstadt 1992; Wilfried Loth, *Helsinki, 1. August 1975. Entspannung und Abrüstung*, München 1998. Aus der KSZE ging 1995 die OSZE hervor, vgl. Kurt P. Tudyka: *Die OSZE – Besorgt um Europas Sicherheit. Kooperation statt Konfrontation*, Hamburg 2007.

12   In Art. 24 (1) von 1949 heißt es: »Der Bund kann durch Gesetz Hoheitsrechte auf zwischenstaatliche Einrichtungen übertragen.«

13   Claus Leggewie. *Anti-Europäer. Breivik, Dugin, al-Suri & Co.*, Berlin 2016.

14   Siehe M. Rainer Lepsius, »Die Europäische Union als Herrschaftsverband eigener Prägung«, in: Christian Jorges u. a. (Hg.), *What Kind of Constitution for What Kind of Politics? Responses to Joschka Fischer*, Florenz 2000, S. 203–305.

15   Levée en masse (»Massenaushebung«) hieß die Wehrpflicht, die das revolutionäre Frankreich 1793 gegen seine äußeren Feinde ausrief.

16   Das folgende Kapitel führt einen am 22. Oktober 2015 unter dem Titel »Unions-Bürgerschaft für Flüchtlinge. EU-Pass als Ausweg aus der Krise« erschienenen Artikel des Autors, erschienen in der *Frankfurter Rundschau*, weiter.

17   M. Rainer Lepsius, »Die Europäische Union als rechtlich konstruierte Verhaltensstrukturierung«, in: H. Dreier (Hg.), *Rechtssoziologie am Ende des 20. Jahrhunderts*, Tübingen 2000, S. 289–505, hier S. 303; vgl. auch Maurizio Bach, *Europa ohne Gesellschaft. Politische Soziologie der Europäischen Integration*, Wiesbaden 2015, S. 129 ff.

18   Niklas Luhmann, *Inklusion und Exklusion*, in: ders., Die Gesellschaft der Gesellschaft, Teilband 2, Frankfurt/Main 1997, S. 618–633, daran anschießend Rudolf Stichweh: *Inklusion und Exklusion. Studien zur Gesellschaftstheorie*, Bielefeld 2005, und ders. (Hg.), *Inklusion und Exklusion. Analysen zur Sozialstruktur und sozialen Ungleichheit*, Wiesbaden 2009

19   Samuel P. Huntington, *Who Are We. Die Krise der amerikanischen Identität*, Hamburg 2004; ganz anders Navid Kermani, *Wer ist wir? Deutschland und seine Muslime*, München 2009, und Hans-Georg Soeffner, »Vergesst eure Leitkultur!«, in: *Frankfurter Allgemeine Zeitung*, 12. Januar 2016.

20   Einen ausgezeichneten Überblick über die historische Entwicklung in sechs verschiedenen Ländern West- und Osteuropas bietet Dieter Gosewinkel, *Schutz und Freiheit? Staatsbürgerschaft in Europa im 20. und 21. Jahrhundert*, Berlin 2017.

21   Im Zensus 2011 hatten etwa ein Fünftel der Deutsch-Türken beide Pässe. (*Spiegel*, 5. August 2016).

22   www.bpb.de/nachschlagen/zahlen-und-fakten/europa/70524/auslaender

23   So der österreichische Bundeskanzler Christian Kern im Februar 2017, vgl. www.huffingtonpost.de/2017/02/23/wien-oesterreich-eu-job-bonus_n_14950718.html.

24 Hannah Arendt, *Elemente und Ursprünge totaler Herrschaft. Antisemitismus, Imperialismus, totale Herrschaft*, München 2001, S. 559–625.

25 So Ferdinand Weber, »Ein neues Staatsvolk«, *Frankfurter Allgemeine Zeitung*, 31. März 2016.

26 Gosewinkel, a. a. O. S. 592 ff.

27 Chloé Maurel, »Ein Pass für Staatenlose«, *Le Monde diplomatique*, Juli 2015, S. 19.

28 Die wenig beachtete EU-Grundrechteagentur in Wien hat in einer Studie herausgearbeitet, dass die genannten Unionsbürgerrechte in vielen EU-Staaten zum Teil nur auf dem Papier stehen. In 16 Staaten existiert kein Diskriminierungsverbot, in 13 kein kommunales Wahlrecht für Drittstaatler (*tageszeitung*, 15. März 2017).

29 »Stakeholder Citizenship and Transnational Political Participation: A Normative Evaluation of External Voting«, in: *Fordham Law Review* 75/5/2007, S. 2393–2447; vgl. auch ders., »Why European Citizenship? Normative Approaches to Supranational Union«, in: *Theoretical Inquiries in Law* 8/2/2007, S. 452–448; »The Rights and Duties of External Citizenship«, in: *Citizenship Studies* 13/5/2009, S. 475–499, und zuletzt »Rethinking Borders as Membranes«, in: Leanne Weber (Hg.), *Rethinking Border Control for a Globalizing World*, London/New York 2015, S. 169–178, sowie »Political Boundaries and Democratic Membership«, in: Ayelet Shachar/Rainer Bauböck/Irene Bloemraad/Maarten Vink (Hg.), *The Oxford Handbook of Citizenship*, Oxford 2017, S. 60–82.

30 Rainer Bauböck, »Expansive Citizenship: Voting beyond Territory and Membership«, in: PS: *Political Science and Politics*, 38,4/2005, S. 683–687, und Sofia Näsström, The Challenge of the All-Affected Principle«, in: *Political Studies* 59, 1/2010, S. 116–134.

31 Hier folge ich Patrizia Nanz/Jan-Hendrik Kamlage, »Bürgerbeteiligung in Europa«, in: *Deutschland & Europa*, 65/2013, S. 12–19 (www.deutschlandundeuropa.de/65_13/buergerbeteiligung.pdf).

32 Mark Zuckerberg, *Guardian*, 11. Januar 2010.

33 Joseph Reagle, *Good Faith Collaboration: The Culture of Wikipedia*, Cambridge, MA 2010.

34 *Frankfurter Allgemeine Zeitung*, 19. Februar 2014; dazu Daniel Dönni/Guilherme Sperb Machado, *Schengen Routing: A Compliance Analysis. Intelligent Mechanisms for Network Configuration and Security*, Gent 2015, S. 100 ff.

35 Kritisch zur Internetpolitik der EU: www.janalbrecht.eu/themen/datenschutz-digitalisierung-netzpolitik.html.

36 Siehe S. 286, Anm. 129 u. 130.

37 Ausführlicher dazu Erik Meyer/Claus Leggewie, *Digitale Partizipation: Placebo oder Perspektive?*, Ms. Gießen 2017.

38 Ebda., S. 38 ff.

39 Die Infrastrukturen gehen damit weit über den Breitbandausbau hinaus. Zu den Vorschlägen für einen öffentlich zugänglichen »Open Web Index« siehe die Vorschläge von www.haw-hamburg.de/index.php?id=29927.

40 Vgl. etwa Paul Conkin: »Der New Deal – Die Entstehung des Wohlfahrtsstaates«, in: Wolf-Dieter Narr/Claus Offe: *Wohlfahrtsstaat und Massenloyalität*, Köln 1975, S. 51–71.

41 Gøsta Esping-Andersen, *The three worlds of welfare capitalism*, Princeton 1990

42 Breit belegt durch Thomas Piketty, *Das Kapital im 21. Jahrhundert*, München 2014, François Bourguignon, *Die Globalisierung der Ungleichheit*, Hamburg 2013, Anthony Atkinson, *Ungleichheit. Was wir dagegen tun können*, Stuttgart 2016, Branko Milanović, *Die ungleiche Welt. Migration, das Eine Prozent und die Zukunft der Mittelschicht*, Berlin 2016, sowie Göran Therborn, *The Killing*

Fields of Inequality, Cambridge 2013, und Heinz Bude/Philipp Staab (Hg.), *Kapitalismus und Ungleichheit. Die neuen Verwerfungen*, Frankfurt/Main 2016.

43   Carlos Vacas-Soriano/Enrique Fernández-Macías, »EU Income Inequality and the Great Recession«, in: *Social Europe*, 21. März 2017, www.socialeurope.eu/2017/03/eu-income-inequality-great-recession/

44   Vgl. die Vorschläge seit den 1970er Jahren, die aus allen möglichen politischen Lagern und ökonomischen Schulen kamen; dazu Thomas Schmid (Hg.), *Befreiung von falscher Arbeit: Thesen zum garantierten Mindesteinkommen*, Berlin 1984, und www.grundeinkommen.de/die-idee/literatur und die Website des Basic Income European Network (BIEN) basicincome.org/sowie www.grundeinkommen.de/die-idee.

45   André Gorz, *Wege ins Paradies*, Berlin 1983; zur Ideengeschichte des »BIG« basicincome-europe.org/ubie/brief-history-basic-income-ideas/, und zuletzt Philippe van Parijs, *Real Freedom for All. What (If Anything) Can Justify Capitalism?*, Oxford 1995, und ders., *Basic Income: A Radical Proposal for a Free Society and a Sane Economy*, Cambridge/MA 2017.

46   Beispiele von Kanada über Mitteleuropa bis Kenia findet man unter grundeinkommenbonn.de/wiki/index.php/Grundeinkommen.

47   Henning Meyer, »No Need for Basic Income: Five Policies to Deal with the Threat of Technological Unemployment«, in: *Social Europe*, 27. März 2017, und Matéo Alaluf/Daniel Zamora (Hg.), *Contre l'allocation universelle*, Paris 2016, sowie Julien Dougnon, *Revenu universel, pourquoi, comment?* Paris 2017

48   Thomas Straubhaar, »Warum wir ein bedingungsloses Grundeinkommen brauchen«, in: *Welt*, 17. Mai 2016; vgl. auch ders., *Radikal gerecht*, Hamburg 2017, siehe auch Malcom Torry, »Citizen's Income: Both Feasible and Useful«, *Social Europe*, 10. April 2017, und Kemal Derviş, »Getting Basic Income Right«, ebda., 31. März 2017.

49   Christoph Butterwegge, »Das Lebensmodell eines Lottogewinners«, in: *Freitag*, 29. Juni 2016; einen guten Überblick bei Stephan Lessemich, *Das Grundeinkommen in der gesellschaftspolitischen Debatte*, Bonn 2009..

50   Louise Haagh, »Basic Income's Radical Role« in: *Compass*, 24. Februar 2017; »The Alternative Facts of the Basic Income Movement«, in: *Social Europe* 2/2017.

51   Ausgearbeitet hat das Konzept der ehemalige Direktor von UFC-Que choisir, Julien Dourgnon, *Revenu Universel, Pourquoi, Comment?*, Paris 2017, siehe auch Olivier Le Naire/Clémentine Lebon, *Le Revenu de Base*, Montpellier 2017. Kritisch dagegen Seth Akerman, in: *Contre l'allocation universel*, Paris 2017.

52   *Le Monde*, 24. Januar 2017, unterstützt wurde Hamon durch Philippe van Parijs, *Le Monde*, 25. Januar 2017; vgl. auch ders., *Basic Income. A Radical Proposal for a Free Society and a Sane Economy*, Cambridge/Mass. 2017, und den Beitrag des Liberalen Guy Sorman, ebda., sowie Ulrich Schachtschneider, »Basic Income – Tonic Catalysator«, in: *Social Europe*, 2. Mai 2017.

53   *Le Monde*, 25. Februar 2017.

54   Robert J. Shiller, *Robotization without taxation?* cfi.co/europe/2017/05/robert-j-shiller-robotization-without-taxation/, und Vincenzo Visco, »Getting The Robots To Pay Tax«, in: *Social Europe*, 2. Mai 2017.

55   Über das Ausmaß automatisierungsbedingter Arbeitsplatzeinsparungen gibt es unter Befürwortern wie Gegnern des BGE stark divergierende Positionen, vgl. etwa Frank Rieger/Constanze Kurz, *Arbeitsfrei. Eine Entdeckungsreise zu den Maschinen, die uns ersetzen*, München 2015.

56   Dazu ein origineller Vorschlag, Flüchtlingsfamilien auf dem Land anzusiedeln, bei www.empirica-institut.de/kufa/empi228rb.pdf, vgl. auch dessen Interview in *Frankfurter Rundschau*, 17. Mai 2016.

57   lemonde.fr/idees/article/2017/04/26/herve-le-bras-le-malaise-social-n-est-pas-la-seule-cause-du-vote-le-pen_5117919_3232.html; vgl. auch ders./Emmanuel Todd, *L'Invention de la France*, Paris 1981, und ders., *Les Trois France*, Paris, 2. Aufl. 1995, und ders., *Anatomie sociale de la France. Ce que les big data disent de nous*, Paris 2016.

58   Diese zeigen sich im Vergleich der globalen Stadtentwicklung – vgl. etwa Lewis Mumford: *Die Stadt, Geschichte und Ausblick*, 2 Bde., München 1979/1980, und Leonardo Benevolo, *Die Geschichte der Stadt*, Frankfurt/Main, 7. Aufl. 1993 – und hielten sich bis ins 20. Jahrhundert; vgl. Hartmut Kaelble, »Die Besonderheiten der europäischen Stadt im 20. Jahrhundert«, in: *Leviathan* 29,2/2001, S. 256–274, und Friedrich Lenger/Klaus Tenfelde (Hg.), *Die europäische Stadt im 20. Jahrhundert. Wahrnehmung – Entwicklung – Erosion*, Köln/Weimar 2006.

59   Vgl. Jan Gehl, *Leben zwischen Häusern*, Berlin 2012, und ders., *Städte für Menschen*, Berlin 2015, gebündelt bei gehlpeople.com/approach/und www.ag.ch/media/kanton_aargau/bvu/bilder_2/Erlaeuterung_Gehl_Methode.pdf. Ein anderer Praxisvorschlag auf einer Konversionsfläche ist das Stadtentwicklungsprojekt »Franklin« in Mannheim, vgl. www.franklin-mannheim.de. Zum Zusammenhang von lokaler Demokratie und europäischem Haus siehe Dieter Hoffmann-Axthelm mit seiner Roadmap für eine geöffnete Republik, Bielefeld 2016.

60   ec.europa.eu/dgs/education_culture/repository/education/library/study/2014/erasmus-impact_en.pdf

61   Stefan Kühl, »Anleitung zur Leidenschaftslosigkeit«, *Frankfurter Allgemeine Zeitung*, 16. September 2015.

62   Felix Ackermann, *Frankfurter Allgemeine Zeitung*, 3. Mai 2017.

63   Als *egghead* bezeichnete Richard Nixon 1952 den Präsidentschaftsbewerber der Demokraten, Professor Adlai Stevenson, vgl. Richard Hofstadter, *Anti-intellectualism in American Life*, New York 1962, und Aaron Lecklider, *Inventing the Egghead: The Battle over Brainpower in American Culture*, Philadelphia/PA 2013. Der analoge Terminus im russischen Populismus lautet *obrazovanshchina*.

64   Näher ausgeführt in WBGU, *Finanzierung der globalen Energiewende* (Politikpapier Nr. 7), Berlin 2012.

65   So der Titel eines Klassikers von David S. Landes zur Geschichte der Industriellen Revolution, *The Unbound Prometheus: Technological Change and Industrial Development in Western Europe from 1750 to the Present*, Cambridge/New York 1969. Einen guten Eindruck von den Facetten dieses Projektes liefert die laufende Ausstellung »Das Zeitalter der Kohle. Eine europäische Geschichte« im Ruhrmuseum Essen und im Bergbaumuseum Bochum. Vgl. auch Claus Leggewie/Ursula Renner/Peter Risthaus (Hg.), *Prometheische Kultur. Wo kommen unsere Energien her?*, München 2013.

66   Ellen Scholl/Kirsten Westphal, »European Energy Security Reimagined. Mapping the Risks, Challenges and Opportunities of Changing Energy Geographies«, *SWP Research Paper*, Berlin, März 2017.

67   Siehe etwa das Interview mit Antonella Battaglini, Direktorin der Smart Energy for Europe Platform, in: *tageszeitung*, 28. Februar 2017.

68   Als Beispiel Albert Lévy, »Il faut adapter la ville aux énergies renouvelables«, in: *Le Monde*, 8. Februar 2017.

69   Oliver Geden/Severin Fischer, *Die Energie- und Klimapolitik der Europäischen Union. Bestandsaufnahme und Perspektiven*, Baden-Baden 2008, S. 113. Eine sozialwissenschaftliche Perspektive bieten Ortwin Renn (Hg.), *Aspekte der Energiewende aus sozialwissenschaftlicher Perspektive*, Berlin 2015, und Ina Richter/Mathis Danelzik/Giulia Molinengo/Patrizia Nanz/Dietmar

Rost, *Bürgerbeteiligung in der Energiewende. Zehn Thesen*, Berlin/Essen 2016 (IASS Working Paper).

70   Severin Fischer, »Energy Union: Delivery still pending«, in: *Policy Perspectives*, 5/1/2017, CSS/ETH Zürich 2017.

71   ec.europa.eu/energy/en/news/commission-proposes-new-rules-consumer-centred-clean-energy-transition; kritisch: www.euractiv.com/section/energy/news/winter-package-leaves-uncertainty-over-europes-energy-future/

72   Siehe dazu Arne Jungjohann/Craig Morris, *Energy Democracy. Germany's Energiewende to Renewables*, Basingstoke 2016.

73   Siehe acatech, Leopoldina/Union der Akademien, *Verbraucherpolitik für die Energiewende*, März 2017.

74   Für Deutschland setzt die Bundesregierung Investitionen bis zu 550 Milliarden Euro bis zur Mitte des Jahrhunderts an. Das entspricht jährlichen Zusatzinvestitionen in Höhe von bis zu 15 Milliarden Euro oder 0,5 Prozent des Bruttoinlandsprodukts. Zusätzlich müssen bis 2050 f.st 90 Prozent der Wohnfläche energetisch saniert werden, was schätzungsweise über 300 Milliarden Euro allein für Gebäude der privaten Haushalte erfordert (www.bundesregierung.de/Content/DE/StatischeSeiten/Breg/Energiekonzept/0-Buehne/kosten-nutzen-energiewende.html); allgemein zum internationalen Rahmen siehe Jonathan Pickering/Carola Betzold/Jakob Skovgaard, »Das globale Klimafinanzierungsproblem: Stärker als die Summe seiner Teile?«, in: *Die aktuelle Kolumne*, Bonn, 27. März 2017.

75   Ich beziehe mich im Folgenden auf Jürgen Bertling/Claus Leggewie, »Die Reparaturgesellschaft. Ein Beitrag zur Großen Transformation?«, in: Andrea Baier/Tom Hansing/Christa Müller/Karin Werner (Hg.), *Die Welt reparieren. Open Source und Selbermachen als postkapitalistische Praxis*, Bielefeld 2016, S. 275 ff.

76   Frank Adloff/Claus Leggewie, *Les convivialistes: Das konvivialistische Manifest. Für eine neue Kunst des Zusammenlebens*, Bielefeld 2014; dazu der Diskussionsband Frank Adloff/Volker Heins (Hg.), *Konvivialismus. Eine Debatte*, Bielefeld 2015.

77   Fredrik Söderbaum, »Rethinking Regions and Regionalism«, in: *Georgetown Journal of International Affairs*, 14, 2 (2013), S. 9–18.

78   Rudolf Stichweh: *Inklusion und Exklusion. Studien zur Gesellschaftstheorie*, Bielefeld 2005.

79   Katalonien ist eine autonome Region, darf sich jedoch gemäß der Präambel des Autonomiestatuts »Nation« nennen.

80   Zu den in der Region Oberrhein geförderten Interreg-Projekten www.interreg-oberrhein.eu/projekte/liste-der-projekte/.

81   Informationen bei www.transfrontier.eu, auch zu den anderen genannten Grenzregionen.

82   Verewigt von dem dort lebenden Claudio Magris, *Triest. Eine literarische Hauptstadt in Mitteleuropa*, München 1987.

83   Dazu Benjamin Barber, *If Mayors Ruled the World. Dysfunctional Nations, Rising Cities*, New Haven/London 2013; Näheres in WBGU (Hg.), *Der Umzug der Menschheit. Die transformative Kraft der Städte*, Berlin 2016, und ders. (Hg.), *Welt im Wandel: Menschheitserbe Meere*, Berlin 2013.

84   Material dazu in Claus Leggewie, *Die Zukunft im Süden*, Hamburg 2015.

85   *Bild am Sonntag*, 26. März 2017.

86   Siehe das Interview mit dem früheren Generalsekretär der UN-Wirtschaftskommission, Carlos Lopes, in: *tageszeitung*, 12. Juni 2016.

87   Uri Dadush/Maria Demertzis/Guntram Wolf, »Europe's Role in North Africa. Development, investment and migration, *Bruegel Policy Paper* 10, 2017.

88   Tom Burgis, *Der Fluch des Reichtums*, Frankfurt/Main 2016.

89   So der Tenor von Asfa Wossen-Asserate, *Die neue Völkerwanderung. Wer Europa bewahren will, muss Afrika retten*, Berlin 2016, und Winnie Adukule, *Was Afrikaner außer Landes treibt*, Berlin 2016.

90   Al Imfeld, *AgroCity – die Stadt für Afrika*, Zürich 2016; vgl. auch WBGU (Hg.), *Der Umzug der Menschheit*, Berlin 2016.

91   Christian Jakob/Simone Schlindwein, »Die Wiederentdeckung Afrikas«, in: *tageszeitung*, 10.–11. Juni 2017, und dies., *Diktatoren als Türsteher Europas*, Berlin 2017 (i. E.).

92   Wolfgang Ischinger/Dirk Messner (Hg.), *Deutschlands neue Verantwortung. Die Zukunft der deutschen und europäischen Außen-, Entwicklungs- und Sicherheitspolitik*, Berlin 2017.

93   *Süddeutsche Zeitung*, 15.–17. April 2017.

94   Christine Hackenesch, www.die-gdi.de/die-aktuelle-kolumne/article/die-g20-und-afrika-eine-allianz-fuer-nachhaltigkeit/

95   »Deutschlands neue Afrikapolitik vor dem Aufbruch«, GIGA *Focus Afrika*, Nummer 1, März 2017.

96   www.auswaertiges-amt.de/nn_728998/sid_D7479AF3D37D36D685AA6
D3DFA1495C3/EN/Infoservice/Presse/Reden/2016/160712-Westfaelischer_Frieden.html?nnm=729008.

97   www.foreignaffairs.com/articles/europe/2016-10-10/westphalian-peace-middle-east und www.koerber-stiftung.de/en/a-westphalia-for-the-middle-east.html; ebenso das Menara-Projekt: Eduard Soler i Lecha/Silvia Colombo/Lorenzo Kamel/Jordi Quero (Hg.), »Re-Conceptualizing Orders in the MENA-Region. The Analytical Framework of the Menara Project«, www.iai.it/sites/default/files/menara_cp_1.pdf, November 2016.

98   Beispielsweise Selim Can Sazak, »No Westphalia for the Middle East. Why Such a Framework Would Fail« (www.foreignaffairs.com/articles/middle-east/2016-10-27/no-westphalia-middle-east), und Lorenzo Kamel, »There Is No Thirty Years' War in the Middle East« (nationalinterest.org/feature/there-no-thirty-years-war-the-middle-east-17513).

99   Vgl. den Kommentar des früheren iranischen Atomunterhändlers Seyed Hossein Mousavian (www.al-monitor.com/pulse/originals/2017/05/trump-riyadh-summit-speech-saudi-iran-rivalry-isolation.html#ixzz4i3ADkgow) und dessen Analyse *Iran and the United States. An Insider's View on the Failed Past and the Road to Peace*, New York 2014.

100 Zit. nach Cornelius Adebahr, »Die iranische Chance für Europa« (www.ipg-journal.de/kommentar/artikel/die-iranische-chance-fuer-europa-2059/), Alain Frachon, »L'autoroute chiite«, in: *Le Monde*, 19. Mai 2017.

101 Siehe Nadine Godehardt, *Chinas »neue« Seidenstraßeninitiative. Regionale Nachbarschaft als Kern der chinesischen Außenpolitik unter Xi Jinping*, Berlin 2014 (www.swp-berlin.org/fileadmin/contents/products/studien/2014_S09_gdh.pdf) und www.giga-hamburg.de/sites/default/files/media-contributions/1610_asienhaus_schueller.pdf) sowie Andrew Sheng, »OBOR and EuroAsia's New Great Game« in: *China Report* 53,2/2017 (journals.sagepub.com/doi/abs/10.1177/0009445517696642). Vgl. auch meinen Bericht aus Lissabon, »Der alte Glanz ist dahin«, in: *Frankfurter Allgemeine Zeitung*, 6. Juli 2015.

102 Der Verfasser war daran beteiligt.

103 Vgl. jetzt Hans-Peter Bartels u. a. (Hg.), *Strategische Anantomie und die Verteidigung Europas*, Bonn 2017.

FREIBEUTER: PRAXIS EUROPA

1   *Die Stadt in der Wüste*, Düsseldorf 2009, S. 44.
2   Max Weber, *Wirtschaft und Gesellschaft* (Anm. I,2), S. 11.
3   Siehe dazu die erfrischenden Aufrufe von Ulrike Guérot, *Warum Europa eine Republik werden muss! Eine politische Utopie*, Bonn 2016, und André Wilkens, *Der diskrete Charme der Bürokatie. Gute Nachrichten aus Europa*, Frankfurt/M. 2017, sowie Guérot mit Robert Menasse, »Manifest für die Begründung einer Europäischen Republik«, in: ders., *Kritik der Europäischen Vernunft*, Siegburg 2017.
4   »Praxis Europa« ist ein länder-, sprach- und fraktionsübergreifender Zusammenschluss von Menschen aus den Wissenschaften, aus der Zivilgesellschaft, aus der Wirtschaft, aus Verwaltungen und dem Kulturbetrieb, die gemeinsam über ein demokratisches, gerechtes und zukunftsfähiges Europa nachdenken und dessen drohenden Zerfall aufhalten wollen. Mehr unter www.praxiseuropa.net.
5   www.marchforeurope2017.eu/organisers/; www.marchforeurope2017.eu/organisers/partners/
6   www.jef-rlp.de/european-youth-convention/
7   Überblick in *Le Monde*, 5. Mai 2017.
8   www.taz.de/!5396168/; dazu die Kritik von Bernd Schleich, *tageszeitung*, 12. April 2017.
9   *tageszeitung*, 25. April 2017.
10 Holger Gertz, »Platz da! Die neue Jugendbewegung«, in: *Süddeutsche Zeitung*, 11. März 2017; ähnlich *tageszeitung*, 18./19. März 2017. Vgl. auch die Aktion des Rendsburger Herder-Gymnasiums »Mein Europa«, initiiert durch einen Politiklehrer, in: *Schleswig-Holsteinische Landeszeitung*, 9. Mai 2017. Es wäre interessant, diese Bewegung mit den Vorläufern in den 1950er Jahren zu vergleichen, siehe dazu Christina Norwig, *Die erste europäische Generation. Europakonstruktionen in der Europäischen Jugendkampagne 1951–1958*, Göttingen 2016.
11 Zit. nach www.je.de/?id=1668; vgl. auch das unvermindert aktuelle Manifest der europäischen Föderalisten, Frankfurt/Main 1958, und Spinellis Bücher *Una strategia per gli stati uniti d'Europa*, Bologna 1989, und *Come ho tentato di diventare saggio*, Bologna 2006.
12 civico.eu/wp-content/uploads/2017/03/EN_CIVICO-europa_The-European-way.pdf.
13 www.badische-zeitung.de/freiburg/auf-facebook-europa-retten-131859024.html
14 Die verschiedenen theoretischen Ansätze der Bewegungsforschung haben Autoren wie Joachim Raschke, *Soziale Bewegungen. Ein historisch-systematischer Grundriss*, Frankfurt/Main, 2. Aufl. 1988, und Alain Touraine (Hg.), *Mouvements sociaux d'aujourd'hui: acteurs et analystes*, Paris 1982, dargelegt, vgl. das Forschungsjournal *Soziale Bewegungen*, 1988 ff.
15 Nach József Antall benannt, dem ersten frei gewählten Premierminister Ungarns (lobbyfacts.eu/representative/46431fceob954fce9ec634d7ecc-53bac/antall-jzsef-knowledge-center;www.ajtk.hu/programs/foreign-and-security-policy).
16 Jürgen Habermas, »Warum braucht Europa eine Verfassung?«, in: *Die Zeit*, 28. Juni 2011, S. 7.
17 Roman Léandre Schmidt/Carl Henrik Fredriksson:»Raus aus den Echokammern: Ein Funk für Europa?«, in: *Blätter für deutsche und internationale Politik*, 4/2017, S. 33–36.

18 Mitteilung an den Verfasser, siehe jetzt auch Roman Léandre Schmidt, *Lettre internationale. Geschichte einer europäischen Zeitschrift*, München 2017.

19 Der Abschnitt folgt Claus Leggewie/Christa Reicher/Lea Schmitt (Hg.), *Geschichten einer Region. AgentInnen des Wandels für ein nachhaltiges Ruhrgebiet*, Dortmund 2016, und Bernd Sommer/Miriam Schad, »Change Agents für den städtischen Klimaschutz. Empirische Befunde und praxistheoretische Einsichten«, in: GAIA 23 (1) 2014, S. 48–54.

20 Winston S. Churchill, *Der Zweite Weltkrieg*, Bern/München/Wien, Neuauflage 1992, S. 85

21 So lautete ein US-Außenminister Henry Kissinger zugesprochener Kommentar zur führerlosen EU (www.sueddeutsche.de/politik/friedensnobelpreis-wen-ruft-man-an-wenn-man-die-eu-anruft-1.1494436).

22 Jürgen Howaldt/Michael Schwarz, *Soziale Innovation im Fokus. Skizze eines gesellschaftstheoretisch inspirierten Forschungskonzepts*, Bielefeld 2010, S. 48.

23 Neil Simcock/Sherilyn MacGregor/Philip Catney/Andrew Dobson/Mark Ormerod/Zoe Robinson u. a., »Factors Influencing Perceptions of Domestic Energy Information: Content, Source and Process«, in: *Energy Policy* 65 (2014), S. 455–464.

24 Charles F. Sabel, »A Quiet Revolution of Democratic Governance: Towards Democratic Experimentalism«, in: OECD (Hg.), *Governance in the 21st Century. Future Studies*, Organisation for Economic Co-operation and Development, Paris 2001, S. 121–148, hier S. 123.

25 Als Beispiel der Vorschlag von Restart Europe: restart-europe-now.eu/2017/02/24/europaeische-fluechtlingsintegration-als-gemeinsame-kommunale-entwicklung/

26 *Frankfurter Allgemeine Zeitung*, 4. November 2017.

27 publiclawforeveryone.com/2017/01/25/1000-words-the-supreme-courts-judgment-in-miller/

28 Dazu jetzt Frank Decker, *Der Irrweg der Volksgesetzgebung. Eine Streitschrift*, Bonn 2016.

29 Vgl. die luziden Überlegungen des proeuropäischen konservativen Abgeordneten Brendan Donnelly, »How Long Will Parliament Ignore the 46 %?«, in: *The Federal Trust*, 10. Februar 2017 (fedtrust.co.uk/tag/brendan-donnelly/).

30 www.theguardian.com/politics/2017/may/13/gina-miller-interview-article-50-brexit-tactical-voting.

31 Hannah Arendt, »Personal Responsibility Under Dictatorship«, in: dies., *Responsibility and Judgment*, hg. Jerome Kohn, New York 2003.

32 Zu Millers fortgesetzten Aktivitäten im britischen Wahlkampf 2017 vgl. *Le Monde*, 27. Mai 2017.

33 In Österreich hat nach sieben Jahren Ermittlungen (und Verschleppungen) ein Strafprozess gegen Karl-Heinz Grasser, FPÖ-Finanzminister der von 2000 bis 2006 amtierenden schwarz-blauen Regierung, begonnen (*Süddeutsche Zeitung*, 21. April 2017). Von weit größerem Umfang ist die Insolvenz der Hypo Alpe-Adria-Bank unter der Ägide des Kärntner Landeshauptmannes Jörg Haider. Am 17. März 2016 befestigten Aktivisten ein 18 Meter langes Plakat mit der Aufschrift »*Danke Jörg! Ewig in deiner Schuld*« an der Außenfassade der Nachfolgebank, um auf den Schuldenberg hinzuweisen, den eine so größenwahnsinnige wie stümperhafte Finanzpolitik der Blauen der Republik Österreich hinterlassen hat.

34 Ciprian Rotaru/Raluca Georgescu/Dumitru-Alexandru Bodislav, »The Evolution of Corruption and Its Current State – A Case Study on Romania«, in: *Theoretical and Applied Economics*, Bd. 24, 2017, H. 1, S. 99–108.

35 *Zeit Online*, 8. Februar 2017, *Frankfurter Allgemeine Zeitung*, 16. Februar 2017. Die bisweilen rabiaten Methoden der Kövesi werden kritisiert, auch werden ihre Neutralität und Machtabstinenz bezweifelt. Die Delegitimation der DNA ist das hauptsächliche Instrument der angeklagten Regierungspartei.

36 Vgl. die Studie von cesip.ro/cercetare-proteste-05–02–2017/und den Bericht des Osteuropa-Historikers Daniel Ursprung in: *Neue Zürcher Zeitung*, 21. April 2017.

37 Auslöser der Proteste war ein Brand im Bukarester Klub »Colectiv« von 2015 mit 64 Todesopfern. Seither ist der Slogan »Korruption tötet« im Umlauf. Vgl. die faktenreichen Blogs von Dennis Deletant und Daniel Brett auf blogs.lse.ac.uk vom 2. und 7. Februar 2017.

38 Vgl. die vergleichende Studie von Roxana Bratu/Dimitri A. Sotiropoulos/Maya Stoyanova, »Through the Lens of Social Constructionism: The Development of Innovative Anti-Corruption Policies and Practices in Bulgaria, Greece and Romania, 2000–2015«, in: *Slavonic and East European Review*, 95, 1, 2017, S. 117–150.

39 Minutiös analysiert von Mischa Gabowitsch, *Putin kaputt? Russlands neue Protestkultur*, Berlin 2013; vgl. auch laufend die PEPS-Datenbank zu *Protest Events, Photos, and Slogans*, gabowitsch.net/peps-de/.

40 www.huffingtonpost.de/2017/03/28/russland-junge-generation-putin-proteste_n_15656816.html

41 Einen Schritt zur Europäisierung der Korruptionsbekämpfung machte die Einigung auf eine europäische Staatsanwaltschaft im Juni 2017, die als Anwalt der europäischen Steuerzahler gegen den Missbrauch von EU-Geldern vorgehen und sicherstellen soll, dass EU-Gelder »bei den Bürgern ankommen, statt in dunklen Kanälen von Mitgliedstaaten zu versickern. (…) EU-Mitgliedstaaten, die sich nicht an die Regeln halten, wird das Leben in Zukunft deutlicher schwerer gemacht.« Für den EU-Abgeordneten Sven Giegold schafft die europäische Staatsanwaltschaft eine »wichtige Grundlage für deutlich mehr europäische Investitionen. Sie ergänzt sinnvoll den Kampf der Mitgliedstaaten gegen Betrug und Geldwäsche, wenn EU-Mittel betroffen sind. Dieses verstärkte Vorgehen gegen Betrug kann dem EU-Haushalt Millionen zurückbringen, die etwa in Energiewende und Digitalisierung fließen können.« (Mail vom 6. Juni 2017).

42 Fabio Merone, »Between Social Contention and Takfirism. The Evolution of the Salafi-Jihadi Movement in Tunisia«, in: *Mediterranean Politics*, 22, 1, 2017, S. 71–90. Merone beschreibt einen Kampf der zwei Linien, mit der radikal-dschihadistischen Ansar al-Sharia als apokalyptische, internationalistische Strömung, die sich Kompromissen widersetzt.

43 Mohamed Nachi, »The Construction of Religion as a ›Public Problem‹: The Emergence of Islam in the Public Space during Tunisia's Transistion to Democracy (2011–14)«, in: *Social Science Information*, 55,4, 2016, S. 495–510; Tim Lewis Poppenborg/Bernd Schlipphak, »Genießen islamistische Parteien tatsächlich einen politischen Vorteil? Das Beispiel Tunesien«, in: *OZP – Austrian Journal of Political Science*, 45, 3, 2017, S. 14–27; zur Aufarbeitung der Diktatur siehe: Domenica Preysing, *Transitional Justice in Post-Revolutionary Tunisia (2011–2013): How The Past Shapes the Future*, Wiesbaden 2016.

44 Dazu Alfred Stepan, »Multiple but Complementary, Not Conflictual, Leaderships: The Tunisian Democratic Transition in Comparative Perspective«, in: *Daedalus*, 145, 2016, 3, S. 95–108; Murat Somer, »Conquering Versus Democratizing the State: Political Islamists and Fourth

Wave Democratization in Turkey and Tunesia«, in: *Democratization* 2016, dx.doi.org/10.1080/13510347.2016.1259216. Vgl. ferner Werner Gephart/ Raja Sakrani/Jenny Hellmann (Hg.), *Rechtskulturen im Übergang*, Frankfurt/Main 2014.

45 Rachid Al-Ghannouchi, »Muslimdemokraten. Was die tunesische Regierungspartei Ennahda von deutschen Christdemokraten lernen kann«, in: *Die Zeit*, 22. Dezember 2016; vgl. auch das Interview mit der in Frankreich aufgewachsenen Ennahda-Staatsekretärin Sayida Ounissi durch das Brookings Institute (www.youtube.com/watch?v=O9dnaeIq998&t=om1s); Larbi Sadiki, »Tunisia: Ennahda's' Second Founding«, *Al Jazeera Centre for Studies*, 29. Juni 2016.

46 Beispiele sind www.deutsch-tunesische-gesellschaft.de/, die Deutsch-Tunesische Handelskammer tunesien.ahk.de/, das Goethe-Institut in Tunis und deren Schwester-Organisationen aus anderen EU-Ländern, aber keine gemeinsame europäische Anstrengung.

47 Dazu zählt auch die 2011 ins Leben gerufene Nichtregierungsorganisation »Forum tunésien des droits économiques et sociaux« (FDES), vgl. ftdes.net/qui-sommes-nous/.

48 Ivesa Lübben, »Abschied vom politischen Islam?« (de.qantara.de/inhalt/10-parteitag-der-tunesischen-ennahda-abschied-vom-politischen-islam DOI 10.15203/ozp. 1129.vol45iss3)

49 F. Mansouri/R. Armillei, »The Democratic ›Transition‹ in Post-revolution Tunisia: Conditions for successful ›Consolidation‹ and Future Prospects«, in: *Revolutions. Global Trends & Regional Issues*, 4, 1, 2016, S. 156–181.

50 de.qantara.de/inhalt/interview-mit-dem-tunesischen-politologen-hamza-meddeb-tunesiens-generation-no-future-als?nopaging=1; zu den gewalttätigen Auseinandersetzungen im Frühjahr 2017 und der Gefahr des Auseinanderbrechens Tunesiens in die relativ prosperierende Nordhälfte und einen zunehmend verelendenden Süden siehe Frédéric Bobin, »La Tunisie face au défi de la crise sociale«, in: *Le Monde*, 2. Juni 2016.

51 »Anti-Terror-Einheit. Der radikale Islam bedroht Europa – und Nordafrika. Es gibt nur gemeinsame Lösungen«, in: *Die Zeit*, 9. März 2017 (www.zeit.de/2017/09/nordafrika-europa-islamismus-anti-terror-kampf).

52 Grundlegend Leo Lucassen/Wim Willems/Anne-Marie Cottaar, *Gypsies and Other Itinerant Groups: A Socio-Historical Approach*, Basingstoke 2015.

53 Vgl. etwa Jara Kehl, »Zur aktuellen Situation der Roma in Ungarn«, in: *Migration und Soziale Arbeit*, 36,2/2014, S. 132 ff.

54 autonomia.hu/en/programok/

55 www.waz.de/staedte/herne-wanne-eickel/roma-familien-in-ungarn-bekommen-unterstuetzung-aus-eickel-id209319103.html

56 Dazu auch Kalunba Social Services, www.migszol.com/.

57 ec.europa.eu/eurostat/statistics-explained/index.php/File:Number_of_(non-EU)_asylum_seekers_in_the_EU_and_EFTA_Member_States,_2015_and_2016_(thousands_of_first_time_applicants)_YB17.png

58 www.zeit.de/politik/ausland/2017-02/barcelona-demonstration-fluechtlinge-spanien-mittelmeer

59 Zitiert nach Volker Heins, »Stichwort: Die Homophobie der Gegenwart«, in: *WestEnd. Neue Zeitschrift für Sozialforschung*, 2/2016, S. 75–81, hier S. 77; dort auch ein guter Überblick über homophobe Strömungen weltweit.

60 Zu den bigotten Dimensionen dieser identitären »Horrorfloskel unserer Tage« der erfrischende Kommentar von Jan Feddersen in: *tageszeitung*, 10./11. Juni 2017.

61 Ralf Sotschek in *tageszeitung*, 21. Mai 2015.

62 Pádraig Ó Féich/Michael O'Connell, »Changes in Roman Catholic Beliefs and Practices in Ireland between 1981 and 2008 and the Emergence of the Liberal Catholic«, in: *Journal of Contemporary Religion*, 30 (2) 2015–04–29, S. 231–247; auch Jocelyn Evans/Jonathan Tonge, »Partisan and religious drivers of moral conservatism: Same-sex marriage and abortion in Northern Ireland«, in: *Party Politics* 2016, S. 1–12 (journals.sagepub.com/doi/abs/10.1177/1354068816656665).

63 Belege in dem Dossier »The lefter sex«, in: *The Economist*, 25. April 2017 (www.economist.com/news/europe/21700425-europes-far-right-not-such-hit-ladies-lefter-sex).

64 www.deutschlandradiokultur.de/kampf-gegen-den-polnischen-rechtspopulismus-die-macht-ist.1005.de.html?dram:article_id=380609; vgl. auch Katheryn Detwiler/Ann Snitow, »Gender Trouble in Poland«, in: *Dissent* 63,4, 2016, S. 57–66. Allgemein und im Vergleich Susan Gal/Gail Kligman (Hg.), *Reproducing Gender: Politics, Publics, and Everyday Life After Socialism*, Princeton 2000, und Anna Szwed/Katarzyna Zielińska, »A War on Gender? The Roman Catholic Church's Discourse on Gender in Poland«, in: Sabrina P. Ramet/Irena Borowik (Hg.), *Religion, Politics, and Values in Poland. Continuity and Change Since 1989*, Basingstoke 2017, S. 113–136.

65 Zum Stand der Abtreibungsgesetzgebung in Europa vgl. www.bpb.de/politik/hintergrund-aktuell/228817/abtreibungen-in-europa und Silvia De Zordo/Joanna Mishtal/Lorena Anton (Hg.), *A Fragmented Landscape. Abortion Governance and Protest Logics in Europe*, New York/Oxford 2016.

66 Naomi Klein, *Die Entscheidung. Kapitalismus vs. Klima*, Frankfurt/Main 2015.

67 Giacomo Corneo, *Bessere Welt. Hat der Kapitalismus ausgedient? Eine Reise durch alternative Wirtschaftssysteme*, Wien 2014. Die Zitate aus ders., »Öffentliches Kapital: Ein evolutionäres Programm für mehr Demokratie und Wohlstand«, Ms., Berlin 2015 (www.wiwiss.fu-berlin.de/fachbereich/vwl/corneo/publications/CorneoLoccum_bear16Maerz.pdf).

68 ARD *Tagesthemen*, 14. März 2017, auch *Frankfurter Allgemeine Zeitung*, 15. März 2017

69 ftp.zew.de/pub/zew-docs/gutachten/AutomobEndBericht_final.pdf und de.statista.com/statistik/studie/id/6370/dokument/automobilindustrie-deutschland-statista-dossier/Siehe auch die Ausstellung im Haus der Geschichte in Bonn: *Geliebt. Gebraucht. Gehasst. Die Deutschen und ihre Autos*, Bonn 2017.

70 Zu nennen sind der ausgebaute Radverkehr in Münster und Kopenhagen, der vorbildliche ÖPNV in Wien, Zürich und Berlin und die flächenhafte Verkehrsberuhigung etwa in Buxtehude, Stuttgart und Berlin-Moabit.

71 Oscar Reutter/Frederic Rudolph/Thorsten Koska, »Von der Auto-Stadt zu einer Stadt des Umweltverbunds: zehn Leitlinien zur Verkehrswende in Wuppertal; ein Impulspapier«, in: *Impulse zur Wachstumswende* Nr. 9 des Wuppertal Instituts für Klima, Umwelt, Energie GmbH, Wuppertal 2016 (epub.wupperinst.org/frontdoor/index/index/docId/6326)

72 www.agora-verkehrswende.de/12-thesen/auch-das-land-wird-von-der-mobilitaetswende-profitieren/; zur Relevanz der Digitalisierung im Verkehrswesen vgl. Weert Canzler/Andreas Knie, *Die digitale Mobilitätsrevolution. Vom Ende des Verkehrs, wie wir ihn kannten*, München 2016, und Weert Canzler et. al., »From ›Living Lab‹ to Strategic Action Field? Bringing together Energy, Mobility, and Information Technology in Germany«, in: *Energy Research & Social Science*, Bd. 27, Mai 2017, S. 25–35.

73   www.ruhrtalradweg.de

74   Vgl. etwa den Bericht www.nw.de/nachrichten/regionale_politik/
     21550154_Fahrrad-Lobby-fordert-harte-Strafen-fuer-Radwegparker.html,
     der im Bezug auf die Verhandlungen des Verkehrsgerichtstags im Ja-
     nuar 2017 zum Thema »Radfahrer als Täter und Opfer« geschrieben
     wurde (www.deutscher-verkehrsgerichtstag.de/images/empfehlun-
     gen_pdf/empfehlungen_55_vgt.pdf).

75   Vgl. genauer diverse ECF-Projekte bei ecf.com/. Zu nennen sind hier
     auch andere Verkehrsverbände wie etwa der Verkehrsclub Deutschland
     (VCD) und die Initiative »Bahn für alle«.

76   Hara Kouki/Joseba Fernandez Gonzalez, »Syriza, Podemos und die An-
     ti-Austeritäts-Mobilisierungen: Bewegungen und Parteien in Zeiten
     der Krise«, in: Forschungsjournal Soziale Bewegungen, 29/1/2016, S, 61–71;
     Paris Aslanidis/Cristóbal Rovira Kaltwasser, »Dealing With Populists in
     Government. The SYRIZA-ANEL Coalition in Greece«, in: Democratiza-
     tion, 23/2016, S. 1077–1091; Vassilis Petsinis, »Syriza One Year. What
     Happened to the Radical Left Dream in Greece«, in: Open democracy,
     www.opendemocracy.net/can-europe-make-it/vassilis-petsinis/syriza-
     one-year-on-what-happened-to-radical-left-dream-in-greece.

77   Dazu das bereits vor Jahren geschriebene Buch von Nikos Dimou, Die
     Deutschen sind an allem schuld, München 2014, ferner das im griechischen
     Original ebenfalls schon ältere Buch dess., Über das Unglück, ein Grieche zu
     sein, München 2014.

78   Nikos Dimou im Interview mit der Welt, www.welt.de/print/die_welt/
     kultur/article13 6677602/Die-Griechen-wissen-nicht-wer-sie-sind.html

79   Le Monde, 19. Mai 2017.

80   cms-test.goethe.de/ins/gr/de/ath/ver/gue/10274853.html

81   www.goethe.de/ins/be/prj/wet/deindex.htm

82   Siehe die Studie der TU Dortmund/KWI (Hg.), Herausforderungen mit
     strukturellen Chancen – Zehn Punkte zur Flüchtlingswanderung in der Stadtent-
     wicklung als integrative gesamtgesellschaftliche Gestaltungsaufgabe, Dortmund
     2017.

83   Zur Chronologie vgl. www.grundeinkommen.ch/initiative-grundein-
     kommen/

84   www.brandeins.de/archiv/2008/liebe/wer-nicht-muss-der-kann/;
     www.mitte.ch/freie-konsumation/; auch www.grundeinkommen.ch/
     wp-content/uploads/Die-Begruendung-des-Grundeinkom-
     mens-aus-der-Kunst1.pdf

85   www.grundeinkommen.de/02/09/2009/die-kroenungswelle-rollt.html

86   www.grundeinkommen.ch/die-schweiz-arbeitet-weiter-erste-repraе-
     sentative-umfrage-zum-bedingungslosen-grundeinkommen/

87   www.20min.ch/schweiz/news/story/Aktivisten-verteilen-tau-
     send-10er-Noetli-27369538

88   www.watson.ch/Schweiz/Wirtschaft/633219973-Goldene-Roboter-mar-
     schieren-f%C3%BCr-das-BGE-durch-Z%C3%BCrich www.facebook.
     com/events/507965132728427/

89   www.gdi.ch/de/Think-Tank/Veranstaltungen/Zukunft-der-Arbeit/231103_
     231106_2016050420160504/1

90   Siehe dazu das Hauptgutachten des WBGU (Hg.), Der Umzug der Mensch-
     heit. Die transformative Kraft der Städte, Berlin 2016, das mit den drei Kon-
     zepten Nachhaltigkeit, Teilhabe und Eigenart operiert.

91   Dieser Abschnitt war Teil meiner »Briefe aus Paris« in der Frankfurter
     Rundschau (www.fr.de/kultur/wahlen-in-frankreich-der-radikale-mit-
     telweg-des-macron-a-1257502).

92 www.lefigaro.fr/elections/presidentielles/2017/02/15/35003-20170215
ARTFIG00260-en-algerie-macron-denonce-la-colonisation-c-est-un-
crime-contre-l-humanite.php
93 twitter.com/marion_m_le_pen/status/831920301562699777?lang=de;
www.lefigaro.fr/flash-actu/2017/02/15/97001-20170215FILWWW00391-
fillon-juge-indigne-les-propos-de-macron-sur-la-colonisation.php
94 Vgl. Mohammed Harbi/Benjamin Stora (Hg.), *La Guerre d'Algérie: 1954–
2004, La fin de l'amnésie*, Paris 2004, *Les guerres sans fin. Un historien, la France
et l'Algérie*, Paris 2008; (mit Renaud de Rochebrune): *La guerre d'Algérie vue
par les Algériens*, Vorwort: Mohammed Harbi, Paris 2011, *La Guerre d'Algérie
expliquée à tous*, Paris 2012, und die persönlichen Erinnerungen *Les Clés
retrouvées. Une enfance juive à Constantine*, Paris 2015.
95 In einem Gespräch mit mir im Landesmuseum Bonn am 14. März 2017.
Zu den allmählich ins Bewusstsein drängenden Kolonialverbrechen
zählt die blutige Unterdrückung antikolonialer Proteste in Sétif und in
weiteren algerischen Städten am 8. Mai 1945; dazu Claus Leggewie,
»Der andere 8. Mai«, in: *Frankfurter Allgemeine Zeitung*, 9. Mai 2015, und
Wolfgang Kraushaar, »Aus der Protestchronik 8. Mai 1945, Sétif«, in:
Mittelweg 36 3/2017, S. 65–74.
96 »In diesem Moment wirft man Bomben auf die Straßenbahnen von Algier. Meine Mutter könnte sich in einer dieser Straßenbahnen befinden. Wenn genau das Gerechtigkeit ist, dann ziehe ich meine Mutter
vor«, zit. nach Lou Marin (Hg.), *Albert Camus: Libertäre Schriften*, Hamburg
2013, S. 60.
97 Paris 2013, dt. Köln 2016.
98 www.africanmedias.com/kamel-daoud-se-rejouit-des-declara-
tions-de-macron-sur-la-colonisation/
99 abonnes.lemonde.fr/idees/article/2017/04/10/rafle-du-vel-d-hiv-la-faute-
de-le-pen_5108861_3232.html
100 Patrick Boucheron et. al. (Hg.), *Histoire mondiale de la France*, Paris 2016.
101 www.huffingtonpost.fr/2017/03/22/interview-demmanu-
el-macron-avec-lhistoire-reconcilier-les_a_21904543/
102 de.qantara.de/inhalt/der-algerische-schriftsteller-kamel-da-
oud-wer-ist-der-arabische-mann
103 Fadila Mehal, in: *La Croix*, 17. Februar 2017. Als gemeinsames Thema
schlug sie dabei unter anderem »Solarenergie« vor.
104 Alexander Clarkson, »Russian Dreams and Prussian Ghosts: Immanuel
Kant, Baltic Federal University and Debates Over Historical Memory
and Identity in Kaliningrad«, in: *History of Education*, 46, 2, 2017, S. 2556–
2272
105 www.deutschlandfunk.de/kaliningrad-wirbel-um-deutsch-russisches-
haus.795.de.html?dram:article_id=353027
106 Anna Karpenko, »Building a Mosque in Kaliningrad«, in: Eugene Kras-
nov/Anna Karpenko/Greg Simons (Hg.), *Crisis Management Challenges in
Kaliningrad*, Survey 2014, S. 131–154. Der Band analysiert auch andere
Konfliktfälle der letzten Jahrzehnts wie das Scheitern von Umweltschutz und eines Nationalparks.
107 www.rand.org/pubs/research_reports/RR1253.html
108 Siehe Nicolas Escach, »Das komplizierte Meer«, in: *Le Monde diplomatique* 8/2016, vgl. auch Yann Richard/Alexander Sebentsov/Maria Zo-
tova, »The Russion exclave of Kaliningrad. Challenges and limits of it's
integration in the Baltic Region«, in: *Cybergo: European Journal of geogra-
phy*, 719, 2015, cybergeo.revues.org/26945.
109 Zum Begriff des »politischen Unternehmens« siehe Anm. 69 in Teil I.

110 Vgl. Dirk van Laak, *Weiße Elefanten. Anspruch und Scheitern technischer Großprojekte im 20. Jahrhundert*, Paderborn 1999, und ders., »Technokratie im Europa des 20. Jahrhunderts – eine einflussreiche ›Hintergrundideologie‹«, in: Lutz Raphael (Hg.), *Theorien und Experimente der Moderne. Europas Gesellschaften im 20. Jahrhundert*, Köln u. a. 2012, S. 101–128. Interessant in diesem Zusammenhang auch: »Raum für Utopien? Europa und das Meer in den zwischenkriegszeitlichen Planungen«, in: Jürgen Elvert/Lutz Feldt/Ingo Löppenberg/Jens Ruppenthal (Hg.): *Das maritime Europa. Werte – Wissen – Wirtschaft*, Stuttgart/Wiesbaden 2016, S. 185–195.

111 Ian Kershaw, *Höllensturz. Europa 1914 bis 1949*, München 2016; Philipp Blom, *Die zerrissenen Jahre 1918–1938*, München 2016; Boris Barth, *Europa nach dem Großen Krieg. Die Krise der Demokratie in der Zwischenkriegszeit 1918–1938*, Frankfurt/Main 2016; Robert Gerwarth, *Die Besiegten*, München 2017.

112 Dan Diner, »Sind wir wieder im 19. Jahrhundert?«, in: *Frankfurter Allgemeine Zeitung*, 15. September 2016, Eröffnungsrede zum M100 Sanssouci Colloquium »Krieg und Frieden in Potsdam«.

113 Dazu Antonia Colibasanu, »France as a Northern and Southern European Power«, in: *Geopolitical Futures*, 13. März 2017.

114 Claus Leggewie, »Rede an die Zauderer«, in: *tageszeitung*, 18. Juni 2017. Die von Macron ausgehende Dynamik hat als einer der ersten deutschen Politiker der damalige Wirtschaftsminister Sigmar Gabriel erkannt.

115 Zur Herkunft des Begriffs in der antiken Tradition vgl. Klaus P. Fischer, *Heute, wenn ihr Seine Stimme hört. Beiträge zu einer Theologie des Kairós*, Wien 1998; zur christlichen Tradition siehe Johannes Gründel, »Kairos«, in: *Lexikon für Theologie und Kirche*, Band 5, Freiburg im Breisgau 1996, S. 1129–1131.

116 Stéphanie Hennette/Thomas Piketty/Guillaume Sacriste/Antoine Vauchez, »For A Treaty Democratizing Euro Area Governance – (T-Dem)«, in: *Social Europe*, 27. April 2017, und deren Streitschrift *Pour un traité de démocratisation de la zone euro*, Paris 2017.

117 Der Verfasser zählt zu den Unterzeichnern einer Erklärung »Franzosen und Deutsche sind in Bewegung für Europa!«, die Ende April von den Abgeordneten der Grünen Franziska Brandner und Sven Giegold initiiert wurde (www.sven-giegold.de/2017/allianz-fuer-einen-franzoesisch-deutschen-neuanfang/); vgl. auch Katja Lehto-Komulainen, »A European Treasury – One Answer to the EU's Economic Woes«, in: *Social Europe*, 11. April 2017.

118 Das jedenfalls ist der Anspruch europäischer Friedenspolitik. Ansätze bei Claudia Major, »A Franco-German Defense Deal for Europe«, *Carnegie Europe*, 23. März 2017 (carnegieeurope.eu/strategiceurope/?fa=68370).

119 ec.europa.eu/commission/sites/beta-political/files/weissbuch_zur_zukunft_europas_de.pdf. Die fünf Szenarien widersprechen sich nicht unbedingt: »Weiter so wie bisher«, »Auf den Binnenmarkt konzentrieren«, »Wer mehr will, tut mehr«, »Weniger, aber effizienter« und »Viel mehr gemeinsames Handeln«. Dazu die aus ganz unterschiedlicher Sicht erfolgten Kommentare von Paul Mason, »Commission White Paper Option Six: A Europe of Democracy and Social Justice« (www.socialeurope.eu/2017/03/option-six-a-europe-of-democracy-and-social-justice/), Dani Rodrik, »How Much Europe Can Europe Tolerate?«, *Project Syndicate*, 14. März 2017; Peter Nedergaard, »Reconstruction the European Union« (www.socialeurope.eu/2017/03/reconstructing-european-union/), und die Reports von Civico Europe, *The European Way*

for a Better Future, März 2017 (civico.eu/wp-content/uploads/2017/03/
EN_CIVICO-europa_The-European-way.pdf), Crister S. Garrett et al.,
Rethinking European Future. Eight Scenarios for the EU in 2025, Berlin 2017
(www.ecfr.eu/page/-/170307_Rethinking_European_Futures.pdf), sowie Almut Möller/Dina Pardijs, *The future shape of Europe*, Berlin 2017
(www.ecfr.eu/page/-/ECFR206_THE_FUTURE_SHAPE_OF_EU-
ROPE_-_HOW_THE_EU_CAN_BEND_AND_NOT_BREAK.pdf).

120   Etwa von Agata Gostynska-Jakubowska/Christian Odendahl, »A flexible
EU: A new beginning or the beginning of the end?«, Centre for European Reform, 18. Mai 2017.

121   Vorschläge dazu bei Tamara Tubakovic/Kelly Rogan, »A ›Real‹ Fortress
Europe«, in: *Social Europe*, 27. März 2017, und Massimo Bordignon/Si-
mone Moriconi, »The case for a common European refugee policy«,
Bruegel, *Policy Contribution* 8/2017. Bruegel ist ein in Brüssel ansässiger
wirtschaftswissenschaftlicher Thinktank.

122   Zuletzt von Daniel Cohn-Bendit, Ex-MdEP und Fraktionschef der europäischen Grünen, ins Spiel gebracht, vgl. auch www.politico.eu/article/
meps-debate-who-inherits-british-seats/. Vgl. auch den *Anastassopoulos
Report* von 1998 und, breiter diskutiert, den *Duff Report* 2011 (www.spi-
nelligroup.eu/article/its-parties-stupid; www.theparliamentmagazine.
eu/blog/loss-uk-meps-opportunity-enhance-european-parlia-
ments-democratic-legitimacy).

123   Benjamin Barber, *If Mayors Ruled the World: Dysfunctional Nations, Rising
Cities*, New Haven 2013.

124   Der Politikwissenschaftler Frédéric Ramel beschreibt in seinem anregenden Aufsatz »Perpetual Peace and the Idea of ›Concert‹ in Eigh-
teenth-Century Thought«, in: Rebekah Ahrendt/Mark Ferraguto/Da-
mien Mahiet (Hg.), *Music and Diplomacy from the Early Modern Era to the
Present*, Basingstoke 2014, S. 125–145, eine Konzertierung von Staaten,
die – erheblich agonaler – wohl eher zwischen Städten möglich sein
dürfte. Zur Analogie von Politik und Musik auch Julia Simon, »Singing
Democracy. Music and Politics in Jean-Jacques Rousseau's Thought«,
in: *Journal of the History of Ideas* 65, 3/2004, S. 433–454, und Claus Legge-
wie/Erik Meyer (Hg.), *Global Pop. Das Buch zur Weltmusik*, Stuttgart 2017.

REGISTER